高等学校保险学专业系列教材

保 险 法

（修订本）

王卫国　马　颖　王仰光　编著

U0360616

清 华 大 学 出 版 社

北京交通大学出版社

·北京·

内 容 简 介

本书以《中华人民共和国保险法》为基本依据，全面、深入地介绍保险法基本理论、保险合同法和保险业法的各项基本制度和基本理论，比较、分析了国外保险立法的相关规定，紧密联系保险实务，评析国内外经典保险案例，为读者提供较为丰富的理论、立法、案例和制度方面的资料。

本书适合高等院校法学专业学生使用，也可供财经类院校及相关专业的学生参考使用。

图书在版编目（CIP）数据

保险法 / 王卫国，马颖，王仰光编著. — 北京：清华大学出版社；北京交通大学出版社，2010.10（2018.8 重印）

（高等学校保险学专业系列教材）

ISBN 978 - 7 - 5121 - 0377 - 1

Ⅰ. ①保…　Ⅱ. ①王…　②马…　③王…　Ⅲ. ①保险法 - 中国 - 高等学校 - 教材　Ⅳ. ① D922.284

中国版本图书馆 CIP 数据核字（2010）第 197681 号

责任编辑：赵彩云　　特邀编辑：吕　宏

出版发行：清华大学出版社　　邮编：100084　　电话：010 - 62776969　　http://www.tup.com.cn
　　　　　北京交通大学出版社　　邮编：100044　　电话：010 - 51686414　　http://press.bjtu.edu.cn
印　刷　者：北京时代华都印刷有限公司
经　　　销：全国新华书店
开　　　本：185×230　　印张：21　　字数：471 千字
版　　　次：2018 年 8 月第 1 次修订　　2018 年 8 月第 2 次印刷
书　　　号：ISBN 978 - 7 - 5121 - 0377 - 1/D·83
印　　　数：4 001 ～ 5 000 册　　定价：46.00 元

本书如有质量问题，请向北京交通大学出版社质监组反映。对您的意见和批评，我们表示欢迎和感谢。

投诉电话：010 - 51686043，51686008；传真：010 - 62225406；E-mail：press@bjtu.edu.cn。

前　言

保险作为市场经济条件下风险管理的基本模式和有效手段，事关国计民生。保险运用多数经济单位的集体力量，将单一的风险分散消化至整个社会，能够确保社会经济生活的稳定和安宁，在和谐社会建设中具有重要作用。随着经济的发展和社会保障制度的变革，广大公民和法人，与保险的关系越来越密切。保险业作为金融体系的重要组成部分，是经济的"助推器"和社会的"稳定器"。尽管我国保险业与国际水平相比，仍然存在较大差距，但却蕴藏着巨大的发展潜力，保险业已成为我国国民经济的"朝阳产业"。保险业的发展必然要求保险立法的相应发展。我国现行《保险法》于1995年制定，2002年进行了首次修订，2009年再次修订。除此以外，中国保监会相继颁行并逐步修订了大量规章制度，从而使我国保险法体系趋于完善。

鉴于保险及保险业的发展，客观上需要强大的人才支持，而对保险立法精神和原则的充分理解和把握、对保险法基本原理的掌握及其在保险实务中加以综合运用，毫无疑问是保险人才的必备素质和能力。有关保险法规的理论和实务成为从事保险活动的高级专门人才必须掌握的知识领域。目前，"保险法"已经成为高等院校法律、金融、经济及贸易等专业的必修课程。

本书编者皆长期从事保险法的讲授与研习，并有多年保险和律师实务工作的经验。在吸收以往保险法教学及研究成果的基础上，本书力求有所创新，并坚持以下3个特点。首先是新颖性。这主要体现在内容、形式等方面。在内容上，本书注重以新修订的《保险法》及中国保监会2009年以来修订颁布的保险规章为依据，阐述保险法理，力求体现保险法最新精神和具体规定。在体例和形式上，每章设置导读，点明其主要内容，介绍典型案例，梳理重点难点，安排课后思考题。其次是适用性。在不影响系统性的前提下，对理论部分进行了取舍，把重点放在保险法基本原理及实际应用上，尤其是对相关条文的设置，以提问题的形式，并力求用经济、贸易等实务的规则进行解答，做到简明易懂。这样，既适宜高等院校相关专业学生学习和理解，也为其将来从事保险工作和后继教育提供了必要的学科理论基础；同时也适合法官、律师等司法人员使用，对渴望了解保险法的广大群众同样具有一定的参考价值。最后是实务性。本书注重保险业务流程和保险实务操作，如关于索赔理赔及具体保险合同的内容就体现了对保险法律关系中权利义务的实践性理解，对广大保户、保险代理人及保险公司业内人员了解和研究保险专业知识，以及运用保险法律，维护自身的合法权益提出了具体的指导。而且，每章安排了最新或典型案例解析，使得本书更具有可读性。

本书共分 19 章，从保险法导论、保险法的基本原则、保险合同总论、人身保险合同概述与分论、财产保险合同概述与分论、保险经营的法律规范、保险中介人的管理法规、保险业的监督管理规则等方面对保险法做了系统而全面的阐述。本书内容新颖，能针对目前保险实践中出现的问题，以保险法及相关法律、法规为依据，结合典型案例进行深入评析，既介绍了最新的立法动态，又阐述了国内外保险法领域的新成果、新观点，并详尽解答了保险业运营中可能遇到的法律问题，以便读者了解和学习。

全书编写大纲由马颖设计，全书由王卫国统一修改定稿，具体撰写分工如下：王卫国（河北农业大学）第 1 章、第 2 章、第 4 章、第 11 章、第 13～16 章；马颖（湖北经济学院）第 3 章、第 7 章、第 8 章、第 12 章、第 17～19 章；王仰光（山东经济学院）第 5 章、第 6 章、第 9 章、第 10 章。

尽管编者在编写过程中，始终力求完善，并希望通过本书，对所有与保险有关联的朋友皆有裨益。但由于我国目前的保险法律、法规尚处于变动和发展之中，而保险实践中出现的许多问题均是新问题，缺乏现成的理论可以借鉴，加之编者水平有限，因此，书中疏漏和不足之处实难避免，敬请读者批评和指正。

编著者

2010 年 10 月

目　录

第1章

保险和保险法概述

1.1 保险概述

1.1.1 保险的概念

常言道：天有不测风云，人有旦夕祸福。在日常生产和生活中，人们难免会碰到各种自然灾害和意外事故。由于生产力和科学技术发展水平的局限性，人们至今还不能有效控制和完全避免这些灾难的发生。但在长期的生产和生活实践中，人们创造了一种能有效分担风险和弥补损失的制度——保险。

何谓保险？各国保险立法的规定并不一致。英国《1906 年海上保险法》第 1 条规定："海上保险是一种合同，根据这种合同，保险人按照约定的方式或限额，对被保险人遭受与航海冒险有关的海事损失承担赔偿责任。"《意大利民法典》第 1882 条规定："保险是指保险人对支付保险费的被保险人，在约定范围内对灾害给其造成的损失承担赔偿责任，或者因与人的寿命相关联的事件的发生，承担给付资金或年金责任的契约。"《中华人民共和国保险法》（以下简称《保险法》）第 2 条是这样表述的："本法所称保险，是指投保人根据合同约定，向保险人支付保险费，保险人对于合同约定的可能发生的事故因其发生所造成的财产损失承担赔偿保险金责任，或者当被保险人死亡、伤残、疾病或者达到合同约定的年龄、期限等条件时承担给付保险金责任的商业保险行为。"

在比较上述几种定义的基础上，本书为保险作出以下定义：保险是指投保人根据合同约定，向保险人支付保险费，保险人对于出现的合同约定的情事承担给付保险金责任的商业保险行为。

1.1.2　保险的特征

通过《保险法》关于保险的定义可以看出保险具有以下特征。

1. 保险是一种合同关系

《保险法》意义上的保险不同于社会保险，它是一种商业保险关系。学者一般认为，"保险为一种契约，或为由契约而发生之债权债务关系"。❶ 权威的美国《布莱克法律词典》定义保险为："一方当事人因为约定的对价而对另一方当事人承担补偿其因为特定风险造成特定事项之损失的合同。"当约定的保险事故发生后，保险人负有按照保险合同的规定赔偿或给付保险金的义务。因此，保险实质上是一种合同，当事人的约定具有法律拘束力。

2. 保险对象具有特定性

保险的前提条件是有危险，"无危险则无保险"。但并不是所有破坏物质财富和威胁人身安全的危险，保险人都予以承保。只有具备一定条件的危险，保险人才接受承保。"这具有一定条件的危险"，习惯上称为"可保危险"。

可保危险一般具有以下要件。

（1）纯粹性。危险按性质不同可分为纯粹危险和投机危险。纯粹危险是指只有损失机会而无获利可能的危险，如水灾危险，只有给人的生命和财产带来损害的可能，而绝无带来利益的可能。投机危险是指既有损失机会，又有获利可能的危险，如股市风险、企业的经营风险等。保险人承保的危险一般是纯粹危险，对投机危险，保险人是不能承保的。

（2）可能性。可保危险必须是可能发生的事故或事件。保险的动机，在于防患于未然，以求补偿。倘若没有发生的可能性，也就没有遭受损失的可能性和补偿的必要性，保险也就失去了意义。我国《保险法》第 2 条关于"保险"的定义中使用的"可能发生的事故"即为此含义。

（3）不确定性。不确定性包括两层含义：一是危险是否发生不能确定，如火灾、海难等；二是危险发生的时间、地点、原因和损失程度不能确定，如人必然会死，但不能确定何时死亡。肯定发生的或肯定不发生的危险不是保险危险。

（4）意外性。危险的意外性包括两层含义：一是危险的发生是不可预知的，可预知的危险往往带有必然性，因而不能构成保险危险；二是危险的发生或危险损害后果的扩展不是投保人或被保险人的故意行为。

（5）未来性。保险所承保的危险，应是将来发生的危险，即危险发生在合同订立之后。如果保险合同订立时，危险已经发生，如船舶已沉没或房屋已被烧毁，该事实已经确定，将来不可能再发生危险。既然没有危险，也就不存在保险问题了。

（6）可测性。危险是一种损失的随机不确定性，即在许多的不确定性中，某一结果的发生具有一定的规则，可以在概率论和数理统计的基础上，利用损失分布的方法来计算危险

---

❶　桂裕. 保险法论. 台北：三民书局，1981：3.

损失发生的概率、损失的大小及损失的波动性。

（7）事先约定性。就具体保险合同而言，只有发生当事人事先约定的危险，保险人才予以赔偿或给付保险金。

3. 保险具有经济补偿性

经济补偿是指对因保险事故而遭受的损失进行补偿，以使投保人或被保险人得以恢复生产与生活。这也是投保人或被保险人参加保险的目的。

财产保险具有明显的补偿性质，一旦发生保险事故，被保险人能够用获得的保险金重新购置财产，恢复生产与经营。而人身保险的经济补偿性并不能直接反映出来，因为人的生命和健康利益无法用金钱加以衡量，所以保险不是补偿这种生命、身体的"损失"，而是补偿疾病情况下的医疗费用支出或因丧失劳动能力而失去生活费来源。从这一点来说，人身保险同样具有补偿的性质。

4. 保险具有互助性

保险的基本原理是集合危险，分散损失，体现了"我为人人，人人为我"的理念。保险的实质是由多数人筹集资金，集中起来成为保险基金，一旦少数人因特定危险遭受损失，则用该保险基金来弥补。换言之，通过保险，将少数人的危险和损失，分摊到所有投保人身上，使危险和损失限制在最小范围内，体现了一种互助精神。中国台湾学者江朝国认为：保险，其意义，在于汇集个人之力量，成为危险共同团体，于成员发生事故需要补偿时提供经济资助，以分散及消化危险；其精神，在于发挥人性中"自助助人，人溺己溺"，"有福同享，有难同当之高贵情操"。❶

基于保险的互助性，参加保险的人越多，每个人的负担就越小，危险的分散就越广泛，保险基金就越稳定，从而投保人的损失补救也就越有保障。但至少应有多少人参加，各国法律的规定并不一致。如日本《保险业法》第 37 条规定，相互保险公司的社员，必须在 100 人以上；美国纽约州《保险法》第 196 条规定，相互保险公司的社员不得少于 1 000 人。❷

1.1.3　保险的分类

对于保险，可按不同的标准进行分类。美国的法律将保险分为人寿保险、火灾和意外保险、海上和内陆水上保险、健康和残疾保险、责任保险、产权保险六大类。日本的法律把保险分为损失保险和生命保险两大类。我国《保险法》将保险分为财产保险和人身保险两大类。

1. 按照保险的性质不同，可分为商业保险、社会保险

1）商业保险

商业保险是指以盈利为目的开办的保险险种，如财产保险、人身保险等。

---

❶ 江朝国. 保险法基础理论. 北京：中国政法大学出版社，2002：自序.

❷ 李玉泉. 保险法. 北京：法律出版社，2003：11.

2）社会保险

社会保险是为贯彻社会政策由国家创办的为劳动者提供社会保障的保险。社会保险是指劳动者在丧失劳动能力及发生其他生活困难时，由国家、地方政府、社会依法对其给予基本生活保障。它实质上是一种社会保障制度，包括老年（养老）、伤残、死亡保险，疾病保险，生育保险，工伤保险，失业保险，家属津贴保险等。

2. 按照保险标的不同，可分为财产保险和人身保险

1）财产保险

财产保险是指以财产及其有关利益为保险标的的保险。

财产保险是产生最早的保险种类之一，又称为火灾保险，是保险立法与保险学领域内正式使用的基本分类。相对于人身保险，财产保险是针对可能遭受灾害事故损失而由保险人负赔偿责任的一种保险。在我国保险实践中，专门有以"财产保险"称呼的险种，如企业财产保险、家庭财产保险；而在外国一般均放在火灾保险项下。海上保险是财产保险最早的形式，承保风险为船舶海上航行时因灾害事故造成的船舶、船载货物的财产损失。当火灾保险出现以后，陆上保险以有形的财产为标的，主要是建筑物、设备和各种材料，承保由于火灾而发生的财产损失，后来承保范围开始扩大，扩展到动产、无形财产。

财产保险有广义和狭义之分。广义的财产保险包括狭义财产保险、责任保险、保证保险和信用保险。我国《保险法》规定的财产保险指的就是广义的财产保险。狭义的财产保险又称财产损失保险，是指以有形财产为保险标的的保险，如企业财产保险、家庭财产保险、货物运输保险、建设工程保险等。责任保险是指以被保险人对他人应承担的民事赔偿责任为标的的保险，如公众责任保险、雇主责任保险、产品责任保险等。保证保险是指投保人投保其本人信用的保险。投保人一般是民事合同的债务人。信用保险是指承保被保险方因他人不诚实、不信用或主观原因不履约而造成的经济损失的保险。信用保险的投保人一般是民事合同的债权人。

2）人身保险

人身保险是指以人的寿命和身体为保险标的的保险，包括人寿保险、健康保险和伤害保险等。

人身保险的最早形式是人寿保险，主要是年金保险，解决年龄增大、丧失劳动能力情形下的养老费来源问题，后来发展产生了健康保险、意外伤害保险。人寿保险是指以人的生存死亡为保险标的，以其生死为保险事故的人身保险，包括死亡保险、生存保险及生死两全保险。健康保险是指以被保险人的疾病、分娩所致残废或死亡为保险标的的保险。伤害保险是指以被保险人因意外事故遭受伤残、死亡为保险标的的保险。

3. 按照保险的实施方式不同，可分为自愿保险和强制保险

1）自愿保险

自愿保险又称约定保险，是指双方当事人自愿协商一致所进行的保险。这种保险完全由当事人自主决定是否保险、保险期限、保险金额等，任何人不得强制。绝大多数保险属于自愿保险，我国《保险法》第 11 条第一款规定了这一原则。

2）强制保险

强制保险又称法定保险，是指根据法律、法规、命令强制实施的保险。这类保险不是当事人自愿的结果，而是法律、法规、命令强制的结果，即依据有关法律、法规或命令，当事人必须投保和承保，不得拒绝。而且，保险对象、保险标的、保险责任和保险金额等皆依法律规定，当事人不得另行约定。例如，旅客意外伤害保险即属强制保险，凡旅客乘坐火车、轮船、飞机，自买票开始旅行起，保险责任就自动生效。我国《保险法》第 11 条第二款便是对强制保险的原则规定。

由法律强制建立的保险关系主要是依照国家社会政策或者经济政策，体现的是对公共利益的维护，也是政府履行其行政职能的重要表现。具体来说，有以下三种情况。❶

（1）高度危险行为的社会保护。这里所指的高度危险行为主要是指带有普遍性的、经济性的与个人生活不可缺少的行为，主要是指乘坐交通工具出门旅行行为。尽管现在交通工具的安全系数和交通安全措施有了很大提高，但仍然无法保证不发生灾害性事故。因此，从维护受益者及其供养人的利益角度出发，各国法律都设立了各种旅客人身意外伤害保险以强制旅客参加，这种保险也是对交通部门赔偿责任在赔偿额方面的一种补充。

（2）高度危险作业工具的保险。高度危险作业工具应该做宽泛的解释，是指一切与公共利益关系密切，带有普遍性服务对象的工具或设施。例如，各种类型的交通工具、公共娱乐设施、公共场所和工作场所。上述工具及设施在为人们提供服务和工作时，有可能造成人身伤亡事故，强制保险可以保证受害人及受益人及时得到金钱给付以恢复正常生活。法律的强制表现为禁止违反义务者继续从事现有的经营项目。故此，有了机动车船的强制保险，有了雇主必须投保的劳工补偿保险。

（3）保证保险公司经营盈余的保险。设定此类强制投保义务的根据是某些涉及重大社会利益的风险，因为经营风险太高而商业保险公司无力承保。为了有足够多数的经济单位或者个人参加，使危险达到最大限度的分散，法律可以要求这些人必须参加某项保险。例如，农业保险、渔业保险、地震保险、水灾保险、龙卷风保险等。

4. 按照保险人的人数，可分为单保险和复保险

1）单保险

所谓单保险，是指以一种保险利益、一种保险事故，与一个保险人订立保险合同的保险。

2）复保险

复保险又称重复保险，是指投保人对同一保险标的、同一保险利益、同一保险事故分别与两个以上保险人订立保险合同，且保险金额总和超过保险价值的保险。❷

---

❶　徐卫东. 保险法论. 长春：吉林大学出版社，2000：43 - 44.
❷　《保险法》第 56 条第四款。

对于复保险，必须注意以下几个构成要件：① 保险人为二人以上；② 与数个保险人订立的是各自独立的数个保险合同；③ 数个保险人承保的是同一个保险利益；④ 保险事故也是同一的；⑤ 保险期间也是相同的；⑥ 保险金额总和超过保险价值。

5. 按照保险人承担责任的次序不同，可分为原保险和再保险

1）原保险

原保险是相对于再保险而言的一种保险分类，是指投保人与保险人直接签订保险合同而形成的保险关系的一种保险。依据原保险合同，在发生保险事故或者符合保险合同约定的给付保险金的条件时，不论再保险人承担的保险责任多寡，被保险人或者受益人只能向原保险人请求给付保险金，不能向再保险人请求给付保险金。《保险法》第29条第二款规定："原保险的被保险人或者受益人不得向再保险接受人提出赔偿或者给付保险金的请求。"

2）再保险

再保险简称分保。《保险法》第28条第一款规定："保险人将其承担的保险业务，以分保形式部分转移给其他保险人的，为再保险。"

再保险是保险人之间以分担保险责任为目的而订立保险合同的结果。以原保险合同有效存在为前提，因此有"保险之保险"的称谓。再保险虽以原保险为基础，但再保险为独立的保险合同，保险人和被保险人或受益人之间的权利义务关系不因再保险合同的成立而受影响。

当然，除上述分类外，保险还可以进行其他方面的分类，在此不再赘述。

1.1.4 保险与类似概念的比较

为了准确把握保险的概念，有必要把保险与其相类似的制度和方法加以比较。

1. 保险与储蓄

保险和储蓄都是处理经济不稳定的善后措施，都是将现在收入的剩余储存起来，以备将来的需要，尤其是寿险中的养老金保险与长期储蓄很相似。但二者仍有较大的不同。

（1）实施的方法不同。储蓄可以单独地、个别地进行，因此是一种自助行为；而保险则必须依靠多数人的互助共济才能实现，因此是一种互助行为。

（2）目的不同。储蓄的目的是以自己积聚的金额及利息，负担其将来的需要。它既可以用来补偿意外事故的损失，也可以支付教育费、丧葬费、婚姻费等其他支出。当事件可以预测得到，而且后果可以计算得出时，一般都用储蓄的方法。而保险的目的仅是针对意外事故所导致的损失，其优点是可以应付个人或个别单位难以预测的意外事故，可以用较少的支出取得经济上较大的保障。

（3）在给付和反给付的关系上，其前提条件不同。储蓄在给付和反给付之间，以成立个别的均等关系为必要条件，因此可以利用的金额应以存款的多少为限；而保险在给付和反给付之间，不必建立个别的均等关系，只要有综合的均等关系即可。因此，在保险中，即使个别均等关系已遭破坏，亦无影响。所以，保险事故发生后，不问已缴保险费的多寡，保险金受领人可随时领受应得的保险金。

（4）处分的自由度不同。储蓄可以由存款人任意处分，随时存取；而保险则必须在保险合同约定的事件发生或期限届满，被保险人或受益人才可以按合同规定取得保险金。

2. 保险与赌博

保险与赌博均属射幸行为，都带有偶然性，而且在给付和反给付之间，二者也都不需要建立个别的均等关系。但两者在本质上是不同的。

（1）从法律和道德方面看，除极个别国家或地区外，赌博是绝大多数国家或地区法律所禁止的不法行为，也是违反道德的行为；而保险无论在任何国家或地区都是合法的，也是道德所赞同的行为。

（2）从目的和功能上看，赌博不是也不可能成为安定社会经济生活的手段，相反它只会给社会带来消极作用；保险则通过分散危险，消化损失，实现互助共济，从而达到保障社会经济生活安定的目的。

（3）从对象上看，赌博的对象不受限制，可以是任何物，且赌注的大小与赌徒赢钱多少没有固定的比例；而保险则是以保险利益为前提的，投保人必须对保险标的有一定的利害关系才能投保，保险费与保险金之间有一定的比例关系。

3. 保险与保证

保险和保证都是一种合同关系，都是对未来偶然事件所致损失的补救方法，但仍有较大区别。

（1）保证虽然也是一种合同，但它只是从属于主合同，即债权人与债务人所订立的合同的一种从合同，它的存在须以主合同的存在为前提。保证人只有在债务人不履行或不能履行义务时，才代替债务人履行债务。保险则是保险人和被保险人之间的一种独立合同，只要保险关系成立，被保险人就必须履行缴纳保险费的义务，保险人的义务须待发生保险事故造成被保险人损失时才予以履行。

（2）保证的成立往往是个人主观上的信任和保证人自愿的结果；保险的成立虽然绝大多数是被保险人的自愿，但也有少数出于强制（如机动车第三者责任保险），而且要以精确的数据测算为基础。

（3）保证人代偿债务是为他人履行义务，因而享有求偿权和代位权；而保险人依约赔偿或给付保险金，是履行自己应尽的义务，原则上于赔偿后再无求偿权等其他权利可言，除非财产保险中保险事故的发生是第三者的责任所致。

1.2　保险法概述

1.2.1　保险法的概念

保险法是以保险关系为调整对象的法律规范的总称。保险关系是指当事人之间依保险合同发生的权利义务关系和国家对保险业进行监督管理过程中所发生的各种关系。

保险法有广义和狭义之分。广义的保险法包括保险公法和保险私法；狭义的保险法仅指保险私法。所谓保险公法，是指有关保险的公法性质的法律规范，即调整国家对保险业的监督管理关系及社会公共保险关系的法律规范，包括保险业法和社会保险法。所谓保险私法，是指有关保险的私法性质的法律规范，即调整自然人、法人和其他组织之间保险关系的法律规范，包括保险合同法和保险特别法。

保险法又有形式意义和实质意义之分。形式意义上的保险法，是指以保险法命名的专门性规范文件，如我国《保险法》。实质意义上的保险法，是指法律体系中一切有关保险的法律规范的总和，除以"保险法"命名的形式意义上的保险法之外，还包括有关行政法规、规章、司法解释等，如《中华人民共和国海商法》（以下简称《海商法》）中关于海上保险合同的规定。

本书中所称的保险法，是指广义的保险法和实质意义的保险法，但不包括社会保险法。

1.2.2 保险法的特征

1. 公法性与私法性的结合

从保险法的结构体系来看，主要由两部分构成：一是保险合同法；二是保险业法。前者体现私法的性质，保险合同完全遵从意思自治原则和平等原则，国家机关一般不会主动干预；而后者强调国家对保险业的监督管理，目的是维护国家和公共利益，维持正常的市场秩序，其公法性特征十分明显。

2. 伦理性和技术性的结合

一切法律就其规范本身的性质而言，可区分为两大类：一类是伦理性规范；另一类为技术性规范。

伦理性规范的制定本诸恒理、基乎常情，如杀人者受刑、欠债者还钱，这都是任何普通人都知道的道理。保险法中的道德危险不保原则、保险利益原则等均体现了法律的伦理性特性。

技术性规范的制定则完全是出于立法专家的精心设计，所以，其内容并非仅凭一般常识所能了解。在保险法方面，关于保险合同的订立，无论是财产保险抑或是人身保险，都是依照数学上和统计上的定律与原理，运用缜密的计算方法来测定保险事故发生的概率，以使将来所支付的保险金总额与所收取的保险费总额得以保持平衡。很显然，保险法亦具有较强的技术性。

3. 国内性与国际性的结合

保险法属于国内法范畴，自无疑问。保险法从中世纪海上保险商人的习惯法发展至今，历经了国际法—国内法—国际法的演变历程。英国学者施米托夫曾指出："没有任何一个国家把商法完全纳入到国内法。即使在这一个时期，商法的国际性的痕迹依然存在，凡是了解商法的渊源和性质的人，都能看到这一点。"❶ 到现代，保险法因世界交通进步、万国通商的关系，已渐成为具有国际性的法律。国际间有国际保险法学会，由汉堡大学、罗马大学及加利福尼亚大学的学者们发起，成立于 1960 年 4 月，其总会设于汉堡和罗马。1962 年由该学会主办，在罗马召开国际保险法会议，此后定期举行。此外，国际间还有国际通行的保险"规则"或"公约"，著名者有《海牙规则》、《约克—安特卫普规则》等。因保险企业系具有国际性的商业，则各国保险法便不得各自为政，否则保险企业则必受其制约，所以保险法乃渐成为国际性的法律，且有全世界统一的趋势。❷

我国台湾学者梁宇贤也认为："现代世界交通发达，天涯若比邻，国与国间文化交流，人们到海外旅游频繁，而国际贸易兴盛。各国对于旅客之旅行、货品之输出入，常因意外事故、政治或其他危险事故的发生，所致之损失，分别举办人身保险、输出入保险，予以救济。因此一国之保险法，必须有国际性，其国之保险事业，方能发展，而其国之国际贸易，必定繁盛，故保险法必须具有国际性。"❸

1.2.3 新中国的保险立法

新中国成立后，中央政府先后颁布了一批保险法规，如 1951 年颁布的《关于实行国家机关、国营企业、合作社财产强制保险的决定》、《财产强制保险条例》、《船舶强制保险条例》、《铁路车辆强制保险条例》、《轮船、铁路、飞机三方面旅客意外强制保险条例》，1957年颁布的《公民财产自愿保险办法》等。

改革开放之后，伴随着保险业发展的迫切需要，我国保险立法有了很大发展，先后制定了一批保险法律法规，如国务院颁布的《财产保险合同条例》、《保险企业管理暂行规定》，全国人大在 1987 年颁布的《中华人民共和国经济合同法》（现已废止）对财产保险合同作了原则性规定。1992 年颁布的《海商法》对海上保险合同作了规定。1995 年全国人大颁布了新中国的第一部保险法，2002 年第九届全国人民代表大会常务委员会第三十次会议通过了关于修改《保险法》的决定。2009 年 2 月 28 日，第十一届全国人民代表大会常务委员会第七次会议对《保险法》进行了再次修订。本次修订无论从内容上还是幅度上，都作了较大修改。

除《保险法》、《海商法》、《中华人民共和国道路交通安全法》之外，一些行政法规和部门规章也对保险作了规定，如《机动车交通事故责任强制保险条例》、《外资保险公司管理条例》、《保险公司管理规定》、《保险代理机构管理规定》、《保险经纪机构管理规定》、《保险公估机构管理规定》、《再保险业务管理规定》、《保险营销员管理规定》、《健康保险

---

❶ 施米托夫. 国际贸易法文选. 北京：中国大百科全书出版社，1993：10 - 11.

❷ 郑玉波. 保险法论. 台北：三民书局，1984：37；覃有土，樊启荣. 保险法学. 北京：高等教育出版社，2003：26.

❸ 梁宇贤. 保险法新论. 北京：中国人民大学出版社，2004：4.

管理办法》等。上述法律、法规、规章构成了初具规模的保险法体系。

1.2.4　保险法修改情况❶

我国《保险法》是 1995 年公布的，2002 年为履行加入世界贸易组织承诺曾作过部分修改。这部法律对规范保险活动、保护保险活动当事人的合法权益、促进保险业健康发展发挥了重要作用。近几年，我国保险业快速发展，保险业的内部结构和外部环境都发生了很大变化，保险实践中出现了一些新情况、新问题，因此，有必要通过进一步修改保险法以适应当前保险业改革发展的需要。2008 年 8 月，国务院向全国人大常委会提交了《中华人民共和国保险法（修订草案）》。经全国人大常委会三次审议，2009 年 2 月 28 日，十一届全国人大常委会第七次会议审议通过了《中华人民共和国保险法（修订案）》。修订后的《保险法》于 2009 年 10 月 1 日起施行。

2009 年修订的《保险法》主要特点如下。

1. 进一步明确保险活动当事人双方的权利、义务，加强对投保人、被保险人利益的保护

1）关于保险利益

修订前的《保险法》规定，投保人对保险标的应当具有保险利益；不具有保险利益的，保险合同无效。这一规定在实践中出现了一些问题。实际上，现在的保险法主流观点认为，在财产保险合同中，保险利益是对被保险人的要求，在人身保险合同中，保险利益是对投保人的要求。由于财产保险合同的投保人与被保险人在绝大多数情况下是同一人，要求投保人具有保险利益，也就等于要求被保险人具有保险利益。但是从法理上讲，被保险人在保险事故发生时对保险标的具有保险利益是实质性要求。而人身保险合同的投保人与被保险人相分离的情况比较常见，如果不要求投保人对被保险人具有保险利益，就等于允许任何人以他人为被保险人投保人身险，这不符合保险利益原则，所以人身保险合同应当要求投保人在投保时对被保险人具有保险利益。因此，修订后的《保险法》规定，"人身保险的投保人在保险合同订立时，对被保险人应当具有保险利益。财产保险的被保险人在保险事故发生时，对保险标的的应当具有保险利益"。❷

修订前的《保险法》规定，人身保险合同的投保人仅对以下人员具有保险利益：① 本人；② 配偶、子女、父母；③ 与投保人有抚养、赡养或者扶养关系的家庭其他成员、近亲属；④ 同意投保人为其订立合同的被保险人。按照上述规定，企业为员工办理工伤保险等人身保险时，必须经每一个员工签字确认，这给实践操作带来一定麻烦，特别是一些大型企业集团很难实际执行。考虑到雇主为员工投保人身保险对员工有利，修订后的《保险法》规定，投保人对与其有劳动关系的劳动者具有保险利益，可以直接为其投保。❸ 同时，为了

---

❶ 陈扬跃. 保险法修改情况介绍. http://www.npc.gov.cn, 2009 - 03 - 02.

❷ 《保险法》第 12 条第一、第二款。

❸ 《保险法》第 31 条第一款第（四）项。

防止企业将为员工投保的人身保险的受益人指定为企业自身，修订后的《保险法》还特别规定，投保人为与其有劳动关系的劳动者投保人身保险的，不得指定被保险人及其近亲属以外的人为受益人。❶

2）关于投保人的如实告知义务

保险人承保时，需要了解投保人的有关情况，以确定承保风险，进而决定是否承保及保险费率。因此，修订前的《保险法》规定，订立保险合同时，保险人就保险标的或者被保险人的有关情况提出询问的，投保人应当如实告知；投保人未如实告知，足以影响保险人决定是否同意承保或者提高保险费率的，保险人有权解除合同。其中，投保人故意未如实告知的，保险人还可以不退还保险费。该规定对保险人较为有利，实践中，保险人在订立保险合同时往往并不对投保人提供的有关情况进行审查；即使在保险期间内发现投保人未如实告知的，也仍继续收受保费；甚至个别保险人或者保险代理人还故意误导投保人进行虚假陈述。但是，一旦发生保险事故，保险人就以上述规定为由拒绝承担保险责任。修订后的《保险法》对保险人的合同解除权作了适当限制。

（1）投保人未如实告知的，保险人的合同解除权自保险人知道有解除事由之日起，超过 30 日不行使而消灭；自合同成立之日起超过 2 年的，保险人不得解除合同。❷

（2）保险人在合同订立时已经知道投保人未如实告知的情况的，保险人不得解除合同；发生保险事故的，保险人应当承担赔偿或者给付保险金的责任。❸

3）关于格式条款

绝大多数的保险合同都采用保险人提供的合同文本，其中的条款都是保险人事先拟定的，即格式条款。实践中，保险人为了降低经营风险，往往会在格式条款中规定，保险人对一些特殊原因导致的损失不承担保险责任（即责任免除条款），这本身是合理的。但是，责任免除条款一般只规定在保险单中，保险人只在确认保险合同成立时才出具保险单；在投保人投保和缴费时，保险人只出具投保单，投保单上并没有责任免除条款，这实际上损害了投保人作为合同当事人的知情权。因此，修订前的《保险法》规定，保险人应当向投保人说明保险合同的主要内容。但是，对于保险人是否尽到说明义务，在举证上存在困难。一旦发生免责条款所涉的保险事故，保险人拒绝赔偿，投保人则以保险人在订立保险合同时未明确告知为由主张该条款无效，实践中造成很多纠纷。针对这一问题，修订后的《保险法》规定："订立保险合同，采用保险人提供的格式条款的，保险人向投保人提供的投保单应当附格式条款，保险人应当向投保人说明合同的内容。对保险合同中免除保险人责任的条款，保险人在订立合同时应当在投保单、保险单或者其他保险凭证上作出足以引起投保人注意的提示，并对该条款的内容以书面或者口头形式向投保人作出明确说明；未作提示或者明确说明

---

❶ 《保险法》第 39 条第二款。
❷ 《保险法》第 16 条第三款。
❸ 《保险法》第 16 条第六款。

的，该条款不产生效力。"❶

此外，个别保险合同的格式条款中可能存在一些违反保险基本目的的条款，如免除保险人依法应承担的义务或者加重投保人、被保险人责任的条款，以及排除投保人、被保险人或者受益人依法享有的权利的条款。修订后的《保险法》借鉴合同法的规定，明确规定此类条款无效。❷

4）关于发生保险事故时被保险人的及时通知义务

修订前的《保险法》规定，投保人、被保险人或者受益人知道保险事故发生后，应当及时通知保险人。这样规定，是为了便于保险人及时查勘定损，确定所要承担的保险责任。实践中，保险公司常常以上述人员未及时通知为由拒绝承担保险责任。但是，有的时候投保人、被保险人或者受益人由于客观原因无法及时通知投保人，或者对未及时通知不存在重大过错，因此剥夺其请求赔偿的权利太过严厉。此外，对于一些重大的保险事故，如地震、火灾等，保险人完全可以从其他途径，如新闻媒体等得知，投保人、被保险人或者受益人是否及时通知并不影响其及时查勘定损。因此，修订后的《保险法》对保险人的免责权进行了限制。

（1）保险人仅在投保人、被保险人或者受益人故意或者因重大过失未及时通知的情况下有权免责，而且免责的范围限于因上述人员未及时通知导致保险事故的性质、原因、损失程度等难以确定的部分。

（2）对于保险人可以通过其他途径已经及时知道或者应当及时知道保险事故发生的，不得以投保人、被保险人或者受益人未及时通知为由拒绝承担赔偿责任。❸

5）关于保险标的转让

同样的保险标的掌握在不同的人手中，其危险程度可能有很大的不同。因此，修订前的《保险法》规定，保险标的的转让应当通知保险人，经保险人同意继续承保后，依法变更合同。该规定本来是为了防止保险公司承担因保险标的转让而显著增加的危险（如家庭用车转让为出租用车），避免合同显失公平。但是，该规定没有对危险程度是否显著增加进行区分，因此，只要保险标的转让未经保险人同意，保险合同一律无效，保险人就可以不承担保险责任，这对于保护被保险人利益十分不利。因此，修订后的《保险法》规定如下。

（1）保险标的的转让的，保险标的的受让人直接承继被保险人对于保险合同所享有的权利和义务；只有在因保险标的的转让导致危险程度显著增加的情况下，保险人才可以调整保险费或者解除合同。

（2）被保险人、受让人应当将交易情况及时通知保险人；未及时通知的，只有对因转

---

❶ 《保险法》第 17 条。
❷ 《保险法》第 19 条。
❸ 《保险法》第 21 条。

让导致保险标的危险程度显著增加而发生的保险事故，保险人才可以不承担保险责任。❶

6）关于保险公司的理赔程序

修订前的《保险法》规定，投保人、被保险人或者受益人请求保险人赔偿或者给付保险金时，应当提供其所能提供的有关的证明和资料；当上述证明和资料不完整时，保险公司应当通知其补充提供。实践中，有的保险公司故意每次只通知补充提供一部分资料，并以证明和资料仍不完整为由多次要求投保人、被保险人或者受益人补充提供，借此拖延赔付时间。修订后的《保险法》规定，上述情形下，保险人应当及时一次性通知投保人、被保险人或者受益人补充提供。❷

修订前的《保险法》规定，保险人收到被保险人或者受益人的赔偿或者给付保险金的请求后，应当及时作出核定，并将核定结果通知被保险人或者受益人；对不属于保险责任的，应当向被保险人或者受益人发出拒绝赔偿或者拒绝给付保险金通知书。这一规定由于缺乏明确的时限规定，有的保险公司常常以未完成核定为由，故意拖延赔付时间；认为不属于保险责任的，也不及时通知被保险人或者受益人。修订后的《保险法》规定："保险人收到被保险人或者受益人的赔偿或者给付保险金的请求后，应当及时作出核定；情形复杂的，应当在三十日内作出核定，但合同另有约定的除外。保险人应当将核定结果通知被保险人或者受益人；对属于保险责任的，在与被保险人或者受益人达成赔偿或者给付保险金的协议后十日内，履行赔偿或者给付保险金义务。保险合同对赔偿或者给付保险金的期限有约定的，保险人应当按照约定履行赔偿或者给付保险金义务。"❸

2. 加强了对保险公司的监督管理，保障保险公司稳健运营

1）关于保险公司的组织形式

修订前的《保险法》规定，保险公司应当采取股份有限公司或者国有独资公司的组织形式。与此同时，根据相关规定，外资法人保险公司均采取有限责任公司的形式。经过多年的市场检验，采用有限责任公司形式的外资保险公司与内资股份制保险公司相比，只要偿付能力监管得当，在风险控制和保护被保险人利益方面并不存在差距，因此不应限制保险公司采取有限责任公司的组织形式。修订后的《保险法》删除了有关保险公司组织形式的特别规定，今后保险公司在组织形式上直接适用公司法，既可以采取股份有限公司的形式，也可以采取有限责任公司的形式。此外，考虑到国有独资公司属于有限责任公司的特殊形式，因此也不再单独列举。

2）关于保险公司的业务范围

修订前的《保险法》规定，保险公司的业务范围仅限于财产保险、人身保险及其再保险业务。这一规定已不适应保险业发展和养老、医疗体制改革的需要。目前，保险公司的业

---

❶ 《保险法》第 49 条。
❷ 《保险法》第 22 条第二款。
❸ 《保险法》第 23 条第一款。

务范围依据有关规定已有所拓展，如从事企业补充保险受托管理业务，参与失地农民养老保险、新型农村合作医疗制度改革试点工作等。为了适应现实需要，修订后的《保险法》规定，保险公司可以从事国务院保险监督管理机构批准的与保险有关的其他业务。❶

3）关于保险资金的运用

保险资金的运用，是指保险公司将自有资金和保险准备金，通过法律允许的各种渠道进行投资或运用来获取投资收益的经营活动。保险资金的运用直接关系到保险公司的偿付能力，以保证安全性为首要原则。因此，1995 年制定《保险法》以来，保险资金的运用一直受到较为严格的限制，只允许用于在银行存款、买卖政府债券、金融债券和国务院规定的其他资金运用形式，并禁止用于设立证券经营机构和向保险业以外的企业投资。但是，随着我国保险市场的发展，保险业竞争的加剧，保险公司的承保利润逐步降低，保险资金的投资回报已经成为保险公司利润的一个主要来源。从发达国家的情况来看，其保险资金一般都允许用于投资不动产、银行存款、买卖有价证券、贷款及投资保险相关事业。因此，有必要拓宽保险公司的资金运用渠道。同时，近年来我国保险市场逐步成熟，保险公司经营管理日益规范，资本市场进一步发展，这些条件也为拓宽保险公司资金运用渠道提供了可能。考虑到保险资金运用既要满足行业和经济发展的需要，又应兼顾稳健经营和安全性原则，这次修订《保险法》适当拓宽了保险公司的资金运用渠道，允许保险资金用于银行存款，买卖债券、股票、证券投资基金份额等有价证券，投资不动产，以及国务院规定的其他资金运用形式；此外，还删除了禁止用于设立证券经营机构和向保险业以外的企业投资的规定。❷

4）关于保险从业规范

修订前的《保险法》根据当时的实际情况，对保险公司及其工作人员骗保、贿保等一些常见的违法行为作出了禁止性规定。随着保险活动的进一步开展，又有一些新的违法行为凸显出来，修订后的《保险法》增加了相应的禁止性规定，具体包括以下几个方面。

（1）拒不依法履行保险合同约定的赔偿或者给付保险金义务。

（2）故意编造未曾发生的保险事故、虚构保险合同或者故意夸大已经发生的保险事故的损失程度进行虚假理赔，骗取保险金或者牟取其他不正当利益。

（3）挪用、截留、侵占保险费。

（4）委托未取得合法资格的机构或者个人从事保险销售活动。

（5）利用开展保险业务为其他机构或者个人牟取不正当利益。

（6）利用保险代理人、保险经纪人或者保险评估机构，从事以虚构保险中介业务或者编造退保等方式套取费用等违法活动。

（7）以捏造、散布虚假事实等方式损害竞争对手的商业信誉，或者以其他不正当竞争行为扰乱保险市场秩序。

---

❶ 《保险法》第 95 条第一款第（三）项。
❷ 《保险法》第 106 条。

（8）泄露在业务活动中知悉的投保人、被保险人的商业秘密。

此外，还规定了兜底条款，以便对今后新出现的违法行为及时进行监督管理。❶

5）关于关联交易

关联交易是指存在关联关系的双方或多方当事人之间进行的交易活动。正常的关联交易可以稳定公司业务、分散经营风险，有利于公司的发展。但是，如果缺乏监管，可能发生保险公司的控股股东或者实际控制人利用关联交易损害保险公司利益和少数股东利益的问题；由于保险公司的资金主要用于承担保险责任，保险公司利益受损也就可能损害到投保人、被保险人和受益人的利益。因此，必须加强对保险公司从事关联交易的监督管理。修订前的《保险法》未对保险公司从事关联交易的行为作出规定。修订后的《保险法》增加了相应的内容，具体包括以下几点。

（1）保险公司应当按照国务院保险监督管理机构的规定，建立对关联交易的管理和信息披露制度。❷

（2）保险公司的控股股东、实际控制人、董事、监事、高级管理人员不得利用关联交易损害公司的利益。

此外，还明确规定了保险公司的股东利用关联交易严重损害公司利益，危及公司偿付能力时的法律责任，即国务院保险监督管理机构可以责令改正，限制其股东权利，直至责令其转让所持的保险公司股权。❸

3. 完善了保险业监督管理规定，促进保险业健康发展

1）关于偿付能力的监管

保险公司的偿付能力，是指保险公司对被保险人履行合同约定的赔偿或给付保险金责任的能力。保险监督管理机构应当通过对保险公司偿付能力的监管，了解保险公司的财务状况，及时提醒偿付能力不足的保险公司采取积极有效的措施恢复偿付能力，以切实保障被保险人的利益。修订前的《保险法》对保险公司如何保持偿付能力充足性提出了一些具体要求，如依法提取公积金、缴纳保险保障基金、限制个别风险自留额和全部风险自留额等；同时，也对保险公司出现严重问题时规定了整顿、接管、破产清算等程序；但是，对于保险公司虽然发生偿付能力不足，但尚未严重到需要整顿、接管、破产清算时保险监督管理机构应当如何处理，没有作出规定。修订后的《保险法》规定，对偿付能力不足的保险公司，国务院保险监督管理机构应当将其列为重点监管对象，并可以根据具体情况采取下列措施：① 责令增加资本金、办理再保险；② 限制业务范围；③ 限制向股东分红；④ 限制固定资产购置或者经营费用规模；⑤ 限制资金运用的形式、比例；⑥ 限制增设分支机构；⑦ 责令拍卖不良资产、转让保险业务；⑧ 限制董事、监事、高级管理人员的薪酬水平；⑨ 限制商

---

❶ 《保险法》第 116 条。
❷ 《保险法》第 108、第 109 条。
❸ 《保险法》第 152 条。

业性广告；⑩ 责令停止接受新业务。❶

2）关于保险监督管理机构的执法手段

修订前的《保险法》对保险监督管理机构的监管手段没有作出明确规定，难以适应保险监督管理工作的实际需要。为了加强对保险业的监督管理，保障保险监督管理机构依法履行职责，这次修改《保险法》根据保险监督管理的实践经验及国家有关部门职责分工的规定，并参照证券法、银行业监督管理法的规定，增加了保险监督管理机构的执法手段和监管措施。

（1）明确规定保险监督管理机构可以采取的执法措施，包括现场检查，进入涉嫌违法行为发生场所调查取证；询问当事人及与被调查事件有关的单位和个人，要求其作出说明；查阅、复制、封存有关资料；查询银行账户；申请人民法院冻结、查封涉案财产等。❷

（2）强化对保险公司董事、监事、高级管理人员的监督手段，规定保险监督管理机构可以与他们进行监管谈话；在保险公司出现重大风险时还可以通知出境管理机关依法阻止其出境，申请司法机关禁止其处分财产。❸

在强化保险监督管理机构的执法手段的同时，修订后的《保险法》还对保险监督管理机构工作人员的执法程序和行为规范作出了相应的规定。

 案例分析

玉树震灾带给我们的思考❹

一、地震——人类的沉重灾难

"5·12"汶川大地震带给人们的伤痛尚未抚平，时隔不到两年，2010 年 4 月 14 日早晨 7 时 49 分，青海玉树又发生了 7.1 级地震。截至 4 月 25 日 17 时，地震已造成 2 220 人遇难，70 人失踪。

地震灾害频频袭击我国，给人民的生命财产带来了巨大的损失和难以抚平的伤痛。地震牵动着每一个人的心，地震是全人类的沉痛灾难。

二、意识——国人的深层反思

地震发生后，全国人民万众一心、情系玉树。截至 4 月 21 日，累计捐款捐物 38.6 亿元，其中"情系玉树，大爱无疆"慈善募捐晚会共募集社会捐款 21.75 亿元，各国援款和捐款共计 395.5 万美元。

---

❶ 《保险法》第 139 条。
❷ 《保险法》第 155 条。
❸ 《保险法》第 153、第 154 条。
❹ 张昕 . 玉树震灾带给我们的思考 . 中国保险报，2010 – 4 – 29.

同时，各家保险公司的反应十分迅速。据中国保监会披露，至 4 月 20 日，保险企业共捐款 6 748.9 万元。

然而，我们可以看到，在这场抗震救灾斗争中，商业保险所发挥的作用十分有限，而国际上，对此类灾害所造成的经济损失保险赔付金额占 36%。

事实上，除在财产保险中地震大多属于除外责任以外，我国大部分人身保险对因地震引发的保险事故是给予赔付的，并未把地震列为除外责任。险种有终身寿险、定期寿险、医疗保险、旅游意外险、个人意外伤害保险和意外伤害医疗等多种。

如此低的保障额度，作为社会保障体系中重要组成部分的商业保险至今在大灾大难面前发挥不了多大作用，值得国人深思。

本 章 小 结

在现代法律制度中，保险法既是民商法的组成部分，又以自身的特有内容体系成为一个独立的法律部门，无论是大陆法系国家还是英美法系国家都是如此设定的。本章以保险和保险法的基本概念为切入点，阐述保险的内涵、法律特征以及保险法的修改情况，是本书的理论基础。

本章的重点是：保险的概念和特征

本章的难点是：保险与类似概念的比较

关键词语：保险　可保危险　强制保险　复保险　再保险

思考题

1. 什么是保险？
2. 可保危险的构成要件是什么？
3. 保险的特征是什么？
4. 新《保险法》作了哪些修订？

第2章

保险法基本原则

保险法理论一般认为，最大诚实信用原则、保险利益原则、损失补偿原则和近因原则共同构成了保险法的四大基本原则。

2.1 最大诚实信用原则

诚实信用原则起源于罗马法。在罗马法的诚信契约中，债务人不仅要依照契约条款，更重要的是要依照其内心的诚实观念完成契约所规定的给付。近代资本主义国家的民法最初将其作为债务履行的原则，如《法国民法典》第1134条规定，契约应依诚实方法履行；《德国民法典》第242条规定，"债务人须依诚实与信用，并照顾交易惯例，履行其给付"。后来，该原则逐渐扩展适用于一切民事权利的行使和民事义务的履行，成为民法的一项基本原则。如《瑞士民法典》第2条规定："无论何人行使权力履行义务，均应依诚实信用为之。"日本于"二战"后修订民法典，亦明文规定诚实信用原则为民法之基本原则。《中华人民共和国民法通则》（以下简称《民法通则》）第4条规定："民事活动应当遵循自愿、公平、等价有偿、诚实信用的原则。"

所谓诚实信用，是指民商事主体在从事民商事活动时，应讲究诚实，恪守信用，善意地、全面地履行其义务，在不损害他人利益和社会利益的前提下追求自己的利益。在当今，诚实信用原则是世界各国立法对民事、商事活动的基本要求。由于保险合同具有射幸的特点，保险危险不确定，保险人主要依据投保人对保险标的的告知和保证来决定是否承保和确定保险费的大小，所以对诚实信用的要求更高，因而在保险活动中，当事人必须遵守最大诚实信用原则。英国早在 1906 年《海上保险法》的第 17 条中就规定："海上保险合同为基于最大诚信的合同，如果一方不信守诚信原则，另一方可宣布合同无效。"我国《保险法》第 5 条规定："保险活动当事人行使权利、履行义务应当遵循诚实信用原则。"由此可见，诚实信用原则在保险法中的重要地位。

　　保险法最大诚信原则的内容包括保险人的说明义务、投保人或被保险人的告知义务、保证、弃权和禁止反言等。

2.1.1　告知

1. 告知的内涵

　　告知又称说明，即在保险合同订立时，告知义务人将有关保险标的的事实向保险人所作的陈述。

　　所谓如实告知，是指投保人的陈述事项应当全面、真实、客观。具体而言，投保人在订立保险合同时，应当将其知道的事关保险危险的所有情况告知保险人，不能故意隐瞒，更不能编造虚假情况欺骗保险人。同时，投保人不仅应当告知保险人其现实已知的情况，而且对其应当知悉的情况，投保人也应设法获悉并告知保险人。如果此时因投保人之过失而未告知该有关信息，也构成投保人如实告知义务的违反。

2. 告知义务的法律性质

　　告知义务从性质上看，属于合同法中的先契约义务。这种告知义务不是合同义务，因为这时保险合同尚未成立，无合同义务可言，它是法律加之于投保人的合同订立前的义务，是法定义务。

3.《保险法》关于如实告知义务的规定

　　《保险法》第 16 条第一款规定："订立保险合同，保险人就保险标的或者被保险人的有关情况提出询问的，投保人应当如实告知。"

4. 如实告知义务的主体

1）投保人

　　告知义务人的主体原则上为投保人，因为他是订立保险合同时保险人的相对人，所以我国《保险法》第 16 条第一款规定，投保人负如实告知义务。对这一点无任何疑义。

2）被保险人

　　关于如实告知义务的承担人，各国立法例规定的不尽相同。有的国家规定告知义务人为投保人，如德国（《保险契约法》第 16 条）、意大利（《意大利民法典》第 1892、第 1893条）、越南（《越南民法典》第 577 条）、俄罗斯（《俄罗斯民法典》第 944 条）。有的国家区分不同情况，如《日本商法典》区分损失保险和人寿保险，其第 644 条规定，损失保险的投保人，负如实告知义务；其第 678 条规定，人寿保险的投保人和被保险人，均负如实告知义务。有的国家规定告知义务人为投保人和被保险人，如韩国则要求投保人和被保险人负有告知义务（《韩国商法典》第651条）。瑞士也要求投保人和被保险人同负告知义务。

美国保险立法对于如实告知义务的承担人，也并没有完全一致的规定。《俄亥俄州保险法》规定，投保人负如实告知义务。《亚利桑那州保险法》规定，被保险人负如实告知义务。《纽约州保险法》规定，投保人和被保险人均负如实告知义务。但是，在美国各州的保险实务上，投保人和被保险人的地位并未加以明确划分，通常将被保险人列为如实告知的义务人，实际包括投保人在内。❶

我国《保险法》第16条第一款规定，投保人负如实告知义务。本书认为，在保险活动中，对投保人和被保险人均应课以告知义务。首先，就财产保险而言，被保险人为保险事故发生时的受损人及受益人，根据权利和义务一致原则，被保险人负告知义务理所当然。同时，财产保险的被保险人往往最了解保险标的物的状况及危险发生情况，便于告知义务的履行。其次，在人身保险中，被保险人对自己身体状况的了解更为透彻，比投保人负担告知义务的理由更加充分。再次，考虑到投保人和被保险人不是同一人的情形，被保险人对保险标的之危险事项有比投保人更为透彻的了解，特别是有关被保险人的个人或者隐秘事项，除被保险人本人以外，投保人难以知晓。若不使被保险人负担如实告知义务，对于保险人估计危险难免会有所妨碍。既然被保险人是以其财产或者人身受保险合同保障的利害关系人，要求其承担如实告知义务，其妥当性不应受到怀疑。所以，有学者认为对我国《保险法》第16条的规定应当作扩张解释，负如实告知义务的人包括被保险人。❷

5. 告知义务的内容

告知的内容，主要是指重要事实的告知。因为告知的目的是使保险人正确了解与保险标的危险状况有关的重要事实。英国《1906年海上保险法》第18条第二款规定："所有影响一个谨慎的保险人确定保险费或决定是否承担某项风险的情况均为重要事实。"

我国《保险法》第16条第二款规定："投保人故意或者因重大过失未履行前款规定的如实告知义务，足以影响保险人决定是否同意承保或者提高保险费率的，保险人有权解除合同。"从该条款可以看出，告知的内容包括两种情况：一种是足以影响保险人决定是否承保的重要事实；第二种是足以影响保险人决定是否提高保险费率的重要事实。

1）与保险人决定是否接受投保相关的重要事实

属于与保险人接受投保相关的重要事实，因保险种类不同而不同。在企业财产保险中，建筑物本身的质料、周围的环境、用途属于重要事项。在船舶保险中，则涉及船舶的性能与特殊构造，船舶的船级及船龄、国籍，有关船长的特定事实，发航日期。在货物保险中，未确定装运的船舶的投保人须在知其货物装载于船舶时应告知保险人该船舶的名称及国籍；货物装载在甲板上的事实；货物在运送开始前，有被损害可能的事实。在人寿保险中，被保险人的性别、年龄、职业及生活状况、婚姻状况、健康状况、嗜好、遗传病、既往症等，均应

❶ 施文森. 保险法判例之研究（上册）. 台北：五南图书出版公司，1975：183.
❷ 邹海林. 保险法. 北京：人民法院出版社，1998：121.

视为重要事实。

2）与保险人确定采用何种费率相关的重要事实

属于与保险人决定采用何种费率相关的重要事实，是指已经符合建立保险关系的基本要件，但由于标的相关的安全系数不同，或者从事较为安全性的职业，保险人可以考虑采用较低的保险费率或较高的费率。例如，仓储保险中的货物混放的事实，不一定使保险合同关系解除，但保险人可能会要求不同的费率标准。又如，在人寿保险的情况下，被保险人由消防一线的消防队员身份改为小学教师，危险性降低，在订立保险合同时，必须按照现在从事的职业危险性程度具体确定采用的保险费率。

6. 告知义务的方式

各国保险法都规定了投保人在订立保险合同时有如实告知的义务，如果不如实告知，投保人、被保险人及受益人要承担相应的法律后果。但由于各国的法律传统和保险业的发展水平不同，告知存在两种制度：一种是询问告知制，即只有在保险公司询问的情况下，投保人才有义务如实告知；另一种是主动告知制，即不经过询问，投保人也应当将与保险公司决定是否承保及费率高低有关的重要情况告知保险公司。如果有隐瞒不告知或者告知不实，投保人、被保险人和受益人要承担相应的法律后果。

1）《保险法》规定的询问告知制

根据我国《保险法》第 16 条第一款的规定，我国适用的是询问告知制。一般情况下，保险公司可以要求投保人填写保险公司印制的投保单，作为对如实告知义务的履行。个别情况下，保险公司可以就投保单之外的有关事项进行询问。无论这种补充询问是书面的还是口头的，投保人都应当如实告知，否则，就要承担相应的法律后果。我国的询问告知制是与我国保险业的发展水平，以及我国广大投保人的风险管理意识相符合的。

2）《海商法》规定的主动告知制

我国《海商法》第 222 条规定："合同订立前，被保险人应当将其知道的或者在通常业务中应当知道的有关影响保险人据以确定保险费率或者确定是否同意承保的重要情况，如实告知保险人。保险人知道或者在通常业务中应当知道的情况，保险人没有询问的，被保险人无须告知。"显然，依照《海商法》的规定并对之作文义解释，投保人（被保险人）的如实告知义务之履行不以保险人的询问为前提，不论保险人是否询问，除非保险人已知或者应知，投保人（被保险人）应当将有关保险的重要情况"主动"告知保险人。❶ 至于何者构成重要事项，为事实判断问题，因保险标的和承保险别的不同而有所不同。投保人无须告知的保险人"没有询问的"事项，仅以保险人知道或者应当知道的事项为限。可见，投保人或者被保险人对于影响保险人据以确定保险费率或者确定是否同意承保的重要情况，不论保险人是否询问，均应履行如实告知义务。

---

❶　李政明，贾林青．海上保险合同的原理与实务．北京：中国政法大学出版社，1999：33.

3）对两者的比较

在保险关系中，保险人居于有利地位，对于哪些事项事关保险危险的发生或其程度，保险人在判断上具有丰富的经验，应当由其就这些事项对投保人作出询问也在情理之中。如果其没有就这些事项作出询问，表明此等事项并不重要，或者可以推定保险人已经知道这些情况或者虽不知情但免除了投保人的如实告知义务，投保人自然没有必要主动进行告知。

7. 告知义务的违反及其后果

告知义务的违反，须具备主观要件和客观要件，方可构成。主观要件是指义务人未告知或作不实的告知，是否为故意或过失所致。客观要件是指告知义务人不告知有关重要事项或有关事项作不实说明。关于违反告知义务的主观归责性，立法例多采过失主义，日本和意大利更是将此种过失限于重大过失。

我国《保险法》第16条第二款规定："投保人故意或者因重大过失未履行前款规定的如实告知义务，足以影响保险人决定是否同意承保或者提高保险费率的，保险人有权解除合同。"可见，我国立法对违反告知义务的主观归责性亦采过失主义，而将告知义务人主观上无过失的情况排除在外，此种立法主张值得肯定：其一，告知义务人在保险专业知识上与保险人相比，属于弱势一方；其二，由于技术因素或客观事件的影响，可能导致告知义务人（甚至包括保险人）对保险标的的状况无法知晓或正确掌握；其三，从性质上而言，告知义务系属派生于诚实信用原则的先合同义务。违反先合同义务构成缔约上过失责任，缔约上过失责任的构成主观上须具有过失，那么，违反告知义务的主观归责性亦应如此。

告知义务人违反告知义务的法律后果，各国立法的规定不尽相同，有规定合同无效者（如俄罗斯、法国），有规定合同终止者（如韩国），有规定合同撤销者（如意大利），但多数国家均规定由保险人享有合同解除权，我国《保险法》亦作如此规定。

根据《保险法》第16条的规定，违反告知义务的法律后果包括以下几种情况。

（1）投保人故意或者因重大过失未履行如实告知义务，足以影响保险人决定是否同意承保或者提高保险费率的，保险人有权解除合同。

（2）投保人故意不履行如实告知义务的，保险人对于合同解除前发生的保险事故，不承担赔偿或者给付保险金的责任，并不退还保险费。

（3）投保人因重大过失未履行如实告知义务，对保险事故的发生有严重影响的，保险人对于合同解除前发生的保险事故，不承担赔偿或者给付保险金的责任，但应当退还保险费。对于"对保险事故的发生有严重影响"的含义，是否指未告知的事项与保险事故的发生有必然的因果关系。有学者认为："对保险事故的发生有严重影响的情形不限于必然因果关系，必然因果关系之外的其他可能的因果关系、密切的联系等也可以构成严重影响。"❶本书认为，应根据具体情况来判断是否构成"严重影响"。

（4）保险人享有的合同解除权，自保险人知道有解除事由之日起，超过30日不行使而

---

❶ 李玉泉 . 保险法：理论与实务 . 北京：高等教育出版社，2007：50.

消灭。自合同成立之日起超过 2 年的，保险人不得解除合同；发生保险事故的，保险人应当承担赔偿或者给付保险金的责任。该条款属于不可抗辩条款，这是 2009 年《保险法》修订时新增加的内容。

（5）保险人在合同订立时已经知道投保人未如实告知的情况的，保险人不得解除合同；发生保险事故的，保险人应当承担赔偿或者给付保险金的责任。该条款属于禁反言条款，也是 2009 年《保险法》修订时新增加的内容。

2.1.2 保证

1. 保证的概念

保证亦称允许、特约，美国称之为担保，是指投保人或被保险人对某些特定事项（如为一定行为、不为一定行为）或某特定事项的真实性等向保险人所作的担保。例如，当事人签订火灾保险合同时，投保人承诺不在该房屋内堆放易燃品，此承诺即为保证。如果没有该保证，保险人将不接受承保或者改变此保单所适用的费率。如果投保人违反该保证而在房屋内堆放易燃品，则保险人对火灾事故不承担保险责任。

2. 保证的形式

保证通常可分为明示保证和默示保证两种形式。

（1）明示保证，是指在保险合同明确记载的、成为合同组成部分的保证条款和其他保证事项。例如，在盗窃险中，保证安装防盗门。

（2）默示保证，是指保证内容虽没有记载于保险合同之上，但由于社会习惯公认或法律规定投保方必须保证的事项。默示保证一般存在于海上保险中。按照 1906 年《英国海上保险法》的规定，海上保险的默示保证主要有两条：合法保证和适航保证。❶ 合法保证要求任何海上保险所承保的航海活动都必须是合法的航海活动。适航保证要求承保船舶必须在该航程开始时，在各个方面都能够合理地适合承保的航海过程中遭遇到的正常危险。适航的内容包括两个方面：对船舶本身而言，船舶需要具有适当的设备、燃料、给养和人员；对货物的装载而言，船舶需要具有适当的装载能力和运送设备。默示保证与明示保证具有同等的法律效力。

3. 保证与告知的区别

保证与告知均是依最大诚实信用原则而产生的投保人与被保险人的义务，但两者有很大区别。

（1）保证是保险合同内容的重要组成部分，除默示保证外，均须列入保险单或其附件中；而告知是在保险合同订立时，投保人所作的陈述，并不是保险合同的内容，如将告知事项订入合同时，其性质就转变为保证。

（2）保证的目的在于控制危险，而告知则在于使保险人能够正确估计其所承担的危险。

---

❶ 陈欣. 保险法. 北京：北京大学出版社，2000：74.

（3）保证在法律上推定其是重要的，任何违反将导致保险合同无效；而告知须由保险人证明其确实是重要的，才可以成为解除保险合同的依据。

（4）保证必须严格遵守，而告知仅须实质上大体符合即可。

2.1.3　说明

保险人的说明义务和投保人的如实告知义务，是法律规定的合同订立前的义务，属于先合同义务。

所谓保险人的说明义务，是指保险人在订立保险合同时，应当承担的向投保人说明保险合同条款，特别是免责条款内容的义务。在保险人违反说明义务的主观要件上，并不要求存在过错。只要保险人未尽说明义务，就构成说明义务的违反。

可以说，我国《保险法》对保险人的说明义务采取的是严格责任原则。我国《保险法》第 17 条第一款规定："订立保险合同，采用保险人提供的格式条款的，保险人向投保人提供的投保单应当附格式条款，保险人应当向投保人说明合同的内容。"保险人的说明义务为法定义务，不允许保险人以合同条款的方式予以限制或者免除。不论在何种情况下，保险人均有义务在订立保险合同前详细说明保险合同的各项条款，并对投保人有关保险合同的询问作出直接、真实的回答。保险人可以书面或者口头向投保人作出说明，也可以通过代理人向投保人作出说明。保险人向投保人说明保险合同条款的内容，无须投保人询问或者请求，保险人应当主动进行，并对其说明内容负责。而且，对代理人所作的说明，亦负同一责任。对于责任免除条款，保险人不仅要履行说明义务，而且应当向投保人明确说明，未明确说明的，该条款不产生效力。《保险法》第 17 条第二款规定："对保险合同中免除保险人责任的条款，保险人在订立合同时应当在投保单、保险单或者其他保险凭证上作出足以引起投保人注意的提示，并对该条款的内容以书面或者口头形式向投保人作出明确说明；未作提示或者明确说明的，该条款不产生效力。"该规定与《中华人民共和国合同法》（以下简称《合同法》）的相关规定是一致的。《合同法》第 39 条第一款规定："采用格式条款订立合同的，提供格式条款的一方应当遵循公平原则确定当事人之间的权利和义务，并采取合理的方式提请对方注意免除或者限制其责任的条款，按照对方的要求，对该条款予以说明。"

对保险人的说明，要求完整、客观、真实。除提醒投保人阅读保险合同的条款外，还应对保险条款的内容、术语、目的等作出解释。订立保险合同时，保险人不作明确说明的，其后所作的说明，不产生明确说明的效果。然而，何谓"明确说明"，要根据具体情况进行判断。如果投保人和保险人对之有异议，要由仲裁机关或者法院对保险人的说明作出事实上的判断，以确定保险合同中的除外责任是否有效。因此，在保险实务中，保险人应严格按照法律的规定，履行说明义务，对于责任免除条款应当特别提示并作出明确说明，最好让投保人签字认可，这标志着保险人对保险合同的各项条款已经履行了明确说明义务。这样，可以避免保险合同纠纷出现后，投保人以保险人没有履行明确说明义务为由，主张责任免除条款无效，损害保险公司的利益。

2.1.4　弃权与禁止反言

1. 弃权的概念

所谓弃权，是指保险合同一方当事人放弃他在保险合同中可以主张的权利，包括合同解除权和抗辩权等。在通常情况下，弃权是针对保险人而言的。

在保险中，弃权是指可以产生使保险人或其代理人放弃了本来可以对投保人或被保险人的不实告知、违反保证或违反保险条件行使抗辩权利这样一种法律效果的行为。例如，❶ 一家人寿保险公司出具的寿险保单规定，如果被保险人参军或参加武警部队，保险公司可以宣布保单无效。恰巧在保险期间被保险人真的参加了武警部队，并且在一次围剿毒犯的战斗中牺牲了。保险公司的代表得知这一信息后，给保单受益人（被保险人的父母）写了一封信，信中说被保险人为国捐躯，该公司放弃了以参加武警部队而死亡为理由的抗辩。过了不久，保险公司又给受益人发出了一封信，告诉受益人公司改变了立场，宣布保单无效。在这种情况下，受益人通过诉讼解决，法庭会判定第一封信构成了保险人对抗辩权利和宣布保单无效权利的明示放弃。因为当保险人发出第一封信的时候，他已经知道了事实并有意放弃了权利。即使第一封信不以对价为基础，也没有改变受益人的状况，它具有法律约束力，是产生保险人放弃其原有抗辩权利的法律后果的行为。

2. 弃权的构成要件

构成弃权，必须具备两个构成要件。

1）保险人有弃权的意思表示

这种意思表示可以是明示的，也可以是默示的。明示的意思表示是指表意人直接以法律或习惯所确认的方式表示意思，如采取口头或书面的形式表达意思；默示的意思表示是指通过表意人的行为（包括作为与不作为）间接地表示意思，即他人可从其行为中推知其意思。一般来说，作为的方式可以作为意思表示的形式，而不作为的方式只有在法律有直接规定的情况下才能作为意思表示的形式。

在多数情况下，保险人弃权的意思表示，从其行为中可以推知。例如，在美国，如果保险人知道被保险人有违背约定义务的情况，而仍然作出下列行为的，即可认为其默示弃权。

（1）投保人未按期交付保险费，或违背其他约定义务，保险人就可以解除保险合同。但是，如果保险人收受投保人逾期交付的保险费，或明知投保人有违背约定义务的情形，而仍收受保险费的，就足以证明保险人有继续维持合同的意思。因此，其本应享有的合同解除权、终止权及其他抗辩权均视为抛弃。

（2）保险事故发生后，保险人明知有拒绝给付的抗辩权，但仍寄送损失证明表，要求投保人提出损失证明，因而增加投保人在时间及金钱上的负担的，多数法院认为即足以构成抗辩权的抛弃。

---

❶　陈欣．保险法．北京：北京大学出版社，2000：84．

（3）保险人明知投保人的损失证明有瑕疵，而仍无条件予以接受，则可视为是对瑕疵抗辩权的抛弃。

（4）投保人、被保险人或受益人在保险事故发生时，应于约定或法定期限内通知保险人。但如果投保人、被保险人或受益人逾期通告而保险人仍接受，即可视为是对逾期通告抗辩权的抛弃。

（5）保险人据于无效保险合同而主张权利的，即属默示抛弃基于合同所产生的抗辩权。

（6）保险人在获悉投保人违背约定义务后保持沉默的，其沉默是否足以构成抛弃？一般来说，除非保险人有作出意思表示的义务，或其沉默对于被保险人显失公平外，沉默不发生变更法律关系效力的效果。

2）保险人必须知道有权利存在

除非保险人知道投保人有违背约定义务的情况及因此而可享有抗辩权或解约权外，其作为或不作为均不得视为抛弃。所谓知道，原则上以保险人的确知情为准，但如保险人已知悉有关事实，并从该有关事实中可以推知投保人违背约定义务的，也应视为知道。

3. 弃权的范围

一般来说，基于保险合同所产生的各种权利，如抗辩权、合同解除权等均可抛弃。但下列权利不得抛弃。

（1）与社会公共利益有关的权利。

（2）法律赋予的权利。

（3）对于事实的主张。

（4）如果抛弃权利会侵害他人权利的。

4. 禁止反言的概念

禁止反言也称为禁止抗辩，是指保险合同一方既然已经放弃他在合同中的某种权利，将来就不得再向他方主张这种权利。《保险法》第16条第六款规定："保险人在合同订立时已经知道投保人未如实告知的情况的，保险人不得解除合同；发生保险事故的，保险人应当承担赔偿或者给付保险金的责任。"该规定即属于禁止反言规则。

5. 禁止反言的构成要件

禁止反言的构成要件包括以下几个方面。

（1）保险人曾就订立保险合同的有关重要事项，向投保人作出诱导性的虚假陈述或行为。

（2）作出诱导性的虚假陈述或行为的目的是为了让投保人或被保险人信赖该陈述或行为，或者投保人、被保险人信赖该陈述或行为并不违背保险人的意图。

（3）投保人或被保险人信赖该陈述或行为，并且主观上出于善意。

（4）投保人或被保险人因信赖该陈述或行为而作出某种行为。

6. 禁止反言的适用范围

一般来说，禁止反言适用于下列情形。

（1）保险人交付保险单时，明知保险合同有违背条件、无效、失效或其他可解除的原因，却仍交付保险单，并收取保险费。

（2）保险人的代理人，就投保申请书及保险单上的条款，作错误解释，而使投保人或被保险人信以为真。

（3）代理人代替投保人填写投保申请书时，为使投保申请容易被保险人接受，故意将不实的事项填入投保申请书，或隐瞒某些事项，投保人在保险单上签名时，不知其为虚假陈述。

（4）保险人或其代理人虽表示已依照被保险人的请求为某一行为，而事实上并未实施该行为。

（5）保险人或其代理人对被保险人的身份或职业进行错误的分类，而被保险人不知道或未经被保险人同意。

2.2　保险利益原则

2.2.1　保险利益的概念

保险利益又称可保利益，在保险法中扮演着重要角色，它不仅关系到保险合同的效力问题，而且是决定保险标的、保险价值、损害的发生、复保险、超额保险及保险合同利益转让的重要因素。

英国《1906 年海上保险法》第 5 条把可保利益定义为：① 依该法规定，每一个对海上运务有关系的人，都具有可保利益；② 特别是一个对海上运务中处于风险中的可保财产有合法或正当关系（衡平法关系）的人来说，他对该海上运务是具有利害关系的。正由于这个原因，这个人对可保财产的安全或及时运抵能得到益处，而对可保财产的灭失或损坏或扣留所产生的责任则受到损害。

英国学者约翰·T. 斯蒂尔认为："保险利益是产生于被保险人与保险标的物之间的经济联系，并为法律所承认的、可以投保的一种法定权利。"❶

我国台湾学者郑玉波认为："保险利益是指投保人对于保险标的所具有的利害关系，即投保人或者被保险人因为保险事故的发生，以致保险标的的不安全而受损，或者因为保险事故的不发生而受益的损益关系"❷

我国台湾学者桂裕指出："财产上的保险利益和人身上的保险利益应当加以区别，对财产上的保险利益的认识，不能完全适用于人身上的保险利益，财产上的保险利益和人身上的保险利益应当适用不同的规则。财产上的保险利益是指投保人对于特定财产所具有的实际和

---

❶ 斯蒂尔 . 保险的原则与实务 . 孟兴国，等，译 . 北京：中国金融出版社，1992：3.
❷ 郑玉波 . 保险法论 . 台北：三民书局，1981：54.

法律上的利益，人身上的保险利益对于投保人本人为其主观价值，对于第三人则为投保人和该第三人之间的相互关系。"❶

我国台湾学者刘宗荣认为："保险利益，是指对于保险标的物的现存状态的维持或破坏、对于责任的发生与不发生，或对于被保险人的生存、死亡、疾病、伤害有利害关系，而且经过价值判断，可以以这种利害关系作为保险标的的投保保险的利益。"❷

以上定义从不同角度对保险利益的含义进行了界定，相比较而言，我国《保险法》的定义最为简洁。《保险法》第 12 条第六款规定："保险利益是指投保人或者被保险人对保险标的具有的法律上承认的利益。"

2.2.2 保险利益的构成要件

保险利益的成立，必须符合下列条件。

1. 保险利益应为合法的利益

保险合同是一种民事法律行为，只有在法律上可以主张的合法利益才能受到国家法律的保护。因此，保险利益必须是符合法律规定的，符合社会公共秩序，为法律所认可并受到法律保护的利益。例如，在财产保险中，投保人对保险标的的所有权、占有权、使用权、收益权或对保险标的所承担的责任等，必须是依照法律、法规、有效合同等合法取得、合法享有、合法承担的利益，因违反法律规定或损害社会公共利益而产生的利益，不能作为保险利益。例如，因偷税漏税、盗窃、走私、贪污等非法行为所得的利益不得作为投保人的保险利益而投保，如果投保人以法律不认可的利益投保，则保险合同无效。

2. 保险利益应为经济上有价值的利益或具有某种利害关系

财产保险利益必须是可以用货币、金钱计算和估价的利益，保险不能补偿被保险人遭受的非经济上的损失，如精神损失。《日本商法典》第 630 条规定："保险契约的标的，以能用金钱估算的利益为限。"对那些像纪念品、日记、账册等不能用货币计量其价值的财产，虽然对投保人有利益，但一般不作为可保财产。

在人身保险中，保险利益是投保人或被保险人对保险标的所具有的利害关系。"此种利害关系，有经济上之利害关系，及精神上之利害关系二种。"❸

3. 保险利益必须是确定的利益

投保人或者被保险人对保险标的所具有的利益，已经确定或者可以确定的，才能构成保险利益。已经确定的利益或者利害关系，为现有利益；尚未规定但可以确定的利益或者利害关系，为期待利益。可见，投保人可以为其现有利益（如所有或者占有的财产）投保，也可以为其将来可以确定的期待利益（如责任、将取得的利益等）投保。但是，在人身保险

❶ 桂裕．保险法论．台北：三民书局，1981：62–63.
❷ 刘宗荣．新保险法：保险契约法的理论与实务．北京：中国人民大学出版社，2009：80.
❸ 梁宇贤．保险法新论．北京：中国人民大学出版社，2004：57.

合同上，投保人对被保险人的寿命或者身体所具有的保险利益，必须是现有利益，是投保人或被保险人之间在订立保险合同时已经确定的既存利害关系，如亲属关系、抚养关系、信赖关系等。

2.2.3 人身保险的保险利益

1. 人身保险利益的特点

人身保险利益是指投保人对于被保险人的寿命和身体所具有的法律上所承认的利益。人身保险合同的保险利益具有以下特征。

（1）合法性。人身保险合同的保险利益必须是合法利益，包括依法律的直接规定所产生的利益和依当事人的约定所产生的合法利益。

（2）确定性。人身保险合同的保险利益必须是确定的现有利益，是投保人与被保险人在订立人身保险合同时已经确定的既存利害关系，如亲属关系、抚养关系、信赖关系等，而不是期待利益。

（3）人身保险的保险利益不能用金钱来衡量，不存在代位追偿问题。这一点与财产保险合同的保险利益有较大的不同。财产保险的保险利益是可以用金钱衡量的利益，不得因保险事故的发生而获得双重利益，保险人赔偿保险金后，在赔偿金额范围内可代位行使被保险人对第三者请求赔偿的权利。

（4）人身保险的保险利益必须在合同成立时存在。财产保险合同的保险利益必须在保险事故发生时存在，在合同订立时保险利益可以不存在。而人身保险的保险利益必须在合同成立时存在，否则，订立的合同无效。在合同订立后，投保人失去保险利益，对已订立的人身保险合同的效力没有影响。《保险法》第 12 条第一款规定："人身保险的投保人在保险合同订立时，对被保险人应当具有保险利益。"

2. 人身保险利益的认定

根据《保险法》第 31 条的规定，投保人对下列人员具有保险利益。

（1）本人。本人是指投保人自己。任何人对于自己的身体或者寿命有无限的利益。投保人以其本人的寿命或者身体为保险标的，在法律允许的限度内，可以任意为本人的利益订立保险合同，并可以任意约定保险金额。

（2）配偶、子女、父母。投保人的配偶、子女或者父母，为投保人的家庭成员。依照一般原则，家庭成员相互间具有保险利益。家庭成员相互间有亲属、血缘以及经济上的利害关系，投保人以其家庭成员的身体或者寿命为保险标的订立保险合同，应当具有保险利益。

（3）其他家庭成员、近亲属。投保人的家庭成员，包括配偶、子女、父母，以及与投保人具有抚养关系、赡养或者扶养关系的其他家庭成员，甚至包括有共同生活关系的近亲属。投保人的其他家庭成员、近亲属，主要有投保人的祖父母、外祖父母、孙子女及外孙子女等直系血亲，投保人的亲兄弟姐妹、养兄弟姐妹、有扶养关系的继兄弟姐妹等旁系血亲。投保人对其他家庭成员、近亲属有保险利益，必须以投保人和其他家庭成员、近亲属之间存在抚养关系、赡养关系或者扶养关系为前提。如果投保人和其他家庭成员、近亲属之间没有抚养关系、赡养关系或者扶养关系，投保人对之没有保险利益。

（4）与投保人有劳动关系的劳动者。单位为了转嫁劳动者在工作过程中因受到伤害遭受的损失，往往为劳动者投保。此时，可以认定单位对劳动者具有保险利益。根据《保险法》第39条第二款的规定："投保人指定受益人时须经被保险人同意。投保人为与其有劳动关系的劳动者投保人身保险，不得指定被保险人及其近亲属以外的人为受益人。"该规定的出发点是最大限度地保护劳动者的利益。

（5）同意他人投保的被保险人。投保人以他人的寿命或者身体投保人身保险，投保人与被保险人没有上述的家庭成员或者亲属关系，不论投保人和被保险人相互间有无其他利害关系，经被保险人书面同意订立人身保险合同的，视为投保人对被保险人有保险利益。

3. 人身保险利益的存在时间

在人身保险中，对保险利益存在时间的要求，与财产保险正好相反。在人身保险合同订立时，保险利益必须存在，否则保险合同无效；在保险事故发生时，保险利益是否存在，对保险合同的效力不发生影响。《保险法》第12条第一款规定："人身保险的投保人在保险合同订立时，对被保险人应当具有保险利益。"在美国，"绝大多数规定要求人身保险的保险利益仅须于保单开始时存在，由此产生的结果是，即使保单所有人于保单有效期间丧失保险利益（如由于离婚），也不会影响保险的有效性，当损害发生时，受益人仍有权取得保险金"。❶

人身保险利益的存在时间之所以不同于财产保险利益，主要有两方面的原因：一方面，为了避免在订立保险合同时，投保人对被保险人因无密切的利害关系而引发道德危险，危及被保险人的生命安全；另一方面，由于如果保险利益消失后，即认为保险责任终止，对保单持有人有失公平。因为投保人将来所应得的保险金，是投保人过去已缴保险费及其利息的积存，具有一定的储蓄性质。如果投保人在保险合同订立后，因保险利益的消失而丧失原来在保险事故发生时所应得的保险金，将会使其权益处于不确定的状态。所以，人身保险的保险利益在保险事故发生时，并非必须存在。

2.2.4　财产保险的保险利益

财产保险的保险利益，是指投保人或者被保险人对保险标的因保险事故的发生以致保险标的的不安全而受到损害或者因保险事故的不发生而免受损害所具有的利害关系。

1. 财产保险利益的认定

财产保险的保险利益主要包括现有利益、期待利益、责任利益和合同利益。

（1）现有利益，是指投保人或被保险人对保险标的享有的已经确定的现存利益。常见的现有利益包括投保人或被保险人对保险标的享有的所有权利益、用益物权利益、担保物权

---

❶ 道宾. 美国保险法. 梁鹏, 译. 4版. 北京：法律出版社, 2008：62.

利益等。例如，汽车的所有人对其投保的汽车具有保险利益。

（2）期待利益，是指投保人或被保险人在订立保险合同时对保险标的的利益尚未存在，但基于其现有权利而在将来可获得的利益。期待利益基于现有利益而产生，无现有利益，亦不可能存在期待利益。例如，企业因经营而可能获得的利润、农民因耕种土地而可能获得的收益、因合同而产生的利益等，均可构成期待利益。

（3）责任利益，是指投保人或被保险人对保险标的所承担的合同上的责任及侵权损害赔偿责任。民事责任主要产生于违约行为和侵权行为。当投保人或被保险人有承担民事责任的可能时，对其可能承担的责任具有保险利益。例如，投保人或被保险人对其应负担的赔偿责任具有责任利益，可以投保责任保险。在责任保险中，投保人或被保险人对第三人依法应当承担的赔偿责任为保险标的。

（4）合同利益，是指在合同关系中，只要合同标的损失能给他们带来损失，合同当事人对合同标的就具有保险利益。例如，在进出口贸易中，出口方或进口方均具有投保货物运输保险的保险利益。在信用保险和保证保险中，权利人与被保险人之间必须建立合同关系，他们之间存在着经济上的利害关系。债权人对债务人的信用具有保险利益，可以投保信用保险。债务人对自身的信用也具有保险利益，可以按照债权人的要求投保自身信用的保险，即保证保险。

2. 财产保险利益的存在时间

根据保险利益原则的传统观念，在订立保险合同时，投保人对保险标的可以不具有保险利益，但在保险事故发生时，被保险人对保险标的应当具有保险利益。我国《保险法》采取了这种观点，《保险法》第 12 条第二款规定："财产保险的被保险人在保险事故发生时，对保险标的应当具有保险利益。"

2.3 损失补偿原则

2.3.1 损失补偿原则的含义

损失补偿原则是指保险合同生效后，如果发生保险责任范围内的损失，被保险人有权按照合同的约定，获得全面、充分的赔偿。该原则体现了保险的经济补偿职能。

2.3.2 被保险人请求损失补偿的条件

被保险人请求损失补偿的条件包括以下几个方面。

（1）只有投保人或被保险人发生了实际损害，保险人才予以补偿。在保险期限内，即使发生了保险事故，但如果被保险人没有受到损失，就无权要求保险人赔偿。

（2）保险人仅补偿实际损害。实际损失是根据损失财产的实际价值来确定的，而财产的价值与市价有关，所以实际损失的确定通常要根据损失时财产的市价（定值保险和重置价值保险例外）。例如，某幢建筑物按实际价值 100 万元投保，因火灾遭受全损，损失时市场房价跌落，该建筑物的市价为 80 万元，则保险人只能按市价，即实际损失赔偿被保险人 80 万元。

（3）补偿额受保险金额和保险利益的限制。保险金额是保险人承担赔偿责任的最高限额，所以保险赔偿不能超过保险金额，只能低于或等于保险金额。例如，某幢建筑物按实际价值 100 万元投保，因火灾遭受全损，假设损失当时市场房价上涨，该建筑物的市价是 120 万元，这时虽然被保险人的实际损失是 120 万元，但由于保险金额是 100 万元，所以，保险人只能以保险金额为限，赔付 100 万元。

2.3.3　损失补偿的范围

损失补偿的范围是指保险人应对被保险人的哪些损失予以补偿。一般而言，主要有以下几个方面。

1. 保险事故发生时，保险标的的实际损失

在财产保险中，通过计算受损财产的实际现金价值来计算实际损失。实际损失包括直接损失和间接损失，直接损失是指现有财产的减少，间接损失是指应增加的财产未增加。但补偿实际损失的最高金额以保险金额为限。

2. 合理费用

合理费用是指在事故发生后被保险人合理的施救费用及仲裁或诉讼费用支出。《保险法》第 57 条第二款、第 64 条、第 66 条对此做了明确规定。

3. 其他费用

其他费用主要是指为了确定保险责任范围内的损失所支付的检查、估价、出售等费用。

保险标的本身的损失与费用的支出应分别计算，两者的最高赔偿额均不得超过保险金额。但两者之和则可以超过保险金额。

2.3.4　损失补偿的履行方式

损失补偿的方式有多种，通常由当事人在保险合同中约定。从保险实践来看，主要有以下几种方式。

1. 现金赔付

在大多数情况下，保险均以现金来支付赔款。这也是我国保险实践中常用的方式。特别是对那些无形财产保险，如责任险、信用险、保证险、人身意外伤害与疾病保险的医疗费用等，只能采取现金赔付的方式。

2. 修复

对有形财产保险，当保险标的发生部分损失，如部分零部件损坏，保险人可委托有关修理部门，对受损的保险标的物予以修复，费用由保险人负担。此方式多用于汽车保险。

3. 更换

当保险标的物因保险责任事故发生而遭受损害时，保险人可采取替代、更换的办法，对标的物的受损部分或标的物的全部予以更换。此方式多适用于玻璃保险、汽车保险等。须注意的是，采用更换方式时，应考虑到原标的物的折旧，因而保险人享有一定折扣。

4. 重置

重置是指对被保险人毁损、灭失的标的物，保险人负责重新购置与原标的物等价的物，以恢复被保险人的原财产状态。该方式多用于不动产保险或一般财产保险。但采取此方式时也应考虑到原标的物的自然损耗与折旧，因而应减去这部分金额。不过在实践中一般不扣减，因而保险人很少愿意采用此方式。另外，重置要求与原标的物完全相同，如稍有不同，保险人就要承担不完全履行合同的责任，而且重置费用不受保险金额的限制，所以这也是保险人不愿采用此方式的重要原因。

2.4 近 因 原 则

近因原则是保险法的四大原则之一。虽然我国《保险法》没有明确规定这一原则，但是，在司法实践中却被广泛运用。由于近因理论十分复杂，正如美国学者普鲁塞所言："在这个问题上，凡是值得说的都已经说了，很多不值得说的也已经说了，近因仍然是一团乱麻和一堆荆棘，一个令人眼花缭乱、扑朔迷离的领域。"[1] 所以，对其解释及适用存在着相当大的分歧。

2.4.1 近因原则的含义

《1906 年英国海上保险法》第 55 条第一款规定："依照本法的规定，除保险单另有约定外，保险人对以承保危险为近因的损失承担赔偿责任，但是，对于非由所承保的危险近因所致的损失，概不负责。"这一规定，确立了保险责任认定中的一个重要原则——近因原则。但是，对到底什么是近因并没有给出确切的定义。

按照英国学者斯蒂尔的解释，"近因是指引起一系列事件发生，由此出现某种后果的能动的、起决定作用的因素；在这一因素的作用过程中，没有来自新的独立渠道的能动力量的介入。"[2] 由此可见，近因是指除非存在着这种原因，否则，损失根本不可能发生或几乎不可能发生。

近因原则是英美法系的称谓，大陆法系一般称为因果关系。在保险法中，只有当危险事故的发生与损失结果的形成存在着直接因果关系（近因）时，保险人才对损失负补偿责任，该原则被称为近因原则。在判断某一原因是否符合近因原则的要求时，不是看该原因是否最

---

[1] Prosser, 38Cal, L Rev, 369, 1950.

[2] 斯蒂尔. 保险的原则与实务. 孟兴国，译. 北京：中国金融出版社，1992：40.

接近损失的发生时间，而是看该原因是否直接促成了保险事故的发生。在我国，一般把直接促成结果发生的原因称为直接原因。如果该原因属于保险事故则应赔偿，不属于保险事故的，则不赔偿。

我国现行《保险法》在总则中只规定了最大诚实信用原则，在第二章"保险合同"部分中规定了保险利益原则和损失补偿原则，但缺乏对近因原则的明确规定。

最高人民法院于 2003 年 12 月 9 日发布的《关于人民法院审理保险纠纷案件若干问题的解释（征求意见稿）》第十九条规定："人民法院对保险人提出的其赔偿责任限于以承保风险为近因造成的损失的主张应当支持。近因是指造成承保损失起决定性、有效性的原因。"由于该司法解释最终没有通过，所以在我国目前的保险立法中还没有关于近因原则的明确规定。

本书认为，近因是指对造成承保损失起决定性、有效性、直接性的原因。

2.4.2 近因的认定方法

近因的认定方法有顺序法和逆向法。

1. 顺序法

在原因和结果之间，必然存在时间上的顺序性。凡原因现象必然先于结果现象出现。该方法就是按照逻辑推理，从前向后推，即从第一个事件出发，分析判断下一个事件可能是什么；然后再从下一个事件出发，分析判断再下一个事件是什么；如此下去，直至分析到损失为止。如果最初事件是损失发生的第一个原因，则最初事件即为损失的近因。如果最初事件是保险责任范围内的事件，则保险人应当承担赔偿责任。例如，工厂因停电而放假，员工决定外出旅游，途中遭遇车祸而死亡。那么，死亡的近因可按照事件发生的先后顺序来分析：停电—放假—旅游—车祸—死亡。如果不停电，工厂就不会放假，则员工不会外出旅游；不外出旅游，则不会发生车祸，不发生车祸员工不会死亡。这一连串的事件中，车祸是近因，其他都是条件。换句话说，停电并不必然导致放假，放假并不必然导致旅游，旅游并不必然导致车祸，但是车祸导致了死亡。所以，车祸是死亡的直接原因，是近因。

2. 逆向法

逆向法从最后的事件出发，按照逻辑顺序，从后往前推。也就是说，从分析损失开始，分析引起损失的原因是否是前一事件，如果是，则继续再分析导致前一事件发生的原因，直至最初事件为止。如果最初事件是保险风险所致，则为保险责任范围内的原因，保险人应当承担保险责任。例如，暴风引起电杆倒塌，电线短路引起火花，火花引燃房屋，从而导致财产受损。这里，"暴风—电杆倒塌—火花—房屋燃烧—财产损失"这一连串的事件，采用逆向法可以得知，暴风是近因。

2.4.3 关于近因判断标准的学说

1. 英美法系的标准

在英美法系中，所谓近因，是指造成保险标的损害的直接、有效、起决定性作用的危险因素或危险事故。而对损害起间接、次要作用的危险因素或危险事故为远因。其判定标准是从效果的角度而不是从远近的角度来看原因与结果的关系。也就是说，距结果时空最近的原因不一定是近因，距结果时空最远的原因亦不一定是远因。只有在保险危险因素或事故是保险标的损害的近因时，保险人才负赔偿或给付保险金的责任。

2. 大陆法系因果关系的主要理论

1）条件说

条件说又称等值说。该说认为，凡是对于损害后果之发生起重要作用的条件行为，都是该损害后果法律上的原因。换句话说，所有造成损害的原因都是条件。"条件说乃以哲学上之因果关系为基石以推断引发损害之原因。从横断面而言，一损害可能由数因素所共同或同时造成。该数因素，依条件说，通称为条件。"❶ 例如，员工因不上班外出旅游途中发生意外死亡，若工厂不发生火灾，则员工不会外出旅游，不外出旅游，则不会发生意外而死亡，故工厂发生火灾为死亡结果条件之一，此条件对于结果之发生属于无法排除，因此工厂发生火灾和员工死亡间具有因果关系。目前，多数大陆法系国家不再坚持条件说的因果关系理论，而寻求其他方法。

2）原因说

原因说认为，在引起损害发生的各种原因中，因时间、空间、原因力等方面的不同，各种原因对损害的作用力也不相同，只有那些对损害结果在时间、空间上距离最近，或对损害结果的发生起有效作用的原因，才是损害发生的真正的原因，从而应当使行为人承担责任。在我国，许多学者都将在损害结果发生中起着不同作用的行为或事件，按性质定性为原因和条件。行为对损害的发生起着决定作用，行为和结果之间有内在的、必然的联系的，称为原因。行为对损害的发生只起一定作用，行为和结果之间是外在的、偶然的联系的，称为条件。有学者认为："在许多情况下，原因说主张区分原因和条件以及原因力是正确的，但不能说条件就不是原因，也不能说不是条件的就不是原因。"❷

3）相当因果关系说

相当因果关系说又称充分原因说。该说是针对条件说的缺点而提出的，其基本含义是：在造成损害发生的数个条件中，如果某个条件有效增加了损害的客观可能性时，可视为损害的充分原因。例如，矿工感染肺结核的比例越高，从事矿工工作感染肺结核病的客观可能性也越高。如果某甲不从事矿工工作，不至于感染肺结核病，但其从事矿工工作时，感染肺结核病的可能性因而增加。据此，从事矿工工作与感染肺结核病有相当因果关系。

4）最近因果关系说

最近因果关系说从相当因果关系说出发，从多数适当条件中再寻找出唯一具有法律效果的条件——最近的因果关系。若此条件为保险合同的承保范围所包括，则保险人必须负责；

---

❶ 曾世雄. 损害赔偿法原理. 北京：中国政法大学出版社，2001：96.
❷ 王利明. 侵权行为法研究（上卷）. 北京：中国人民大学出版社，2004：415.

反之，则无保险赔付责任可言。由此可见，最近因果关系说只承认单一之条件为具有法律效果之条件，其他皆属"远因"，实为最佳之良药。❶

2.4.4 近因认定的规则

虽然我国立法并未明确规定近因原则，但是，在审判实践中却大量运用近因原则处理保险纠纷。具体而言，在单一原因引起的损害结果的情况下，只要判断此原因是否属于保险人的保险事项范围，便能确定保险人的赔偿责任。但在多种原因引发损害结果的情况下，就要区分不同情况判断其近因。

1. 多种原因连续发生致损

所谓连续发生，是指危险事故的发生具有不间断性，且没有新的因素介入。例如，在Mardorf v. Accident Ins. Co. 一案中，被保险人下班回家，脱袜子时大拇指甲划破了腿。6 天后，医生告诉他伤口已变为脓毒了。第十天他得了败血症，尽管医生做了努力，第二十天他死于败血症伤寒。❷ 本案中，在被保险人身上发生了一系列事件：腿受伤—腿发炎—败血症—感染伤寒—死亡。

多种原因连续发生致损，具体又分为以下情况。

（1）连续发生的原因都是被保风险，保险人承担全部保险责任。

（2）连续发生的多项原因中含有除外风险或未保风险，若前因是被保风险，后因是除外风险或未保风险，且后因是前因的必然结果，保险人负全部保险责任。例如，某进出口公司进口一批香烟，向某保险公司投保了平安险。在运输途中，船舶遭遇恶劣气候，持续数日，通风设备无法打开，导致货舱内湿度很高而且出现了舱汗，从而使香烟发霉变质，全部受损。该进出口公司向某保险公司提出索赔，要求赔偿全部损失。对于本案如何处理，保险公司内部出现了两种不同的意见。第一种意见认为，保险公司应该拒赔，理由如下：本案中香烟发霉变质是由于受潮和舱汗两个原因所致，而受潮和舱汗造成保险标的的损失责任分别由海上货运险中的受潮受热险和淡水雨淋险承保。该进出口公司只投保了平安险，没有投保一般附加险或者附加受潮受热险和淡水雨淋险。所以，本案中的货物损失不属于承保责任范围，保险公司应拒绝赔偿。第二种意见认为，保险公司应该赔偿，理由是：诚然第一种意见中"香烟发霉变质是由于受潮和舱汗两个原因所致"的说法没有错误，但本案中的香烟受损之前，运输船舶首先遇到了持续数日的恶劣气候，恶劣气候与受潮和舱汗都是造成香烟受损的原因。同时，恶劣气候与受潮和舱汗连续发生，且互为因果，即恶劣气候是前因，受潮和舱汗是恶劣气候的必然后果。因此，恶劣气候是香烟受损的近因。根据近因原则，保险人负责赔偿承保的风险为近因所引起的损失。在本案中，恶劣气候是平安险承保的风险，保险

❶ 江朝国. 保险法基础理论. 北京：中国政法大学出版社，2002：345.

❷ CLARKE M A. 保险合同法. 北京：北京大学出版社，2002：691.

公司应当赔偿。❶

（3）连续发生的多项原因中含有除外风险或未保风险，若前因是除外风险或未保风险，后因是承保风险，后因是前因的必然结果，保险人不负保险责任。例如，某地发生地震，造成某工厂内火炉翻倒，引发火灾，烧毁财产。保险单保火灾，不保地震。法院判决：火灾不是近因，而地震是近因，故保险公司不赔。

2. 多种原因同时发生致损

所谓多种原因同时发生致损，是指多数原因存在，共同作用造成损失。多种原因连续发生致损，具体又分为以下几种情况。

1）同为保险责任或同为除外责任

如果两个或两个以上的危险事故都是保险事故，则无须追究是否为近因，保险人应赔偿所造成的损失；反之，则不赔。

2）保险责任与除外责任兼而有之

如果这些危险事故既有保险责任事故，又有除外责任事故，则应首先以"直接、有效、起决定作用"标准确定近因。如果保险责任事故是近因，则保险人必须承担赔偿责任；反之，则免责。

如果无法判定近因或这些危险事故所起的作用均衡时，则区分保险事故所引起的损害和除外责任事故所引起的损害，保险人只对因保险事故造成的损害承担赔偿责任。例如，Ford Motor Co. of Canada Ltd. v. Prudential Assurance Co. Ltd. 案中，福特就暴乱为财产损失和业务中断投保，但"工作中止……或温度变化引起的损失"为除外责任。由于福特解雇工人引起了行动，其中包括一次暴乱，暴乱中暴乱者切断了福特的电源，并导致工作中止，切断的电源缺乏维修，温度下降，财产受损。该案中，被保险人的损失是由暴乱（保险责任）、生产中止或温度变化（除外责任）共同引起的，但二者独立发生作用，各自独立引起损失。加拿大最高法院判定被保险人只能就损失中单独由暴乱引起的那部分获得赔偿。❷

若同时发生的既有保险责任范围内的又有保险责任范围外的多数原因，对标的损害所起作用均衡，且两者造成的损失无法区分，此时的处理又要分两种情况。

（1）若在这多数原因中，既有保险风险又有除外责任，则保险人无须赔偿。例如，在 Wayne Tank 案中，被保险人安装的机械设备起火。该设备在试运行前被打开开关进行预热，而无人照看，所以没人注意到设备的一段管线完全不适合所用的用途，结果管线熔化起火。如果没有这段管线，设备不会起火；要不是整夜无人看管，也不会起火，因为人们会注意到管线熔化，及时阻止起火。在这里损失的近因有两个，一是设备缺陷（除外责任）；二是雇员疏忽（保险责任）。两者相互独立，因为一个原因并不引起另一个原因，它们又是相辅相

---

❶　许崇苗，李利. 中国保险法原理与适用. 北京：法律出版社，2006：96.
❷　CLARKE M A. 保险合同法. 北京：北京大学出版社，2002：690.

成，因为离开另一个原因哪一个原因都不会引起火灾。法院判决保险人无须赔偿。❶

（2）若在这多数原因中，既有保险风险又有保单中未提及的风险，则保险人必须负责赔偿。例如，在 Reischer v. Borwick 案中，船只投保了碰撞损失险而未投保海上危险。该船在多瑙河撞到沉树，被撞破后开始下沉。船长勉强将漏洞塞上，如果船停留在静水中再加上抽水机的使用，船可能不会下沉，但由于被拖去修理时受到的额外水压，一个塞子脱了出来，结果水势不可阻挡，船只沉没。上诉法院判决认为，碰撞和海上危险（指海水涌入）都是造成船舶损失的近因，其中碰撞是承保危险，而海上危险并未在保单中明文排除，保险人应当赔偿。❷

3. 多种原因间断发生致损

在一连串发生的原因中，有一项新的独立的原因介入导致损害，且新的独立的原因不是前因直接、必然的结果。若新的独立的原因为被保风险，保险人承担保险责任；反之，保险人不承担保险责任。例如，某人投保了意外伤害保险后被车撞倒，造成伤残，并住院治疗，在治疗过程中因感染死亡。由于意外伤害与感染没有内在联系，死亡并非意外伤害的结果。感染是死亡的近因，属于疾病范畴，不包括在意外伤害保险责任范围内，故保险人对被保险人死亡不负保险责任，只对意外伤害致残支付了保险金。

4. 表面看是多种原因致损，实际上是一个原因致损

许多案例表面看好像是两个原因共同作用造成了损失，但实际上是一个原因造成的。

例如，一病人因严重肾病住院，昼夜需人护理。因病人还伴有严重肺气肿、哮喘，医生嘱咐护理人员，病人喝水时不能用茶杯直接喝，只能用小勺子舀水往嘴里送，否则易呛水。晚上，夜班护工接班时白天护理家属未将医生嘱咐告诉夜班护工。入夜，病人口渴要喝水，护工用茶杯倒水给病人，病人一喝就呛咳不止，经抢救无效死亡。保险单只保意外事故，不保疾病。有人认为病人死亡是疾病和意外事故共同作用造成的。但实际情况并不是这样。尸检查明：病人死亡与肾病无关，是窒息而死的。这样，死亡就不是两个原因共同作用造成的，而是窒息造成的，呛咳不止是近因，保险公司要赔。又如，暴风吹坏某仓库屋顶，雨水进入仓库，造成仓库内货物严重水损。暴风已达到自然灾害等级；雨量并未达到，属正常自然现象。保险单只保自然灾害，不保雨淋。有人认为货物损失是暴风和雨水共同作用造成的。但事实并非如此。仓库屋顶损坏与雨水进入仓库互有因果关系，雨水进入仓库是仓库屋顶受损造成的，但如果没有下雨，也谈不上雨水进入仓库。"屋漏"和"下雨"，两者缺一不可。正所谓"屋漏偏逢下雨"。但是，"屋漏"和"下雨"共同作用，一下子还到不了货损，中间有一个雨水进入仓库的环节。"屋漏"和"下雨"共同作用，造成雨水进入仓库；雨水进入仓库，再造成货物损失，雨水进入仓库是近因，保险公司不赔。

---

❶ CLARKE M A. 保险合同法. 北京：北京大学出版社，2002：689.

❷ 同上书：686。

案例分析

投保人在签下 223 万保单后死去，保险公司担责❶

这是一起特殊的保险合同纠纷案。投保人从事保险业务代理数月后离职，在连续购买了 223.8 万元的人身保险后不久，在一起交通事故中意外身亡。保险受益人向中国人寿保险股份有限公司佛山市分公司（下称"人寿佛山分公司"）申请理赔，遭到拒绝，于是受益人将人寿佛山分公司推上了法庭被告席。

一、遭遇车祸，意外身亡

2005 年 7 月 7 日凌晨 1 时，广东省佛山市顺德区人黄某因交通事故意外死亡。据妻子何某陈述：6 日晚 11 时许，黄某去找朋友聊天，独自一人走出家门。7 日凌晨 1 时，黄某被人发现死在离家 2 千米的 105 国道上，交警部门于当天抓获了驾车从黄某身上开过的肇事司机吴某。中山大学法医鉴定中心经过鉴定认为，黄某符合交通事故致心肺破裂、失血性休克死亡。

但法医鉴定报告同时指出，吴某驾驶的轿车与黄某发生碰撞之前，黄某就已受到致命伤害而倒地，处于濒临死亡或已经死亡状态。据此，交警部门认为，吴某车辆的碰撞并没有加重对黄某的损害，吴某与黄某的死亡无关。

那么，黄某到底是被谁撞死的呢？交警部门经多方调查，一直无法查清这起交通事故的事实，黄某之死成了不解之谜。

二、生前买下巨额保单

就在黄某死亡前 4 个月，即当年的 3 月 6 日，黄某到人寿佛山分公司，投保"祥和定期保险"（保险金额 20 万元）和"人身意外伤害综合保险"（保险金额 30 万元），两份保险的投保人、被保险人均为黄某，受益人均为妻子何某。在投保单的有关项目中，黄某填写的是：工作单位是"伦教建筑水电安装队"，职业是"负责人"，职业代码是"070121"，平均年收入为 5 万元。

对于投保单第三项告知事项中的第十一款即"A. 目前是否有已参加或正在申请参加的其他人身保险？如有，请告知承保公司、保险险种名称、保险金额、保单生效时间；B. 过去两年内是否曾被保险公司解除合同或申请人身保险而被延期、拒保或附加条件承保；C. 过去有无向保险公司索赔"。在"祥和定期保险"的投保单中，三项中均填写了"否"；而在"人身意外伤害综合保险"的投保单中，投保人黄某和人寿佛山分公司双方均没有在上面的问答表的空格中填上"是"或者"否"。

黄某生前除在人寿佛山分公司买下两份总额为 50 万元的保险外，还在当年二三月间分

---

❶ 案例来源：http://www.zgjrw.com，2010-04-20。

别向太平洋人寿佛山分公司购买了3份"安康如意卡保险"（保险金额28.8万元）、向平安保险公司购买了5份"如意卡保险"（保险金额15万元）、向天安保险公司购买了"愉快人身意外伤害保险"1份（保险金额100万元）、向新华保险公司购买了"多保通吉祥卡"3份（保险金额30万元）。上述保险累计保险金额173.8万元。

此前，黄某与妻子何某都曾在泰康人寿佛山分公司作过兼职的保险业务代理工作。

三、索赔被拒，提起诉讼

2005年8月27日，何某向人寿佛山分公司提出理赔申请，并提交了相关书面材料。人寿佛山分公司以投保人黄某故意违反如实告知义务，保险人有权解除合同等为由拒绝赔付。同年8月30日，人寿佛山分公司曾向佛山市公安局顺德分局控告何某涉嫌保险诈骗罪。11月15日，顺德分局作出不予立案通知书。

何某认为，人寿佛山分公司的拒赔是没有道理的，遂向顺德区人民法院提起诉讼，请求判令：支付保险赔偿金50万元及利息（按中国人民银行同类贷款利率从起诉之日起至还款之日止计算），并承担本案诉讼费。

四、法院公断，条分缕析

顺德法院审理认为，黄某生前曾从事泰康人寿保险公司的兼职个人寿险业务代理工作，该院有理由相信黄某比一般的投保人对于保险的告知义务有更全面和清晰的认识。黄某在2005年二三月间的短期之内，连续密集投保，特别是向多家保险公司投保的均为低保费、高赔付的险种，数量众多的重复投保总额达223.8万元，相对于投保人黄某年收入5万元而言，亦为巨额，使投保人在客观上潜在着巨大的道德风险。对于该问题的不如实告知直接影响到保险人对于投保人人身风险的评估，并足以影响保险人是否承保。因此，该院认定投保人黄某构成故意不履行如实告知义务。

在投保"祥和定期保险"险种时，黄某对于人寿佛山分公司提出的关于"是否重复投保"的询问未履行如实告知义务，人寿佛山分公司作为保险人有权依照《保险法》的有关规定解除黄某与其签订的"祥和定期保险合同"，并对保险合同解除前发生的保险事故，不承担赔偿或者给付保险金的责任，并不退还保险费。

在投保"人身意外伤害综合保险"时，黄某对于投保单第三部分告知事项第十一款"是否向多家保险公司投保"等三项事项的询问未作回答，被告人寿佛山分公司明知存在上述情形，既不向投保人进行说明，也不要求投保人回答该询问，而与投保人签订了"人身意外伤害综合保险合同"，并收取了投保人的保费，被告人寿佛山分公司的行为符合有意识放弃一项已知权利的条件，构成有法律约束力的弃权，无权就该事项继续主张权利，故被告人寿佛山分公司无权解除其与黄某签订的"人身意外伤害综合保险合同"，因本合同的被保险人黄某已因交通事故死亡，合同约定的保险事故已发生，被告人寿佛山分公司应按合同的约定向受益人即原告何某支付意外伤害保险赔偿金30万元。驳回原告其他诉讼请求。

一审判决后，何某不服，上诉于佛山市中级人民法院，要求撤销原审判决，改判人寿佛山分公司立即赔偿何某保险金50万元及利息。

佛山市中院审理后，以原审判决事实清楚、适用法律正确、处理得当为由，判决驳回上诉，维持原判。

本 章 小 结

保险法理论一般认为，最大诚实信用原则、保险利益原则、损失补偿原则和近因原则共同构成了保险法的四大基本原则。保险法最大诚实信用原则的内容包括保险人的说明义务、投保人或被保险人的如实告知义务、保证、弃权和禁止反言等。保险利益又称可保利益，在保险法中扮演着重要角色，它不仅关系到保险合同的效力问题，而且是决定保险标的、保险价值、损害的发生、复保险、超额保险及保险合同利益转让的重要因素。损失补偿原则是指保险合同生效后，如果发生保险责任范围内的损失，被保险人有权按照合同的约定，获得全面、充分的赔偿。该原则体现了保险的经济补偿职能。近因原则是英美法系的称谓，大陆法系一般称为因果关系。在保险法中，只有当危险事故的发生与损失结果的形成，存在着直接因果关系（近因）时，保险人才对损失负补偿责任，该原则被称为近因原则。

本章的重点是：保险法的基本原则

本章的难点是：近因原则

关键词语：最大诚实信用原则　保险利益原则　损失补偿原则　近因原则

思考题

1. 保险法的基本原则是什么？
2. 最大诚实信用原则包括哪些内容？
3. 被保险人请求损失补偿的条件是什么？
4. 保险利益的构成要件是什么？

第 3 章

保险合同概述

3.1 保险合同的概念与特征

3.1.1 保险合同的概念

保险合同是合同的一种。合同又称契约，是指平等主体的自然人、法人、其他组织之间设立、变更和终止民事权利义务关系的协议。我国《保险法》第 10 条第一款规定："保险合同是投保人与保险人约定保险权利义务关系的协议。"但该定义过于简单，没有揭示出保险合同较之其他合同的特殊之处。通常，人们习惯于将投保行为称为"买保险"，这是因为保险合同与买卖合同有相似之处。买卖合同的标的是一项财产或与财产有关的权利，而保险合同的标的则为一项风险或由此产生的损失。对投保人来说，是付出经济代价买到一份安全保障；对保险人来说，是收取一笔保险费而承担一份补偿或给付责任。

保险合同法律关系的实质内容是：投保人向保险人支付保险费，保险人对于约定的可能发生的事故因其发生所造成的财产损失承担赔偿保险金责任，或者当被保险人死亡、伤残、疾病或者达到约定的年龄、期限时承担给付保险金责任。因此，保险合同是指投保人和保险人约定，由投保人向保险人支付保险费，保险人对于出现的合同约定的情事承担给付保险金责任的协议。

3.1.2 保险合同的特征

保险合同具有一般合同的共性，受制于《民法通则》和《合同法》等相关规定。但是，保险合同有着特定的、具体的法律内容，异于一般民商事合同，具有其自身的法律特征。

1. 保险合同是射幸合同

根据民法理论，射幸合同是与交换合同和实定合同相对而言的。交换合同是指一方当事人的给付与所得利益相当；实定合同是指在合同订立时当事人的给付义务即已确定；射幸合同则具有一方履行给付义务的不确定性和双方交换关系的非等价性两大特点。《法国民法典》第 1105 条规定："当事人各方根据不确定的时间而在取得利益或遭受损失方面存在偶然性时，此种契约称为射幸契约。"

保险合同是典型的射幸合同。首先，保险合同在订立时，保险人是否履行赔偿或给付保险金的义务具有不确定性，有赖于保险事故发生的偶然性；其次，保险人赔偿或给付的保险金通常远远大于投保人支付的保险费，但如果保险事故在保险期限内没有发生，投保人将无法得到保险金，保险人也不退还保险费。可见，两者之间没有等价交换关系，保险合同当事人义务履行与利益取得取决于不确定保险事故是否发生。

"然而，这种射幸性质只是就单个保险合同而言的，因为就所有保险合同的总体来看，保险费与赔偿金额的关系是依据概率计算出来的。换言之，保险人收到的保险费总额原则上与其所负赔偿债务相等。所以，从承保总体来看，保险合同是不存在偶然性的。"❶

2. 保险合同是最大诚信合同

诚实信用视为"帝王法则"，是民商事活动所要遵循的基本原则之一。任何合同的订立都要基于合同当事人的诚信。"保险活动当事人行使权利、履行义务应当遵循诚实信用原则"（《保险法》第 5 条）。并且，我国《合同法》规定，采取欺诈、胁迫等手段所订立的合同，法律不承认其效力。而"保险契约则尤重善意与诚信，若违背此一原则者，在其他契约有时或可予以宽容，在保险契约，则往往不予以宽容，盖所需善意之程度有别也。"❷原因如下。

（1）保险合同是射幸合同，保险危险是不确定的，通常保险人与投保人或被保险人对保险标的状况相关信息的了解是不对等的，保险人主要是依据投保人对保险标的的告知和保证来决定是否承保和确定保险费率的高低，投保人的任何不实之举，都有可能导致保险人判断失误和上当受骗。

（2）由于保险经营具有很强的技术性、专业性，这就需要保险人在订立保险合同时应向投保人说明保险合同的内容，特别是与投保人有利害关系的重要内容要向投保人如实明确说明。因此，在保险合同的订立和履行中，法律对保险合同当事人的诚信程度要求更高，学者称保险合同为"善意契约"。❸最大诚信原则是维持保险业务正常进行的必不可少的条件，在此意义上保险合同应为最大诚信合同。

---

❶ 许崇苗，李利. 最新保险法适用与案例精解. 北京：法律出版社，2009：59.
❷ 桂裕. 保险法论. 台北：三民书局，1981：30.
❸ 梁宇贤. 保险法新论. 北京：中国人民大学出版社，2004：28.

3. 保险合同是附合合同

附合合同是相对于议商合同而言的，二者是根据订立合同时双方地位来划分的。议商合同是指当事人可以就合同条款进行充分协商而订立的合同。其特点是当事人充分意思自治，有订立合同、选择相对人和决定合同内容的自由，大多数的合同都属于议商合同。附合合同又称为附从合同、定式合同、定型化合同、标准合同或格式合同，是指合同的主要内容由一方当事人提出，而另一方当事人不能就合同条款进行充分协商仅限于接受已提出的条件而订立的合同。附合合同的特点如下。

（1）合同的条款由一方事先决定，通常是由提供商品或服务的一方事先决定的。

（2）合同的相对人处于一种附从地位，即不参与合同条款的制定，没有决定合同内容的自由，只能接受拟定方提出的条件而订立合同。

（3）附合合同具有广泛的适用性、高效性、低成本性和风险的事先分配性。

（4）附合合同通常以书面明示为原则。

由于保险经营本身具有的专业技术性以及保险业务发展的广泛与迅捷，保险合同条款由保险公司单方事先拟定并经保险监督管理部门认可，印制成格式化、标准化的保险单，投保人一般只能就这些条款表示愿意接受与否，没有拟定和充分磋商保险条款的自由，不能决定合同条款的内容。所以，保险合同属于附合合同。保险合同的附合性可能造成合同双方的不平等交易。为了弥补这一缺陷，各国保险法一般都确立了"疑义利益解释规则"（也称"不利解释规则"）。我国《保险法》还明确规定了保险人对保险条款应负说明、解释义务，保险监督管理部门对重要险种的保险条款和保险费率负有审批的权责❶，以保护投保人、被保险人和受益人的利益。

4. 保险合同是双务有偿合同

以当事人双方是否存在对等给付义务为标准，将合同分为双务合同和单务合同。双务合同是指当事人双方互负对等给付义务的合同，即一方当事人愿意负担履行义务，旨在使他方当事人因此负有对等给付的义务。或者说，一方当事人所享有的权利，即为他方当事人所负有的义务，如买卖合同、互易合同、租赁合同等。单务合同是指合同当事人仅有一方负担给付义务的合同。换言之，单务合同是指合同当事人双方并不互相享有权利和义务，而主要由一方负担义务，另一方并不负有相对义务的合同，如赠与合同等。

以当事人取得权益是否须付相应代价为标准，将合同分为有偿合同和无偿合同。有偿合同是指享有合同约定权利的一方必须向对方偿付相应代价的合同，如买卖合同、租赁合同等；反之，则为无偿合同，如赠与合同、借用合同等。

《保险法》第 14 条规定："保险合同成立后，投保人按照约定交付保险费，保险人按照约定的时间开始承担保险责任。"也就是说，投保人按照约定向保险人支付保险费作为换取保险人承担保险责任的代价；保险人在享受收取投保人的保险费的权利的同时，相对应地承

---

❶ 参见《保险法》第 136 条。

担保险责任。可见，保险合同为双务有偿合同。❶

5. 保险合同是诺成性合同❷

以合同的成立是否须交付标的物或完成其他给付为标准，合同分为诺成性合同与实践性合同。诺成性合同是指当事人一方的意思表示一旦为对方同意即能产生法律效果的合同，即"一诺即成"的合同。此种合同的特点在于当事人双方意思表示一致之时合同即告成立。实践性合同是指除当事人双方意思表示一致以外，尚需交付标的物才能成立的合同。在这种合同中，仅凭双方当事人的意思表示一致，还不能产生一定的权利义务关系，必须有一方实际交付标的物的行为，才能产生法律效果。例如寄存合同，寄存人必须将寄存的物品交给保管人，合同才能成立并生效。

《保险法》第 13 条第一款规定："投保人提出保险要求，经保险人同意承保，保险合同成立。保险人应当及时向投保人签发保险单或者其他保险凭证。"第三款规定："依法成立的保险合同，自成立时生效。投保人和保险人可以对合同的效力约定附条件或者附期限。"从该法律规定来看，保险合同成立与否，取决于双方当事人是否就合同的条款达成一致意见。另外，《保险法》第 14 条规定："保险合同成立后，投保人按照约定交付保险费，保险人按照约定的时间开始承担保险责任。"因此，主张保险合同是实践性合同，即在保险费交付之前，保险合同尚未成立的观点是站不住脚的。

6. 保险合同是不（非）要式合同

根据合同成立是否应以一定的形式为要件，可将合同分为要式合同与不要式合同。要式合同是指必须依据法律规定的方式而成立的合同。对于一些重要的交易，法律常常要求当事人必须采取特定的方式订立合同。不要式合同是指当事人订立的合同依法并不需要采取特定的形式和履行一定的手续，当事人可以采取口头形式，也可以采取书面形式，只需当事人意思表示一致即可。合同除法律有特别规定以外，均为不要式合同。根据合同自由原则，当事人有权选择合同形式，但对于法律有特别的形式要件规定的，当事人必须遵循法律规定。

关于保险合同是要式合同，还是不要式合同，历来保险法学者见解不一。本书认为，保险合同是不要式合同，原因如下。

（1）从保险立法来看，依据上述《保险法》第 13 条第一款以及第二款的规定："保险单或者其他保险凭证应当载明当事人双方约定的合同内容。当事人也可以约定采用其他书面形式载明合同内容。"可以看出，保险合同并非只能采用保险单或其他保险凭证的形式；同时，保险合同在双方当事人意思表示一致时即成立，出具保险单只是保险人的法定义务，可

---

❶ 在当前的保险实务中，一些保险公司为增强广告效应，向一些社会名人和一些参与特定活动的人提供免费保险，严格意义上是违反保险法的行为。如果合同无保险费的约定，应被视为无效。中国保监会于 2005 年发布《关于规范寿险公司赠送保险有关行为的通知》，作出了明确要求和限制。

❷ 保险合同是实践性合同，还是诺成性合同，学术界颇有争议。如李玉泉在《保险法》（法律出版社，2003）第112 页提出："很多人认为，在英美法国家，保险合同是一种实践性合同，即保险合同的成立必须以投保人交付保险费为条件。"在我国，不少人也赞同保险合同是实践性合同。

作为保险合同的证明，但不能作为保险合同的成立要件。"从理论上讲，合同的形式仅仅是证据效力，书面形式仅是证明合同存在的证据之一，如果有其他证据能证明保险合同的成立、效力及内容，法官与仲裁员不能否认合同的存在。"❶ 另外，从世界上合同法的发展轨迹来看，随着市场经济的成熟，交易活动的频繁，为了保证交易行为的快捷、灵活和方便，及时保证交易双方的权益，各国合同立法存在从要式向不要式发展的普遍趋势。在英美保险立法例上均认为保险合同为非要式合同，与一般契约之成立无异。❷

（2）从保险实践来看，由于保险人签发保险单通常必须经过相关程序，需要一定的时日。《保险法》也并未对保险人"及时"签发保险单或其他保险凭证作出明确的规定，❸ 有时会发生双方当事人就合同内容已经达成协议，并且已经交付保险费后，保险人不能及时签发保险单。如果在这段时间内发生了合同约定的保险事故，由于不具备法律规定的合同生效的形式要件，被保险人或受益人就无法得到保险保障，也会诱发保险实务中一些存在道德危险的保险人故意延迟保险单的签发与交付情形的频现。显然，这不利于保护被保险人的利益，有悖于我国保险立法的原则。

3.2 保险合同的分类

按照不同的标准可对保险合同做以下分类。

3.2.1 财产保险合同和人身保险合同

按照保险合同标的的不同，保险合同可分为财产保险合同和人身保险合同。

（1）财产保险合同，是以财产及其有关利益为保险标的的保险合同。（详见本书后面章节）

（2）人身保险合同，是以人的寿命和身体为保险标的的保险合同。（详见本书后面章节）

3.2.2 定额给付性保险合同和损失补偿性保险合同

以保险人给付保险金的性质和目的为标准，保险合同可划分为定额给付性保险合同和损失补偿性保险合同。

（1）定额给付性保险合同，是指当保险合同约定的事故发生或约定期限届满时，保险人按照合同约定的保险金额给付保险金的保险合同。该保险合同通常是以抽象性保险利益投保而订立的，保险事故发生不一定造成损失，即使造成损失，也难以用货币计量损失金额，

---

❶ 孙积禄. 保险法. 北京：高等教育出版社，2008：23.

❷ 覃有土. 保险法概论. 北京：北京大学出版社，2001：102.

❸ 《最高人民法院关于人民法院审理保险纠纷案件若干问题的解释（送审稿）》第4条规定：对于《保险法》第13条中规定的"及时"，人民法院可以根据同行业中同类险种正常工作流程所需要的时间确定。投保人交付投保单后，保险人未及时签发保险单或者其他保险凭证，也未在合理时间内通知投保人拒绝承保，投保人要求保险人承担责任的，人民法院应予支持。

故保险赔偿的范围是当事人在保险合同中的约定。一般的人寿保险合同属于典型的定额给付保险合同。

（2）损失补偿性保险合同，是指在保险事故发生时，由保险人评估被保险人所遭受的实际损失，并在保险金额限度内给付保险金，以弥补被保险人所受实际损失的保险合同。该保险合同是以具体性保险利益为标的订立的，保险事故发生所造成的后果表现为被保险人的经济损失且损失可以用货币计量。保险人支付保险赔款只是补偿被保险人的经济损失，但保险赔款以不超过被保险人所受的实际损失为原则。

我国《保险法》中对于保险合同，只做了人身保险合同和财产保险合同的区分，对于人身保险合同当中的医疗费用保险等损失补偿性保险合同，没有作出相应的规定，这就产生了一些问题。很多人误以为，其保险赔偿范围是完全按照保险合同约定的金额来确定的。实际上，决定保险赔偿的范围，要看该保险合同性质是损失补偿性还是定额给付性。

3.2.3 定值保险合同和不定值保险合同

按照保险标的价值是否事先在财产保险合同中约定，保险合同可划分为定值保险合同和不定值保险合同。

（1）定值保险合同，是指保险合同当事人事先约定保险标的的价值并在保险单中载明的保险合同。定值保险合同主要有两个优点。第一，减少理赔环节。保险理赔关系到被保险人的切身利益，理赔程序非常烦琐，包括检验、审查、核定、支付等一系列步骤。而定值保险合同因为保险价值事先已由双方确定，且载明于合同中，因而发生保险事故时，不必对损失额再行估定、核算以及作损余处理，可以减少理赔手续。第二，便于赔偿金额的确定。由于赔偿金额以合同约定的保险价值为根据，只需确定损失的比例而不考虑保险标的的实际价值。因此，确定赔偿额便很简单方便，从而避免或减少了保险人与被保险人之间因赔偿额的确定而发生的纠纷。在实践中，定值保险合同多适用于某些价值不易确定的保险标的的，如古玩、字画等艺术珍品；运输的货物❶；某些农业保险亦往往采用定值保险合同的形式。定值保险合同中，保险价值由双方自愿确定，如果保险人对保险标的的缺乏经验或专业知识，投保人即可能过高地确定保险标的的价值，牟取不正当利益。因此，为避免损失，保险人对订立定值保险合同多持谨慎态度，其适用范围受到一定限制。在美国，有些州的法律禁止订立定值保险合同。我国《保险法》修订后间接规定了定值保险合同，但未明确规定其适用范围。"投保人和保险人约定保险标的的保险价值并在合同中载明的，保险标的的发生损失时，以约定的保险价值为赔偿计算标准。"（《保险法》第 55 条第一款）

（2）不定值保险合同，是指保险合同当事人订约时不预先确定保险标的的价值，仅约

---

❶ 货物运输保险尤其是海上货物运输保险，由于运输的货物价值在不同的时间、地点可能差别很大，为避免出险时在计算保险标的的价值时发生争议，当事人往往采用定值保险合同的形式。

定保险金额，在保险事故发生后再评估、确定保险标的的实际价值的保险合同。《保险法》第55 条第二款规定："投保人和保险人未约定保险标的的保险价值的，保险标的的发生损失时，以保险事故发生时保险标的的实际价值为赔偿计算标准。"而确定保险标的实际价值最常用最简便的依据就是保险标的的市场价格。如果保险标的的损失无法用市价进行估算的，则采用重置成本减折旧的方法或其他估价方法来确定其保险价值。当然，不管保险标的的价格发生多大的变化，在确定赔偿额时都不得超过保险金额。

3.2.4 足额保险合同、不足额保险合同和超额保险合同

以保险金额与保险价值的关系为标准，财产保险合同可以分为足额保险合同、不足额保险合同和超额保险合同。

（1）足额保险合同，又称全额保险合同，是指保险金额等于保险价值的保险合同。当保险标的全部受损（实际全损），保险人当然依照保险金额全部赔偿；如保险标的一部受损，则采取"实际损失填补原则"，保险人按照实际损失，赔偿保险金。唯在海上保险方面有例外。❶

（2）不足额保险合同，即保险合同中确定的保险金额小于保险价值，又称部分保险合同。不足额保险契约之所以发生，不外乎下列两种情形❷：① 在保险契约订立时，投保人仅以保险价值之一部分付诸保险，以致保险金额小于保险价值；② 在保险契约订立后，因保险标的的价值上涨，以致原为足额保险而变为不足额保险。学者江朝国认为："不足额保险虽大都发生在不定值保险之情形，但属于定值保险也不乏其例。"❸《保险法》第 55 条第四款规定："保险金额低于保险价值的，除合同另有约定外，保险人按照保险金额与保险价值的比例承担赔偿保险金的责任。"

（3）超额保险合同，是指保险金额高于保险价值的保险合同。超额保险不外乎以下两种情形：① 在订立保险契约时，本于当事人之善意或恶意，以致保险金额超过保险价值；② 在保险契约成立后，因保险标的的价值跌落，以致保险人在履行赔偿金额时，其保险金额超过保险价值。❹《保险法》第 55 条第三款规定："保险金额不得超过保险价值。超过保险价值的，超过部分无效，保险人应当退还相应的保险费。"

3.2.5 单独保险合同和共同保险合同

以在同一个保险合同中保险人的数目为标准，保险合同可以分为单独保险合同和共同保险合同。

---

❶ 《海商法》第 249 条关于"委付"之规定，即被保险人于一部分损失时，得以标的物的未受损部分，以委付方式移转于保险人，而请求全部补偿。

❷ 陈云中. 保险学. 台北：五南图书出版公司，1985：100.

❸ 江朝国. 保险法基础理论. 北京：中国政法大学出版社，2002：325.

❹ 陈云中. 保险学. 台北：五南图书出版公司，1985：102.

（1）单独保险合同，是指由一个保险人与投保人就同一保险标的、同一保险责任订立的保险合同。

（2）共同保险合同，是指两个或两个以上的保险人与投保人使用同一合同，就同一保险标的、同一保险责任进行保险而订立的保险合同。当同一个危险或同一物的风险危险是在数个保险人之间按份额分担时，尽管由全体保险人签字的契约是同一个契约，但是，每一个保险人仅按照确定的份额比例向被保险人承担给付保险金的责任。在实务中，保险金额比较大的保险往往采取共保的方式，如为卫星发射而投保。

3.2.6　单一保险合同与重复保险合同

单一保险合同是指投保人就同一保险标的、同一保险利益、同一保险事故向一个保险人投保订立的保险合同。

重复保险合同是指投保人对同一保险标的、同一保险利益、同一保险事故，在同一时期内与两个以上保险人订立的保险金额超过保险价值的保险合同。❶ 学界普遍认为，从《保险法》把重复保险规定在财产保险合同项下而非总则中可以看出，重复保险仅适用于财产保险，这是由财产保险的补偿性质所决定的。（详见本书财产保险合同部分。）

3.2.7　原保险合同和再保险合同

按照保险合同是否必须以已经存在的保险合同为基础，可分为原保险合同和再保险合同。

（1）原保险合同，是指投保人和保险人最初订立的保险合同。

（2）再保险合同，是指保险人将其承担的保险业务，以承保形式，部分转移给其他保险人的保险合同。"保险人将其承担的保险业务，以分保形式部分转移给其他保险人的，为再保险。"❷ 再保险合同是由原保险的保险人与再保险接受人订立的保险合同。

3.2.8　为自己利益保险合同和为他人利益保险合同

以投保人订立保险合同的利益对象为标准，保险合同可分为为自己利益保险合同和为他人利益保险合同。

（1）为自己利益保险合同，是指投保人以自己为被保险人与保险人订立的保险合同。为自己利益保险合同是保险合同的基本形态。

（2）为他人利益保险合同，是指投保人以他人为被保险人订立的保险合同。为他人利益保险合同也是大量存在的，尤其是人身保险合同，很多都是为第三人的利益订立的。

---

❶　参见《保险法》第 56 条第四款。

❷　《保险法》第 28 条第一款。

3.2.9 特定危险保险合同和综合危险保险合同

根据保险人承担责任的危险种类或数量为标准,保险合同可划分为特定危险保险合同和综合危险保险合同。

(1)特定危险保险合同,是指保险人仅对一种或若干种特殊的危险事故造成标的损失承担责任的一种保险合同。例如火灾保险合同,任何其他意外事故原因所致的损害结果,保险人均不承担责任,故又称为单一危险保险合同。

(2)综合危险保险合同,又称一切危险保险合同,是指保险人对于标的的几乎所有损失(免责条款除外)都负赔偿责任的一种保险合同。

3.3 保险合同的主体

保险合同的主体是指在保险合同关系中享有权利和承担义务的法人、公民或其他组织。依据保险合同主体在保险合同法律关系中的地位、作用的不同,可分为当事人和关系人。保险合同的当事人是投保人和保险人。现实中大多数的保险合同是为自己的利益而订立的,但也有不少是为第三人利益而订立的,因此,被保险人和受益人就成为保险合同的利害关系人。还需要说明的是,保险中介人(保险代理人、保险经纪人和保险公估人)虽然与保险合同无直接利益关系,即对保险合同不享受权利和承担义务,不是保险合同主体,但保险合同的订立和履行又离不开他们的辅助作用,故而将其称为保险合同的辅助人。

3.3.1 保险合同的当事人

1. 投保人

1)投保人的概念与条件

投保人又称要保人。"投保人是指与保险人订立保险合同,并按照保险合同负有支付保险费义务的人。"❶ 投保人是保险合同的一方当事人,可以是自然人,也可以是法人或其他组织。根据我国《民法通则》、《合同法》、《保险法》等有关规定,投保人必须符合以下条件。

(1)投保人应当具备相应的主体资格。保险合同关系是一种民事法律关系,作为合同一方当事人的投保人,必须具有民事权利能力和相应的民事行为能力。民事权利能力是法律赋予民事主体享有民事权利和承担民事义务的资格。只有具备了权利能力,才具有法律上的主体资格,才能以主体身份参加具体的民事活动。民事行为能力是民事主体以自己的行为,享有民事权利和承担民事义务的资格或能力。当投保人为自然人时,投保人通常应当为完全民事行为能力人。凡依法取得法人资格的组织,均可以法人名义订立保险合同,成为投保

❶ 《保险法》第 10 条第二款。

人。其他组织依法登记，即具有投保资格和能力。

（2）投保人应当对保险标的具有保险利益。根据我国《保险法》的规定，保险利益是指投保人或者被保险人对保险标的具有的法律上承认的利益。人身保险的投保人在保险合同订立时，对被保险人应当具有保险利益。财产保险的被保险人在保险事故发生时，对保险标的应当具有保险利益。投保人可以为被保险人。可见，无论投保人是为自己的利益投保，还是为第三者利益投保，投保人与保险标的或被保险人之间应存在利益关系（或者说是利害关系）。法律要求投保人对保险标的具有保险利益的目的是尽可能防范保险道德风险的发生，以及确定合同的效力，"订立人身保险合同时，投保人对被保险人不具有保险利益的，合同无效"。❶

2）投保人的权利

投保人享有以下权利。

（1）保险合同的变更权。"投保人和保险人可以协商变更合同内容。变更保险合同的，应当由保险人在保险单或者其他保险凭证上批注或者附贴批单，或者由投保人和保险人订立变更的书面协议。"❷

（2）保险合同的解除权。"除本法另有规定或者保险合同另有约定外，保险合同成立后，投保人可以解除合同，保险人不得解除合同。"❸

（3）受益人的指定和变更权。各国保险法一般均规定人身保险合同的投保人享有指定和变更受益人的权利。《德国保险契约法》第 166 条规定："给付一定金额的保险契约，如有疑义时，推定要保人有不需经保险人同意，指定和变更受益人的权利。纵使保险契约中已指定第三人（受益人），要保人仍然保留变更受益人的权利。"我国《保险法》规定，人身保险的受益人由被保险人或者投保人指定。被保险人或者投保人可以变更受益人并书面通知保险人。❹

（4）申请复效权。根据《保险法》的规定，合同约定分期支付保险费，投保人超过宽限期未支付续期保险费的，合同效力中止，经保险人与投保人协商并达成协议，在投保人补交保险费后，合同效力恢复。❺

（5）保险单质押贷款和获取红利权。该权利由人身保险合同投保人享有。（详见本书第 8 章）。

3）投保人的义务

投保人应承担以下义务。

（1）如实告知义务。按照《保险法》第 16 条第一款的规定，在订立合同时，投保人应

---

❶ 《保险法》第 31 条第三款。
❷ 《保险法》第 20 条。
❸ 《保险法》第 15 条。
❹ 参见《保险法》第 39 条、第 41 条。
❺ 参见《保险法》第 36 条、第 37 条，以及本书第 8 章。

履行如实告知义务。

（2）缴纳保险费的义务。"保险合同成立后，投保人按照约定交付保险费，保险人按照约定的时间开始承担保险责任。""投保人可以按照合同约定向保险人一次支付全部保险费或者分期支付保险费。"❶ 缴付保险费，是投保人最主要的法律特征和必备条件。保险合同是有偿合同，在保险实务中，保险费的交付通常是保险合同生效、保险人开始承担保险责任和保险合同效力维持的先决条件。现行的保险条款一般规定，合同自保险人同意承保、收取保险费并签发保险单的次日开始生效，保险人自合同生效时开始承担保险责任。因此，投保人应当按照保险合同约定的时间、地点、数额和方法，向保险人交纳保险费。违反缴纳保险费义务的法律后果，因保险种类、保险费交付方式的不同而有所区别。一次性交付保险费的，如果合同约定交付保险费为生效条件，那么投保人未付保险费则合同不产生效力；如无此约定，那么保险人可以解除合同。在非人寿保险中，保险人也可以诉讼方式请求投保人交付。❷ 约定分期交付保险费的，按照《保险法》第36条规定处理，即可能合同效力中止，或者由保险人按照合同约定的条件减少保险金额。

2. 保险人

1）保险人的概念与条件

保险人又称为承保人，是指与投保人订立保险合同，按照合同收取保险费，并于保险事故发生后承担赔偿或给付保险金的人。现代保险业与经济发展密切相连，为了使保险业健康发展，各国法律都对保险人的法定资格及条件做了严格的限制。依各国通例，保险人只能是依法成立的、经营保险业务的组织，即保险公司。在我国，要成为保险人，必须依照《民法通则》、《保险法》和《公司法》等相关法律的规定，具备以下条件。

（1）必须是依法成立的经营保险业的法人组织。"保险业务由依照本法设立的保险公司以及法律、行政法规规定的其他保险组织经营，其他单位和个人不得经营保险业务。"❸ 保险人是以公司作为自己的组织形式，保险人须依照保险合同承担保险责任。

（2）保险人必须在核准的经营范围内经营业务，超出经营范围进行的保险活动无效。

2）保险人的权利

保险人享有以下权利。

（1）保险费收取权。缴纳保险费是投保人的主要合同义务。但从保险人的角度来说，保险合同成立后，保险人依据保险合同的约定向投保人收取保险费，则是保险人享有的主要合同权利。

（2）保险合同的解除权。在一定条件下，保险人也享有保险合同的解除权。保险人享有的解除合同的条件包括法定条件和约定条件。《保险法》规定保险人解除保险合同有8种

---

❶ 《保险法》第14条、第35条。
❷ 参见《保险法》第38条。
❸ 《保险法》第6条。

法定情形。❶

（3）代位追偿权。财产保险合同中，因第三者对保险标的的损害而造成保险事故的，保险人自向被保险人赔偿保险金之日起，在赔偿金额范围内代位行使被保险人对第三者请求赔偿的权利。❷

（4）采取措施权。《保险法》第 51 条第四款规定，保险人为维护保险标的的安全，经被保险人同意，可以采取安全预防措施。

3）保险人的义务

保险人应承担下列义务。

（1）保险条款的说明义务。"订立保险合同，采用保险人提供的格式条款的，保险人向投保人提供的投保单应当附格式条款，保险人应当向投保人说明合同的内容。对保险合同中免除保险人责任的条款，保险人在订立合同时应当在投保单、保险单或者其他保险凭证上作出足以引起投保人注意的提示，并对该条款的内容以书面或者口头形式向投保人作出明确说明；未作提示或者明确说明的，该条款不产生效力。"根据上述《保险法》第 17 条的规定，保险人的说明义务是法定义务。在实务中，为了避免和减少保险合同双方发生纠纷，保险人必须按相对人的要求对条款予以说明，从而使其了解条款的准确含义和真实目的，不得含糊和拒绝，并且保险人还应对条款的表述负责，同时承担由于表述意思不清而导致的风险。❸具体要求为：提请注意的语言应当是清楚的，对免责条款的提示必须达到相当程度且足以使相对人注意其存在；保险人履行提示和明确说明义务必须在订约完成前，让对方知道真实意图，以决定是否订约；提请注意的方式应当合理有效。

（2）赔偿或给付保险金的义务。这是保险人承担的主要义务，保险人支付保险金的方式、时间，均可在合同中约定，可以一次给付，也可以分期支付。保险人收到被保险人或受益人的索赔请求后，在对被保险人或受益人提供的证明、资料进行审核、调查的基础上给予赔付。保险人给付保险金的责任可因法定原因而免除。❹

（3）保密义务。《保险法》第 116 条规定："保险公司及其工作人员在保险业务活动中不得有下列行为：……（十二）泄露在业务活动中知悉的投保人、被保险人的商业秘密。"保守商业秘密不但是商业道德的要求，也是一项法定义务。

（4）解约金的返还义务。保险合同解除时，保险人负有退还保险费或保险单现金价值

---

❶ 参见《保险法》第 16 条第二款，第 27 条第一、第二款，第 32 条第一款，第 37 条，第 51 条第三款，第 52 条第一款，第 58 条第一款。

❷ 《保险法》第 60 条第一款。

❸ 《最高人民法院关于人民法院审理保险纠纷案件若干问题的解释（征求意见稿）》第 11 条（免责条款明确说明的要求）规定，保险人对是否履行了明确说明义务承担举证责任。该司法解释（送审稿）第 7 条规定，保险合同中免责条款本身，不能证明保险人履行了说明义务。但是投保人就保险人的明确说明义务签署了特别声明，可以证明保险人履行了该项义务。保险人应当主动向投保人说明，并应投保人要求进行解释。

❹ 参见《保险法》第 27 条、第 43 条、第 44 条、第 45 条、第 49 条、第 52 条的相应规定。

的义务。对于财产保险合同来说，《保险法》第 54 条规定："保险责任开始前，投保人要求解除合同的，应当按照合同约定向保险人支付手续费，保险人应当退还保险费。保险责任开始后，投保人要求解除合同的，保险人应当将已收取的保险费，按照合同约定扣除自保险责任开始之日起至合同解除之日止应收的部分后，退还投保人。"对于人身保险合同来说，《保险法》第 37 条第二款规定："保险人依照前款规定解除合同的，应当按照合同约定退还保险单的现金价值。"

3.3.2 保险合同的关系人

1. 被保险人

1) 被保险人的概念与特征

被保险人是指其财产或人身受保险合同保障，享有保险金请求权的人。投保人可以为被保险人。❶ 被保险人具备以下法律特征。

（1）被保险人是享受保险合同保障的人。就保险的本质而言，保险合同就是为了使被保险人因合同所约定的保险事故发生而遭受财产、人身损失时，能够得到保险人所支付的赔偿金或保险金以弥补经济损失，以此来实现对被保险人在财产和人身上所具有的保险利益的保障。因此，被保险人必须是其财产或人身受保险合同保障的人。具体在财产保险中，被保险人是保险标的的权利人，即受损财产的所有权人、使用权人、经营管理权人、抵押权人，他可以是自然人，也可以是法人或其他组织；在人身保险中，被保险人是以其生命或身体为保险标的，所以，人身保险合同中的被保险人只能是自然人。

（2）被保险人是享有赔偿请求权的人。被保险人的保险金请求权是基于保险合同的订立，被保险人在保险合同中所处的地位以及保险事故的发生而产生的。因此，享有保险金请求权是被保险人的另一法律特征。保险金请求权的行使在财产保险合同和人身保险合同中有所差异。在财产保险合同中，保险事故发生后，保险金请求权通常由被保险人本人行使；如造成被保险人死亡的，保险金请求权由其继承人继承。在人身保险合同中，保险事故发生后的，保险金请求权根据保险合同由受益人或被保险人本人行使。如被保险人身故且又无受益人，保险金请求权由被保险人的继承人继承。

（3）被保险人有资格和条件的要求。第一，"被保险人的资格和条件，主要取决于保险合同的规定，不同的保险合同，对被保险人资格的要求是不一样的，如有的人身保险合同规定保险人必须是一定年龄段的人，有的人身保险合同规定保险人必须是身体健康、能正常工作和劳动的人"。❷ 第二，有许多国家立法对被保险人的资格和条件进行限制。如《韩国商法》第 732 条规定："将未满 15 岁的人、丧失知觉或神志不清人的死亡为保险事故的保险合同无效。"我国《保险法》第 33 条也有类似的规定："投保人不得为无民事行为能力人投

---

❶ 《保险法》第 12 条第五款。

❷ 许崇苗，李利. 最新保险法适用与案例精解. 北京：法律出版社，2009：179 – 180.

保以死亡为给付保险金条件的人身保险，保险人也不得承保。父母为其未成年子女投保的人身保险，不受前款规定限制。但是，因被保险人死亡给付的保险金总和不得超过中国保监会规定的限额。"

2）被保险人的权利

被保险人享有以下权利。

（1）同意权。主要有以下三个方面。首先，同意为其投保以及认可保险金额。在人身保险合同中，被保险人享有是否同意其他人为其投保的权利。如果投保人与被保险人无一定的亲属关系，必须获得被保险人的同意，才能取得保险利益。否则，所订立的人身保险合同无效。而且，即使投保人对被保险人具有保险利益，如果投保以死亡为给付保险金条件的合同，还必须经被保险人同意并认可保险金额，否则，所订立的合同仍然无效。[1] 其次，同意投保人转让或者质押保单。《保险法》第 34 条第二款规定，按照以死亡为给付保险金条件的合同所签发的保险单，未经被保险人书面同意，不得转让或者质押。再次，同意投保人指定和变更受益人[2]。

（2）享有保险金请求权。在保险合同中，被保险人所享有的最重要的权利就是保险金请求权。虽然在人身保险合同中有受益人存在的情况下，由受益人享有保险金请求权，但受益人享有的保险金请求权是被保险人让与的，其来源是被保险人享有的保险金请求权。可以说，没有被保险人的保险金请求权，亦无受益人的受益权。

（3）受益人的指定或变更权。人身保险合同的受益人由被保险人或者投保人指定。受益人指定后，在保险事故发生前，被保险人或者投保人可以变更受益人并书面通知保险人。

3）被保险人的义务

被保险人应承担以下义务。

（1）通知义务。具体有以下三个方面。首先，危险增加的通知义务。"危险增加是指保险标的原危险状况在保险期间发生显著地持续增加，该增加在缔约时未予估计并作为计算保险费率的基础，继续履行原合同对于保险人显失公平。"[3]《保险法》第 52 条规定："在合同有效期内，保险标的的危险程度显著增加的，被保险人应当按照合同约定及时通知保险人……被保险人未履行前款规定的通知义务的，因保险标的的危险程度显著增加而发生的保险事故，保险人不承担赔偿保险金的责任。"其次，出险通知义务。投保人、被保险人或者受益人知道保险事故发生后，应当及时通知保险人。具体论述见本书索赔理赔部分。再次，保险标的转让的通知义务。《保险法》第 49 条规定，保险标的转让的，被保险人或者受让人应当及时通知保险人，但货物运输保险合同和另有约定的合同除外。

---

[1] 参见《保险法》第 31 条、第 34 条。
[2] 参见《保险法》第 39 条、第 41 条。
[3] 覃有土，樊启荣. 保险法学. 北京：高等教育出版社，2003：149.

（2）安全维护义务。"近代保险经营的另一发展方向，为损失预防之普遍实行，今日一般保险业者，已自事后补救，转向于事前预防之努力，正与疾病之预防胜于治病，同一理由。"❶ 因此，在财产保险合同中，被保险人应当遵守国家有关消防、安全、生产操作、劳动保护等方面的规定，维护保险标的的安全。被保险人未按照约定履行其对保险标的安全应尽的责任的，保险人有权要求增加保险费或者解除合同。

（3）防止和减少损失的义务。财产保险合同保险事故发生时，被保险人有责任尽力采取必要的措施，防止或者减少损失。保险事故发生后，被保险人为防止或减少保险标的的损失所支付的必要的、合理的费用，由保险人承担。

（4）提供证明和资料的义务。《保险法》第 22 条规定，保险事故发生后，按照保险合同请求保险人赔偿或者给付保险金时，投保人、被保险人或者受益人应当向保险人提供其所能提供的与确认保险事故的性质、原因、损失程度等有关的证明和资料。

（5）不当得利的返还义务。没有合法根据，取得不当利益，造成他人损失的，应当将取得的不当利益返还受损失的人。因此，被保险人在未发生保险事故情况下，谎称发生了保险事故，或者被保险人故意制造保险事故，或者被保险人以伪造、变造的有关证明、资料或者其他证据，编造虚假的事故原因或者夸大损失程度致使保险人支付保险金的，就构成不当得利，应当退回。因此，使保险人多支出费用的，还应当赔偿损失。

2. 受益人

1）受益人的概念

受益人又称保险金给付请求权人或者是保险金受领人，是指由投保人或被保险人在保险合同中指定的，于保险事故发生时，享有赔偿或给付请求权的人。受益人可以是自然人，也可以是法人；可以是一人，也可以是数人。受益人是人身保险合同所特有的主体，在保险合同中有着独特的法律地位。除保险合同约定的事件发生时有及时通知保险人以及索赔时提供证明和资料的义务外，受益人不承担任何其他义务。

2）受益人的法律特征

（1）受益人通常存在于人身保险合同中❷。依我国《保险法》第 18 条规定❸，受益人

---

❶ 袁宗蔚 . 保险学 . 北京：首都经济贸易大学出版社，2000：158.

❷ 理论界对财产保险合同是否也存在受益人一直与立法有不同的观点。贾林青在《保险法》（中国人民大学出版社，2009 年 7 月第三版）第 57 页明确提出："受益人的范围涉及财产保险合同"；李玉泉主编的《保险法学案例教程》（知识产权出版社，2005 年 1 月第一版）第 94 页表明："在财产保险中，如果投保人或被保险人指定受益人，如甲以自己的财产订立保险合同，而以丙为受益人，有何不可？这种行为实际上是第三人设定权利的行为，应该允许。"实务中，根据个人住房按揭保险的条款，投保人缴纳保费，银行将是第一受益人，而贷款买房者是第二受益人。一旦发生保险赔偿银行首先受益，否则不予贷款，尽管公众对此多有微词，认为不合理，但是显然财产保险也是存在受益人的。《俄罗斯联邦民法典》（1996 年生效）第 930 条规定："为依据法律、其他法律文件或者合同对投保财产享有利益的人（投保人或受益人）之利益按照保险合同可对该财产投保。"

❸ 受益人是指人身保险合同中由被保险人或者投保人指定的享有保险金请求权的人。投保人、被保险人可以为受益人。

只存在于人身保险合同中。我国台湾地区学者江朝国认为："人身保险，包括人寿死亡保险、健康保险及伤害保险常有以被保险人死亡为保险事故发生之要件，故除要保人、被保险人之外，尚须有受益人存在之必要，以于保险事故发生时，受领保险契约上之利益，即保险赔偿金额。此为受益人制度由来之始因。"❶ 因为通常财产保险合同的投保人以自己的财产投保，投保人即为被保险人，当保险事故发生时，受损毁的只是保险标的的本身，受益人往往就是被保险人自己。因此，一般财产保险合同中不需指定受益人。但人身保险合同的保险标的是人的寿命和身体，在法律上寿命和身体上的权利具有专属权性质，当被保险人死亡时，则发生谁来享有和行使保险金请求权的问题，所以，人身保险合同的受益人则有存在必要。

（2）受益人必须经被指定而产生。我国《保险法》规定，人身保险的受益人由被保险人或者投保人指定。投保人指定受益人时须经被保险人同意。投保人为与其有劳动关系的劳动者投保人身保险，不得指定被保险人及其近亲属以外的人为受益人。被保险人为无民事行为能力人或者限制民事行为能力人的，可以由其监护人指定受益人。投保人或被保险人可以在保险合同中明确指定受益人，也可以在保险合同中规定指定受益人的方法。被保险人或者投保人可以指定一人或者数人为受益人。受益人为数人的，被保险人或者投保人可以确定受益顺序和受益份额；未确定受益份额的，受益人按照相等份额享有受益权。一旦指定，受益权具有排他性，除同一顺序受益人外，其他人均无权分享或剥夺受益人的受益权。即使被保险人的法定继承人、债权人，亦无权申请保险金。

（3）受益人是独立享受保险金请求权的人。受益人以其民事主体的独立资格来享有保险金请求权。因此，如发生保险金给付纠纷，受益人可以其合法的诉讼资格独立行使诉讼权利，请求得到保险金给付。受益人享有的权利即受益权，是一种期待权利，也是期得利益。它是与既得利益相对应的，在一定条件下才可获得的利益。受益人必须在保险合同约定的条件构成时才可享有保险金请求权。但是，受益权又是一种不确定的权利。所谓"不确定"，是指受益人本身具有不确定性。首先，受益人是可以变更的，被保险人或投保人有权在受益权实现前的任何时候变更受益人；其次，受益人可以放弃受益权；再次，受益人是否能够享有受益权也取决于其自身因素，先于被保险人死亡的，依法丧失受益权的，受益权消灭。同时，这种不确定性决定了受益人在保险事故发生前，不得将此项权利进行转让，除放弃该项权利外，并不得对受益权做任何的处分。

3.3.3　保险合同的辅助人

保险合同辅助人又称补助人，是指与保险合同的订立或履行具有一定辅助关系的人。保险业务的经营，主要是围绕保险合同进行的。保险合同的订立和履行过程中，涉及许多环节，如展业、核保、费率和合同条款的拟订、索赔理赔等，比一般的民事合同更为复杂，其

---

❶　江朝国 . 保险法基础理论 . 北京：中国政法大学出版社，2002；135.

内容需要专门的知识和技术，因此，除了保险合同当事人、关系人之外，还需要相关保险专业人士的协助和服务。这也可以避免保险人在机构设置及人员安排上的过于庞杂，降低经营成本，有利于保险经营风险的分散。必须强调的是，他们既不享有保险合同所设定的权利，也不承担保险合同所规定的义务，所以，不是保险合同的主体。

关于保险合同的辅助人，即保险中介人，主要包括保险代理人、保险经纪人和保险公估人，后有专章详述。

3.4 保险合同的主要内容

保险合同的内容通过保险合同的条款来体现。保险条款是指保险人和投保人约定而载明于或者并入保险合同，以明确双方当事人权利和义务的条文。保险条款构成保险人承担保险责任的依据，也是被保险人或受益人享受权利和利益的依据。保险条款依其产生效力的基础，可以分为法定条款与约定条款。法定条款是指法律规定保险合同必须载明的条款，其内容也为法律所规定，投保人和保险人不得任意变更。法定条款构成保险合同的基本内容之一，但不是保险合同必备的条款，保险合同缺乏法定条款时亦能成立。约定条款是指保险人和投保人在法定条款之外约定的条款。

根据《保险法》第18条的规定，保险合同有下列主要内容。

3.4.1 主体的名称和住所

保险合同的主体包括投保人、保险人、被保险人和受益人，他们是合同所约定的权利和义务的享有者和承担者。在保险合同中载明合同当事人和关系人的姓名及住所，便于确认当事人的资格是否合法，有利于保险合同正确履行和保险纠纷解决。因为保险合同成立后，保险费的请求支付、危险增加的告知、保险金的给付等法律义务的履行，以及发生保险合同纠纷对诉讼管辖、法律的适用及文书的送达等，都涉及合同主体的名称和住所，故其具有重要的法律意义，必须清晰、完整且与有效证明一致。

3.4.2 保险标的

保险标的条款是指载明保险合同记载的有关保险标的状况的条款。保险标的是保险利益的载体，是保险合同所要保障的具体对象，是决定保险费、保险责任、保险期限等其他条款的基础。不同的保险标的，面临的危险种类、性质和程度是不同的，所适用的保险费率也有差别，许多险种就是按保险标的的不同划分而设计的。在财产保险中，保险标的是财产及其有关利益，在保险合同中，应载明保险标的的名称、质地、数量、价值、坐落地点、使用性质和投保时的状况等；在人身保险中，保险标的是人的寿命或身体，在保险合同中，应载明其年龄与健康状况等。

保险合同中载明了保险标的，才能够据以确定保险的种类和保险的范围，认定投保人是否具有保险利益以及保险利益的大小，并由此决定保险价值、保险金额及保险责任的多少。

3.4.3　保险责任和责任免除

1. 保险责任

保险责任是指保险合同中约定的保险事故发生后造成保险标的损失和保险期限届满时保险人所应承担的赔偿或给付责任。保险人根据保险标的损害程度或人身保险达到约定的保险条件，在保险金额以内履行经济赔偿或给付保险金的责任。保险责任条款的内容，通常由保险人或有关机构根据法律和实际需要确定，印制在保险单中。

在保险合同中，保险责任条款又称保险危险条款，具体分为基本保险责任和特约保险责任。保险人承担的基本责任包括：① 单一险责任，即保险人只承担某种特定危险事故造成的损害赔偿责任；② 综合险责任，即保险人所承担的几种特定危险事故造成的损害赔偿责任；③ 一切险责任，即保险人承担除外责任外的一切危险事故造成的损害赔偿责任，是承担风险范围最为广泛的一种保险责任。保险人承担的特约责任出现在附加险或特保危险中，指保险人承担的由双方当事人特别约定的保险责任。

2. 责任免除

责任免除又称除外责任，是指依法律或合同规定，保险人不负赔偿责任的范围，目的是对保险人的责任范围加以适当的限制，避免由于保险责任和除外责任相混淆引起保险争议。最常见的有道德危险、战争、核辐射和核污染等。值得注意的是，保险人在订立合同时对免责条款未作提示或者明确说明的，该条款不产生效力。

3.4.4　保险期间和保险责任开始的时间

保险期间是指保险人根据合同规定为被保险人提供保险保障的起讫期限，即保险合同的有效期限。在保险期间内发生保险事故，保险人承担经济补偿或给付保险金的责任。

保险期间是确保保险的效力和合同当事人履行义务以及计算保险费的重要依据。保险人和投保人在订立保险合同时，必须对保险期限达成协议，载明于合同中。保险期限的约定长短不一，通常有两种计算方法。

（1）用年、月、日计算。如财产保险一般为 1 年，期满后可以再续订合同，人身保险合同的保险期限一般较长，有 5 年、20 年甚至终身等。

（2）以某一事件的始末或业务过程的起止计算。如建筑、安装工程保险以工程施工日起至竣工验收日止为保险期限，海洋货物运输保险以一个航程起止期限计算。

对于保险责任开始的时间，各国法律规定不同。如美国《标准火灾保险单》规定，保险期限自保险单记载起始日财产所在地标准时间的中午 12 时 01 分生效，终止时间也是到期日的中午 12 时 01 分。我国目前在实务中，保险条款通常规定保险期限为约定起保日的 0 时开始到约定期满的 24 时为止。

3.4.5 保险价值

保险价值是指保险标的的实际价值，即投保人对保险标的所享有保险利益用货币估定的价值额。保险价值条款是确定保险责任大小和保险金额多少的依据。由于人身保险合同标的的价值无法用金钱来衡量，因此，保险价值条款只存在于财产保险合同中。故保险价值是指投保人与保险人订立财产保险合同时，作为确定保险金额基础的保险标的的价值。这种保险价额的确定有不同的方法。

（1）由当事人双方在合同中约定保险价额，在此基础上再确定保险金额。如果在保险期限内发生保险事故，保险人无须再对保险标的重新估价，可直接根据合同约定的保险标的的价值额计算损失并进行赔偿。

（2）依法律规定。如《海商法》中就有计算船舶保险和海上运输保险保险价值的规定。❶

（3）由市场价格决定。市价变动，保险价额随之变动。保险事故发生后，保险人的赔偿金额不超过保险标的在保险事故发生时市价的总额。

3.4.6 保险金额

保险金额简称保额，是指在保险合同中当事人双方就保险标的的实际投保金额，也是保险人承担损失补偿或约定给付保险金义务的最高限额。保险金额不仅限定了合同当事人权利和义务的范围，同时也为计算保险费提供了依据。因此，保险金额是双方当事人权利义务的焦点，过高或不足都会影响其享受权利和履行义务。

在财产保险合同中，保险金额的确定要以保险标的的实际价值为标准，一般要等值。如果保险金额超过保险标的的实际价值（超额保险），超过部分无效。还有在定值保险中，保险金额为双方约定的保险标的的价值。在不定值保险中，保险金额的确定主要有三种方法：① 由投保人根据保险标的的经济价值自行确定；② 由当事人双方根据保险标的的实际情况协商确定；③ 按照投保人会计账目最近的账面价值确定。但无论采用哪一种形式，保险金额的确定都以被保险人对保险标的的所具有的保险利益为限。

在人身保险中，由于人的身体和生命无法用金钱来衡量，因此，不存在保险标的的价值问题，其保险金额由合同当事人根据保险需求和保险费缴付能力协商确定并在合同中载明，一般没有限制。保险事故发生时，保险人依照保险合同的约定给付。

---

❶ 《海商法》第 219 条规定，保险人与被保险人未约定保险价值的，保险价值依下列规定计算：① 船舶的保险价值，是保险责任开始时船舶的价值，包括船壳、机器、设备的价值，以及船上燃料、物料、索具、给养、淡水的价值和保险费的总和；② 货物的保险价值，是保险责任开始时货物在起运地的发票价格或者非贸易商品在起运地的实际价值以及运费和保险费的总和；③ 运费的保险价值，是保险责任开始时承运人应收运费总额和保险费的总和；④ 其他保险标的的保险价值，是保险责任开始时保险标的的实际价值和保险费的总和。

3.4.7　保险费以及支付办法

保险费简称保费，是投保人按照合同约定为获得保险保障向保险人缴付的费用或者付出的相应经济代价，也是保险人承担保险标的风险责任应取得的报酬。保险费的多少，主要取决于保险金额和保险费率这两个因素。

支付保险费是投保人的基本义务，也可能是保险合同生效的条件。所以，在保险合同中应当明确规定保险费的数额及其支付办法，如一次性交付或分期分批交付，以票据交付或现金交付，以红利抵缴保险费、以保险单的价值自动展期或者自动垫缴，以及由投保人与代理人就保险费的交付做的特别约定。

3.4.8　保险金赔偿或者给付办法

保险金的赔偿或给付是保险人履行保险合同义务、承担保险责任的基本方式，也是投保人和被保险人实现其保险保障权利的具体体现，保险人应当及时履行给付保险金的义务。由于投保人投保的险别不同，保险金的赔偿或给付办法有所区别。原则上，保险金应以货币形式赔偿或给付，如责任保险、信用证保险、人身意外伤害与疾病保险中的医疗费及其他人身保险的给付通常采用货币赔偿的方式；而财产保险除货币赔偿外，还可以选择修复原物、更换部件、重置重建等方式赔付。保险合同中还应当确定保险金数额的计算方法、支付方式和支付时间等事项。

3.4.9　违约责任和争议处理

违约责任是指保险双方当事人违反保险合同约定的义务，造成对方经济损失所应承担的经济责任，即基于法律规定或合同约定所必须承担的法律后果。规定违约责任，可以保证保险合同的顺利履行，保障合同当事人权利的实现。《保险法》对保险合同的违约责任有明确规定，因此，当事人可根据要求在合同中载明违约责任及其承担方式等内容的条款。

保险合同争议处理是指当事人双方发生纠纷后的解决方式和途径。保险合同当事人由于认知差异，可能会出现某些与合同当事人权益紧密相关的争议，双方应在保险合同中约定解决争议的方式、程序、机构等事项。方式主要有协商、仲裁和诉讼。协商是指当事人双方对争议事项进行磋商，达成共识，以双方都可以接受的条件达成和解，消除纠纷。仲裁是指根据当事人双方或一方的仲裁协议，将争议提交给仲裁机构进行裁决，以保障合同的履行。诉讼是指当事人将争议提交给有管辖权的人民法院，由人民法院对保险争议进行审理和判决。

3.4.10　订约的时间和地点

在保险合同中必须明确订约的具体时间，如年、月、日、时。这在法律上具有重要的意义。订约的时间关系到投保人是否有保险利益、保险危险是否发生或消灭、保险费的交纳期限及合同生效期限等，是保险合同的必备条款，所以应当具体和准确。保险合同的缔结地点会影响保险争议发生后的诉讼管辖、法律适用等，所以也应当写明。

3.4.11 其他事项

《保险法》第18条第二款规定"投保人和保险人可以约定与保险有关的其他事项"，即特约条款。当然，投保人和保险人约定的保险条款，不得与法律、法规相抵触，不能违反社会公共利益。在保险实务中，有时会出现保险公司单方的内部条款，或者在理赔时保险公司以其内部的条款解释来作为拒赔的依据。由于投保人、被保险人与保险人的地位是平等的，保险合同的内容应由当事人双方协商确定，体现在保险合同中，保险公司单方的内容条款如未与投保人协商，披露于保险合同或保单之上，对投保人、被保险人不产生法律效力。

 案例分析

赠送的保险如何赔付[1]

一、案情

如今，赠送保险似乎成了一种时尚。2008年3月3日，长沙市民周立（化名）向《法制周报》记者投诉，获赠保险却令人颇不愉快。

2007年8月，周立在湖南长沙电信营业厅购买了一台小灵通，几个月后，中国电信发来的短信，显示："尊敬的客户，长沙电信为回报您的长期支持，将免费赠送保额3万元、保期3个月的意外保险……"周立随后接到了中英人寿保险公司的电话告知："我们赠送了您一份意外保险，将在一个星期内通过邮寄投递给您……"一段时间后，周立在户外活动时，突然发生意外，遭遇了人身、财产双重损害，损失在3000元左右。此时，周立想起获赠的保险，但因一直不见保险单邮寄过来，没有凭据的他只能暂时作罢。2008年2月22日，周立突然再次接到中国电信通知他获得免费赠送的保险，中英人寿保险公司的工作人员随后也打来电话，周立当即责问上次的保险单为何还没有收到。工作人员解释说，可能是投递出了问题，周立表示遭遇了意外事故，并可以出具医疗单据，咨询是否可以索赔。工作人员答复：赠送保险的是中英人寿保险公司，险种为"金如意"意外保险，该保险是以被保险人死亡和全残为死亡赔付条件的，而对于周立的这种情况，中英人寿保险公司将不会给予赔偿。针对"以死亡为赔付条件的保险，必须经被保险人本人书面签字同意"的质疑，中英人寿表示，已经在电话中征得了客户的同意，且电话录音已经保存备案，因此视为经被保险人本人书面签字同意。

---

❶ 法制周报．中英人寿赠送保险玩忽悠．2008-03-04．http：//www.efaw.cn；李慧．保险公司赠送保险的是与非．http：//www.cnfstar.com/insurance/2008/20080331/20080331795806.shtml.

二、分析与启示

对本案的分析与启示如下。

1. 赠送保险的性质

近年来，无论是 2008 年的特大雪灾、地震，还是神舟系列航天飞行，我国保险公司都向相关人员赠送保额较大的保险。这一履行社会责任的捐赠义举，却引起了社会的争议。《保险法》第 14 条规定："保险合同成立后，投保人按照约定交付保险费，保险人按照约定的时间开始承担保险责任。"可见，保险合同为双务有偿合同。只有交纳了保险费才能享受保险保障，保险公司也才能从相应的保费中提留一部分准备金，以应付未来的可能赔付。然而，保险公司因赠送保单，实际上没有获得任何保费收入，而一旦出险，保险公司动用的必然是该项险种共同的准备金。也就是说，保险基金不仅要对正常投保的保户提供保障，也要对赠送保险的保户提供保障。一个属于保险公司的捐赠义举，为什么却要交费保户为其产生的风险责任买单呢？

有的保险公司称，他们在赠送出保单后，会从公司利润中提取与赠送保单保费金额大小相对应的一部分资金作为赠送保单的保险准备金。且不说这种情况的可监督性与可考证性有多大，即便如此，对那些交付保险费的被保险人也是不公平的。根据保险的基本要求，在同一险种下，被保险人必须是同质可保，这样才能保证保费负担的公平合理。然而，接受赠送保单的保户大多属于高风险标的，但却在相同的门槛（保费相同）下进入了同一保险基金保障的范围，与正常投保的被保险人享有相同的保障，这对于那些正常投保的被保险人来说，无疑是一种利益上的伤害。

2. 保险公司赠送保险的原因

诚然，保险公司履行社会职责并没有错，其期待提高自身形象的动机也毋庸置疑，但一个真正受公众信任的公司应当是真正懂得为全体客户利益着想的企业。同样是雪灾，我们注意到，几乎没有一家外资保险公司赠送保险，相比之下，我国保险公司就显得如此不成熟。也有个别寿险公司以赠送保险为由，变相违规开展业务，破坏公平竞争的市场秩序，损害投保人的利益。金融行业的经营应当相比其他行业更需谨慎，不应进行过分的冒险行为。

3. 保险公司赠送保险的限制

保险公司开展了多种形式的赠送保险活动，在一定程度上促进了人身保险业务的发展。但免费赠送保险要少而精，且一定要以不侵犯第三方利益为前提。保险公司可以用利润回馈社会，但却不应该以商品迎合社会。《关于规范寿险公司赠送保险有关行为的通知》（保监发〔2005〕98 号）严格规定了寿险公司赠送保险的条件、程序及要求。

寿险公司可以促销或者公益事业为目的，赠送人身保险。其中，向购买保险产品的投保人、被保险人赠送保险的，所赠送保险的保费不得超过该客户首年保费的 5%；向普通消费者赠送保险的，对每人所赠送保险的保费不得超过 100 元；以公益事业为目的的赠送保险不受此金额限制。

该规定第 3 条要求寿险公司赠送保险必须取得被保险人书面同意为其投保的授权，并出具正式保单。在本案中，周先生自始至终没有收到保单，连获得的保险是中英人寿保险公司送出还是中国电信送出都无从知晓，更谈不上利益的维护了。同时，中英人寿保险公司表示，"在电话中征得了客户的同意，且电话录音已经保存备案，因此视为经被保险人本人书面签字同意"，这是违反《保险法》和该文件规定的，合同是无效的。

4. 保险公司赠送保险的管理

通知第 5 条规定，对于所赠送的保险产品，寿险公司应当视同正常销售的保险产品进行管理，做好客户服务、保全和理赔工作。各保监局应加强对辖区内寿险公司赠送保险活动的关注和管理，严厉打击以赠送保险为名的违法违规行为。各寿险公司的总公司应当加强对赠送保险行为的管控。赠送保险活动必须得到省级分公司批准，并及时向当地保监局报告赠送保险的有关情况。严禁以赠送保险为由，变相开展违法违规业务或进行不正当竞争。

本 章 小 结

保险合同是投保人与保险人约定保险权利义务关系的协议。保险合同作为民商事合同中的一种，除了表现出一般民商事合同的共性外，还具备自身的法律特征，即保险合同是射幸合同、最大诚信合同、附合合同、双务有偿合同、诺成合同、不要式合同。保险合同按照不同的标准有很多分类。保险合同的主体有保险合同当事人和保险合同关系人。前者指投保人和保险人，后者指被投保人和受益人。保险合同的主要内容包括保险合同主体的名称和住所；保险标的；保险责任和责任免除；保险期间和保险责任开始时间；保险金额；保险费以及支付办法；保险金赔偿或者给付办法；违约责任和争议处理；订立合同的日期和地点等。

本章的重点是：保险合同的主体

本章的难点是：保险合同的特征；保险合同主体的权利义务

关键词语：保险合同　投保人　保险人　被保险人　受益人　射幸合同

思考题

1. 保险合同的法律特征有哪些？
2. 保险合同的主体构成是什么？
3. 投保人应具备哪些条件？
4. 保险人有哪些权利和义务？
5. 投保人有哪些权利和义务？
6. 被保险人有哪些权利和义务？
7. 投保人、被保险人和受益人是指什么人？他们的关系如何？

第4章

保险合同的订立和生效

4.1　保险合同的形式

《保险法》第13条第一、二款规定："投保人提出保险要求，经保险人同意承保，保险合同成立。保险人应当及时向投保人签发保险单或者其他保险凭证。保险单或者其他保险凭证应当载明当事人双方约定的合同内容。当事人也可以约定采用其他书面形式载明合同内容。"从这条规定可以看出，订立保险合同必须采用书面形式。

保险合同是经济生活中重要的合同，具有广泛的社会性，并且专业性与技术性也很强。为了使保险合同条款更加严密与科学，也为了保护广大投保人、被保险人的利益，保险合同通常根据国家保险监督管理部门规定的主要险种基本保险条款和保险费率，制定成统一的、标准式保险合同。在标准式保险合同中，其主要条件、内容与形式已被格式化、统一化。

标准化的保险合同条款是订约双方当事人磋商合同内容时参考的基础，它只有经双方当事人完全同意并确认后方产生相应的法律效力。当事人双方订立保险合同时，可以在国家保险监督管理部门制定的基本条款和保险费率允许的范围内，对标准式保险合同如保险单，进行批改、批注，加以补充和修改。当然，保险合同的双方当事人也可以根据合同的特殊内容与需要，不采用保险单等标准化合同而直接在法律、行政监管部门许可的范围内签订其他书面保险合同。

实践中，常用的标准式保险合同文书有投保单、保险单、保险凭证、暂保单和其他书面协议。

4.1.1 投保单

投保单是投保人的书面要约。投保单经投保人据实填写交付给保险人就成为投保人表示愿意与保险人订立保险合同的书面要约。投保单上应载明拟订立的保险合同的主要内容，如财产保险合同中保险标的、坐落地点、保险金额、保险责任及责任期限等。人身保险合同应包括被保险人姓名、年龄、职业、健康状况、保险期限、受益人姓名、保险金额等。投保单送达保险人时，就产生要约的效力。一份完整的投保单经投保人填具后，如果其内容被保险人完全接受，并在投保单上加盖承保印章时，保险合同即视为成立。因为要约一经受要约人承诺，合同即告成立。即使这时保险人尚未出具保险单，保险合同已经成立。

4.1.2 保险单

保险单简称保单，是《保险法》中列举的投保人与保险人之间订立的正式书面保险合同的一种。保险单由保险人根据国家保险监督管理部门制定的基本条款和保险费率制定，由保险人签发给投保人。保险单的繁简取决于保险合同的种类，但应完整地记载了合同双方当事人的权利和义务。它是被保险人在保险标的因保险事故发生损失时向保险人提出索赔或请求给付赔偿金的依据和凭证。

4.1.3 暂保单

暂保单又称为临时保险单，是保险人在签发正式保单之前发出的一种临时保险凭证。暂保单的内容较为简单，只载明被保险人的姓名、保险标的、承保的危险种类、保险金额、保险费率以及保险责任起讫时间等。有关保险合同双方当事人的权利义务，以保险单的规定为准。暂保单与保险单一样具有证明保险合同的法律效力，待正式保险单签发后，暂保单则自动失效。如果在正式保险单签发之前发生保险事故，保险人仍应履行赔偿或给付保险金的义务。

暂保单一般适用于财产保险，人寿保险一般不使用暂保单。暂保单在以下情况下使用。

（1）保险代理人或经纪人在争取到业务而尚未向保险人办妥保险单手续之前，可以开具暂保单给被保险人以作证明。

（2）保险公司的分支机构在接受投保后，总公司审批前，可以开具暂保单。

（3）保险合同双方当事人虽已就保险合同的主要条款达成协议，但还有一些条款需进一步协商，在没有完全商妥之前，可以先开具暂保单。

（4）在出口贸易结汇时，保险人在出具保险单或保险凭证前，可先出具暂保单，以证明出口货物已经办理保险，从而作为结汇的凭证之一。

4.1.4 保险凭证

保险凭证也称小保单，是保险人向投保人签发的证明保险合同已经成立的书面凭证，是一种简化了的保险单。其法律效力与保险单相同，只是内容较为简单。在实践中，保险凭证没有列明的内容，以同一险种的正式保险单为准；保险凭证与正式保险单内容相抵触的，以保险凭证的特约条款为准。我国通常在下述保险业务中使用保险凭证。

（1）为简化单证手续而使用保险凭证，即以保险凭证代替保险单。例如，在货物运输保险业务中，保险公司与外贸公司根据预约保险合同，将保险凭证印制在外贸公司的发票上，当外贸公司印制发票时，保险凭证也就同时办妥。其内容包括被保险人名称及住所、承运船舶名称、航程及开航日期、货物的名称及数量、运输标志、承保险别、保险金额等。保险凭证经被保险人填写后，将副本交给保险人。保险人亦无须另行签发保险单，保险事故发生后，即按该保险凭证条款理赔。

（2）在保险单以外签发保险凭证。这主要是指团体保险，在主保险单之外，对参加团体保险的个人再分别签发保险凭证。保险凭证的法律意义在于既具有保险单的法律效力，又简化了单证手续。

（3）对于某些强制保险，如机动车交通事故强制保险，为了便于被保险人携带及有关部门查询，保险人通常出具保险凭证。

4.1.5　其他书面协议

其他书面协议是指投保人和保险人不采用上述形式订立的书面保险合同，是订立保险合同的辅助形式。投保人和保险人或其代理人应当在协议上签字或盖章，并注明签字或盖章的日期和地点。

4.2　保险合同订立的程序

合同订立是指合同当事人在平等、自愿的基础上，就合同的主要条款达成一致。合同订立一般要经过要约和承诺两个阶段，保险合同的订立要经过投保和承保两个阶段。

4.2.1　投保

投保是指投保人向保险人提出的确定的、明确的订立保险合同的意思表示，即提出保险要求，也称为要保。投保是保险合同成立的先决条件，投保经保险人接受后才可能产生保险的效力。我国《保险法》第 13 条第一款规定："投保人提出保险要求，经保险人同意承保，保险合同成立。保险人应当及时向投保人签发保险单或者其他保险凭证。""在保险实务中，虽然保险公司及其代理人展业时会主动开展业务，但这不是法律意义上的要约，仅为要约邀请。"[1] 只有在投保人提出投保申请，即填写好投保单并交给保险公司或其代理人时，才构成要约。

---

[1]　黎建飞. 保险法的理论与实践. 北京：中国法制出版社，2005：143.

自然人、法人或其他组织都拥有投保的自由：一是有决定投保的自由；二是有选择保险人的自由；三是有协商合同内容的自由。投保是保险合同成立的先决条件，应具备以下几个条件。

（1）投保人要有缔约能力。一般来说，法人具有完全的缔结保险合同的能力。对于自然人来说，无民事行为能力人或者限制民事行为能力人，一般不具有投保能力，其提出的保险要求不产生要约的效力。

（2）投保人对保险标的应当具有保险利益。

（3）投保人要履行如实告知义务。

投保的形式一般为投保单或其他书面形式。在保险实务中多由保险公司以投保单的形式印就后，向投保人提供，由投保人填写。投保人投保时只需向保险人或其代理人提出保险要求，索取相应的保险单证，并按照投保单的要求如实填写，表明其对投保事项的真实意思，并将填写的投保单交给保险人。投保人有特殊要求的，也可与保险公司协商，约定特别条款。

4.2.2 承保

承保是保险人完全同意投保人提出的保险要约的行为。承保为保险人的单方法律行为，构成保险合同成立的要件。在保险实务上，保险人收到投保人填写的投保单后，经过核保审查认为符合承保条件，在投保单上签字盖章并通知投保人的，构成承诺。保险人承诺保险要约，不得附加任何条件或对要约进行变更。保险人在承诺保险要约时，附加任何条件或对要约进行变更，不发生承诺的效力，构成反要约。也就是说，保险合同的成立，不总是表现为投保人投保和保险人承诺的简单过程，有时要经过要约、反要约和承诺这样一个反复协商的过程。

有些国家还对承诺的时间作出了明确的规定，如瑞士联邦《保险合同法》第 1 条第一款规定了要约具有 14 天的约束力，若被保险人需作身体检查，该要约的有效期为 4 个星期，保险人的逾期接受不构成对投保人的约束。如果保险人或其代理人在对投保人的投保要求作出同意承保的意思表示的同时，又附加任何条件或对要约进行变更，则这种同意承保的意思表示不能作为承诺，不发生承诺的效力，而只能作为一种新的要约。这种新的要约须经过投保人同意后，保险合同才能成立。

承诺生效时保险合同成立。保险人应当及时向投保人签发保险单或者其他保险凭证，并在保险单或者其他保险凭证上加盖保险公司公章、经授权出单的分支机构公章或上述两者的合同专用章，不能只盖法定代表人、负责人名章或内部职能部门印章。但若没有签字盖章，当事人一方已经履行主要义务且对方接受的，该保险合同也应视为成立。因为签字、盖章表明当事人对合同的内容达成协议，当事人没有签字、盖章，一般说明订约过程未完成，合同不成立。但若当事人一方已经履行主要义务且对方接受的，事实上证明当事人认可了合同的内容，合同成立。

应当引起注意的是，签发保险单不是保险合同成立的要件，而是保险人的合同义务。我国《保险法》第 13 条第一款规定："投保人提出保险要求，经保险人同意承保，保险合同成立。保险人应当及时向投保人签发保险单或者其他保险凭证。"但在保险实务中，保险公司在签发保险单之前，往往不发承诺通知，而是把保险单既作为承保的凭证，又作为承诺的通知。

4.3 保险合同的成立与生效

合同成立与合同生效是两个完全不同的概念。按照学者的一般见解，合同成立是指合同订立过程的完成，即当事人经过平等协商对合同的基本内容达成一致意见，要约承诺阶段宣告结束，是当事人合意的成果。但合同成立只是解决了合同是否存在的问题，对于已经成立的合同是否有效则是合同生效制度所要解决的问题。这就是说，即使合同已经成立，如果不符合法律规定的生效要件，仍然不能产生效力。合法合同从成立时起具有法律效力，而违法合同虽经成立也不会发生法律效力。正如《合同法》第 44 条第一款规定的那样，依法成立的合同，自成立时生效。

4.3.1 保险合同的成立

保险合同成立是指保险合同的当事人对保险合同的主要条款达成一致。《保险法》第 13 条第一款规定："投保人提出保险要求，经保险人同意承保，保险合同成立。保险人应当及时向投保人签发保险单或者其他保险凭证。"《保险法》第 13 条之所以规定由投保人提出要约，由保险人最终承诺，主要与保险文书的标准化有关。实践中，由投保人填具投保单作为要约，保险人承诺后，在保险单上签章，并向投保人出具保险单或其他保险凭证，作为保险合同成立的证明。在投保人与保险人就保险合同条款达成一致时，保险合同已经成立。

4.3.2 保险合同的生效

保险合同的生效是指保险合同对当事人双方发生约束力，即合同条款产生法律效力。保险合同的生效一般具有以下要件。

（1）保险合同的订立者必须具备法律规定的民事行为能力。一般而言，投保人必须具有完全民事行为能力，无民事行为能力人或限制民事行为能力人订立的保险合同只有经其法定代理人同意或追认，才能生效。

（2）双方意思表示真实，即保险合同双方当事人签订保险合同系出于真实意思表示。如果一方采取欺诈、胁迫的手段与对方订立合同，损害国家利益，则合同无效；若未损害国家利益，则受欺诈、受胁迫方有权请求法院或仲裁机构变更或撤销该合同。如果保险合同系乘人之危或一方因重大误解而订立，则受损害方亦有权请求法院或仲裁机构予以变更或者撤销。

（3）保险合同不得违反法律规定，不得损害国家、集体或者第三人利益以及社会公共利益，否则保险合同无效。

（4）投保人对保险标的必须具有保险利益。投保人对保险标的不具有保险利益，保险合同无效。

（5）投保人不得为未成年子女以外的无民事行为能力人订立以死亡为给付保险金条件的人身保险合同，否则该保险合同无效。

（6）为被保险人订立以死亡为给付保险金条件的人身保险合同，必须征得被保险人书面同意并认可保险金额，否则该保险合同无效。

4.3.3 保险合同成立与生效的区别

保险合同的成立和生效在性质上是两个完全不同的法律概念。二者的区别主要有以下几个方面。

（1）二者处于不同的阶段。保险合同的成立是指当事人经过要约、承诺对合同主要内容达成一致意见，宣告了订立过程的完成；而保险合同是否生效则是保险合同成立后才进行的法律判断，只有已经成立的合同才谈得上是否生效的问题。所以，合同成立在先，合同生效在后。

（2）两者的要件是不同的。就保险合同的成立要件而言，包括存在双方当事人或多方当事人以及当事人意思表示一致两个方面；而保险合同的生效要件，包括主体合格、意思表示真实和内容合法三个方面，因此，即使保险合同已经成立，如果不符合法律规定的生效要件，仍然不能产生法律效力。

（3）二者体现了不同的原则。保险合同的成立强调当事人之间的合意，体现了意思自治的原则；而保险合同的生效反映了国家对合同关系的干预，根据当事人之间的合意是否符合法律规定而异其效果。

（4）两者的效力不同。保险合同经当事人双方协商一致就成立，此时尚不发生法律效力；保险合同生效则是保险合同对当事人发生法律效力，此时合同当事人均受合同条款约束。

（5）两者的保险人责任不同。保险合同成立后，尚未生效前，发生保险事故的，保险人不承担保险责任；保险合同生效后，发生保险事故的，保险人则应按合同约定承担保险责任。

当然，投保人与保险人也可在保险合同中约定，保险合同一经成立就发生法律效力。此时，保险合同成立即生效。

4.3.4 保险责任开始

保险责任开始是保险合同约定的保险人开始承担保险责任的时间。

我国《保险法》第14条规定："保险合同成立后，投保人按照约定交付保险费，保险人按照约定的时间开始承担保险责任。"从该条规定可以看出，保险人开始承担保险责任的时间可以与保险合同的成立时间不一致，而是按照约定的时间开始承担保险责任。

现行的保险条款一般规定，保险合同自保险人同意承保、投保人缴纳保险费且保险人签发保险单时开始生效。保险人所承担的保险责任自合同生效时开始。按照该保险条款的规定，保险责任开始的时间与保险合同生效的时间是一致的。而现行航空旅客人身意外伤害保险条款则规定保险责任从被保险人踏入本保险单上指定的航班班机的舱门开始，保险合同生效与保险责任开始的时间不一致。

总结起来，保险责任开始时间与保险合同生效时间可以一致，也可以不一致，但保险责任开始时间一般应迟于保险合同生效时间，且保险责任一般以投保人缴纳保险费为前提条件。投保人不缴纳保险费，虽然保险合同可以成立、生效，但保险责任一般不开始，保险公司对保险责任开始前发生的保险事故不承担保险责任。

 ## 案例分析

预收保费与保险合同生效的关系

一、案情

2007 年 3 月 28 日，陈某通过某保险公司业务员为其丈夫投保了"意外伤害保险"，受益人为陈某。陈某按照业务员指示填写了投保单，并向业务员预交了保费 100 元。2007 年 3 月 29 日，业务员将投保单和保费交到保险公司。保险公司收到保费后，在保单上盖了保险专用章，向陈某出具了保单，保单约定：保险期间自保单专用章盖章之次日零时起生效。就本案而言，保险公司 3 月 29 日盖章，也就是从 30 日零时起保单生效。

2007 年 3 月 29 日，陈某之夫因溺水意外身亡。陈某向保险公司提出索赔，但保险公司以保单未生效为由拒赔。而陈某认为，保险公司 3 月 28 日收取了保费，就应该承担保险责任。否则，也不应该让其履行保险合同项下的义务。

陈某不服，提起诉讼。法官最终未能支持陈某的请求，认为保单未生效，保险公司不承担赔偿责任。

二、评析

本案涉及预收保费与保险合同生效的关系。

《保险法》第 13 条规定："投保人提出保险要求，经保险人同意承保，保险合同成立。保险人应当及时向投保人签发保险单或者其他保险凭证。保险单或者其他保险凭证应当载明当事人双方约定的合同内容。当事人也可以约定采用其他书面形式载明合同内容。依法成立的保险合同，自成立时生效。投保人和保险人可以对合同的效力约定附条件或者附期限。"

《保险法》第 14 条规定："保险合同成立后，投保人按照约定交付保险费，保险人按照约定的时间开始承担保险责任。"

在本案中,陈某预交了保费,保险公司也出具了保单。但保险公司对保单生效约定了期限,而不是从保险合同成立之日起保单生效。合同约定的生效日期是 3 月 30 日,而陈某之夫在 3 月 29 日死亡。因此,保险公司拒赔的理由是合法的。

本 章 小 结

作为民商事合同的具体类型,保险合同的订立程序同样是要约和承诺,并在长期保险实务中形成了专有用语——投保和承保。因此,学习保险合同法律制度,首先应当把握保险合同的订立程序和订立条件。同时,保险合同的订立还涉及当事人承担的缔约义务及缔约过错责任制度。本章重点论述了保险合同订立程序所需的投保和承保的性质与法律条件;当事人订立保险合同过程中承担的缔约义务;当事人违反缔约义务时所应承担的缔约过错责任的性质和构成条件。

本章的重点是:保险合同的订立与生效

本章的难点是:保险合同订立与生效的条件

关键词语:投保单   保险单   暂保单   保险凭证   保险合同的订立   保险合同生效条件

思考题

1. 保险合同成立、生效与保险责任开始的关系是什么?
2. 保险合同的生效条件是什么?

第5章

保险合同的效力变动

5.1　保险合同的变更

5.1.1　保险合同变更的概念

保险合同一经成立，即在当事人之间发生效力，双方必须依约履行，任何一方无权擅自变更。所谓保险合同变更，是指在保险合同的存续期间内，其主体或者内容的变更。保险合同的变更有广义和狭义之分。广义的保险合同的变更是指保险合同的主体、内容或者客体的变更，而狭义的保险合同的变更则仅指内容的变更。

各国保险法都允许在一定条件下，变更保险合同。保险合同的变更可以分为协商变更和法定变更。协商变更是指保险合同的当事人双方协商变更保险合同。我国《保险法》第20条规定："投保人和保险人可以协商变更合同内容。变更保险合同的，应当由保险人在保险单或者其他保险凭证上批注或者附贴批单，或者由投保人和保险人订立变更的书面协议。"法定变更是指保险合同的一方当事人依据法律的规定直接变更保险合同或者行使变更的权利变更保险合同，无须与对方进行协商，但必须通知另一方当事人，否则不能对抗之。下面主要论述保险合同的法定变更。

保险合同主体的变更实际上是保险合同的转让。保险合同主体的转让又分为保险合同当事人的变更和保险合同关系人的变更。保险合同当事人的变更包括投保人和保险人的变更，保险合同关系人的变更包括被保险人和受益人的变更。

保险合同内容的变更是指在保险合同不变的情况下，对保险合同的部分内容予以变更，如在财产保险中对保险标的的价值、数量、存放地点、危险程度、保险期限等予以变更。

保险客体的变更也称为保险标的的变更，是指采用一个新的保险标的取代另一个保险标的，实际上是以一个新的保险合同来替代另一个保险合同，被替换的保险合同终结，当事人之间的权利义务关系以新的保险合同为准。变更保险标的将影响保险人决定是否承保或者提高保险费率，因此通常情况下要通知保险人。

5.1.2 保险合同主体的变更

保险合同主体的变更是指保险合同当事人或者关系人的变更。而保险人的变更主要涉及保险人的资格的变更或者消灭，如保险人为有限责任公司或者股份有限公司时，与其他保险公司合并，在合并后消灭的公司，其权利义务随之概括转让，由变更后存续或者新设的公司承受。除此之外，保险人可能发生破产、因违法而被撤销等发生保险合同变更的情形，而在经营人寿保险业务的保险公司被依法撤销或者被依法宣告破产的，其持有的人寿保险合同及责任准备金，必须转让给其他经营人寿保险业务的保险公司；不能同其他保险公司达成转让协议的，由国务院保险监督管理机构指定经营人寿保险业务的保险公司接受转让。转让或者由国务院保险监督管理机构指定接受转让上述人寿保险合同及责任准备金的，应当维护被保险人、受益人的合法权益。除此之外，一般不存在转让保险合同即主体变更的问题。

在财产保险合同中，主体的变更主要涉及投保人或者被保险人的变更，因此在财产保险合同中主要论述投保人或者被保险人的变更。而在人身保险合同中，除了涉及保险当事人的变更外，还涉及受益人的变更。因为在人身保险中，保险合同当事人的变更与财产保险中保险合同当事人变更的原理相同，因此不再对此进行论述，故下文主要论述人身保险合同受益人的变更。保险人受破产宣告时，投保人可以解除合同。但是，其解除只对将来发生效力。

1. 财产保险合同主体的变更

在财产保险合同中，主体的变更主要涉及投保人或者被保险人的变更，而保险人的变更主要涉及保险人的资格的变更或者消灭，如保险人为有限责任公司或者股份有限公司时，与其他保险公司合并，在合并后消灭的公司，其权利义务随之概括转让，由变更后存续或者新设的公司承受。

保险合同因其保险利益的转让、继承或者承受，而发生投保人或者被保险人的变更。如在财产保险中，因为买卖、赠与等民事行为引起保险标的物所有权发生变更的，导致投保人或者被保险人变更。我国《保险法》第49条第一款规定，保险标的转让的，保险标的的受让人承继被保险人的权利和义务。

在被保险人死亡或者保险标的物所有权转移时，除保险合同另有规定外，仍为继承人或受让人的利益而存在。当然，双方当事人可以事先在保险合同中作出相反的规定。另外，如果保险合同的性质属于民事责任保险，在保险标的物转让后，因保险合同所产生的权利义务并不归属于受让人所有，所以直接与被保险人人身相联系的权利义务也不转移给受让人。

在投保人或者被保险人破产时，保险合同所产生的权利义务转为破产财产。但保险合同仍为破产债权人的利益而存在。当然，在保险费的支付方面，让与人负责支付保险期间已到期的保险费，而在将让与一事及受让人的名称通知保险人前，对后来到期的保险费与受让人承担连带责任。

我国《保险法》第 49 条第二款规定，保险标的转让的，被保险人或者受让人应当及时通知保险人，但货物运输保险合同和另有约定的合同除外。保险标的的转让直接涉及保险人的利益，因此通常情形下保险合同的转让均应及时通知保险人；但在两类情形下可以不通知保险人：第一，货物运输保险合同保险标的的转让无须通知保险人；第二，投保人、被保险人与保险人事先另有约定在保险标的转让时可以不通知保险人的，依合同的约定执行。当然，在货物运输保险合同中，除非保险合同另有规定，因运送上之必要，暂时停止或变更运送路线或方法时，保险合同仍继续有效。

但是投保人并不是在任何情况下均可以变更保险合同，例如我国台湾地区"保险办法"第 80 条规定，损失未估定前，投保人或被保险人除为公共利益或避免扩大损失外，非经保险人同意，对于保险标的物不得加以变更。

2. 人身保险合同主体的变更

人身保险合同主体的变更包括保险当事人的变更和受益人的变更。因为人身保险合同当事人的变更与财产保险合同原理相同，因此不再对此进行论述，而主要论述受益人的变更。被保险人或者投保人可以保险金额的全部或一部，给付其所指定一人或数人为受益人，所以其也可以变更指定的受益人。当然，被保险人或者投保人变更受益人的，必须书面通知保险人，保险人在收到变更受益人的书面通知后，应当在保险单或者其他保险凭证上批注或者附贴批单。如果投保人在指定受益人后进行变更的，如果没有通知保险人，则不得以之对抗保险人。应明确的是，投保人或者被保险人对受益人的变更并不需要保险人的许可。而且无论受益人是否接受被指定为受益人，除非投保人对其保险利益声明放弃处分权外，仍然可以采取合同或者遗嘱的方式进行处分。

在投保人与被保险人非同一主体时，我国《保险法》规定，投保人变更受益人时须经被保险人同意。

5.1.3　保险合同的内容变更

保险合同的变更可以分为协议变更和法定变更。保险合同的当事人协议变更保险合同的内容，因其体现了当事人自愿、协商一致的原则，通常是有效的。法定变更是指在保险合同有效期间，因保险标的的危险程度等状况发生变更，而发生的保险合同的变更。《保险法》主要规定了以下几种情形。

（1）《保险法》第 51 条第三款规定："投保人、被保险人未按照约定履行其对保险标的的安全应尽责任的，保险人有权要求增加保险费或者解除合同。"依此规定，在保险合同有效期间内，投保人、被保险人未按照约定对保险标的的安全尽责任，保险人即有权与投保人、被保险人协商变更保险合同有关费的规定，要求增加保费，否则其可以解除保险合同。

（2）《保险法》第 52 条第一款规定："在合同有效期内，保险标的的危险程度显著增加的，被保险人应当按照合同约定及时通知保险人，保险人可以按照合同约定增加保险费或者解除合同。保险人解除合同的，应当将已收取的保险费，按照合同约定扣除自保险责任开始之日起至合同解除之日止应收的部分后，退还投保人。"依据此条规定，在保险标的的危险程度显著增加时，保险人有权要求增加保费，如果投保人或者被保险人不同意增加保费，保险人可以解除保险合同。当然，该条款并没有赋予保险人单方变更合同的权利。

（3）《保险法》第 53 条规定："有下列情形之一的，除合同另有约定外，保险人应当降低保险费，并按日计算退还相应的保险费：（一）据以确定保险费率的有关情况发生变化，保险标的的危险程度明显减少的；（二）保险标的的保险价值明显减少的。"

5.1.4　保险合同变更的程序

保险合同的变更主要由投保人、保险人提出，而且要经过投保人和保险人的同意。变更保险合同，保险人应当在保险单或者其他保险凭证上批注或者附贴批单，或者由投保人和保险人订立变更的书面协议。变更保险合同，通常并不需要被保险人和受益人的同意，但以死亡为给付保险金条件的人身保险合同的变更应征得被保险人的同意。在法定变更时，享有变更权的当事人必须通知相对人，通知到达相对人时变更生效。但为了加强对投保人利益的保护，有些国家或者地区对保险人规定了更严格的义务。如我国台湾地区"保险办法"第 56 条规定，保险人于接到变更保险契约通知后 10 日内不为拒绝者，视为承诺。

5.1.5　保险合同变更的法律效力

在保险合同变更未达成一致之前，原保险合同继续有效。保险合同变更生效以后，当事人之间的权利义务关系依变更后的保险合同为准。但保险合同的变更并不具有溯及既往的效力，其只对将来发生效力。而且，保险合同的变更也不影响当事人要求赔偿的权利。

5.2　保险合同的中止与复效

5.2.1　保险合同中止与复效的概念

保险合同的中止与复效属于人身保险合同效力的一种特有的状态。保险合同的中止是指在人身保险合同的有效期间内，因某种事由的出现而使合同的效力处于暂时停止的状态。而保险合同的复效是指在导致保险合同中止的事由消除后，其效力即行恢复，恢复原来保险合同的效力。在保险合同中止到复效之间，保险合同的效力处于不确定的状态。

5.2.2　保险合同的中止

1. 保险合同中止的原因

保险合同中止主要适用于人身保险合同，而且是分期交纳保费的人身保险合同。

保险合同为诺成性合同，不需要交纳保险费即可成立。但是保险费是保险人承担风险的对价，如果投保人不交纳保费，将影响保险人承担风险的能力，因此投保人必须交纳保费。而且人寿保险的保险费，在生存保险的部分具有储蓄的性质，为了避免强迫投保人储蓄，《保险法》第 38 条规定，保险人对人寿保险的保险费，不得用诉讼方式要求投保人支付。如果投保人在这种情形下，不交纳保险费，保险合同的效力如果继续维持显然不当，但如果投保人因为一时的疏忽没有按合同约定交纳保险费就终止合同，也不利于投保人及被保险人利益的维护，而且不利于巩固保险人已有的业务，所以为了不使保险合同轻易地失去效力，我国《保险法》第 36 条规定："合同约定分期支付保险费，投保人支付首期保险费后，除合同另有约定外，投保人自保险人催告之日起超过三十日未支付当期保险费，或者超过约定的期限六十日未支付当期保险费的，合同效力中止，或者由保险人按照合同约定的条件减少保险金额。被保险人在前款规定期限内发生保险事故的，保险人应当按照合同约定给付保险金，但可以扣减欠交的保险费。" 30 日或者 60 日习惯上称为宽限期，也称为优惠期。在宽限期之内，投保人未交纳当期保费，保险合同仍然有效，如果在此期间发生保险事故，保险人仍然要承担保险责任，但可以扣减欠交的保险费。在宽限期届满后，投保人不交保险费的，保险合同的效力才开始中止。当然，保险合同另有约定的从其约定。

2. 保险合同中止的事由

我国《保险法》只规定了一种保险合同中止的情形，即在分期支付保险费后，投保人支付了首期保险费后，在投保人自保险人催告之日起超过 30 日未支付当期保险费，或者超过约定的期限 60 日未支付当期保险费。在此催告之日起 30 日的计算应当从投保人收到催告通知时开始计算。

但是仅规定这种情形显然无法满足现实的需要，如在人寿保险合同质押时，质押贷款的本息超过保单的现金价值时保险合同的效力问题，显然法律应予以明确。例如，有的保险法还规定了另外两种保险合同中止的事由：第一，保险合同约定由保险人垫缴保险费者，在垫缴的本息超过保单的现金价值；第二，保险单质押借款未偿还的本息超过了保单的现金价值。这两种情形符合现实的需要，而我国《保险法》并未规定质押借款未偿还的本息超过保单的现金价值时原保险合同效力问题，在这种情形下合同效力中止，对投保人及保险人利益的保护较为妥当。

3. 保险合同中止的后果

保险合同的效力一旦中止，在效力中止期间，即使发生保险事故，保险人也不负保险责任。中止后，在投保人向保险人申请复效之前，合同的效力处于暂时中断的状态。但是保险合同效力的中止并不等同于终止，双方当事人的关系必须予以确定，为了避免保险合同的效力悬而未决，法律赋予保险人催告权，并在一定的条件下有解除合同的权利。

5.2.3　保险合同的复效

我国《保险法》第37条规定："合同效力依照本法第三十六条规定中止的，经保险人与投保人协商并达成协议，在投保人补交保险费后，合同效力恢复。但是，自合同效力中止之日起满二年双方未达成协议的，保险人有权解除合同。保险人依照前款规定解除合同的，应当按照合同约定退还保险单的现金价值。"

1. 保险合同复效的意义

复效是保险合同在效力中止后重新恢复到效力中止之前的状态，保险合同复效后与保险合同中止之前具有相同的效力。复效对于保险合同的双方当事人均具有实益，对于保险人来讲，其可以较低的成本维持有效的合同，避免了签订新的合同所花费的高额的佣金费用及管理费用，而且在投保人补交保险费后复效对于其承保的危险并没有增加；对于投保人或者被保险人而言，可以及时获得保障，缩短没有保障的时间。

2. 保险合同复效的条件

保险合同复效的条件包括以下几个方面。

（1）保险合同尚未解除。我国《保险法》第37条第一款规定，在合同效力中止2年后，保险人有权单方面解除合同。因此，保险合同复效必须在效力中止的2年内，而且保险人没有通知投保人解除合同。

（2）保险期间尚未结束。如果保险合同中约定的保险期间已经结束，再恢复保险合同则没有可能，也无必要。

（3）被保险人的健康状况符合保险人承保的范围。在合同效力中止后，投保人有权选择是否恢复保险合同，显然投保人会选择对自己有利的措施，而保险人也会在保险合同效力中止一段时间后，要求对被保险人的身体状况进行审查，以决定是否承保。所以，我国《保险法》规定，要求投保人与保险人进行协商并达成协议，在投保人补交保险费后，合同效力恢复。

应当说明的是，我国保险合同效力中止后的恢复必须经过当事人的协商，如果保险人认为被保险人的身体状况发生变化而拒绝，则效力无法恢复，这种情况对被保险人有所不公，特别是在保险人未履行催告的情况下因为投保人疏忽而没有在保险合同规定的支付保险费的时间内交纳，也未能在宽限期内缴纳保险费时尤其如此。尽管有学者认为，在合同效力中止2年内，投保人要求恢复合同效力，只要保险人无正当理由即应恢复合同效力。❶ 另外，我国《保险法》仅规定了投保人补交保险费，合同效力恢复。实际上，投保人、被保险人或者受益人何人支付保险费，对保险人的利益并不影响，所以法律并不需要规定由何人补交。对于保险合同复效的规定，有的保险法规定，保险合同效力中止后，在中止效力之日起 6 个月内清偿保险费、保险契约约定之利息及其他费用后，翌日上午零时起，开始恢复其效力。投保人于停止效力之日起 6 个月后申请恢复效力者，保险人得于投保人申请恢复效力之日起 5 日内要求投保人提供被保险人之可保证明，除被保险人之危险程度有重大变更已达拒绝承保外，保险人不得拒绝其恢复效力。该条款第四款规定，保险人未于前项规定期限内要求投保人提供可保证明或于收到前项可保证明后 15 日内不为拒绝者，视为同意恢复效力。该条款属于强制规定，不允许依合同予以排除，在 6 个月之内，只要补交了合同约定的款项，保险合同的效力自动恢复的规定，不因被保险人身体或者健康状况进行抗辩，较好地保护了投保人、被保险人及受益人的利益；而且对于保险人而言，原则上并未造成额外的负担，因为已经收到了依据保险合同应当收到的费用，所以恢复保险合同的效力对其也属于合理的风险负担。

而且，即使 6 个月后，需要保险人同意才可恢复保险合同的效力的法律规范并不妥当。原因是保险费是保险人针对被保险人在保险合同的整个有效期间所有发生的危险而计算出来的，保险合同中止期间的危险本来就属于在保险合同订立时，保险人对于保险合同的有效期间所考虑的，并以此为依据计算出保险费。在补交了应支付的保险费后，保险合同的效力应该自动恢复，而不应再对被保险人的身体状况予以重新的审查，除非该危险不属于原保险合同承保的范围，否则投保人或者被保险人在危险发生后只需要履行通知义务即可。我国《保险法》的规定对保险人的利益照顾太多，不利于投保人、被保险人利益的维护。即使存在原保险合同未考虑的事项，也仅属于危险增加的通知义务，与保险人是否同意无关。❷

5.3　保险合同的解除

5.3.1　保险合同解除的概念

保险合同的解除是指在保险合同的有效期间内，当事人依法提前终止保险合同效力的行为。我国《保险法》第 15 条规定："除本法另有规定或者保险合同另有约定外，保险合同成立后，投保人可以解除合同，保险人不得解除合同。"该条款确立了投保人享有解除合同的权利，而保险人通常情况下不得解除合同的原则。

保险合同的解除可以分为约定解除与法定解除。约定解除又包括两种情况：一是合同成立后，投保人与保险人协商一致解除合同；二是保险合同当事人事先约定合同解除的条件，

---

❶　王卫国. 保险法. 北京：中国财政经济出版社，2009：119.
❷　江朝国. 保险法修正评释. 月旦法学杂志，2009（164）：236.

当约定的条件出现时，投保人、保险人解除保险合同。约定解除是当事人基于意思自治提前终止合同效力。保险合同的法定解除，是指保险合同当事人根据法律规定，当事人行使法律规定的解除权而解除合同。保险合同的法定解除分为投保人依法解除和保险人依法解除。因约定解除基于双方当事人的意思一致而解除，故不会引起纠纷；或者基于保险合同的约定，而约定的内容取决于当事人的约定，而无法一一列举，故下文只论述保险合同的法定解除。

5.3.2　保险合同解除的条件

1. 投保人解除保险合同的条件

各国保险法均规定，在一般情况下，投保人可以随时提出解除保险合同。《保险法》第15条规定："除本法另有规定或者保险合同另有约定外，保险合同成立后，投保人可以解除合同，保险人不得解除合同。"《保险法》所指另有规定，是指某些特殊类型的保险合同，在保险责任开始后，因难以确定危险发生的时间，故要求在保险合同责任开始后，不允许当事人解除合同。例如《保险法》第50条规定，货物运输保险合同和运输工具航程保险合同，保险责任开始后，合同当事人不得解除合同。投保人解除保险合同属于依法行使权利，无须承担违约责任，但合同的双方当事人应当了结保险合同存续期间所规定的权利义务，履行解除合同前双方应当履行的义务。合同解除后，双方未履行的合同义务不再履行。

关于保险费问题，在保险合同期间未发生保险事故时，依据《保险法》第54条的规定："保险责任开始前，投保人要求解除合同的，应当按照合同约定向保险人支付手续费，保险人应当退还保险费。保险责任开始后，投保人要求解除合同的，保险人应当将已收取的保险费，按照合同约定扣除自保险责任开始之日起至合同解除之日止应收的部分后，退还投保人。"发生保险事故，投保人解除保险合同的，依据《保险法》第58条的规定："保险标的发生部分损失的，自保险人赔偿之日起三十日内，投保人可以解除合同；除合同另有约定外，保险人也可以解除合同，但应当提前十五日通知投保人。合同解除的，保险人应当将保险标的未受损失部分的保险费，按照合同约定扣除自保险责任开始之日起至合同解除之日止应收的部分后，退还投保人。"

在人身保险合同中，投保人解除合同的，保险人应当自收到解除合同通知之日起30日内，按照合同约定退还保险单的现金价值。

2. 保险人解除保险合同的条件

保险人原则上不得解除保险合同。保险人只能依据保险合同的规定，或者在法律规定的原因出现时才可解除合同。依据《保险法》的规定，保险人可以在下列情况下解除保险合同。

（1）《保险法》第16条第二款规定："投保人故意或者因重大过失未履行前款规定的如实告知义务，足以影响保险人决定是否同意承保或者提高保险费率的，保险人有权解除合同。"

（2）《保险法》第 27 条第一款规定："未发生保险事故，被保险人或者受益人谎称发生了保险事故，向保险人提出赔偿或者给付保险金请求的，保险人有权解除合同，并不退还保险费。"

（3）《保险法》第 27 条第二款规定："投保人、被保险人故意制造保险事故的，保险人有权解除合同，不承担赔偿或者给付保险金的责任；除本法第四十三条规定外，不退还保险费。"

（4）《保险法》第 32 条第一款规定："投保人申报的被保险人年龄不真实，并且其真实年龄不符合合同约定的年龄限制的，保险人可以解除合同，并按照合同约定退还保险单的现金价值。"

（5）《保险法》第 37 条规定："合同效力依照本法第三十六条规定中止的，经保险人与投保人协商并达成协议，在投保人补交保险费后，合同效力恢复。但是，自合同效力中止之日起满二年双方未达成协议的，保险人有权解除合同。保险人依照前款规定解除合同的，应当按照合同约定退还保险单的现金价值。"

（6）《保险法》第 49 条第三款规定，在保险合同的有效期间，因保险标的转让导致危险程度显著增加的，保险人自收到被保险人或者受让人的通知之日起 30 日内，可以按照合同约定增加保险费或者解除合同。保险人解除合同的，应当将已收取的保险费，按照合同约定扣除自保险责任开始之日起至合同解除之日止应收的部分后，退还投保人。

（7）《保险法》第 51 条第三款规定，投保人、被保险人未按照保险合同约定履行其对保险标的的安全应尽责任的，保险人有权要求增加保险费或者解除合同。

（8）《保险法》第 52 条第一款规定，在合同有效期内，保险标的的危险程度显著增加的，被保险人应当按照合同约定及时通知保险人，保险人可以按照合同约定增加保险费或者解除合同。保险人解除合同的，应当将已收取的保险费，按照合同约定扣除自保险责任开始之日起至合同解除之日止应收的部分后，退还投保人。

（9）《保险法》第 58 条规定，保险标的发生部分损失的，除合同另有约定外，保险人也可以解除合同，但应当提前 15 日通知投保人。合同解除的，保险人应当将保险标的未受损失部分的保险费，按照合同约定扣除自保险责任开始之日起至合同解除之日止应收的部分后，退还投保人。

除了上面提到的保险合同的解除外，有的保险法还规定在下列情况下，保险合同的解除权。第一，一方当事人对于对方应通知的事项而怠于通知的，除不可抗力之事故外，无论故意与否，他方当事人可以此为由解除保险合同。第二，保险合同当事人一方违背特约条款时，他方可以解除合同；即使发生保险事故也不影响保险合同的解除。第三，保险金额超过保险标的的价值的合同，是由一方当事人欺诈而订立的，对方可以解除合同。

5.3.3　保险合同解除的程序

　　保险合同的当事人可以在一定的条件下单方面解除保险合同，但无论当事人一方依法或者依约定解除合同，均应当及时通知对方当事人，在通知到达对方当事人时合同解除。如果一方当事人在解除合同后未给予对方当事人通知，则不发生保险合同解除的效果。

5.4　保险合同的终止

5.4.1　保险合同终止的概念

　　保险合同终止是指保险合同成立后因法定的或者约定的事由的发生，合同规定的权利义务关系消灭。

5.4.2　保险合同终止的原因

　　除了保险合同的解除导致保险合同终止外，引起保险合同终止的原因还包括以下几个方面。

　　1. 保险合同有效期间届满

　　保险合同有效期间届满而导致保险合同终止属于保险合同的自然终止，这是保险合同最普遍、最基本的终止方式。在保险合同约定的保险期间届满后，保险合同终止，当事人之间的权利义务关系即归于消灭。

　　2. 保险人履行了赔偿或者给付保险金的责任

　　根据保险合同，在保险事故发生时，保险人要承担赔偿或者支付保险金的责任。因此，在保险合同中约定的保险事故发生时，保险人履行了赔偿或者支付保险金的责任后，保险合同关系即告终止。在这种情况下，即使仍在保险合同的有效期间内，如果保险人赔偿或者给付的保险金达到保险合同约定的最高限额，保险合同关系即告终止，保险人不再承担保险责任。如果投保人想继续得到保险的保障，应当订立新的保险合同。

　　3. 保险标的发生部分或者全部损失

　　《保险法》第58条规定："保险标的发生部分损失的，自保险人赔偿之日起三十日内，投保人可以解除合同；除合同另有约定外，保险人也可以解除合同，但应当提前十五日通知投保人。合同解除的，保险人应当将保险标的未受损失部分的保险费，按照合同约定扣除自保险责任开始之日起至合同解除之日止应收的部分后，退还投保人。"保险标的发生部分损失后，保险标的本身的状况及其面临的风险已经发生变化，因此法律允许当事人终止保险合同。保险人终止保险合同，应当提前15日通知投保人，并将保险标的未受损失部分的保险费，按照合同约定扣除自保险责任开始之日起至合同解除之日止应收的部分后，退还投保人。当然，在保险标的因保险事故全部灭失，保险人支付保险金后，保险合同也应当终止。

保险标的非因保险事故全部灭失，保险合同也应终止。

4. 保险合同因保险人资格消灭而终止

保险人资格消灭是指保险人彻底停止其保险业务而消灭其经营保险业务的法律地位。依法设立的保险公司，因被撤销保险资格、被宣告破产或者解散而消灭其资格。如有的保险法规定，保险人破产时，保险合同于破产宣告之日终止，其终止后的保险费，已交付者，保险人应当返还。

但是，保险合同因为保险人资格的消灭而终止只针对财产保险合同，我国《保险法》第 92 条规定：“经营有人寿保险业务的保险公司被依法撤销或者被依法宣告破产的，其持有的人寿保险合同及责任准备金，必须转让给其他经营有人寿保险业务的保险公司；不能同其他保险公司达成转让协议的，由国务院保险监督管理机构指定经营有人寿保险业务的保险公司接受转让。转让或者由国务院保险监督管理机构指定接受转让前款规定的人寿保险合同及责任准备金的，应当维护被保险人、受益人的合法权益。”所以，尚未到期的人寿保险合同的保险人的保险资格消灭，保险合同并不随之而终止，而是转让给其他经营人寿保险业务的保险人，被保险人或者受益人依据人寿保险合同享有的权利并不受影响。

5. 保险合同终止的其他原因

保险合同终止的其他原因包括以下几个方面。

（1）人身保险合同中，投保人故意造成被保险人死亡、伤残或者疾病的，保险人不承担给付保险金的责任。投保人已交足 2 年以上保险费的，保险人应当按照合同约定向其他权利人退还保险单的现金价值。

（2）以被保险人死亡为给付保险金条件的合同，自合同成立或者合同效力恢复之日起 2 年内，被保险人自杀的，保险人不承担给付保险金的责任，但被保险人自杀时为无民事行为能力人的除外。保险人依照上述规定不承担给付保险金责任的，应当按照合同约定退还保险单的现金价值。

（3）因被保险人故意犯罪或者抗拒依法采取的刑事强制措施导致其伤残或者死亡的，保险人不承担给付保险金的责任。投保人已交足 2 年以上保险费的，保险人应当按照合同约定退还保险单的现金价值。

（4）投保人破产时，保险合同仍为破产债权人的利益而存在，但破产管理人或保险人可以在破产宣告 3 个月内终止合同；保险人应返还合同终止后交付的保险费。

5.4.3　保险合同终止的效果

保险合同终止后，发生保险事故的，保险人不再承担保险责任。保险合同终止后保险人已经收取的保险费，应当予以返还。在人身保险合同中，符合法律规定或者合同约定的条件，保险人在保险合同终止时应当退还保险合同约定的保险单的现金价值。

案例分析

案例一 机动车改装，保险公司一律拒赔？[1]

一、案情

蔡先生家住河南郑州郊区农村，但在郑州上班，为出行方便，蔡先生购买了一辆北京吉普车。同时，蔡先生为其吉普车购买了机动车商业保险，保险期限为2009年10月24日—2010年10月23日。由于经常晚上回家，行走山路，而北京吉普车原装汽车前灯不大好用，蔡先生在购买保险后决定改装汽车前灯，以使晚上行车更加安全。蔡先生卸掉了汽车原装前灯，换上了两个氙灯，但对更换汽车前灯一事，蔡先生未通知保险公司，也未办理保险单批改手续。

2009年11月22日11时，蔡先生在驱车回家的路上，为避让迎面而来的卡车，其吉普车氙灯及保险杠撞上路边的树枝，导致汽车氙灯和保险杠损坏。蔡先生立刻向保险公司报案，经保险公司勘察，认定事故损失为氙灯一个，价值4 000元，保险杠损坏修理费1 400元。但保险公司认为，蔡先生改装汽车前灯并未通知保险公司，依据保险合同条款，保险公司不应承担氙灯损失的赔偿责任。蔡先生对此表示不满，将保险公司诉至法院。

后来，被保险人自愿承担前灯事故一半的损失，本案最终以调解结案。

二、分析

本案的实质是改装是否增加了保险标的的危险程度？

《保险法》第52条规定："在合同有效期内，保险标的的危险程度显著增加的，被保险人应当按照合同约定及时通知保险人，保险人可以按照合同约定增加保险费或者解除合同。保险人解除合同的，应当将已收取的保险费，按照合同约定扣除自保险责任开始之日起至合同解除之日止应收的部分后，退还投保人。被保险人未履行前款规定的通知义务的，因保险标的的危险程度显著增加而发生的保险事故，保险人不承担赔偿保险金的责任。"另外，保险公司在其车损险条款中通常会约定："在保险期间内，被保险机动车改装、加装设备要通知保险人。"这就是通常所说的改装、加装通知义务。

保险合同规定这一义务的主要原因是，防止机动车辆的改装、加装可能造成车辆危险程度的增加。危险程度增加，就使保险公司当初收取的保费与现在承保车辆可能的风险不相一致，原来收取的保费不足于其承担的风险。因此，在保险合同中约定，被保险人有必要将加装、改装的事项通知保险公司，以便保险公司重新评价风险，确定是否增加保费。保险公司接到通知以后，应当在30日内对风险进行评估，然后按照保险合同的约定增加保费或者解除合同。保险公司决定增加保险费的，应当及时通知被保险人，如被保险人不同意增加，则

---

[1] 梁鹏. 机动车改装，保险公司一律拒赔. 中国保险报，2010 - 01 - 18.

保险公司可以解除保险合同。若保险公司认为车辆加装、改装后风险过大，可以解除保险合同，解除保险合同的，应当将已收取的保险费，按照合同约定扣除自保险责任开始之日起至合同解除之日止应收取的部分后，退还给投保人。

如果被保险人未履行加装、改装的通知义务，因加装、改装使车辆危险程度显著增加而发生的保险事故，保险人不承担赔偿保险金的责任。但是如果保险事故并非因车辆改装、加装的设备导致事故发生，则保险公司不能拒赔。从本案的情况来看，保险事故发生的时间在白天，是被保险人为避免与其他车辆相撞，而撞上路边的树权所致，事故的发生并不是因为改装前灯所致，即改装前灯与保险事故之间没有因果关系。因此，保险公司不能以被保险人改装前灯为由拒绝赔付。

案例二　买车后保险未变更，奔驰轿车出险遭到拒赔[1]

一、案情

2008 年 12 月 12 日，宁波之星汽车维修服务有限公司为其自有的梅赛德斯—奔驰3489CC 轿车，向中国人民财产保险股份有限公司宁波分公司投保，保险公司收取了保险费用并出具了保单。2009 年 7 月 16 日，柯先生向"宁波之星"公司买了此车，并办理了机动车转移登记，但没有变更保险合同。

2009 年 9 月 21 日，柯先生的奔驰车与一辆轿车发生碰撞。他立即向交警部门和保险公司报案。经交警认定，柯先生负事故的全部责任。几天后，保险公司开具了《机动车保险快捷案件处理单》和《机动车保险车辆损失情况简易确认书》，并相继确定因事故而维修工时费为 1 800 元，奔驰车零部件更换费用为 15 220 元。谁知，柯先生修完车持所有材料去理赔时，保险公司以保单中的被保险人系宁波之星汽车维修服务有限公司而非柯先生为由拒赔。为讨个说法，柯先生将保险公司告上法庭。

庭审中，柯先生认为，根据车辆保险单、机动车保险证、行驶证复印件、车辆转移登记信息等可以看出，事故车辆与保险合同的车辆是同一辆奔驰车。保险公司在接到报案后，也履行了事故勘察、定损估价等程序，应理赔责任。

而保险公司的委托代理人认为，奔驰车出事故时，保险合同的被保险人为宁波之星汽车维修服务有限公司，柯先生并非合同的当事人，没有诉权。保险公司对转让后的该奔驰车有拒绝承保的权利，不具有负责赔偿的义务。

经过北仑法院调解，双方最终自愿达成和解，保险公司同意支付柯先生 1 万元保险理赔款。

二、分析

本案双方争议的实质是保险标的转让后未通知保险人，保险人是否应承担保险责任？

关于保险标的转让，新《保险法》第 49 条对保险标的转让进行了重大修订，将旧法规

---

[1] 沈孙晖. 买车后保险未变更，奔驰轿车出险遭到拒赔. 宁波日报，2010 – 05 – 05.

定的保险标的转让应经保险人同意才能变更保险合同，修改为保险标的转让的，受让人自然承继被保险人的权利义务。该条款规定："保险标的转让的，保险标的的受让人承继被保险人的权利和义务。保险标的转让的，被保险人或者受让人应当及时通知保险人，但货物运输保险合同和另有约定的合同除外。因保险标的转让导致危险程度显著增加的，保险人自收到前款规定的通知之日起三十日内，可以按照合同约定增加保险费或者解除合同。保险人解除合同的，应当将已收取的保险费，按照合同约定扣除自保险责任开始之日起至合同解除之日止应收的部分后，退还投保人。"

因为本案的保险事故发生在修订后的《保险法》实施之前，而修订前的《保险法》规定，保险标的的转让应当经过保险人同意才可以变更保险合同，所以尽管该条款并不妥当，但法律就是法律，因此在保险公司没有同意的情况下，保险公司可以不用支付保险金。但令人欣喜的是，保险公司与被保险人达成了和解协议，避免了不公平法律规定的适用。

但是如果按照修订后的《保险法》进行分析，在本案中，因为保险合同没有理由规定，也不属于货物运输保险合同，所以在保险标的转让后，受让人应当通知保险人。但应当明确的是，受让人不通知保险公司，并不是保险公司不承担保险责任的理由，其依然必须承担保险责任。如果因为标的转让导致危险程度增加，保险公司可以在接到通知之日起30日内增加保费或者解除合同。故本案中的保险公司应当承担责任。

本 章 小 结

保险合同为民商事合同的具体类型，在存续期间也存在合同效力变动问题。在学习保险合同法律制度时，保险合同的效力变动作为对已经生效的保险合同中相关内容进行变更的法律手段，直接关系着保险合同公平、自愿原则的实现。本章重点论述保险合同的变更、保险合同的中止与复效、保险合同的解除以及保险合同的终止。

广义的保险合同变更包括了保险合同的主体、内容或者客体的变更，而狭义的保险合同的变更则仅指内容的变更。由于保险合同的特点，保险合同在履行过程中往往会面临各种因素的影响，以至于合同的全部或者部分内容与实际情况不相符合，从而需要对其中的部分或者全部的内容、主客体、法律效力进行变更。所以，本章所需掌握的重点就是保险合同的变更问题。至于保险合同的中止与复效、保险合同的解除以及保险合同的终止也要有相应的学习和了解。

本章的重点是：保险合同的效力变动

本章的难点是：保险合同的变更

关键词语：保险合同变更　保险合同的中止　保险合同的复效　保险合同的解除　保险合同的终止

思考题

1. 简述保险合同变更的主要内容。
2. 保险合同解除的条件是什么?
3. 引起保险合同中止的原因是什么?

第6章

保险合同的解释

 本章导读

6.1 保险合同解释的一般方法

保险合同为最大诚信合同，但是在现实生活中，当事人在履行保险合同的过程中，往往对保险合同的语言文字及双方当事人真实的意思表示产生争议，需要明确双方当事人的真实意思，故有必要明确保险合同的解释方法，来准确处理保险纠纷，为此必须确立保险合同解释的一般方法。保险合同可能完全由格式条款组成，也可能完全由保险合同的双方当事人商议条款组成，也有可能由格式条款与个别商议条款组成。而个别商议条款与格式条款因为在订立合同的过程中当事人的地位不同，合同反映当事人真实意思表示的程度差异较大，因此应分别进行论述。关于保险合同解释的一般方法，针对个别商议条款与格式条款的不同，将采取不同的方法。

6.1.1 个别商议条款的解释方法

1. 个别商议条款的判断

个别商议条款是指保险合同中的某些条款，是由保险人与投保人基于平等地位协商，达成合意的条款。如果保险合同由保险人预先拟定或选用，具备格式条款的外形，但是保险人在与投保人订立合同时，对合同的全部或者部分条款，交予投保人阅读，并向其解释条款的含义，而且告知投保人可以修改该条款的内容或者删除该条款，但是投保人同意该条款，该条款可以视为个别商议条款。但是，保险人要承担证明该条款为个别商议条款的举证责任。如果是由保险人预先拟定多套内容不同的批单，提供给投保人选择，选择后变成保险合同的一部分，则不属于个别商议条款，而属于格式条款。

2. 个别协商条款的解释方法

个别协商条款的解释方法包括以下几个方面。

（1）合同文字的意思已经明确时，应采取文义解释方法。合同文字的意思已经明确，足以表明当事人订约时的意思，应该采取文义解释方法，依照合同文字的意思，解释当事人因合同而产生的权利义务。在这种情况下，不需要另行探求当事人内心真实的意思表示，因为合同已经表明其真实的意思表示。

（2）在保险合同的文字不够明确时，应该探求当事人的真意。在合同的文字不够明确时，就必须探求当事人在订立合同时真实的意思表示。解释意思表示，应探求当事人之真意，不得拘泥于所用的词句。但需要明确的是，探求当事人真实的意思表示，是指探求当事人在订立保险合同时的真实意思表示，而不是法官或者仲裁员在解释意思表示时当事人的真实意思表示。

（3）合同条款有疑义时，应该作出不利于合同起草者的解释。保险合同条款中的个别商议条款，如果发生争议，在解释合同时，如果合同文字的意思已经明确，采取文义解释方法；如果合同的文字有疑义，则应该探求当事人订立合同真实的意思表示；如果无法查明当事人真实的意思表示，则应当作出不利于合同起草者的解释。也就是说，有疑义的个别商议条款是由保险人起草的，则应该作不利于保险人的解释；如果有疑义的个别商议条款是由投保人或被保险人起草的，则应该作出不利于投保人或被保险人的解释。❶

6.1.2　格式条款的解释方法

1. 通常理解

对于保险合同的用语按照通常的意思理解进行解释。《保险法》第 30 条规定："采用保险人提供的格式条款订立的保险合同，保险人与投保人、被保险人或者受益人对合同条款有争议的，应当按照通常理解予以解释。对合同条款有两种以上解释的，人民法院或者仲裁机构应当作出有利于被保险人和受益人的解释。"该条款规定了在格式条款的情况下，保险合同解释的最基本的方法，只有在此种方法无法确定保险合同条款真实含义的前提下，才能够采取其他的解释方法。实际上，我国对于格式条款一直采取首先按照通常理解来解释合同条款的方法的，例如，《合同法》第 41 条规定："对格式条款的理解发生争议的，应当按通常理解予以解释。对格式条款有两种以上解释的，应当作出不利于提供格式条款一方的解释。格式条款和非格式条款不一致的，应当采用非格式条款。"

通常的理解是指一个普通的投保人或者潜在的投保人在通常情况下对于保险合同的正常理解，但不是保险专业人士或者法律专家对于保险合同的理解。通常理解，必须是该类投保人或者潜在的投保人在签订此类保险合同时对于条款的通常理解。如果保险人对于该条款有特别的含义或者说明，必须提请投保人注意，并对其进行解释，使其明了其内容，否则不得

---

❶　江朝国. 保险契约条款解释原则. 月旦法学教室，2009（75）.

按照保险人的理解来解释该条款。

例如，中禾公司因职员过失造成财产损失诉平安保险公司保险理赔一案中，对"被保险人及代表"的解释，法院认为，根据保险理论及实践，均指一个单位或公司的法人代表、董事长、副董事长、董事、经理、副经理、总会计师、总工程师或上级单位派驻该公司或单位的代表，不包括一般雇员。❶ 该解释就是采取了通常解释的方法。再如，李树华诉华安财产保险股份有限公司珠海中心支公司保险合同纠纷一案中❷，原被告双方对于"停车场"的含义引起争议，原告之妻去医院为其子看病时，将车停在医院的停车场，虽然医院停车场配有保安看管车辆，但车辆被盗。被告认为医院停车场没有专人看管，不属于"停车场"，法院认为被告对于"停车场"的解释不属于通常的理解。

2. 文义解释

文义解释是指按照保险合同条款所使用文字的通常含义和保险法律、法规及习惯，并结合保险合同的整体内容对保险合同条款所作的解释。《合同法》第125条第一款规定："当事人对合同条款的理解有争议的，应当按照合同所使用的词句、合同的有关条款、合同的目的、交易习惯以及诚实信用原则，确定该条款的真实意思。"该条款确立了所有可以适用《合同法》的合同所可以采用的解释方法。保险合同作为可以适用《合同法》的一类合同，当然应当适用该解释方法。

保险合同条款是由语言文字构成的，在确定保险合同条款的含义时，就必须按照其使用的词句的含义。在保险合同的解释中，语言解释是保险合同解释的前提，合同使用的语言反映了保险合同当事人的真实意思表示，除非有充分的理由表明保险合同的语言文字并未体现保险合同当事人真实的意思表示，否则对保险合同的条款均应从保险合同的语言文字开始来确定当事人真实的意思表示。

对保险合同条款使用的一般文句应尽可能按照公认的表面含义和其语法意义进行解释，如果双方有争议，应以权威性工具书或者专家的解释为准。对于保险法律术语，有立法解释的，以立法解释为准；没有立法解释的，以司法解释及国际公约为准。

例如，在中国人民保险公司青岛市分公司诉巴拿马浮山航运有限公司船舶保险合同纠纷一案中❸，关于本案所涉保险合同中"船舶碰撞"是否应包括间接碰撞的问题，法院认为间接碰撞已纳入了船舶碰撞的范围之内，间接碰撞应属于保险人赔偿的范围，依据是《海商法》第165条规定："船舶碰撞，是指船舶在海上或者与海相通的可航水域发生接触造成损害的事故。"《海商法》第170条规定："船舶因操纵不当或者不遵守航行规章，虽然实际上没有同其他船舶发生碰撞，但是使其他船舶以及船上的人员、货物或者其他财产遭受损失的，适用本章的规定。"《最高人民法院关于审理船舶碰撞和触碰案件财产损害赔偿的规定》

---

❶ 福建省厦门市中级人民法院（2005）厦民终字第2183号（2005年12月12日）。
❷ 广东省珠海市香洲区人民法院民事判决书（2005）香民二初字第574号。
❸ 山东省高级人民法院民事判决书（2001）鲁经终字第314号。

第 16 条，对"船舶碰撞"的含义作了释义："船舶碰撞是指在海上或者与海相通的可航水域，两艘或者两艘以上船舶之间发生接触或者没有直接接触，造成财产损害的事故。"1910年《统一船舶碰撞某些法律规定的国际公约》第 13 条规定："本公约的规定扩及一艘船舶对另一艘船舶造成损害的赔偿案件，而不论这种损害是由于执行或不执行某项操纵，或是由于不遵守规章所造成，即使未曾发生碰撞，也是如此。"根据以上的法律法规及参照国际公约规定，可以确定船舶保险条款所指碰撞应当包括无接触碰撞。

3. 体系解释

体系解释是指将合同全部条款作为一个整体，根据各个条款与整个保险合同的关系，条款在保险合同中的位置等各个方面通盘加以考虑，确定保险合同条款的含义。

体系解释要求对于保险合同的含义应进行综合的全面分析，对于保险合同的术语应进行统一的解释，不能因为术语出现的位置不同而作不同的解释。保险合同中的条款名称、大小标题及标点符号对于保险合同的解释均具有重要的意义。

4. 目的解释

目的解释是指对于保险合同的条款或者内容应当作出符合当事人订立合同的目的的解释。《合同法》第 125 条第二款规定："合同文本采用两种以上文字订立并约定具有同等效力的，对各文本使用的词句推定具有相同含义。各文本使用的词句不一致的，应当根据合同的目的予以解释。"虽然该条款强调的是不同文本的合同的解释，但对于保险合同条款的解释仍然具有重要的意义。因为其确立了在保险合同的条款没有歧义，但存在多个可以确定当事人之间权利义务关系的文件时，以何者为依据的问题。

目的解释主要是探求当事人的真实意思表示，对合同解释的法律效果应该满足当事人或者类似的投保人对于保险合同一般合理期待。保险法采取这种解释方法主要原因是，采取格式条款订立合同时，订约过程较为快速，在当事人谈判能力相差较大时，当事人的签字并不一定是其真实自由的意思表示。特别是在实践中，投保人可能需要签订合同，而对合同的内容并未进行阅读，即使阅读可能也无法完全理解，只能机械性地签字，如果其有特别的要求，会要求保险人另行签发批单或者采取手写形式、重新打印该条款的方法对保险合同进行变更。

目的解释体现在以下四个规则中：一是保险单优先于投保单、暂保单等文件；二是个别商议的条款优于基本保险条款；三是后加的保险条款优于原来存在的保险条款；四是手写的保险条款优于印刷的保险条款，打印的保险条款优于加贴的保险条款，加贴的保险条款优于保险单上早已印就的条款。这四个规则实际上是对当事人合同协商的过程进行科学性的分析而抽象出来的，在解释保险合同时必须予以借鉴。当然应当明确这四个规则只是解释对象的选择，是探求当事人真实意思表示的一般规则，如果有证据证明当事人的真实意思表示，但其真实意思表示与上述规则不符，则应当依当事人真实的意思表示为准。

例如，在神龙汽车有限公司等诉神龙汽车有限公司北京销售服务分公司保险合同纠纷一案中❶，法院在决定关于保险条款与保险协议约定不一致而产生争议，应以谁为准时，首先采用了体系解释，肯定保险条款和保险协议都是保险合同的内容，如果保险条款与保险协议的约定只是内容宽泛程度上的不一致，并不导致相关内容矛盾时，则保险条款与保险协议的相关内容是一种并列的、互为补充的关系，保险协议与保险条款应该同时适用。后来，又采取了目的解释的方法。法院认为，首先，保险条款和保险协议都是保险合同的内容；其次，保险协议属于保险单首部所指的附加条款；再次，保险协议以手写体或打印体在保险单上载明，而保险条款属于格式条款。因此，如果保险条款与保险协议约定不一致而导致相关内容矛盾，且双方无法达成一致意见时，应以保险协议的约定为准。

5. 专业解释

对于保险合同所使用的法律术语或者其他专用术语，应当按照该等术语所特有的意义进行解释，而不能以人们的常识或者习惯来判断。如在中国保险监督管理委员会关于安诚财产保险股份有限公司机动车商业保险条款费率的批复（保监产险〔2007〕108 号）中，对于暴风的解释是，指风速在 28.5 米/秒（相当于 11 级大风）以上的大风。风速以气象部门公布的数据为准。对于暴风的解释就必须以此为准，而不能凭感觉进行判断。例如，在西安市乘龙汽车服务有限公司诉中国人民财产保险股份有限公司西安市高新开发区支公司保险合同纠纷一案中❷，对于"保险车辆肇事逃逸"与"交通肇事逃逸"的解释，法院即采取了这种方法。首先，法院采取了通常理解的方法。认为《交通事故处理程序规定》中规定的"交通肇事逃逸"，是指发生交通事故后，交通事故当事人为逃避法律追究，驾驶车辆或者遗弃车辆逃离交通事故现场的行为，包括驾驶员在发生交通事故之后驾驶车辆逃离事故现场和遗弃车辆驾驶员自行逃离交通事故现场两种情形，而保险条款中规定的"保险车辆肇事逃逸"指向是保险车辆，即发生交通事故之后，交警部门在没有进行现场勘察之前，车辆逃离了事故现场，造成无法客观勘察现场、划分责任，并不包括驾驶员自行逃离交通事故现场的情形。其次，采取了专业解释的方法，依据《交通事故处理程序规定》中规定的"交通肇事逃逸"的概念，分析其构成要件，进行解释。法院认为，依据《交通事故处理程序规定》中规定的"交通肇事逃逸"的构成要件包括驾驶员主观为故意逃避法律追究、客观是逃离事故现场并造成实际损害、侵害的客体是道路交通安全法律体系，即违反《中华人民共和国道路交通安全法》中有关"在道路上发生交通事故，车辆驾驶人应当立即停车，保护现场"的规定，本案原告的驾驶员在发生交通事故之后，并没有驾驶车辆逃离事故现场，也没有人为破坏现场，其报警之后，交警部门已经对现场进行了勘察并作出了扣押车辆的行政处罚措施。此后，其将伤者送到医院之后外逃的行为不符合"交通肇事逃逸"的构成要件。

---

❶ 中华人民共和国最高人民法院民事判决书（2002）民二终字第 152 号。
❷ 西安市雁塔区人民法院民事判决书（2008）雁民二初字第 096 号。

6.2　不利解释原则的适用

6.2.1　不利解释原则的含义

不利解释原则又称为不利于条款拟定人的解释，是指对保险合同的格式条款有两种以上解释的，应当作出不利于格式条款拟定人的解释。因为保险合同的格式条款绝大多数是由保险人起草的，因此在保险人与投保人或者被保险人对于格式条款有争议时，应当作出不利于保险人的解释。我国《保险法》也确立了这一规则，但并未使用这一表述方式，《保险法》第 30 条规定："采用保险人提供的格式条款订立的保险合同，保险人与投保人、被保险人或者受益人对合同条款有争议的，应当按照通常理解予以解释。对合同条款有两种以上解释的，人民法院或者仲裁机构应当作出有利于被保险人和受益人的解释。"

6.2.2　不利解释原则适用的法律基础

不利解释原则适用的法律基础主要有以下三点。

1. 保险合同的格式合同属性

保险合同中的条款事先已经保险人拟定，在通常情况下，投保人对于保险合同的具体条款并没有修改的权利，其只能接受保险合同或者不接受保险合同这种选择；而且，保险人在拟定保险合同时，往往从自己一方的利益出发来拟定保险合同，而无法做到超然的地位兼顾对方当事人的利益，在保险合同条款存在歧义时，保险人往往只是为了照顾自己单方面的利益。为了促使保险人更谨慎地起草保险合同，《保险法》规定在保险合同的条款存在两种以上的解释时，要作出不利于保险人的解释。作出此规定，可以平衡双方当事人的利益，促使保险人在起草保险合同时尽可能避免歧义的发生。

2. 保险合同条款的技术性特征

保险合同条款中涉及大量的专业术语，还夹杂着法律、统计、精算、医学、气象等各行各业的专有术语，对于这些术语一般的投保人难以理解。而且在实践中，保险人往往会滥用其保险技术，在保险条款中过多地使用专业术语或者采用晦涩难懂、模糊的文字，一般的投保人很难完全理解这些专业术语或者模糊的文字的含义，因此在保险条款存在两个以上的解释时，应该采用对保险人不利的解释。

3. 保险合同主体的不平等性

保险合同的投保人和保险人的地位往往不平等，尽管在极个别的情况下，可能会存在投保人的实力强于保险人，但在这种情况下，双方签订的合同往往是个别协商的合同，而不是格式合同，对该类合同的条款存在两种不同的解释时，并不适用该原则。格式合同多为保险人作为强势的一方而签订的，投保人无论在交易能力及交易信息上均不对等，投保人作为非专业的人士，往往没有能力议定保险合同条款的内容，为了保护处于弱势地位的投保人，在保险合同中的格式条款存在两个以上的解释时，应该作出有利于投保人、被保险人的解释。

6.2.3 不利解释原则的适用条件与范围

在司法实践中，因为我国 2009 年修订之前的《保险法》第 31 条规定："对于保险合同的条款，保险人、被保险人或者受益人有争议的，人民法院或仲裁机构应当作有利于被保险人和受益人的解释。"该规定明确只要存在争议，就应当适用不利解释原则，没有区分格式条款与非格式条款的不同，也没有明确该规定所说的"争议"实际上是指对保险条款存在两种以上的解释，故导致部分法院在实践中对该原则的滥用。因此，新《保险法》对此作出了修订，在采用保险人提供的格式条款订立的保险合同，保险人与投保人、被保险人或者受益人对合同条款有争议的，按照通常理解予以解释；只有在对合同条款有两种以上解释时，才可以作出有利于被保险人和受益人的解释。但是为了防止不利解释原则被滥用，应正确界定不利解释原则的适用条件和范围。

1. 适用条件

不利解释原则仅适用于保险合同的条款存有歧义或者含混，至少存在两种以上的解释，导致无法判明当事人真实的意思表示。对于保险合同条款是否存在两种以上的解释的判断，是法院或者仲裁机构基于中立的立场，以一个具有通常智力水平的当事人的标准进行判断；如果一个相当谨慎的保险合同的投保人或者被保险人对保险合同的条款作出了合理的解释，但该解释不同于保险人的解释，或者无法理解该条款，即使该解释在保险人看来含义明确，但法院或者仲裁机构仍应认为该条款存有歧义，作出不利于保险人的解释。当然，如果保险人事先已经将该条款明确的含义告诉了投保人，投保人已经完全理解其含义，则法院或者仲裁机构就不应允许投保人或者被保险人事后反悔，再提出不同的解释。

例如，在泰康人寿保险股份有限公司佛山支公司与刘劲峰人身保险合同纠纷上诉一案中❶，保险合同的双方对于"骨髓移植"的含义发生了争议。法院认为，佛山泰康人寿保险公司与刘劲峰于 2002 年 12 月 23 日签订的世纪泰康个人住院医疗保险合同是双方真实意思表示，内容合法，该合同合法有效。双方除在合同中约定一般住院日额保险金外，还约定器官移植中骨髓移植的保险金为 105 000 元。刘劲峰在保险期内因患急性淋巴细胞白血病，在广东省佛山市第一人民医院接受治疗。医院在门诊病历和出院证明书上记载刘劲峰接受自体骨髓移植手术，在疾病证明书上记载是自体外周血干细胞移植手术。对此，卫生行政部门在向一审法院的复函中也明确肯定骨髓移植手术和外周血干细胞移植手术没有本质的区别。又因本案双方签订的保险合同是格式合同，佛山泰康人寿保险公司在合同中没有对骨髓移植作出解释。根据《合同法》第 41 条的规定，对格式条款的理解发生争议的，应当按照通常理解予以解释。对格式条款有两种以上解释的，应当作出不利于提供格式条款一方的解释。现

---

❶ 广东省佛山市中级人民法院民事判决书（2005）佛中法民二终字第 725 号。

在双方对合同中的骨髓移植产生不同的理解，按照《合同法》的规定应当作出不利于佛山泰康人寿保险公司的解释，而且刘劲峰在接受手术之前向佛山泰康人寿保险公司的业务员进行了咨询，该公司的业务员答复符合保险条款。因此，可以认定刘劲峰在医院所做的手术符合保险合同中骨髓移植的约定，佛山泰康人寿保险公司应当按照合同的约定向刘劲峰支付105 000 元保险金。

2. 适应范围

1) 保险人提出的格式保险合同

根据保险条款制定的主体及程序的不同，可以将保险条款分为格式条款和个别协商条款。而在格式条款中又分为保险人单独提出的未经国务院保险监督管理机构审批、只是进行备案的条款，保险人提出的经过国务院保险监督管理机构审批的条款以及法定的条款。其中，个别协商条款因为经过当事人的协商，反映了当事人真实的意思表示，因此不应再适用不利解释原则。

我国《保险法》第 136 条第一款规定："关系社会公众利益的保险险种、依法实行强制保险的险种和新开发的人寿保险险种等的保险条款和保险费率，应当报国务院保险监督管理机构批准。国务院保险监督管理机构审批时，应当遵循保护社会公众利益和防止不正当竞争的原则。其他保险险种的保险条款和保险费率，应当报保险监督管理机构备案。"

该条款区分了经过国务院保险监督管理机构审批及备案两种情形，对于仅经过备案的保险条款可以适应不利解释原则，学者之间及司法实践中并无争议。但对于经过国务院保险监督管理机构审批的保险条款，在理论上，国务院保险监督管理机构对于对双方当事人权利义务分配不公平的条款不予审批，以此规范保险合同双方当事人的权利义务分配。但在现实中，也可能出现国务院保险监督管理机构因为工作中的疏忽或者过失，在特殊情况下因为各种原因偏袒保险人，而出现保险条款对于投保人不公的现象。为防止此种情形的出现，公平地保护双方当事人的权利义务关系，特别是司法作为纠纷解决的最后一道防线，如果不适用不利解释原则，可能使被保险人失去救济的机会。

对于法定的条款，因为属于法律法规直接规定而由双方当事人直接适用，双方当事人均是该条款的使用者，法官或者仲裁机构应当探究法律法规的立法本意，而不得适用对于任意一方当事人不利的解释原则。我国澳门地区《商法典》第 970 条规定：保险单之一般条款及特别条款应按解释法律行为之一般原则解释；如有疑义，保险人所制定之任何一般条款或特别条款，应以最有利于被保险人之方式解释；以上两款之规定，不适用于按照法律或规章制定之统一保险单之一般条款及特别条款。该条的第三款明确了按照法律或者规章制定的同一保险单的一般条款及特别条款，不适用于不利解释原则。

2) 投保人或者被保险人为弱者的保险合同

不利解释原则适用于保险人提出的格式合同，是以保险人与投保人、被保险人之间地位不平等及信息的不对等为假设前提的。如果在现实中，保险合同是由投保人拟定，而由保险人表示同意的，在这种情况下，该不利解释原则应当理解为不利于投保人，而非保险人。当然，在此不能机械地理解投保人或者被保险人为弱者就应适用该不利解释原则，实际上重要的是保险合同的拟定者是谁，因为保险合同的拟定者选定保险合同的用语及合同形式，其应该使条款明确无误。

 案例分析

案例一　免责条款字迹模糊，保险公司败诉❶

一、案情

个体经营户李金源把一辆东风翻斗车挂靠南充某信息公司，并于 2009 年 7 月在某财险公司投保，险种为车辆损失险。2009 年 9 月 6 日，李金源驾驶东风翻斗车行驶至嘉陵区火花路时，发生侧翻，车辆受损，李金源随即打电话给投保的某财险公司。财险公司工作人员迅速赶到现场，发现翻斗车行驶中后面的车厢一直未放下来，这正是合同免责条款中约定的："自卸车辆在车辆升举状态下行驶、操作造成的一切损失和费用，保险公司概不负责。"但是"免责条款"中关键的第 5 条正好和"明示告知"中的第 1 条重叠印刷在一起，其中字迹模糊不清，根本看不清写的是什么。双方发生纠纷，诉至法院。

被告某财险公司认为，在印刷合同时，因出现质量问题，把"免责条款"中关键的第 5 条和"明示告知"中的第 1 条重叠印在一起，这一点在签订合同时就向投保人解释了，而且对方也同意。

原告某信息公司辩驳，保险公司是故意把关键地方印刷模糊的。

法院认为，被告某保险公司始终不能提供有力证据证明已经履行了说明义务，判决被告保险公司败诉，赔偿原告车辆损失费 7 600 余元。

二、分析

该案发生在《保险法》修订之前，应适用修订前的《保险法》的规定。修订前的《保险法》第 18 条规定："保险合同中规定有关于保险人责任免除条款的，保险人在订立保险合同时应当向投保人明确说明，未明确说明的，该条款不产生效力。"另外，《最高人民法院关于民事诉讼证据的若干规定》第 2 条规定："当事人对于自己提出的诉讼请求所依据的事实或者反驳对方诉讼请求所依据的事实有责任提供证据加以证明。没有证据或证据不足以证明当事人事实主张的，由负有举证责任的当事人承担不利后果。"被告某财险公司未能就其免责条款是否向投保人明确说明提供证据，所以法院认定财险公司提供的财险合同中的免责条款无效是正确的。

---

❶ 易立权. 免责条款字迹模糊，保险公司败诉. 南充日报，2010 - 01 - 15.

案例二　买车当天出车祸，保险公司被判赔[1]

一、案情

2009 年 9 月 21 日，王女士新买了一辆五菱客车，买车时便在一家保险公司投保了交通事故责任强制险。当时，保险公司在合同中约定，保期从 2009 年 9 月 22 日零时起至 2010 年 9 月 21 日 24 时止。买回车的当天下午，王女士的朋友小李便驾驶这辆尚未上牌照的客车上了路，在由南向北行至和平南路大众巷口时，不慎将行人李某撞倒，李某后经抢救无效死亡。事后，交警部门认定小李负事故的全部责任。在事故理赔时，保险公司以事发时不在保险期内为由拒绝赔付。

法院审理认为，保险公司约定保期的行为与交强险保单"即时生效"的规定相悖，故认定该保险合同应从出单时即时生效，保险公司应承担相应责任。最后，法院以交通肇事罪判处小李有期徒刑 1 年 8 个月，赔偿死者家属 24.5 万元；车主王女士承担连带赔偿责任；保险公司在其 12 万元的保额内承担赔偿责任。

二、分析

中国保监会 2009 年 3 月 25 日下发了《关于加强机动车交强险承保工作管理的通知》。该通知规定，交强险自实施以来，对促进道路交通安全、保障机动车道路交通事故受害人的合法权利发挥了重大作用。但是由于交强险保单中对保险期间有关投保后次日零时生效的规定，使部分投保人在投保后、保单未正式生效前的时段内得不到交强险的保障。为使机动车道路交通事故的受害人得到有效保障，更好地发挥交强险促进道路交通安全的作用，现对加强有关交强险承保工作通知如下：各公司可在交强险承保工作中采取以下适当方式，以维护被保险人利益：一是在保单中"特别约定"栏中，就保险期间作特别说明，写明或加盖"即时生效"等字样，使保单自出单时立即生效；二是公司系统能够支持打印体覆盖印刷体的，出单时在保单中打印"保险期间自×××年××月××日××时……"覆盖原"保险期间自×××年××月××日零时起……"字样，明确写明保险期间起止的具体时点。因此，在本案中，虽然保险合同对于保险期限另有约定，但该约定违反了中国保监会的上述通知，是无效的；应该以中国保监会的通知处理案件的索赔，法院的处理是正确的。

本 章 小 结

在保险合同的履行过程中，往往会对保险合同的语言文字及双方当事人真实的意思表示产生争议，为了能明确双方当事人的真实意思表示、准确地处理保险纠纷，学习保险合同法律制度、准确把握处理保险合同纠纷问题的命脉、掌握保险合同解释就显得尤为重要。另外，保险合同作为最大诚信合同，当事人双方的意思自治原则直接左右了保险合同的订立。

---

[1] 王君，曹琰. 买车当天出车祸，保险公司被判赔. 太原晚报，2010 - 04 - 12.

但是，由于订立中的一系列不平等因素，导致在处理保险合同纠纷时要根据保险合同解释来公平、合法、准确地处理保险纠纷。本章重点论述了保险合同解释中对于个别商议条款合同解释和格式条款合同解释问题、不利解释原则的概念及适用范围。

关于保险合同解释主要包括个别商议条款的解释方法和格式条款的解释方法两部分，前者适用于保险合同中的某些由保险人与投保人基于平等地位协商，达成合意的条款；后者适用于格式条款合同。除此之外，不利解释原则作为保险合同解释中维持合同平等、公正的重要原则也是本章学习的关键部分。

本章的重点是：保险合同解释的一般方法

本章的难点是：不利解释原则的适用

关键词语：保险合同解释　个别商议条款　格式条款　不利解释原则

思考题

1. 简述个别商议条款解释方法与格式条款解释方法的区别。

2. 不利解释原则的适用范围是什么？

保险合同的索赔和理赔

7.1 保险索赔

7.1.1 保险索赔概述

1. 保险索赔的概念

保险索赔是指被保险人或受益人在保险标的因保险事故发生，造成财产损失和人身伤亡以及在保险合同的期限届满时，依照保险合同的约定，请求保险人赔偿损失或给付保险金的法律行为。

保险索赔和保险理赔是保险合同履行中两个相对应的行为。保险事故发生后，保险人依照保险合同承担赔偿和给付保险金的责任，这一环节对被保险人或受益人是保险索赔，对保险人则为保险理赔。依法索赔和理赔是保险人或受益人实现保险权益、保险人承担责任并有效经营的具体体现。

2. 索赔时效

索赔时效是指保险索赔权人（被保险人或受益人）依照保险合同的有关约定，请求保险人赔偿或者给付保险金的法定时限或有效期间。投保的目的之一是希望在发生保险事故后能通过索赔并得到保障，规定索赔时效是为了督促当事人及时行使权利，同时稳定保险法律关系。如果在经过了漫长的时间后提出索赔，查明事故的原因、性质及损失情况将非常困难。一方面，会使事故造成的损失得不到及时的补偿，影响生产生活的稳定；另一方面，证据的灭失将使保险纠纷无法得到合理公正的解决。

我国《保险法》第 26 条规定："人寿保险以外的其他保险的被保险人或者受益人，向保险人请求赔偿或者给付保险金的诉讼时效期间为二年，自其知道或者应当知道保险事故发生之日起计算。人寿保险的被保险人或者受益人向保险人请求给付保险金的诉讼时效期间为五年，自其知道或者应当知道保险事故发生之日起计算。"由此，可得以下结论。

（1）保险索赔时效是一种诉讼时效，又称消灭时效，即权利人在法定期间内不行使权利就丧失请求法院依诉讼程序强制义务人履行义务的法律制度。保险索赔时效期间，自被保险人、受益人知道或者应当知道保险事故发生之日起计算。此外，保险人或投保人知道保险事故发生的，不能作为时效期间开始计算的依据。

（2）非人寿保险和人寿保险的索赔时效不同。人寿保险是指以被保险人的生命为保险标的，以其生存或死亡为保险事故的保险，人寿保险是人身保险中最主要的险种，具有储蓄性质，具体可分为死亡保险、生存保险、生死两全保险等类型。人寿保险的显著特点是具有长期性（一般在5年以上，甚至可以长达人的一生）。该条所指的"人寿保险以外的其他保险"包括的范围很广泛，有人身意外伤害保险和健康保险，还涵盖各类财产保险。

（3）保险索赔时效的适用。"向人民法院请求保护民事权利的诉讼时效期间为二年，法律另有规定的除外。"❶ 人寿保险是满足人的生存状况需要而设定的，其权利的行使有一定的特殊性。所以，人寿保险索赔时效适用《民法通则》中的特殊时效规定。索赔请求受法定的时效期间限制，保险事故发生后，被保险人、受益人应及时主张权利，避免因时效届满而导致索赔权依法消灭。时效期满后，如保险人继续予以理赔的，其理赔行为具有法律效力。《民法通则》关于时效中止、中断和延长的规定，在保险索赔时效中同样适用。

需要注意的是，报案与索赔是不同性质的行为，如果保险条款分别对其规定了期限要求的，被保险人、受益人应受其约束。根据保监复〔2000〕304号文件《关于对〈中华人民共和国保险法〉有关索赔时限理解问题的批复》中提到："某些保险条款中关于索赔时限、通知期限等诸如此类的规定，不是一种时效规定，应当理解为是合同当事人约定的一项合同义务。投保人或被保险人违反此项义务的责任应当根据合同的约定及其违约所造成的实际后果来确定，并不必然导致保险金请求权的丧失或放弃。"保险条款的此类约定不得与法律关于诉讼时效的强制性规定相抵触。

3. 保险索赔的权利人

保险索赔权即保险金请求权，是指保险事故发生后，权利人依照法律规定或合同约定，要求保险人赔偿或给付保险金的权利。根据《保险法》第26条的规定，保险索赔权由被保险人或者受益人行使。如该权利人为无行为能力人或限制行为能力人时，应由其法定代理人代为行使。

具体而言，在财产保险合同中，被保险人享有保险索赔权，因为他往往就是财产权益人。保险事故发生时，被保险人死亡或终止的，其法定继承人或财产继受人相应取得保险金请求权。在人身保险合同中，保险合同指定有受益人的，受益人享有保险索赔权；但若没有

---

❶　我国《民法通则》第135条。

指定受益人、受益人放弃或丧失保险受益权，以及受益人先于被保险人死亡且又无其他受益人的，则由被保险人享有保险索赔权。若被保险人死亡，其法定继承人继受取得保险索赔权。在责任保险合同中，保险合同有约定或法律有规定保险人直接向因被保险人的行为而受害的第三人赔偿的，则第三人享有保险索赔权；反之，则被保险人享有保险索赔权。

7.1.2 保险索赔的程序

1. 出险通知

保险事故的发生是提出保险索赔的前提条件。发生了保险事故，通常称为出险；出险后，通知保险公司即为报案。出险通知对于保险人理赔极为重要，一方面，可以采取必要的措施，防止损失的扩大；另一方面，可以迅速调查事故发生的经过，搜集证据，核实、确认保险事故发生的原因及造成损失的程度，正确理赔。各国保险立法均有保险事故通知义务的规定。我国《保险法》第 21 条规定："投保人、被保险人或者受益人知道保险事故发生后，应当及时通知保险人。故意或者因重大过失未及时通知，致使保险事故的性质、原因、损失程度等难以确定的，保险人对无法确定的部分，不承担赔偿或者给付保险金的责任，但保险人通过其他途径已经及时知道或者应当及时知道保险事故发生的除外。"

1）通知义务人

各国保险立法通常规定投（要）保人、被保险人或者受益人作为保险事故通知义务人。我国《保险法》第 21 条，《韩国商法》第 657 条第一款都规定三者皆应履行这项法定义务；《日本商法典》第 658 条则规定投保人或被保险人是通知义务人。

2）通知时间

我国《保险法》第 21 条仅规定应当"及时"通知保险人，类似《韩国商法》第 657 条第一款的规定，即"保险合同人或者被保险人、保险受益人知道保险事故已发生时，应毫不迟疑地向保险人发出通知"。由于无确切的时间要求，因此要根据具体情况判定。如果保险合同约定有通知期限的，应当按约定履行通知义务。我国现行保险合同中一般都约定有"保险事故通知条款"。不同的保险产品，对报案时间的限制不同，其中以意外险、家财险、车险和重大事故对报案时间要求最严格，有些甚至限定为保险事故发生后的 24 小时内。一般人身保险的报案时间应在知道保险事故发生后 5 日内；健康保险的报案时间在 7 日内；重大事故应立即报案。即使保单上没有标明具体的报案时限，最好也不要超过 7 天。

不及时通知会产生下列后果。

（1）通知义务人自行承担已遭受的损失。通知义务人故意或者因重大过失未及时通知，致使保险事故的性质、原因、损失程度等难以确定的，保险人对无法确定的部分，不承担赔偿或者给付保险金的责任。❶

（2）通知义务人会扩大损失。第一，承担相应费用。"投保人、被保险人或受益人应在

---

❶ 《保险法》第 21 条。

知道或应该知道保险事故发生之日起五日内通知本公司（遇节假日顺延），否则由于通知迟延致使本公司增加的查勘、检验等项费用，应由投保人、被保险人或受益人承担。因不可抗力导致的迟延除外。"❶ 第二，赔偿保险人的损失。要保人、被保险人未按规定之期限为通知者，对于保险人因此所受损失，应负赔偿责任。

（3）保险人获得合同解除权。❷ 有的保险法规定："当事人之一方对于他方应通知之事项而怠于通知者，除不可抗力之事故外，不问是否故意，他方得据为解除保险契约之原因。"对于赔偿损失和解除合同，"我国保险法没有做出规定，这实际上是一种立法上的放任态度，似乎立法放任保险公司可以在保险单任意规定投保方违反事故发生之通知义务的法律效果。对于投保方而言，解除合同是最严厉的后果，立法应增设严格的损害事实要件……"❸

（4）保险人可能拒绝理赔。如果法律规定保险人可据此免责，则可拒绝承担责任。在实务中，如果涉及"没有住在指定医院，没有保留必要的证据资料，没有要求医生合理用药，超过合同约定的天数没有及时申请"等情况，假如出险后迅速报案，保险公司将及时提醒被保险人采取补救措施；反之，可能得不到保险人的赔付。

3）通知方式

除法律和保险合同对通知方式有特别规定或约定外，通知义务人可以有效而方便的形式通知。书面方式、口头方式皆可。常见的通知方式有以下几种。

（1）拨打保险公司报案电话。目前，很多保险公司都有免费的全国服务热线电话，而且大部分都会对通话过程录音，并在一定时间内留存录音。为稳妥起见，报案人可以记下报案时间以及话务员的号码，以便需要时调取录音。

（2）亲临保险单载明的保险人办事机构报案，公司客户服务中心及人员会协助办理。

（3）通知保险代理机构、经纪机构或营销员协助转达报案。

（4）登录保险公司网站，在理赔报案登记表中作相关登记。

无论以上哪种方式，最后都应填写书面《出险通知书》。

4）通知内容及注意要点

（1）出险通知应包括以下主要内容：① 出险人基本信息：姓名、证件号码、联系方式；② 保单基本信息：保单号码、投保险种、保险金额、保险期限、缴费情况等；③ 出险事故基本情况：出险时间、地点、相关人物、原因、损害现状、相关处理机构、处理结论、就诊医院、科室、床位号、诊断结果等；④ 报案人基本信息：姓名、联系方式、证件号码、与出险人关系等。

（2）出险通知注意要点。通知义务人及其他知情人报案时应当尽可能清晰详细地描述

❶ 《新华人寿个人人身意外伤害保险条款》第10条（保险事故的通知），与其他公司的相关规定基本一致。
❷ 许崇苗，李利. 最新保险法适用与案例精解. 北京：法律出版社，2009：281.
❸ 覃有土，樊启荣. 保险法学. 北京：高等教育出版社，2003：164－165.

事故经过，有利于保险公司了解情况，尽快地作出判断和结论；如果报案时间延迟，报案人应告知报案延迟的原因；保险公司工作人员应就条款规定的报案时限及延迟报案对理赔可能导致的影响告知报案人。

（3）需要同时向执法部门报案的情形。对于存在非正常原因导致保险事故可能性的案件，如车祸、凶杀、不明原因死亡等，以及保险事故造成对第三者的损害，可能会引发诉讼的案件，除了向保险公司报案外，还应该及时向公安、交警等政府执法部门报案，以便尽快侦破案件，顺利理赔。

2. 积极采取施救措施并接受检验

虽然合同约定的保险事故发生并造成损害后，被保险人可以获得补偿，但为了避免社会财富的损失，《保险法》还规定被保险人在保险事故发生前有防灾防损的责任，并且在"保险事故发生时，被保险人应当尽力采取必要的措施，防止或者减少损失"。❶ 但是，投保人或被保险人违反保险事故发生时的施救义务，应承担何种法律后果，则漏而未定。《保险法》之所以要求实施积极的施救行为，是因为保险标的始终处于投保人或被保险人的掌控之下，对保险事故的发生最早知悉。该义务的性质主要是法定性、附随性和主动性。因此，如果投保人或被保险人违反此义务导致损失扩大，则此扩大的损害即不应由保险人赔偿。❷

出险后，被保险人负有及时施救以减少损失和保护现场原状的责任，以避免损失扩大，便于保险公司和有关部门的现场查勘和检验。在未经保险人勘定以前，被保险人不得变更现场情形，更不许进行隐蔽实情、藏匿变卖等不法行为，否则，将给索赔带来困难。但经由保险人同意、与理赔无关的情况除外。保险公司接到报案后，应该积极开展相应工作，如需要现场查勘的案件，保险公司应派人赶赴事故现场，了解案发情况，为立案工作奠定基础。

3. 提出索赔请求

提出索赔是被保险人或受益人依法享有的一项权利。索赔应在得知保险事故造成损害后的法定时效内，向保险人提出赔偿或给付保险金的请求。值得注意的是，对于索赔有效期从何时起算，《保险法》并未明确规定。在保险实务中，索赔应以被保险人填写《索赔通知书》并经保险人确认（即公司"立案"）后开始。

以报案作为索赔的开始，实为不妥。因为在实践中通知义务人通常口头报案，案情还不清楚，所报损失尚有不确定性，如受损标的是否为本公司承保、是否已过保险期限、造成损失的事故是否属于合同约定的保险责任等。报案只是投保人应尽的通知义务，况且，其他知情人也可以报案。还有，投保人虽然有报案义务，但却没有索赔请求权。再者，报案后，"被保险人可能会选择不提出索赔，自己承担损失，例如，在汽车保险中被保险人可能对自己汽车的小额损失不向保险人索赔，以避免保险费的上涨"。❸ 因此，当保险公司接到有索

---

❶ 《保险法》第 57 条。
❷ 覃有土，樊启荣. 保险法学. 北京：高等教育出版社，2003：157.
❸ 陈欣. 保险法. 2 版. 北京：北京大学出版社，2006：189.

赔请求权的申请人提交的《索赔申请书》和完整索赔资料后，受理并予以立案，"保险索赔"才真正开始。

《索赔申请书》是由保险公司印制好的，可以到保险公司的理赔网点索取或者在网上下载。权利人应完整无误地填写并留存《索赔申请书》的客户联；如权利人不能前去，需要他人代理索赔申请时，应当提交委托人亲笔签字并注明授权范围的《索赔委托书》。

4. 提供索赔单证

保险事故发生后，按照保险合同请求保险人赔偿或者给付保险金时，投保人、被保险人或者受益人应当向保险人提供其所能提供的与确认保险事故的性质、原因、损失程度等有关的证明和资料。❶

保险公司会根据提供的证明材料的完整性来确定立案与否，因此提供索赔申请材料是最关键，也是最烦琐的一步。实务中因为证明材料不齐全、不清晰而需要提供补充证明和资料，从而耽误时间发生争议很常见，应当尽量避免。这些资料主要包括以下几个方面。

（1）证明保险关系的材料。如保险合同、保险单或保险凭证。在保险实务中，通常要求在索赔时必须提供保险单正本，否则，会被保险公司以索赔提供材料不全而不予受理。从《保险法》第22条规定来看，对此并未有明确要求。目前，随着信息技术的发展，拥有强大信息技术系统支持的保险公司，对客户的每一笔业务信息包括缴费、变更、出险等均有记录。故索赔时是否提交保险单正本已无太大意义（除非保险单加贴了手写批注）。因此，索赔时通常只需提供保险单号和本人身份证即可。

（2）证明保险合同有效的材料，即已支付保险费的凭证。如果是期缴产品，只需提供最后一次缴费发票。

（3）证明保险标的的材料。具体包括账册、收据、发票、装箱单、运输合同（如提单、邮单）等有关保险财产的原始单据；被保险人的身份证明材料，如身份证、户口本、护照、居留证、军人证、学生证、驾驶证等。

（4）证明保险事故的材料。根据索赔的需要，常见的有公安消防部门出具的火灾证明；气象部门出具的风、雨、雷、雪、雹灾、泥石流等自然灾害证明；劳动部门出具的锅炉、压力容器爆炸事故证明；工伤事故应由所在单位提供"事故证明"；公安交通管理部门出具的陆路交通事故证明；发生盗窃、被打伤或遭抢劫案件由公安机关出具证明；医疗机构出具的诊断证明、其他医学证明❷、手术证明、门诊病历及处方、出院小结或出院记录等。在境外发生保险事故，须出具当地合法机构的单证正本和中文翻译件，并需经过合法公证机构及中国驻当地使领馆的验证认可。

（5）证明损害程度或事故结果的材料。如交警部门出具的"交通事故责任认定书"；由公检法机构的司法鉴定部门或医院出具的残疾或丧失劳动能力程度鉴定（诊断）证明书；

---

❶ 《保险法》第22条。

❷ 如重大疾病（含癌症），医学证明包括各项检验检查（如血液、影像等）报告、组织病理报告等。

质监部门出具的责任案件调查检验报告或技术鉴定书；如果被保险人死亡，应提供死亡证明❶，户籍所在地派出所出具的"户口注销证明"，由殡仪馆出具的"火化证"或者所在地村委会或当地派出所出具"土葬证明书"。

（6）索赔清单。如受损财产清单，施救、整理等费用清单，医疗费用收据及清单等。需注意的是，应提交原始单据，税务部门监制的统一发票，且盖有章才有效。若涉及被保险人可在多处获得赔偿的情况（如医疗费用报销），申请人须事先出示单位开具的分割单，注明所花费的费用总额和单位已支付费用，连同原始单据的复印件提供给保险公司，由保险公司依据上述文件在相关费用的剩余额度内进行理赔。

（7）受益人身份及与被保险人关系证明。如受益人身份证明（若委托他人，则需要提供当地公证机构出具的委托公证书及其本人身份证明）、受益人与被保险人关系证明（如夫妻关系出具结婚证明、父母关系出具户籍证明、子女关系出具出生证明）。无受益人时，需提继承人与被保险人关系证明、遗产继承法律文件（如公证书）。

保险人立案后，要对上述材料的真实性、原始性进行严格审查，以确定是否赔付，以及赔付的范围。

5. 领取保险赔款或保险金

领取保险金是保险事故发生后，被保险人或者受益人依法享有的权利。在保险事故发生后，保险人经过查勘核实确属保险责任，并计算确定应付赔款后，应及时书面通知被保险人或受益人，被保险人或受益人也应及时领取。

领款人应该提供《理赔领款通知书》和身份证明原件。如果受益人或继承人为多人时，应当逐一提交身份证明原件；如果委托他人代领的，除按上述要求提供材料外，还应提供受托人身份证原件及领款人出具的经公证的《理赔委托书》。

领款人可以现金方式也可以通过银行转账或保险公司允许的其他方式领取应得款项。领款的步骤大致如下：领款人到理赔部门办理身份确认手续，由结案人员根据领款人提交的证明材料制作《领款人身份及金额确认书》，复核人员复核盖章后，交领款人去财务部门，由财务人员确认后支付相应金额的款项。与此同时，如果保险合同继续有效，结案人员将保险合同等原始资料交还投保人，并填写《资料交接凭证》，由投保人签名，客户联交合同投保人，公司联及业务员联留存。

6. 开具权益转让书

该程序在财产保险合同涉及第三者责任索赔时适用，在被保险人领取赔款时，保险人往往要求被保险人签署赔款收据和权益转让书，作为被保险人将对第三人损害赔偿请求权让渡给保险人的有效证明。

《保险法》第60条规定："因第三者对保险标的的损害而造成保险事故的，保险人自向

---

❶ 死亡证明包括医院出具的"居民医学死亡证明书"、公安部门出具的"死亡证明书"、法院出具的"宣告死亡判决书"。

被保险人赔偿保险金之日起，在赔偿金额范围内代位行使被保险人对第三者请求赔偿的权利。"据此可见，我国保险立法采用的是当然主义，即"法定受让"。在保险人向被保险人支付保险赔偿金之日起，就当然取得了代位求偿权，而无须被保险人确认。因此，开具权益转让书，并非保险合同索赔的必经程序。保险实务中，权益转让书或类似声明的签署与否不影响保险人取得代位求偿权，仅具有确认赔偿金额与赔偿时间的辅证作用。

同时，《保险法》第63条明确要求，被保险人有责任协助保险人向造成保险事故依法承担赔偿责任的第三方追偿。保险人向第三者行使代位请求赔偿的权利时，被保险人应当向保险人提供必要的文件和所知道的有关情况。

7.1.3　虚假索赔的法律后果

虚假索赔的法律后果包括以下几个方面。

（1）《保险法》第27条规定，未发生保险事故，被保险人或者受益人谎称发生了保险事故，向保险人提出赔偿或者给付保险金请求的，保险人有权解除合同，并不退还保险费。投保人、被保险人故意制造保险事故的，保险人有权解除合同，不承担赔偿或者给付保险金的责任；除该法第43条❶规定外，不退还保险费。保险事故发生后，投保人、被保险人或者受益人以伪造、变造的有关证明、资料或者其他证据，编造虚假的事故原因或者夸大损失程度的，保险人对其虚报的部分不承担赔偿或者给付保险金的责任。投保人、被保险人或者受益人有上述规定行为之一，致使保险人支付保险金或者支出费用的，应当退回或者赔偿。

（2）《中华人民共和国刑法》第198条规定：下列情形之一，进行保险诈骗活动，数额较大的，构成保险诈骗罪：投保人故意虚构保险标的，骗取保险金的；投保人、被保险人或者受益人对发生的保险事故编造虚假的原因或者夸大损失的程度，骗取保险金的；投保人、被保险人或者受益人编造未曾发生的保险事故，骗取保险金的；投保人、被保险人故意造成财产损失的保险事故，骗取保险金的；投保人、受益人故意造成被保险人死亡、伤残或者疾病，骗取保险金的。根据情节轻重可以处有期徒刑，并处罚金或者没收财产。

7.2　保险理赔

7.2.1　保险理赔概述

1. 保险理赔的概念

保险理赔是指发生保险事故或依照保险合同约定，保险人应被保险人、受益人的索赔请

---

❶　《保险法》第43条：投保人故意造成被保险人死亡、伤残或者疾病的，保险人不承担给付保险金的责任。投保人已交足二年以上保险费的，保险人应当按照合同约定向其他权利人退还保险单的现金价值。

求，以保险合同为依据，对保险事故的发生以及造成的财产损失或人身伤害进行一系列调查，核定保险责任并履行保险金赔偿或给付责任的行为和过程。

保险理赔是保险人履行合同义务的关键环节，是保险人保险经营质量和水平的具体展示。履行义务是直接体现保险职能，影响保险保障作用发挥的工作。

保险公司理赔的依据是保险合同及保险相关法律、同业规定和国际惯例，其他任何理由或解释均不能作为理赔的依据。

2. 保险理赔的原则

1）诚信、公正

保险合同所规定的权利和义务关系，受法律保护，保险公司必须重合同、守信用。在处理赔案过程中，要实事求是地进行处理，正确维护保户的权益。

2）准确、合理

要求在适用保险条款、确定保险责任、把握给付标准、计算赔偿或给付金额上严谨准确，尤其要合理运用近因原则。

"近因是指造成承保损失起决定性、有效性的原因。人民法院对保险人提出的其赔偿责任限于以承保风险为近因造成的损失的主张应当支持"。❶ 近因原则是保险理赔过程中必须遵循的重要原则，但目前在《保险法》中尚无明确规定，实务中由保险公司来掌握，故常常发生争议。由于在现实生活中造成损失的原因以及因果关系很复杂，合同双方的理解有偏差，在判断近因时容易造成当事人之间的矛盾。对于保险公司来说，需要理赔的是责任范围内的保险损失，如李某下楼滑倒，摔坏了腿，如果投保的意外险，那么保险公司就应该给予相应的保险金；如果是重疾险，那么保险公司不需理赔。简言之，出险是索赔的基础，出险的原因是理赔的基础，合理运用近因原则是维护双方利益的基础。

3）主动、高效

保险人应主动深入事故现场开展理赔工作，热情服务，注重细节，充分考虑客户的感受。对保险事故核查后，应严格按照法律规定或合同约定的期限及时给予赔付，尽可能最大限度地满足客户应得的保障。

7.2.2　保险理赔的程序

保险理赔是技术性、规范性很强的程序，不同的保险公司及不同的险种的具体理赔程序存在着差异，但是理赔通常包括下列环节。

1. 接受出险通知

接受出险通知即接受报案，是指发生保险事故后，根据合同约定，通知义务人或相关知情者向保险公司说明出险情况，保险公司将事故情况登记备案并初步处理的过程。

报案是保险理赔的基础环节，有助于保险公司及时了解事故情况，为客户提供尽可能多

---

❶　《最高人民法院关于人民法院审理保险纠纷案件若干问题的解释（征求意见稿）》第 19 条。

帮助，必要时可介入调查，及早核实事故性质；同时，保险公司又可以根据保险合同的要求及事故情况，告知或提醒申请人办理理赔相关注意事项及准备所需的材料，并对相关材料的收集方法及途径给予指导。通常，保险公司接报案专员提供 24 小时案件受理服务，保险人在接到出险通知后，会查对保险单，并按险种予以登记备案。

报案人应当填写《出险通知书》，按照报案内容提供基本信息，对信息不全者，保险公司工作人员应要求报案人及时补充。工作人员在通过接受报案，大致了解事故经过后，应指导报案人进行索赔申请；同时，报案人也可就相关问题（包括如何准备申请材料）进行咨询。

2. 现场勘察

保险人在接到出险通知后，应当立即派人进行现场查验，了解损失情况及原因。现场勘察是保险理赔的重要环节，由此保险人可以掌握第一手资料，以便正确掌握损失程度、出险原因以及赔付范围。通常，保险人会根据现场所处位置安排相应调度查勘员到事故发生现场进行查勘，并指导被保险人做好报警或事故处理。实务中，保险公司都有现场勘察的时限承诺。如果是在异地出险，保险公司也可以委托当地保险公司查勘。勘察的内容包括出险的地点、时间、原因以及保险标的的受损情况等。检查后若发现保险标的的坐落地点与保单不符，或保险事故的发生不在保险合同有效期限内，或保险事故不属于保单载明的保险责任，保险人将拒绝承担理赔。

3. 受理索赔申请并立案

根据出险情况，保险金索赔权利人填写《索赔申请书》，并提交相关材料。保险公司根据申请人提供的理赔申请材料进行初步审核，确定立案与否。

1）立案

保险立案需要符合一定条件，具体而言，包括以下几个方面。

（1）保险公司审核申请人提出的索赔申请，确认在保险合同有效期内保险事故确已发生；事故者是保险单上的被保险人或投保人；申请人适格；在法定时效内提出申请。

（2）审核相应的证明和资料，确认其清晰并具备完整性。实务中，如果符合立案条件，保险公司理赔人员应在 24 小时内完成立案处理，进入立案初审环节；对于在提交申请文件前未进行报案的视为申请同时报案。

决定立案后，理赔人员应整理申请文件，归纳为理赔案卷，在《索赔申请书》上填写立案日期，签章后转呈相关主管人员进行赔案审理工作，并即时告知申请人处理案件大致所需要的时间及保险金的领取方式。

2）延迟立案

对于符合立案条件但申请文件尚未齐全或者不清晰的应尽快与申请人联系，告知申请人所欠缺或补正材料的名称，并在《理赔流转单》上进行登记（如联系的时间、内容、对方答复等相关情况）。待申请人提交相应文件后在 24 小时内完成立案确认处理。如申请人在被告知后 60 日内仍不能提供相应文件，可做不予立案、单证退还处理，填写《理赔不予立案通知书》，告知原因。

"保险人按照合同的约定，认为有关的证明和资料不完整的，应当及时一次性通知投保人、被保险人或者受益人补充提供。"❶

3）不予立案

有下列情形者不予立案：出险人并非保单上被保险人；事故的发生不在保险期间内；索赔申请超过保险法规定的时效；申请人资格审查不合格；证明材料不齐全或缺乏有效性，且在规定的期限内仍无法补全的。

不予立案的，由理赔人员制作《理赔不予立案通知书》，将处理决定和理由书面通知权利人，同时必须对申请人提交的重要原始文件复印留底后作退还处理。

4. 理赔初审与调查

1）审核

审核就是理赔案件经办人根据相关证据认定的客观事实，依据法律和合同，审定保险事故及保险责任的行为与过程，是正确理算给付的基础。

保险理赔初审的主要项目包括：出险时保险合同是否有效；出险事故是否属于保险责任范围内的事故；申请人提供的证明材料是否真实、有效；出险人是否需要进行伤残观察；出险事故是否需要理赔调查。通过审核确定保险公司是否应承担责任及承担责任的范围。

其中，审核申请人提供的证明材料是主要的工作。在理赔实务中，一些索赔权利人片面认为，保险索赔时数额越大、材料越多越好，以期保险人不能识别其中的水分而自认倒霉，人为增大了保险理赔的难度。为此，在理赔过程中，索赔申请人在提交索赔资料时，应保证所提资料的合法、真实、全面并且是原始的。

要求客户在索赔时提供原始证明材料，如原始发票、各种证照的原件等资料，是保险公司的通例。主要考虑以下几点：一是证明保险事故的真实性；二是为了确定保险理赔金额。而且，该要求通常已经在保险合同条款里加以注明。由于保险合同是格式合同，客户投保，就意味着接受条款，并且该要求也不违反法律的强制性规定以及公序良俗。如果不提供原件的话，难免太过随意，并且便于伪造作假，影响保险人和真正客户的利益。所以，防止保险欺诈，切实维护公司权益，要求客户提供原始性资料。

实务中，客户不能提供原始的资料是因为已丢失、故意隐匿、不能从相关部门得到、有其他事务处理需要这些材料。要注意，如果客户因无法得到原始凭据，保险公司应当根据客户要求去协助弄清楚事实真相，获取原始证据材料。在维护客户合法权益的同时，树立公司的良好形象。或者，有其他能够证明保险事故真实性和保险金额准确性的证据，保险公司派专人进行调查后再作出理赔与否的决定，而非一概拒绝。如果有其他事务处理需要这些原始材料的话，有以下办法解决：首先，根据事情的急缓来安排是否先到保险公司处理；其次，与保险公司或其他单位协商，将原件当场复印，并签字和盖公章，分别提供给其他单位或保险公司。

---

❶ 《保险法》第 22 条第二款。

2）理赔调查

理赔调查是保险公司通过收集、核实保险事故有关证据以及材料真实性的过程。调查是理赔过程中的一个组成部分，但不是理赔的必经程序。事实清楚、单证齐全、证明材料充分、保险责任明确的案件可以不调查。只有当遇到重大或有疑问的事故，依据现有证明材料尚不能明确认定保险责任，或有关材料的真实性需要进一步核实时，才有必要提请专人进行理赔调查。如经济条件一般的投保人投保高额保险，刚过等待期（观察期）就出险；慢性病出险等。调查通常是向相关部门或有关人员取证，如到医院摘抄或核实相关病历资料，向主治医师了解所有病史；到处理事故的公安交警部门进行调查取证；如出险人同时持有其他保险公司保单的，到其他承保公司了解沟通等。调查过程不仅需要相关部门及机关的配合，申请人的配合也是必不可少的。调查时要注意取证结论的权威性和真实性，否则将影响理赔结果。

5. 核定责任

核定责任是保险人依据单证审核的结果以及现场勘察的情况，进行分析研究，以确定保险人是否承担赔付责任以及赔付责任范围的过程。

1）核定责任的要求

保险人应仔细审查以下几个方面。

（1）发生的灾害是否属于保险合同载明的保险事故，受损的是否是保险标的，并在此基础上根据近因原则弄清造成保险标的的损失的原因。

（2）投保人、被保险人是否积极地履行了对保险标的的防护、施救以及整理义务。未履行的，由此扩大的损失保险人不承担责任。

（3）对于财产保险，是否存在向第三者追偿的问题。

2）核定责任的时限

保险人收到被保险人或者受益人的赔偿或者给付保险金的请求后，应当及时作出核定；情形复杂的，应当在 30 日内作出核定，但合同另有约定的除外。❶

理赔慢曾是令许多客户担心和头痛的问题，该条款明确规定理赔审核时限，可大大缩短客户等待期，改善客户理赔感受，提高理赔效率，特别是充分考虑客户的时间成本，切实维护了客户利益，让更多客户受益。

3）核定责任的结果

保险人应当将核定结果通知被保险人或者受益人。

（1）对属于保险责任的，在与被保险人或者受益人达成赔偿或者给付保险金的协议后 10 日内，履行赔偿或者给付保险金义务。保险合同对赔偿或者给付保险金的期限有约定的，保险人应当按照约定履行赔偿或者给付保险金义务。保险人未及时履行前述义务的，除支付

---

❶ 《保险法》第 23 条。

保险金外，应当赔偿被保险人或者受益人因此受到的损失。❶该规定有助于促进理赔工作。关于未及时履行给付义务受到的损失应当包括资金利息损失。利息通常按照保险公司确定的利率按单利计算，且不低于中国人民银行公布的金融机构人民币活期存款基准利率。2009年 10 月 1 日新《保险法》实施以来，已经有不少保险公司在条款里郑重承诺，对属于保险责任且收齐理赔申请及相关证明材料后超过 30 日未作出核定的理赔案件，除支付保险金外，将从第 31 日起，按照超过天数向受益人支付超期利息。

（2）保险人依照规定作出核定后，对不属于保险责任的，应当自作出核定之日起 3 日内向被保险人或者受益人发出拒绝赔偿或者拒绝给付保险金通知书，并说明理由。❷

6. 理算赔付金额

理算是指理赔经办人员在核定保险责任的基础上对于应承担保险责任的案件计算保险金给付金额的行为与过程。保险人对保险事故进行审核并确定属于保险责任后，应进一步计算赔款。在保险理赔中最容易发生赔付金额的争议，因此，保险理算人员应认真深入调查，仔细掌握证据，遵循保险条款，实事求是地计算理赔金额并制作《理赔计算书》。证明材料不完整的，理算人员要制作《理赔补充资料通知书》，通知申请人补齐证明材料。对于资料中还存在疑义的案件，如果需要进一步调查就制作《理赔调查通知书》，通知调查人员继续调查；如果资料完整，则可以进行理算处理。

理算结果主要有给付、扣减、拒付、豁免。

1）保险给付及范围

保险理算赔付金额范围具体包括合同约定应支付的保险金、被保险财产的损失赔偿、施救费用❸、损失确定费❹、仲裁或者诉讼费用❺。

这里提请注意以下三个方面。

（1）影响保险财产赔偿数额的因素有很多，主要包括保险金额与保险价值比较、足额投保与不足额投保、免赔率或免赔额的约定、残值的价值等，要认真核算。无论如何，保险金额是保险人承担赔偿或者给付保险金责任的最高限额。

（2）能够获得保险人赔付的施救费用应当具备下列条件：① 施救费用的支出仅限于被保险人本人或他的代理人、雇佣人或受让人❻，如果是他人志愿抢救，就应当是被保险人向

---

❶ 《保险法》第 23 条。

❷ 《保险法》第 24 条。

❸ 《保险法》第 57 条第二款规定："保险事故发生后，被保险人为防止或者减少保险标的的损失所支付的必要的、合理的费用，由保险人承担；保险人所承担的费用数额在保险标的的损失赔偿金额以外另行计算，最高不超过保险金额的数额。"

❹ 《保险法》第 64 条规定："保险人、被保险人为查明和确定保险事故的性质、原因和保险标的的损失程度所支付的必要的、合理的费用，由保险人承担。"

❺ 《保险法》第 66 条规定："责任保险的被保险人因给第三者造成损害的保险事故而被提起仲裁或者诉讼的，被保险人支付的仲裁或者诉讼费用以及其他必要的、合理的费用，除合同另有约定外，由保险人承担。"

❻ 陈欣.保险法.2 版.北京：北京大学出版社，2006：187.

其支付救助费用；② 施救费用支出是发生于保险事故产生时，预防性的支出不在此列；③ 施救费用应当是必要的、合理的费用，否则，保险人可以拒绝承担。

（3）由于财产保险存在不足额投保，保险实务中适用比例受偿原则。那么，施救费用是否应比例偿付？我国《保险法》对此没有明确的规定，而有的保险法规定，保险人偿还"以保险金额对于保险标的之价值比例定之"。

2）扣减

（1）扣减已获他处赔偿。因第三者对保险标的的损害而造成保险事故的，被保险人已经从第三者取得损害赔偿的，保险人赔偿保险金时，可以相应扣减被保险人从第三者已取得的赔偿金额。❶ 我国《海商法》第 254 条也作了相同规定："保险人支付保险赔偿时，可以从应支付的赔偿额中相应扣减被保险人已经从第三人取得的赔偿。"

（2）扣减损余。"保险财产遭受损失以后的残余部分，应当充分利用，协议作价折归被保险人，并且在赔款中扣除，必要时可由本公司处理"。❷ 损余是指保险标的遭受保险事故后，尚存的具有经济价值的部分或可以继续使用的受损财产。保险损余的归属，应当以保险合同的约定为依据。保险实践中往往是由保险人向被保险人发出损余处理意见，经双方协商后确定。❸

3）拒付

保险事故发生后，保险人未赔偿保险金之前，被保险人放弃对第三者请求赔偿的权利的，保险人不承担赔偿保险金的责任。❹

4）豁免

豁免是指在豁免保险条款约定的事故发生后，投保人不用再交以后的各期保费，被保险人仍然享有保险的利益。

7. 复核审批并通知给付

复核审批指理赔案件签批人对以上各环节工作进行复核，对核实无误的案件进行签批的过程。案件经过审批后，保险公司就可通知权利人前来办理领取保险金手续，受益人在收到保险金后，在保险金的收条回执上签名后回复给保险公司。

1）保险理赔给付的方式

保险公司依据保险合同约定向保户理赔有两种方式，即赔偿和给付保险金，且以后者为主要方式，或者说给付保险金为法定赔偿方式，其他则为约定补偿方式。

保险赔偿与财产保险对应，是保险人根据保险财产出险时的受损情况，在保险额的基础上对被保险人的损失进行的赔偿。保险赔偿是补偿性质的，它只对实际损失承担赔偿，最多

---

❶ 《保险法》第 60 条。

❷ 中国人民财产保险股份有限公司《企业财产保险条款》第 13 条。

❸ 贾林青．保险法．3 版．北京．中国人民大学出版社，2009：150.

❹ 《保险法》第 61 条。

与受损财产的价值相当。而人身保险是以人的生命或身体作为保险标的，且人的生命和身体具有不可估价性，被保险人因出险而使生命或身体所受到的损害，是不能用金钱衡量的。所以，保险公司只能在保单约定的额度内对被保险人或受益人给付保险金，即人身保险是以给付的方式支付保险金的。

2）给付的时间

对属于保险责任的，在与被保险人或者受益人达成赔偿或者给付保险金的协议后 10 日内，履行赔偿或者给付保险金义务。保险合同对赔偿或者给付保险金的期限有约定的，保险人应当按照约定履行赔偿或者给付保险金义务。

保险人自收到赔偿或者给付保险金的请求和有关证明、资料之日起 60 日内，对其赔偿或者给付保险金的数额不能确定的，应当根据已有证明和资料可以确定的数额先予支付；保险人最终确定赔偿或者给付保险金的数额后，应当支付相应的差额。❶ 如被保险人是否永久丧失劳动能力一时难以认定等可以视作给付保险金的数额不能确定的情形。

3）向第三人给付的规定

根据《保险法》第 65 条的规定，保险人对责任保险的被保险人给第三者造成的损害，可以依照法律的规定或者合同的约定，直接向该第三者赔偿保险金。责任保险的被保险人给第三者造成损害，被保险人对第三者应负的赔偿责任确定的，根据被保险人的请求，保险人应当直接向该第三者赔偿保险金。被保险人怠于请求的，第三者有权就其应获赔偿部分直接向保险人请求赔偿保险金。责任保险的被保险人给第三者造成损害，被保险人未向该第三者赔偿的，保险人不得向被保险人赔偿保险金。

4）无法给付及其后果

通常，保险人出具理赔决定通知书，通知索赔申请人领取现金（现金支票）或通过银行转账来支付理赔金。然而，实践中也有保险人无法顺利赔偿或给付保险金的情形。

（1）被保险人或者受益人无正当理由拒绝或迟延受领保险金，如没有达到预期收益（理想化的赔款），故意不取，也不无可能。

（2）有权领取保险金的权利人客观上不能，如处于异域、身患重病无法办理委托等。

（3）被保险人或者受益人下落不明，受益人无法确定，以及有受益人时而继承人没有确定。❷

虽然可能性小，但应当依法解决。曾经有财产保险合同条款规定，被保险人自收到保险人领取保险赔款通知之日起，一年内不领取保险赔款的，视为自愿放弃索赔权益，保险人有权拒付赔款。显然这是不符合法理的。

为此，保险人应当按照《合同法》关于提存的规定，根据《提存公证规则》办理保险金提存手续，可以视为保险人履行了给付义务。

---

❶ 《保险法》第 25 条。
❷ 许崇苗，李利. 最新保险法适用与案例精解. 北京：法律出版社，2009：299－300.

8. 权益转让和追偿

在财产保险理赔中，涉及第三者责任时，在保险人向被保险人支付了赔偿金后，保险人有权向第三者追偿。

9. 结案归档

保险人在理赔结案后将返还非必须留存的单证资料并且结案归档。

7.2.3　虚假理赔的法律责任

虚假理赔是指保险公司及其工作人员利用职务上便利，故意编造未曾发生的保险事故进行虚假理赔，骗取保险金归自己所有的行为。

根据我国《刑法》第 183 条，虚假理赔行为依照《刑法》第 271 条的规定定罪处罚。国有保险公司工作人员和国有保险公司委派到非国有保险公司从事公务的人员，有前述行为的，依照《刑法》第 382 条、383 条的规定定罪处罚。

《刑法》第 271 条规定的是业务侵占罪，即公司企业或者其他单位的人员，利用职务便利，将本单位业务非法据为己有，数额较大的，处以 5 年以下有期徒刑或者拘役；数额巨大的，处 5 年以上有期徒刑，可以并处没收财产。《刑法》第 382 条、383 条规定的是贪污罪。因此，保险公司工作人员利用职务上的便利，侵吞、窃取、骗取或者以其他手段，虚假理赔行为以业务侵占罪论处；国有保险公司工作人员和国有保险公司委派到非国有保险公司从事公务的人员虚假理赔行为以贪污罪论处。

 案例分析

多方勾结造假医疗骗保案被识破❶

一、案情

王某在人保财险石峰支公司购买了湘 BB×××小车交强险、商业三者险、车上人员意外责任险。于 2009 年 5 月 5 日 16 时 32 分驾驶车牌号为湘 BB×××小车前往株洲县办事，途经株洲县茶马线燕子塘路段时与迎面而来的龚某驾驶无牌两轮摩托车相撞，造成两车严重受损、龚某受伤的交通事故。后经交管部门认定王某负这次事故的全部责任，龚某不负这次事故的责任。伤者在株洲市某医院治疗所花费医疗费用为 5 000 元。被保险人因没有购买车辆损失险，为弥补车辆损失，产生向保险公司多索取赔偿金额的想法，便假借凌某（该人同系伤者、被保险人王某同学）的关系找株洲市某医院外科主任相互勾结，出示假证明。2009 年 7 月 7 日，经株洲市湘安司法鉴定中心鉴定，伤者龚某构成八级伤残。事后，经交管部门协调，被保险人向伤者赔偿医疗费、住院伙食补助费、交通费、误工费、伤残补助

---

❶ 客户、同学和医生三者勾结造假医疗骗保案被识破. 中国保险报，2010 – 01 – 21.

费、法医鉴定费等合计人民币 31 999.2 元（双方车损除外）；被保险人王某随即向株洲人保财险公司提出索赔，并出示索赔相关资料。公司理赔中心医疗审核小组对该案进行了认真审核，从提供的索赔资料来看，病历资料有造假嫌疑，该伤者不构成八级伤残，随即上报公司相关领导。于是，公司组组法律部、合规部、理赔中心、医疗组等相关职能部门进行调查，采取外调、内查、暗访、询问被保险人等不同形式进行调查；对涉嫌该案的株洲市某医院的外科主任进行调查，向其讲明利害关系，该医院外科主任承认了给伤者写了一份假的 X 线检查结果，并向外调人员提供凌某要求其造假的情况。公司外调人员立即向凌某核实相关造假情况，在情、理、法相结合的攻势下，凌某承认了受被保险人王某之托，采取不正当手段医疗造假骗保，并表示自己愿意承担该案赔偿责任。此案目前已移交司法机关处理。

二、启示

保险索赔理赔难，已经成为社会的共识。对保险理赔的质疑声不绝于耳，也几乎成了阻碍公众选择商业保险的最大障碍。然而，对于索赔理赔难，应当客观分析和认定。

诚然，保险人在实际理赔中客观存在着惜赔现象。惜赔也是保险公司理赔时的一种心态。当保险公司因为经营压力、出于竞争的需要以及获得更多利润的追求，都会对赔款进行一定控制，表现为拖赔、少赔、拒赔。但这也与保险公司每年遇到 10%～30% 的欺诈赔款，从而慎重对待保险赔付不无关系。本案就是如此，利用交通事故往往同情受害者的心理，客户、同学、医生三者相互勾结造假，其欺诈行为具有隐蔽性，容易得手。在实践中，要避免以上情况发生，关键在于保险人是否认真做好赔付前的调查审核工作。该案保险人全面实行内查、外调、暗访，对案件进行跟踪调查，成功识破了医疗骗保案，为公司挽回了经济损失。根据相关法律的规定及合同条款的约定，保险人对此不负赔偿的责任。因此，被保险人及受益人都应当学习保险知识，增强法律意识。保险公司要增强理赔服务理念，提高理赔水平。保险索赔理赔双方皆要以事实为依据，以法律为准绳，严格履行合同义务，防范、杜绝保险诈骗行为的发生，并且虚假索赔理赔者将承担相应的法律责任。

本 章 小 结

保险索赔和理赔是保险合同履行中两个相对应的环节，是保险人或受益人实现保险权益的保障，也是保险人承担责任并有效经营的具体体现。索赔和理赔应当依法进行。保险索赔要遵守时效规定，即人寿保险为 5 年，其他保险为 2 年。保险索赔权由被保险人或者受益人行使。保险索赔的程序包括：出险通知（即报案）、积极采取施救措施、提出索赔请求、提供索赔单证、领取保险赔款或保险金、开具权益转让书。保险理赔要遵循诚信、公正，准确、合理，主动、高效的原则。保险理赔的程序包括接受出险通知、现场勘察、受理索赔申请并立案、理赔初审与调查、核定责任、理算赔付金额、复核审批并通知给付、权益转让和追偿、结案归档。虚假索赔理赔要承担民事和刑事法律后果。

本章的重点是：索赔与理赔的程序

本章的难点是：索赔与理赔中的权利义务

关键词语：保险索赔　保险理赔　索赔时效

 思考题

1. 索赔有哪些程序？
2. 理赔有哪些程序？
3. 简述出险通知的要求。
4. 如何明确保险理赔的范围？
5. 保险人拒赔有哪些理由？
6. 虚假索赔、理赔有什么法律后果？
7. 论述索赔与理赔中当事人的权利义务。

人身保险合同概述

8.1 人身保险合同的概念、特征与分类

8.1.1 人身保险合同的概念

《保险法》按照保险标的的不同，将保险合同分为财产保险合同和人身保险合同两大类，人身保险是以人的寿命和身体为保险标的的保险。人身保险合同可以定义为：是以人的寿命和身体为保险标的，当被保险人因意外事故、疾病、衰老等原因导致死亡、伤残、丧失劳动能力或年老退休以及在保险期限届满生存时，保险人应当按照约定向被保险人或者受益人给付保险金或年金的保险合同。

8.1.2 人身保险合同的特征

人身保险合同除具有一般保险合同的属性外，还具有以下特征。

1. 保险标的的特殊性

（1）被保险人的特定性。人身保险是以"人"的寿命和身体作为保险标的的保险。这里的"人"，即人身保险合同中的被保险人只能限于具有生命、独立存在的自然人。法人、胎儿以及已死亡者，均不具有该资格。同时，根据民事法律规定，自然人的民事权利能力一律平等，所以被保险人不受出身、性别、民族、居住地以及财产状况的限制。（依法被限制权利的人例外。）

（2）保险标的的不可估价性。人身保险合同的保险标的是人的生命和身体，它们不是商品，不能用货币来计量、评价、表现其价值。虽然经济学认为，人作为劳动力是有价值的，

但从社会学的角度上看，人本身不具有商品价值，人的生命或身体的价值不能用金钱来进行计量，所以人身保险合同就无法通过保险标的的价值确定保险金额。

2. 保险金的定额给付性

（1）保险金的定额性。人身保险合同的保险金额，不是以保险标的的价值为依据，人的生命健康的性质决定了它不可能有稳定的市场价格，本身不能用货币来衡量，它是由保险人事先综合各种因素进行科学计算所规定的固定金额，由投保人选择适用，或者由保险人与投保人协商确定一个数额，保险人依此固定数额履行保险责任。所以，人身保险合同不会产生超额保险或不足额保险的问题。保险金额完全取决于投保人的经济能力。当然，根据《保险法》的规定，有些人身保险合同的保险金额要受到一定的限制，如父母为其未成年子女投保的以死亡为给付条件的保险合同，其保险金额总和不得超过金融监督管理部门规定的限额。

（2）保险金给付的定额性。人身保险合同的保险保障功能，是通过保险人给付保险金来实现的。只要保险事故发生使被保险人死亡、疾病或伤残，或者合同约定的期限届满，保险人即应按照约定的金额向被保险人或受益人给付保险金，而不以被保险人的实际损失为前提，也不论被保险人或受益人是否已从其他途径得到补偿。因此，人身保险通常不适用损失填补原则，这区别于财产保险合同的补偿性质。

3. 保险期限的长期性

人身保险合同大都属于长期性合同，投保人长期负担缴付保险费的义务，是投保人借以转嫁人身寿命风险和身体风险的一种法律手段。保险人保险责任的承担期限也很长，保险有效期可以持续几年或几十年甚至终身。人身保险合同之所以采取长期保险形式，一是可以为被保险人或受益人提供稳定的生活保障，有利于降低保险费用，因为，被保险人的年龄越大，其寻求保险保障的需要越大，而其缴费的能力却在下降；二是长期合同也使保险人能够利用资金进行各种投资而获得较好的收益，增强对被保险人的保障作用。当然，如果在此期间，投保人与被保险人的经济、身体健康状况有可能发生变化，会出现退保、改期、中止等合法的变动，法律上应予以承认。

4. 合同自身的资产性

具体而言，人身保险合同具有储蓄性、有价性和投资性。被保险人和受益人所获得的保险金的数额大小往往基于投保人缴纳的保险费的多少，人身保险合同主要是将投保人多次缴纳的保险费集中起来，构成人身保险责任准备金，而最终由保险人以保险金的形式返还给被保险人或受益人。可见人身保险合同具有储蓄性质，实际上相当于保险费的总和加上一定比例的利息。基于此，投保人支付保险费后，保险单则为有价凭证，投保人和被保险人可以享有储蓄方面的权利，如在解除或终止人身保险合同时，要求返还合同现金价值。投保人还可以利用人身保险单具有的现金价值，将保险单质押贷款等。这区别于财产保险合同的非有价证券性。

5. 代位求偿的禁止性

根据人身保险合同的约定，只要保险事故致使被保险人死亡或伤残，或者合同约定的期限届满，保险人即应当按照约定的金额向被保险人或受益人给付保险金，而不以被保险人的实际损失为前提，也不论被保险人或者受益人是否已从其他途径得到补偿。《保险法》第46条规定："被保险人因第三者的行为而发生死亡、伤残或者疾病等保险事故的，保险人向被保险人或者受益人给付保险金后，不享有向第三者追偿的权利，但被保险人或者受益人仍有权向第三者请求赔偿。"人身保险合同禁止保险人在履行给付责任后，代位行使向第三者赔偿的权利是因为：第一，人身保险合同是以人的生命或身体为标的的保险合同，被保险人因保险事故所产生的对第三人的请求赔偿权具有较强的人身专属性，不能由保险人替代；第二，人的生命或身体都是无价的，保险金额也是由当事人双方约定的，而不是对被保险人损失的补偿。所以保险人在发生保险事故后的给付，是纯粹的履行合同的义务，不是弥补被保险人或受益人的损失。

6. 缴费的非诉讼性

人身保险合同的保险费，以投保人自愿交付为原则，《保险法》第38条规定："保险人对人寿保险的保险费，不得用诉讼方式要求投保人支付。"原因为：

其一，人身保险合同中大部分是保险期间长的人寿保险合同，投保人一般采用分期方式支付。在长达十几年、几十年的期间内，其收入水平、支付能力、经济状况难免发生变化，甚至投保人先于被保险人死亡。投保人有可能确实失去支付保险费的能力，或者有更优先的支付项目，因为投保人在收入较少的情况下，首先是用于满足生产和日常基本生活需要，其次才是用于支付保险费。如果采用诉讼方式向投保人请求支付保险费，不仅加重投保人的困难，不合情理，显然与人身保险安定民众生活的宗旨相悖，而且也不能保证保险人收到保险费。其二，是因为投保人交付的人身保险费，具有储蓄的价值，保险人收取的保险费并非保险人的利益或者利润，保险人应当将其提取累积，以便在将来支付给被保险人或者受益人。所以，投保人应当缴纳的保险费，并不构成投保人对保险人所负的债务，保险人对投保人应当支付的保险费也不具有债权请求权。相反，投保人在应当支付保险费时，有权选择不交保险费，以终止保险合同的效力。

7. 危险率具有的必然性、分散性和变动性

寿命风险和身体风险伴随人的终身，人身保险合同通常以生、老、病、死作为保险事故，其保险事故的发生完全是必然的。然而人身保险中保险事故的发生又比较分散，一般不会同时出现保险事故，只有意外的较大灾害出现，才可能导致大量保险标的同时遭受损失的情况。同时，在不同年龄阶段死亡率不同，当人到晚年死亡率会加速上升。人身保险危险率的变动在一定程度上影响保险费率的确定。为了避免保险费率频繁变动，使人到晚年仍可获得保险保障，同时也保证保险人的正常经营，一般人身保险采用"平准保费法"，以均衡的费率代替每年更新的自然保险费率。❶

---

❶　参见黎建飞. 保险法的理论与实践. 北京：中国法制出版社，2005：215.

8.1.3 人身保险合同的分类

人身保险合同按照不同的标准,可以划分成不同的类型。

1. 人寿保险合同、意外伤害保险合同和健康保险合同

现代意义上的人身保险,则几乎涵盖了人的生、老、病、伤、残、死等各种风险,按投保的风险划分主要有人寿保险、意外伤害保险和健康保险三大类。依我国《保险法》第95条规定,保险公司人身保险业务,包括人寿保险、健康保险、意外伤害保险等,人身保险合同也主要分为这三类。(本书将在后面章节对其详述。)

(1)人寿保险合同是以被保险人的生命为保险标的,以生存或死亡为给付保险金条件的人身保险合同,年金保险合同是人寿保险合同的特殊形式。

(2)意外伤害保险合同是以被保险人因遭受意外伤害事故造成死亡或残疾为保险事故的人身保险合同。

(3)健康保险合同是以人的身体为对象,以被保险人在保险期限内因患病、生育所致医疗费用支出和工作能力丧失、收入减少及因疾病、生育、致残或死亡为保险事故的人身保险合同。

人寿保险合同、健康保险合同与意外伤害保险合同的区别如表8-1所示。

表8-1 人寿保险合同、健康保险合同与意外伤害保险合同的区别

种类	性质	给付原因	期限及交费方式	合同形式	现金价值
人寿保险合同	通常属定额给付性	死亡、生存	多数为长期;期交、趸交	独立主合同	有
健康保险合同	具有定额给付性与费用补偿性	疾病、分娩所致的死、残	长、短期皆可;期交、趸交	1. 独立主合同 2. 在人寿保险合同中附加条款 3. 疾病保险与意外伤害保险合同结合	长期有 短期无
意外伤害保险合同		意外事故造成的伤、残、死	期限一般较短,以1年为期;趸交		无

2. 补偿性人身保险合同和给付性人身保险合同

按照保险的保障性质划分为补偿性人身保险合同和给付性人身保险合同。

(1)补偿性人身保险合同是保险人根据保险标的所遭受的实际损失进行经济补偿的合同,医疗保险合同属于此类合同。

(2)给付性人身保险合同是事先由人身保险合同双方当事人约定保险金额,当被保险人发生保险事故时,由保险人按约定的保险金额给付保险金的合同。人身保险的许多险种均属定额保险,特别是人寿保险。

3. 长期保险合同和短期保险合同

按保险期间划分为长期保险合同和短期保险合同。

（1）长期保险合同是指保险期限超过 1 年的人身保险合同，人寿保险合同大多属于长期保险合同。

（2）短期保险合同是指保险期限为 1 年或 1 年以下的人身保险合同，人身意外伤害保险中的许多险种均为短期保险，如航空旅客人身意外伤害保险，保险期限仅为一个航程。

4. 个人保险合同、联合保险合同和团体保险合同

按投保主体划分为个人保险合同、联合保险合同和团体保险合同。

（1）个人保险是以一个人为保险对象的人身保险。

（2）联合保险是将存在一定利害关系的两个或两个以上的人视为联合被保险人而同时投保的人身保险。联合保险中的一个被保险人死亡，保险金将给付其他生存的人；如果保险期限内无一死亡，保险金给付所有联合被保险人或其指定的受益人。

（3）团体保险是以机关、团体、企事业单位或其他单位为承保对象，以单位名义投保并由保险人签发一份总的保险合同，保险人按合同规定向其单位中的成员提供保障的保险。团体保险有团体人寿保险、团体年金保险、团体意外伤害保险和团体健康保险等。

5. 自愿保险合同和强制保险合同

按保险产生的根据划分为自愿保险合同和强制保险合同。

（1）自愿保险合同是由投保人与保险人共同自愿协商订立的人身保险合同。

（2）强制保险合同则是根据有关法律的规定，强制投保人与保险人订立的人身保险合同。在西方发达国家，人身保险范围内的强制保险合同较多，而我国目前的人身保险业务，则以自愿保险合同居多。

8.2　人身保险合同的常见条款

8.2.1　不可抗辩条款

1. 含义

不可抗辩条款，又称为不可争条款，是指自合同成立之日或复效之日起经过一定期间（通常是两年），保险人不得以投保人或被保险人违反告知义务为由，而主张合同无效或拒绝赔偿。不可抗辩条款主要存在于人寿保险合同与健康保险合同中，是英美法系国家普遍采纳的最大诚信原则中的标志。不可抗辩条款由古老的保证制度发展演变而来，保证学说首先在海上保险中应用，后来逐渐进入寿险领域。在当时，如果寿险投保人保证的事实与其声明并非完全一致，法院认为保险人有权利随时宣布该寿险合同无效。它对受益人的权益有很大的负面影响，因为多数寿险属于长期保险，受益人可能对多年前的错误声明一无所知，加之时过境迁，作为声明人的投保人或者被保险人很可能已经死亡，致使证据无从寻觅，需对此举出反证，实属不易。"严格的保证制度使人们担心寿险保险人滥用权利，因而公众对保险人产生了不信任。为缓解这种不信任，英国的伦敦信用寿险公司 1848 年在其保险合同中增加了一项条款，规定该公司将在任何情况下放弃保险合同抗辩的权利。"❶ 不可抗辩条款由此产生。现在，在寿险合同中加入不可抗辩条款在西方保险业发达国家已经成为普遍现象。

2. 适用

我国 2009 年修订的《保险法》在对待履行如实告知义务上，采纳了两年不可抗辩条款。第 16 条第三款规定，合同解除权，自保险人知道有解除事由之日起，超过三十日不行使而消灭。自合同成立之日起超过二年的，保险人不得解除合同；发生保险事故的，保险人应当承担赔偿或者给付保险金的责任。人身保险和财产保险，均适用不可抗辩条款。

3. 限制

设立不可抗辩条款的目的是抑制保险人道德危险及扩大保险市场，保护被保险人或受益人的利益，免除被保险人或受益人的举证责任。❷

不可抗辩条款的使用不是绝对的，要受到一定的限制。美国纽约州法院判例认为，即便保险合同中有不可抗辩条款的规定，如果有证据证明投保人一方有意捏造事实，弄虚作假，故意对重要事实不做正确申报并有欺诈的意图；或者投保人一方明知该重要事实而有意不申报该重要事实的情况存在：上述行为都是对保险合同最大诚信原则的违背，将不得适用保险合同中的不可抗辩条款。❸ 有学者列举出了在使用不可抗辩条款时的例外情形，如投保人欠交保险费超过宽限期，保险合同效力处于中止状态；合同订立时投保人无保险利益；他人代替被保险人体检等。❹ 有学者对不可抗辩条款适用例外中的细节问题作了进一步的探讨，认为承保范围之争、保险合同不成立、特别严重的欺诈行为、未满足保险人提出的条件等情况均不能使用不可抗辩条款。❺

因此，本书认为该 16 条的规定没有明确对其限制，有瑕疵，在操作上会出现新的问题，建议最高人民法院在以后的司法解释中对两年不可抗辩条款做进一步细致的规定。

8.2.2 年龄误告条款

1. 含义

年龄误告条款指人身保险投保人如果误报了被保险人的年龄，保险合同将根据真实年龄予以调整。如果保险合同仍然有效，保险人则应依据真实年龄予以更正；反之如果实际年龄已超过可以承保的年龄限度，则保险人应解除合同，将已收保险费无息退还，但需要在可争辩期间内完成。

投保人在投保时误告被保险人的年龄，有时是出于过失计算错误，比如民间仍保留用农

❶ 【美】缪里尔·L·克劳福特. 人寿与健康保险. 周伏平，等译. 北京：经济科学出版社，2000：375.
❷ 参见梁鹏. 保险人抗辩限制研究. 北京：中国人民公安大学出版社，2008：310-313.
❸ 应完善新《保险法》2 年不可抗辩条款，2009 年 11 月 18 日 http://www.china-insurance.com.
❹ 孙积禄. 保险法. 北京：高等教育出版社，2008：177.
❺ 参见梁鹏. 保险人抗辩限制研究. 北京：中国人民公安大学出版社，2008：320-328.

历来计算年龄，或者算虚岁等，往往有误差；有时是出于故意以减轻保险费负担，不论何种原因均不符保险合同的公平原则。

人身保险合同中，被保险人的年龄是一个重要事项，因为年龄的大小与人身的健康密切相关，也是某些项目能否承保的决定因素。因此，根据最大诚信原则，投保人在办理投保手续时应当对被保险人年龄履行如实告知的义务。

2. 处理

年龄误告条款是如何处理被保险人年龄申报错误的依据。因为，保险人在投保人投保时，对此一般不进行严格的审查，只有在保险事故发生后，保险人审核各种单证时才会核实被保险人的年龄。年龄误报条款可以在一定程度上保护保险人的利益。由于年龄足以影响保险人决定是否同意承保或者提高保险费率。因此，保险法明确作出有关年龄误告的规定。根据《保险法》第 32 条，如果发生年龄误报，保险人可按照下列规定办理。

（1）投保人申报的被保险人年龄不真实，并且其真实年龄不符合保险合同约定的年龄限制的，保险人可以解除合同，并在扣除手续费后，向投保人退还保险费，但是自合同成立之日起逾二年的除外。

（2）投保人申报的被保险人年龄不真实，致使投保人支付的保险费少于应付保险费的，保险人有权更正并要求投保人补交保险费，或者在给付保险金时按照实付保险费与应付保险费的比例支付。

（3）投保人申报的被保险人年龄不真实，致使投保人实付保险费多于应付保险费的，保险人应当将多收的保险费退还投保人。

这里有必要分析一个问题，即：为什么投保人支付的保险费少于应付保险费的，保险人有权在给付保险金时按照实付保险费与应付保险费的比例支付；但是投保人实付保险费多于应付保险费的，保险人只将多收的保险费退还投保人，而不相应增加给付保险金？

理由如下。

（1）逆选择损害保险人的利益。如果发生保险事故，投保人往往会选择增加保额，反之就选择退还保费。这样的逆选择对保险公司极为不利，因为保险金额越高，保险人的风险程度越大，且由投保人事后选择，保险人难以对风险进行测评。

（2）可能超过保险人所能接受的限额。有的险种，保险人为了控制风险，经过风险评估，在投保时作了限额要求。假如只能投保 30 万，如果因为多付保险费而增加保额，显然就突破了保险人所能接受的范围。

（3）规避相关措施，如体检。很多人身保险险种，要求保额达到一定数额时应当体检。如 20 万保额要体检，19 万则免检。试想，增加保额无疑可以规避这一措施，同时也可能存在一些隐患。

8.2.3　复效条款

人身保险合同复效条款是与宽限期条款和中止条款紧密相连的。

1. 宽限期条款

1）含义

宽限期是指保险人和投保人在保险合同中约定或者依照法律规定，允许投保人向保险人缓交保险费并且保持保险合同效力的期限。宽限期条款也就是允许投保人延缓一定期限交纳保险费的规则。

人身保险合同一般都是长期性合同，虽然投保人于合同成立后，可以向保险人一次性支付全部保险费，但这毕竟需要相当的经济实力，或者造成投保人选择减少保险金额。故投保人大多是分期交纳保险费，在长达几年甚至几十年不断的交费期间，投保人难免会因为疏忽或暂时经济困难等客观原因而没有按期交付保险费。如果不给予一定时间的宽限，必然导致许多合同中途停效，进而失效终止，造成被保险人的保障毁于一旦。也会影响保单的继续率，不利于巩固保险人的已有业务和稳定其经营。对合同双方而言都是受损的。

宽限期条款设定的目的是为了不使保险合同轻易失效。依照该条款，投保人虽逾保险合同约定的交费时间未实际交纳保险费，但只要未超过宽限期，保险合同仍然继续有效。如果在此期间内发生保险事故，保险人仍应当承担保险责任，不过要从给付金额中扣除相应欠交保险费。但是，超过交费宽限期条款允许的期间，投保人不交纳保险费的，将导致保险合同效力中止或失效。除非被保险人要求复效，否则保险人不能要求投保人补交保险费。

保险人是否有义务通知投保人按时或在宽限期内交付保险费？《北京市高院关于审理保险纠纷案件若干问题的指导意见》第34条规定，在分期支付保险费的保险合同中，定期通知投保人按时或在宽限期内交付保险费不属于保险人的附随义务，当事人另有约定的除外。

2）处理

《保险法》第36条第一款规定："合同约定分期支付保险费，投保人支付首期保险费后，除合同另有约定外，投保人自保险人催告之日起超过三十日未支付当期保险费，或者超过约定的期限六十日未支付当期保险费的，合同效力中止，或者由保险人按照合同约定的条件减少保险金额。"

2. 中止条款

中止指保单效力中止，又称保单失效。人身保险合同中投保人缴付首期保险费后，在宽限期届满仍未续缴已到期保险费的，合同效力即告中止。注意，这里"中止"仅是暂时停止效力，并不是"终止"，终止是完全失效。投保人在合同效力中止后一定期限内和一定条件下仍然有权申请恢复合同的效力。《保险法》第36条第一款规定："合同约定分期支付保险费，投保人支付首期保险费后，除合同另有约定外，投保人自保险人催告之日起超过三十日未支付当期保险费，或者超过约定的期限六十日未支付当期保险费的，合同效力中止，或者由保险人按照合同约定的条件减少保险金额。"第37条第一款规定："合同效力依照本法第36条（即宽限期条款）规定中止的，经保险人与投保人协商并达成协议，在投保人补交保险费后，合同效力恢复。但是，自合同效力中止之日起满二年双方未达成协议的，保险人有权解除合同。"

3. 复效条款

1）含义

复效条款是指当保险合同中止以后投保人有权申请重新恢复其效力。《保险法》规定，如果投保人未能按时交付保险费，合同效力中止后，经保险人与投保人协商并达成协议，在投保人补交保险费后，合同效力恢复。由于人身保险的长期性，如合同中止后不给予申请复效的权利，投保人则需重新订立新的人身保险合同，这往往对被保险人不利，因为年龄越大，保险费率越高，而且健康条件也恐受到限制。应注意：复效与重新投保不同。人身保险合同中止后，被保险人要想重新获得保险保障，有两条途径：一是申请复效，二是重新投保。复效时保险费与原合同保持一致，中止期间连续计算在保险期间内；重新投保是终止原合同，投保人再与保险人重新订约。重新投保时按被保险人的年龄计算保险费，保费必然高于原合同，且保险期间从新订约时开始，因此，很多投保人最终放弃。复效则可以避免保险人因此最终失去该保险业务。

2）复效的法定条件

按照《保险法》的规定和保险实践，投保人申请保单复效必须满足如下条件。

（1）复效应当在合同中止之日起两年内实施（参见《保险法》第 37 条），投保人逾期没有要求复效的，保险人可行使合同解除权，终止合同的效力，保险人应当按照合同约定退还保险单的现金价值。

（2）保险人与投保人协商并达成协议。即投保人提交复效申请书，保险人审核后表示同意。投保人提出复效申请时仍须履行如实告知义务，提供可保性证明（生存保险除外），如实告知被保险人在中止期间的健康状况并按约定出示健康证明。一般来讲只要能证明被保险人的健康状况在停效后未曾恶化，很少有保险人拒绝复效的情况。（但注意，在保险实务中，复效后要重新计算疾病观察期。）

（3）投保人应按照协议的约定补交中止期间的保险费及利息，若协议有加费约定，投保人还须同时缴付该加费。同时，保险人不承担中止期间发生的保险责任。理由是：首先，从法律讲，复效是从复效之日起恢复合同的法律效力，并不追及以往；其次，从保险原理上讲，保险危险只能是未发生的不确定事件，中止期内发生的保险事故属于已经发生的确定事件；再次，从保险经营上讲，如果保险人要承担中止期间的保险责任，那么有许多人会不断中止合同，不断申请复效，因为可以交少量的保费和利息，取得较多的保险金给付，这显然于保险人的经营不利。

8.2.4 现金价值条款

终身寿险和两全保险保单具有现金价值。保单具有现金价值是投保人能够进行保单贷款和行使不丧失价值选择权的前提。

1. 现金价值概述

我们从以下几方面来理解现金价值。

1）现金价值与保险费

现金价值是指带有储蓄性的人身保险单所具有的价值。在保险实务上又称之为"退保金"。现金价值的来源主要为均衡保费制下，投保人早期超缴的保险费以及积累所生的利息。寿险保费由性质不同的两部分组成，一部分是作为保险金来源的保费，这是保险人为了自己将来支出的保险金而收取的，称为净保费或者纯保费。另一部分是补偿保险人在经营管理上必要开支的费用，称为附加保费。

2）现金价值与保险费的计收方式

早期的保险曾经采用自然保费法计收净保费，它的数额按照每年被保险人出险率计算得出。在人寿保险中，被保险人的年龄越大，死亡率越高，净保费就越高，这使人到老年时，由于保险费负担过重，交不起保费而失去保险保障。为了克服这一缺点，保险人开始采用均衡保费法计收净保费，把每年计算一次的自然保费在长期内平均化，使得投保人可以每隔一段时期缴纳相等数额的保费。

3）现金价值与净保险费提取

保险人必须将早期多收的部分净保费提取出来，设立责任准备金以弥补后期之不足。可以认为，责任准备金实质上是投保人的储蓄，是保险人对投保人的一种负债，在退保时应当予以返还。

4）现金价值与保险费用摊销

保险业务经营中必然有大量费用支出，保险人往往通过逐期收取附加保费的方法，在缴费期间内将费用支出进行摊销。由于投保人有权随时解除合同（退保），而不再继续缴费，将导致保险人所收取的附加保费在数值上低于保险人已经支出的费用额。为填补费用支出缺口，保险人在投保人退保时将不返还全部的责任准备金，而是返还责任准备金扣减被称为解约退保费用的特定费用支出后的余额，即现金价值。用公式表示，即为：

$$现金价值 = 责任准备金 - 解约（退保）费用$$

保险经营费用支出在缴费期间内进行摊销，并不意味着每期摊销的数额都相等。由于前期需要付给代理人高额佣金，保险人通常在缴费期的前两年内摊销更多的费用，这使得责任准备金扣减解约费用后的余额可能为零，即没有现金价值。

我国《保险法》中，虽然未对现金价值作详细解释，但很多条款均体现出现金价值条款的精神。如《保险法》第37条第二款、第43条第一款、第44条第二款、第45条、第47条等有关解除合同，保险人不承担给付保险金责任的规定中，均有"退还保险单现金价值"的字样。

2. 现金价值的退还

1）因被保险人死亡而退还现金价值

《保险法》规定了下列三种具体情形。

（1）投保人故意造成被保险人死亡、伤残或者疾病的，保险人不承担给付保险金的责任。投保人已交足二年以上保险费的，保险人应当按照合同约定向其他权利人退还保险单的现金价值。（第 43 条）

（2）以被保险人死亡为给付保险金条件的合同，自合同成立或者合同效力恢复之日起二年内，被保险人自杀的，保险人不承担给付保险金的责任，但被保险人自杀时为无民事行为能力人的除外。（第 44 条）

（3）因被保险人故意犯罪或者抗拒依法采取的刑事强制措施导致其伤残或者死亡的，保险人不承担给付保险金的责任。投保人已交足二年以上保险费的，保险人应当按照合同约定退还保险单的现金价值。（第 45 条）

2）因投保人解约而退还现金价值

投保人解除合同的，保险人应当自收到解除合同通知之日起三十日内，按照合同约定退还保险单的现金价值。❶

3）因保险人解约而退还现金价值

合同效力中止的，经保险人与投保人协商并达成协议，在投保人补交保险费后，合同效力恢复。但是，自合同效力中止之日起满二年双方未达成协议的，保险人有权解除合同。保险人依照前款规定解除合同的，应当按照合同约定退还保险单的现金价值。❷

3. 不丧失价值条款与现金价值的处理

寿险保单所具有的现金价值，不得因投保人退保或者保单失效而丧失，此即为不丧失价值条款，又称为不没收价值条款。保险人通常将现金价值列在保险单上，当投保人不愿意继续交纳保险费时，有权选择有利于自己的方式来处理这笔现金价值。

依据不丧失价值条款，投保人可以行使如下选择权。

1）领取退保金

在退保或者保单失效时领取退保金。（退保金即现金价值，应为减去未偿还的保单贷款及其利息后的净值）。

2）抵交保险费（在保险合同中有该类条款的基础上，才可选择）

不丧失价值条款可以提供自动不丧失价值选择。如果投保人未作出不丧失价值选择，保险人有权依照合同预先约定的方式自动处理退保金，继续提供保险保障。

（1）减额交清保险。减额交清保险以原保单的保险期间为保险期间，以退保金所允许的最大保额为保险金额。投保人可以将保险单当时的现金价值作为趸交保险费，向保险人申请投保同类保险的"减额交清保险"。改保后的保险合同，保险人只对将来给付的保险金作相应调整，减少给付数额，而保险期间与其他保险内容不变，投保人也不用再续交保险费。

（2）展期定期保险，投保人可以就现金价值对定期死亡保险进行变更后，即以原保单

---

❶　《保险法》第 47 条。

❷　《保险法》第 37 条。

的保额扣除未偿还的贷款及其利息后的净值为保额，以退保金所允许的最大期限为保险期间，保险合同的保险责任、保险期限等主要内容会有所改变，而变更后的保险金额与原保险合同的保险金额一致，投保人无须再交纳续期保险费。

（3）垫交续期保费。投保人可以在投保时或保险费宽限期期满前书面声明，将保险单当时的现金价值作为续期保险费进行垫交，但此项垫交的保险费，投保人要在一定时期内予以偿还保险费并补交利息。在垫交保险费期间，保险合同持续有效，保险人承担保险责任，当现金价值垫交不足时，投保人也未补交，保险合同效力中止。

4. 现金价值与贷款条款

1）贷款条款设定的基础

以人身保险合同担保贷款是现代国际寿险业的一个惯例。我国《保险法》虽然仅在第34条第二款对特定保险单作了"质押"的禁止性规定，但是结合《物权法》、《担保法》的规定，人身保险单可以质押，理由有两点。其一，能够质押的权利应为财产权利，并且该权利应当具有可让与性，可实现变价。人身保险单质押显然属于《物权法》和《担保法》中规定的权利质押，它具有独立的可确定的交换价值并能依法变现。而财产保险合同则不具备这一特点。其二，根据《保险法》规定，人身保险单具有现金价值，在保险实务中，投保人可以积存有现金价值的人身保险合同，设定质押向保险公司或者商业银行申请贷款。

2）贷款条款设定的目的

设定贷款条款是为了维持保单的继续率，解决投保人暂时资金紧张的困难，从而维护投保人、受益人和保险人的利益。由于人寿保险期限十分漫长，一旦投保人经济状况发生变化，迫切需要现金时，如果不允许投保人凭借保单贷款，又无其他解决途径时，只有通过退保，领取保单上的现金价值予以解决，这显然对保险人和投保人都不利。因此，长期性人身保险合同皆有贷款条款的规定。

3）贷款条款适用的要求

保险合同质押贷款实际上是投保人以保单上的现金价值为担保的贷款，它是投保人处置保单权利的体现，也是资金运用的一种形式。适用贷款条款应当考虑以下内容。

（1）审慎性。贷款一般将影响受益人的权益，削弱保险的保障作用。如向保险人申请贷款会影响保险公司的资金运用，使保险公司投资收益减少。如是向商业银行申请贷款应当符合相关金融法律的规定。并且，当债务履行期限届满，债务人不履行债务，债权人（保险单的质权人）实现权利的程序较为繁琐，所以在具体操作上要严格、慎重。

（2）时间性。通常在人身保险合同订立的1至2年内，投保人不能向申请贷款。因为，在订约之初，保险人支出了大量的原始费用，为了尽快收回投入，发展新业务，保险人将此期间收取的保险费，在扣除了分摊死亡给付后的剩余部分，全部用来摊销这些原始费用，故此时，保单上没有积存现金价值，不能适用该条款。

（3）限额性。贷款的额度连同利息以保险单现金价值的数额为限。贷款应按双方约定的利率计息，如果到结息日没有支付利息，该项利息并入贷款数目内一并计息。

（4）限制性。为保护死亡保险合同被保险人的利益，防止道德危险的发生，《保险法》第 34 条第二款规定："按照以死亡为给付保险金条件的合同所签发的保险单，未经被保险人书面同意，不得转让或者质押。"

8.2.5　自杀条款

1. 含义

自杀是指故意用某种手段终结自己生命的各种行为，自杀条款指在保险单生效的若干年后，被保险人由自杀所致的死亡危险，由保险人承担给付保险金的责任。人身保险合同中的"自杀"特指"故意自杀"，应当有两个要件，即行为人主观上要有结束自己生命的意愿，客观上必须实施了足以使自己死亡的行为，两者缺一不可。如食物中毒，失足跌落等，或者，行为人在已经神志不清的情况下，用某种手段终结自己生命，皆不应该认为是自杀。

2. 性质

规定自杀条款，一方面要防止发生道德危险，保护保险人的利益；另一方面，又要保护被保险人家属或者受益人的利益。在保险合同中，当事人故意制造保险事故的，保险人均不负赔付责任。被保险人因自杀死亡属故意行为所致，但由于自杀行为比较特殊，具体讲被保险人自杀所引起的事故既是保险责任又是除外责任，这是一个两难命题。理由如下。

1）若自杀一概属于保险责任，对于保险人不利，且有悖于保险原理

因为，首先，保险人承担的风险应该是非故意的，被保险人自杀是人为的故意行为造成的，保险人不能承保；其次，自杀是违反自然规律的，是社会不提倡的行为，因此保险人不能为社会所反对的行为提供保障；再次，被保险人很可能为谋取保险金而在保险合同生效后故意自杀，滋生道德风险。

2）若保险人一概不承担保险责任，则对投保人、被保险人、受益人不公平

因为，首先，自杀是一种社会不可避免的现象，自杀造成的死亡已经统计到整个死亡率中，根据死亡率计算的保险费率已经包含有自杀的因素。由它而造成的赔付金额因素已经摊到全体投保人应缴的保险费中，因而对保险人不会造成损失，不会影响保险公司的核算。所以，除了防止道德危险，没有必要把自杀列入除外责任。其次，人寿保险的目的在于保持保障受益人或被保险人家属的利益，如果对发生的自杀不分青红皂白一律不给付保险金，势必影响受益人或被保险人家属（遗产继承人）的利益和生活。将自杀死亡列入保险人的免责条款，可以防止被保险人发生道德危险，但如果将自杀死亡完全归入除外责任，也会使受益人失去保障。所以对自杀死亡也应分情形履行给付义务。

3. 法律适用

我国《保险法》第 44 条规定："以被保险人死亡为给付保险金条件的合同，自合同成立或者合同效力恢复之日起二年内，被保险人自杀的，保险人不承担给付保险金的责任，但被保险人自杀时为无民事行为能力人的除外。保险人依照前款规定不承担给付保险金责任的，应当按照合同约定退还保险单的现金价值。"

1）自杀的除外责任限制为保险合同成立或者合同效力恢复之日起二年内

之所以规定二年是因为：第一，人身保险合同往往是一种长期合同，在漫长的合同有效期间，被保险人难免在经济、情感、身体、精神、事业等方面遭遇严重挫折，而立意自绝于人世，动机并非蓄意图谋保险金。为了便于判断自杀动机，自杀条款假设图谋保险金的人早有自杀企图，会在订立合同两年内自杀；超过两年的则认为在投保时没有自杀意图，从而应当给付保险金。第二，自杀行为，多出于一时冲动，大量的统计数字表明，为了获取保险金而买保险、两年后再自杀的行为，在世界范围内非常少见，需要准备两年对于当事人来说，心理压力将非常大。从心理学和社会学角度来看，也许两年间被保险人重新感受到生活的美好，就会放弃自杀。第三，被保险人如果两年后依然没有放弃这一念头而选择自杀，说明他肯定有自己的苦衷，对此，人们往往寄予很大同情，所以可以获得保险金的赔偿。因此假如将被保险人的自杀行为不加限制地规定保险人可免除给付责任，将牵累无辜，不利社会安定和谐。第四，两年期限是全世界公认的行业标准。该条款是在经过大量调查研究的基础上得出的结论，各国法律通常支持这种做法。（例外的是德国规定 3 年，日本规定为 1 年）

2）被保险人自杀时为无民事行为能力人，不受二年的限制

换言之，只要合同成立或复效，作为无民事行为能力的被保险人自杀，保险人将不能免责。这是因为，无民事行为能力人无法预见自己行为结果或不能控制自己的行为，虽然实施了足以使自己死亡的行为，但主观未必有结束自己生命的意图，故不应该认为是自杀。德国《保险契约法》第 169 条规定："被保险人自杀时保险公司得免除理赔义务，但其行为是因为精神障碍无法自由决定意思时，保险人的义务仍存续。"

3）退还保险单的现金价值

在以死亡为给付条件的人身保险合同中，在合同成立或合同复效两年之内自杀的，保险人虽不负给付保险金的责任，但对投保人已支付的保险费，保险人应按照保险单退还其现金价值。

8.2.6　其他条款

1. 保单转让条款

保单可以转让。保单转让分为绝对转让（将保单所有权完全转让给新的所有人）和质押转让。

保单必须合法转让，不得侵犯被保险人和受益人的权利。保单转让时，保单所有人应书面通知保险人，由保险人批单生效。并受上述《保险法》第 34 条第二款规定的限制。

"投保人可以依法转让或者质押人寿保险的保险单。投保人、受让人或质押权人在保险单转让或者质押转让协议签订后未通知保险人的，保险人可以只对受益人履行给付保险金的义务。人寿保险单的受让人或者质押权人在其享有的债权范围内，要求按照合同行使优先于受益人对保险金或者保险单现金价值请求权的，人民法院应予支持。"❶

---

❶　《最高人民法院关于审理保险纠纷案件适用法律若干问题的解释》（送审稿）第 20 条。

2. 保险金给付任选条款

保险单通常有可供投保人自由选择的给付方式，由投保人根据需要选择保险人在保险事故发生时向受益人按如下方式给付。

（1）一次性给付现金方式。有些保险合同规定，在保单期满时，如果以现金一次性给付，必须特别说明。这是因为，该方式有时对受益人并不有利，如被保险人与受益人同时死亡，或受益人在被保险人死亡之后不久也死亡。

（2）利息收入方式。将保险金作为本金留存在保险公司，在约定的利率下，受益人按期到保险公司领取保险金产生的利息。受益人有权随时提取部分本金。受益人死亡后，其继承人可以领取保险金的全部本息。

（3）定期收入方式。该方式强调领取期间，即根据投保人的要求，在约定的给付期间，按约定的利率计算每期给付金额，以年金方式按期给付。若保险金领取人在约定期间死亡，其继承人或受益人可以继续按此方式继续领取，也可以一次全部领取。

（4）定额收入方式。根据受益人的生活需要，确定每次领取的数额。受益人按期领取，直到保险金的本息全部领完。若还未全部领完保险金本息，受益人死亡，则由受益人的继承人继续领取。该方式强调领取金额。

（5）终身收入方式。受益人用领取的保险金投保一份终身年金保险，以后受益人按期领取年金直至死亡。每次的年金给付额根据合同约定的利率决定，该方式与受益人的年龄、性别等生命因素有关。

3. 红利任选条款

红利任选条款是保单所有人对红利支配方式的选择条款。红利来源于利差益、费差益和死差益，在分红保险中，保单所有人可以享受到红利，红利的领取方式在红利任选条款中规定。若投保人在投保时没有选定红利领取方式，通常按照现金领取方式给付。

红利的领取方式有多种，如领取现款、抵冲保费、存储生息、缴清增值保险等。抵冲保费是指红利可用于抵缴到期应缴保险费，若红利的金额不足，再补缴其余部分；若红利金额超过到期保险费，余额可选用领取现款或存储生息方式。存储生息是指将红利存留在保险公司以复利计息。缴清增值保险方式是指根据被保险人当时的年龄，将红利做为趸缴保险费，购买非分红缴清保险，此种方式不适用于次标准体，且当被保险人当时的年龄超过购买缴清保险的投保年龄时，需转换为其他方式。这些都在该条款中规定，保单所有人可以任意选择。

4. 战争除外条款

战争除外条款是指在人身保险合同有效期间，如果被保险人因战争或军事行动死亡或残废，保险人不承担给付保险金的责任的条款。显然，在战争中容易导致大规模的人员伤亡，战争所致的死亡率或损失程度是较高且难以预料的。如果不把战争作为除外责任，在战争爆发前或爆发中，必然会有大量的军人投保，将会对保险人的正常经营造成很大影响。

在我国，《保险法》对战争所致的死亡，保险人是否承担给付保险金的责任，没有规定，通常由投保人和保险人在合同中约定。一般情况下，该条款是保险人的免责条款。将战争和军事行动作为人身保险的除外责任有两种标准：一是将造成死亡的直接原因是战争的情况（即结果条款）；二是被保险人在服兵役期间的死亡，无论是否因为战争（即身份条款）。我国保险实务中按照前一种标准判断。

5. 受益人条款

受益人是人身保险合同中由被保险人或者投保人指定的享有保险金请求权的人。可见，受益人也是人身保险合同的常见条款。

我国《保险法》对受益人没有规定资格限制条件，受益人可以为投保人、被保险人或其他人，自然人、法人均可作为受益人。自然人成为受益人不强调其必须具有完全行为能力，也不必与投保人或被保险人具有血缘亲属等利益关系。受益人的权利即受益权。

1）受益权的取得

（1）因指定而取得。受益人由被保险人或者投保人指定。投保人指定受益人时须经被保险人同意。投保人为与其有劳动关系的劳动者投保人身保险，不得指定被保险人及其近亲属以外的人为受益人。被保险人为无民事行为能力人或者限制民事行为能力人的，可以由其监护人指定受益人。❶被保险人或者投保人可以指定一人或者数人为受益人。受益人为数人的，被保险人或者投保人可以确定受益顺序和受益份额；未确定受益份额的，受益人按照相等份额享有受益权。❷

（2）因转让而取得。受益权是一种期待权，只有发生保险事故，才能转化为现实的既得权利。因此，在保险事故发生前通常不能转让（除非在保险合同中载明受益权允许转让或者经被保险人同意）。有的保险法就规定，受益人非经要保人同意，或保险契约载明允许转让者，不得将其利益转让他人。

受益人转让的受益权即保险金给付请求权，属于合同的债权。根据合同法的规定，转让债权只需通知债务人（保险人）即可。不过由于保险合同具有特殊性，故转让受益权应当完善手续，如有书面协议，并办理公证等；否则，会在索赔理赔环节受到影响。

2）受益权的消灭

（1）因变更受益人而消灭。投保人或者被保险人指定受益人后，仍有权利加以变更，受益人不能反对。但"投保人变更受益人时须经被保险人同意"。❸

变更受益人的权利，必须在保险事故发生之前行使。因为保险事故一旦发生，受益人的受益权即已转化为现实的既得权，投保人或者被保险人便不能再变更受益人。

被保险人或者投保人可以变更受益人并书面通知保险人。保险人收到变更受益人的书面

---

❶ 《保险法》第 39 条。
❷ 《保险法》第 40 条。
❸ 《保险法》第 41 条第二款。

通知后，应当在保险单或者其他保险凭证上批注或者附贴批单。❶

（2）因受益人放弃行为而消灭。受益人可以放弃受益权，拒绝接受保险金，这是其权利的体现。只要在保险金给付前受益人皆可以行使放弃权。但是关于受益权的放弃，保险法第 42 条的规定太简单，有可能造成放弃人的反悔、其他受益人的误会，引发纠纷。本书以为，受益人放弃受益权的意思表示应当以明示的方式并且以书面形式做出，否则不产生法律效力。法律应对此进行完善，有助于避免争议，保证保险金的顺利给付。

（3）因受益人违法行为而丧失。受益人故意造成被保险人死亡、伤残、疾病的，或者故意杀害被保险人未遂的，该受益人丧失受益权。❷

（4）因受益人先于被保险人死亡的，受益权消灭。

3）受益人条款缺失的处理

保险法第 42 条规定，被保险人死亡后，有下列情形之一的，保险金作为被保险人的遗产，由保险人依照《中华人民共和国继承法》的规定履行给付保险金的义务：（一）没有指定受益人，或者受益人指定不明无法确定的；（二）受益人先于被保险人死亡，没有其他受益人的；（三）受益人依法丧失受益权或者放弃受益权，没有其他受益人的。

注意，以前在人身保险合同中常常规定了"共同灾难条款"。共同灾难条款是为确定在发生被保险人与受益人同时遇难事件时，保险金归属问题的条款。该条款可以避免无谓的纠纷，使问题得以简化。不过 2009 年保险法修订后，第 42 条第二款明确规定："受益人与被保险人在同一事件中死亡，且不能确定死亡先后顺序的，推定受益人死亡在先。"

4）受益权与继承权的区别

受益权的客体是保险金，继承权的客体是遗产，而保险金不同于"被保险人的遗产"；受益权与继承权所对应的义务也不同，具体讲：

首先，保险金无须课征遗产税。保险金是受益人根据人身保险合同规定的受益权从保险人处享有的给付，而不是根据继承权从被保险人那里取得的遗产。如果投保人或被保险人已在合同中明确指定受益人，受益人的受益权是基于保险合同的事先约定而存在的，是经过法律认定的一种期待权，被保险人死亡后，受益人取得的保险金不是遗产，尽管受益人实际上为死亡保险被保险人的继承人。因此，所有国家的法律都规定保险金无须课征遗产税。同时，投保人或被保险人的债权人也不得就其保险金而取得优先受益的请求权。但是，作为被继承人的遗产由其继承人继承时要征收遗产税（我国目前尚未开征遗产税）。

其次，继承遗产必须以尽义务为前提。"继承遗产应当清偿被继承人依法应当缴纳的税款和债务。"❸ 而保险金不是被保险人的遗产，不必先用以偿还被保险人生前应负担的税金、债务，可见，受益人享有受益权并不承担任何义务。

---

❶ 《保险法》第 41 条第一款。

❷ 《保险法》第 43 条第二款。

❸ 我国《继承法》第 33 条。

基于此，为了保护保险金受益人的权利，日本保险法律没有将死亡保险金列入遗产范畴。"将死亡保险金的请求权作为继承人的固有权利，而死亡保险金是其固有财产"，避免如果保险金作为遗产，而被保险人生前负有债务，则要清偿债务。❶

再次，受益人享有的受益权，是其本身固有的权利，属原始取得；而继承人享有的是遗产的分割，属继受取得。受益人是人身保险合同中由被保险人或者投保人指定的，也是可以变更的。被保险人可以指定非直系亲属为受益人，而《继承法》中的法定继承人是不能随便由他人变更的。为此，还有一个问题，就是目前的人身保险实务中，普遍现象是在受益人一栏中只填写"法定"。很显然，《保险法》并无"法定受益人"的概念，这里的"法定"也无法判定是其法定继承人。因此在受益人栏填写"法定"没有任何意义，应视为没有指定受益人。2003 年最高法院司法解释（征求意见稿）第 48 条规定，（未指定受益人的另一种情况）人身保险合同的受益人栏中只填写"法定"字样，视为未指定受益人。

 ## 案例分析

30 万元保险金应当向谁支付❷

【案情】38 岁的罗娟生前是成都市某保险公司的员工，跟丈夫李斌离婚后与在某公司当保安的刘爱荣交往，已有 3 年。从 2006 年到 2008 年，罗娟以本人的名义买了 8 份保险，保险金总共有 30 多万，指定女儿李义是唯一的受益人。2009 年 3 月 25 日，罗娟的男友刘爱荣将罗娟和父亲罗道荣、女儿李义杀害后，从 7 楼纵身跳下身亡。

案发之后，罗娟的母亲李桂彬向保险公司提出理赔申请。不料罗娟的前夫李斌以他是李义亲生父亲、女儿唯一继承人的身份要求领取保险金。双方争执不休，导致保险公司一直无法履行给付义务。2009 年 10 月 20 日，李桂彬将保险公司告上法庭，成都市青羊区法院受理此案后，在诉讼过程中，保险公司告诉法官还有李斌的存在，为了查清事实，确定正确的权利人，法院通知李斌作为案件的原告参加诉讼。

【本案争议焦点】是适用《保险法》还是《继承法》？

1. 适用《保险法》，保险金应给被保险人罗娟的母亲。

根据新修订于 2009 年 10 月 1 日实施的《保险法》第 42 条第 2 款规定："受益人与被保险人在同一事件中死亡的，且不能确定死亡顺序的，推定受益人死亡在先。"由此应该推定李义先于罗娟死亡，李桂彬便是罗娟现今唯一的继承人，理应领取罗娟的身故保险金。

2. 适用《继承法》，保险金应给受益人李义的生父李斌（罗娟的前夫）。

❶ 沙银华. 日本经典保险判例释评. 北京：法律出版社，2002：52.

❷ 参见：华西都市报 2009 年 12 月 10 日，《投保人受益人遭灭门 按保险法还是继承法赔？》，华西都市报 2010 年 1 月 4 日，《保险金不是受益人遗产，给了被保险人母亲》（本文中所有受害人均为化名）。

　　李义身亡的时间是 2009 年 3 月 25 日，修订之后的《保险法》还没有生效，而修订前的《保险法》并没有对被保险人等死亡顺序作出明确规定，但根据《最高人民法院关于贯彻执行〈继承法〉若干问题的意见》第 2 条："相互有继承关系的几个人在同一事件中死亡，如不能确定死亡先后时间的，推定没有继承人的人先死亡。死亡人各自都有继承人的，如几个死亡人辈份不同，推定长辈先死亡；……"因此，应该确认罗娟先于李义死亡，既然罗娟在保单上注明受益人是女儿李义，那么这笔保险金就应该作为李义的遗产。李斌是李义第一顺序法定继承人，故应当由李斌继承该遗产。

　　保险公司在答辩时称，该案发生在新旧《保险法》的过渡时期，保险金的支付是必须的，但案件中所涉及的"当受益人与被保险人在同一事故中死亡，且不能确定死亡先后顺序的，应推定谁先死亡"的特殊情形应该适用哪种法律尚不明确，这也是造成李桂彬和李斌争议的主要原因，保险公司在这种情况下无据可依。因此希望法院作出明确判决，以便以后为处理类似案件提供法律依据。

　　【判决】2010 年初，成都市青羊区人民法院判决，保险金应向罗娟的母亲支付。

　　依据：2009 年 10 月 1 日起施行的最高人民法院关于适用《中华人民共和国保险法》若干问题的解释（一）第 1 条规定："保险法施行后成立的保险合同发生的纠纷，适用保险法的规定。保险法施行前成立的保险合同发生的纠纷，除本解释另有规定外，适用当时的法律规定；当时的法律没有规定的，参照适用保险法的有关规定。"2009 年 10 月 1 日实施的《保险法》第 42 条第二款规定："受益人与被保险人在同一事件中死亡的，且不能确定死亡顺序的，推定受益人死亡在先。"

　　因此，参照新保险法的规定，推定受益人李义先于被保险人罗娟死亡，因此应该认定保险金是被保险人罗娟的遗产，罗娟的母亲李桂彬有继承权，保险公司应向其支付 30 万元保险金。

本 章 小 结

　　人身保险合同是《保险法》规定的合同形式，它有自身的特点，即保险标的的不可估价性、定额性、储蓄性、交费的非诉讼性、代位求偿的禁止性等。它主要分为人寿保险合同、健康保险合同、意外伤害保险合同。人身保险合同除应包含保险合同基本事项，如保险责任、除外责任、保险金额、保险期限、保险费的交纳与保险金的给付等外，往往还有以下常见条款。有不可抗辩条款、年龄误告条款、中止条款、复效条款、自杀条款、现金价值条款以及受益人条款等。人身保险合同与继承法、担保法、物权法等有密切的关系，在适用时应全面考虑，以维护当事人双方的合法权益。

　　本章的重点是：人身保险合同的特征与常见条款

　　本章的难点是：不可抗辩条款、现金价值条款

关键词语：人身保险合同　人寿保险合同　健康保险合同　意外伤害保险合同　不可抗辩条款　现金价值　年龄误告条款　复效条款

思考题

1. 人身保险合同有哪些特点？
2. 简述人身保险合同的主体。
3. 简述受益权的产生与消灭。
4. 人身保险合同有哪些常见条款？
5. 人身保险合同如何复效？
6. 简述现金价值的含义及其处理方式。
7. 如何用人身保险合同进行质押？
8. 受益权与继承权有什么联系与区别？
9. 人寿保险合同与健康保险合同、意外伤害保险合同有什么区别？

第 9 章

人寿保险合同

9.1　人寿保险合同的概念与特征

9.1.1　人寿保险合同的概念

人寿保险是指以被保险人的生命为保险标的，以被保险人在合同规定年限内死亡，或在合同规定年限届至而仍然生存作为给付保险金条件的人身保险合同。人寿保险合同的保险标的是被保险人的生命，保险事故为被保险人的生存或者死亡，只要被保险人在保险合同规定的期间生存或者在约定的时间死亡，保险人将依据合同的约定支付保险金。

9.1.2　人寿保险合同的特征

人寿保险合同除了具有保险合同的共同特征外，还具有自身的特征。

1. 人寿保险合同的标的为人的寿命

人寿保险承保了被保险人的死亡或者生存两种不同类型的风险，而不论风险发生的原因。只要被保险人在保险期间仍然生存或者死亡，保险人即以约定支付保险金。

2. 人寿保险合同为定额保险合同

人寿保险合同以人的寿命作为保险标的，而人的寿命在理论上是无法衡量其价值的，因此人寿保险合同为定额合同，其保险金额由投保人和保险人约定的保险人承担责任的限额确定，并未反映被保险人的寿命价值，也正是这个原因，人寿保险合同不存在超额保险的情况。

3. 人寿保险合同的期限较长

财产保险和意外伤害保险的保险期限一般为一年，虽然有多年期的，但大多不会超过 3

年；而人寿保险合同少则几年，多则几十年或者被保险人的一生，与财产保险和意外伤害保险相比，期限较长。

4. 人寿保险合同具有储蓄的性质

人寿保险合同的期限较长，保险合同期限和责任期限往往长达几十年甚至是被保险人的终身，而且大多数是生死两全保险。生死两全保险合同，意为被保险人在保险期间无论生存或者死亡，被保险人或者受益人均可以要求保险人给付保险金。人寿保险合同的这一特征，使其与财产保险合同与意外伤害合同等射幸合同不同，如果将储蓄理解为交纳给对方一定的金钱后在以后某一确定或者不确定的期间要求对方支付的话，那么人寿保险合同的投保人交纳保险费，在一定条件满足后就可以获得相应的支付，因此具有了储蓄的性质。

5. 人寿保险合同中不存在重复保险和保险人的代位权

人寿保险合同的这一特点是与财产保险合同相比较而得出的。重复保险是指投保人对同一保险标的、同一保险利益、同一保险事故分别与两个以上保险人订立保险合同，且保险金额总和超过保险价值的保险。在财产保险合同中，因保险金额的确定要受到保险标的的保险价值的限制，所以可能出现重复保险的情形。而在人寿保险合同中，因为人的生命价值是无法使用金钱的方式进行估量的，所以被保险人可以同时或者先后向一个或者多个保险公司投保几种人寿保险，在保险合同约定的条件出现时从保险公司获得约定的保险金。

在财产保险中，《保险法》第60条第一款规定："因第三者对保险标的的损害而造成保险事故的，保险人自向被保险人赔偿保险金之日起，在赔偿金额范围内代位行使被保险人对第三者请求赔偿的权利。"但在人寿保险合同中，不存在代位权。《保险法》第46条规定："被保险人因第三者的行为而发生死亡、伤残或者疾病等保险事故的，保险人向被保险人或者受益人给付保险金后，不享有向第三者追偿的权利，但被保险人或者受益人仍有权向第三者请求赔偿。"该条款的规定为强制性规定，所以在人寿保险合同中，即使保险人与投保人约定保险代位权条款，该约定也是无效的。

9.2　人寿保险合同的种类

按照不同的标准，人寿保险合同可以分为以下几种。

9.2.1　死亡保险合同、生存保险合同和生死两全保险合同

以保险金的给付条件为标准，人寿保险合同可以分为死亡保险合同、生存保险合同和生死两全保险合同。

1. 死亡保险合同

死亡保险合同是指在保险合同中约定以被保险人死亡为支付保险金的人寿保险合同。在死亡保险合同中，往往对被保险人资格进行限制。如我国《保险法》第33条规定："投保人不得为无民事行为能力人投保以死亡为给付保险金条件的人身保险，保险人也不得承保。

父母为其未成年子女投保人身保险，不受前款规定限制。但是，因被保险人死亡给付的保险金总和不得超过国务院保险监督管理机构规定的限额。"

根据死亡保险合同保险期间的确定方式，死亡保险合同又分为定期死亡寿险合同和终身寿险合同。

1）定期死亡寿险合同

定期死亡寿险合同是指在保险合同中约定的保险期间，如果被保险人在该约定的保险期间内死亡，则由保险人支付保险金。如果被保险人在约定的保险期间届满仍然生存，则保险人的保险责任终止，保险人不必支付保险金，也不用退还保险费。因此，从定期死亡寿险合同的界定可知，其并不具有储蓄的性质。所以，其保险费也比较低，特别适用于负担能力较低又需要保险保障的被保险人。在保险实务中，往往与其他人身保险，如意外伤害保险或者健康保险相结合。

定期死亡寿险合同的保险期间是由投保人与保险人协商约定的，可以是 1 年、5 年、10 年、20 年或者 30 年。现行的许多定期死亡寿险合同规定，被保险人在保险合同届满时不得超过 65 周岁。

2）终身死亡保险合同

终身死亡保险合同是保险期间从保险合同约定的日期开始到被保险人死亡时为止，在被保险人死亡时，保险人支付保险金的保险合同。在该类合同中，因为被保险人何时死亡不能确定，故其属于不定期的死亡保险合同。

终身死亡保险合同按照交费方式又可以分为终身交费终身寿险合同、限期交费终身寿险合同和趸交终身寿险合同。终身交费终身寿险合同是指投保人按照合同规定定期交纳保险费，直至被保险人死亡。限期交费终身寿险合同是指投保人按照保险合同规定的交费期间按期交纳保险费的一种终身寿险。一般有两种情形：一是交费期间约定 10 年、15 年或者 20 年，然后由投保人选择；二是交纳期间限定为被保险人年满特定的年龄，如 65 岁时止。趸交终身寿险合同是指投保人在投保时一次性交清全部保险费的终身寿险合同。

2. 生存保险合同

生存保险合同是指投保人与保险人约定，投保人交付保险费，被保险人在保险期间生存时，由保险人给付一定保险金额的人寿保险合同。如果被保险人在保险期间死亡，则保险人将不用给付保险金，也不用退还保险费。

3. 生死两全保险合同

生死两全保险合同是由生存保险和死亡保险合并而成的一个险种，是指投保人与保险人约定，投保人支付保险费，被保险人在保险期间死亡或者生存至保险期间届满时，保险人均应按照合同约定支付保险金的保险合同。生死两全保险从生存与死亡两个方面向被保险人提供保险保障，而保险费率低于分别投保生存保险和死亡保险的保险费之和，故较受欢迎。

9.2.2　资金保险合同和年金保险合同

以保险金的支付方法为标准，人寿保险合同可以分为资金保险合同和年金保险合同。

1. 资金保险合同

资金保险合同是指在保险事故发生时，一次性支付全部保险金的保险合同。在人寿保险合同中，如果没有特别的约定，均采取这一方式。

2. 年金保险合同

年金保险合同是指保险人在被保险人生存或者特定期间内，依照保险合同一次性支付或分期给付一定金额的人寿保险合同。在年金保险合同中，受益人在被保险人生存期间为被保险人本人。

年金保险合同按被保险人不同，可以分为个人年金、联合及生存者年金和联合年金。

（1）个人年金，又称为单生年金，被保险人为独立的一人，是以个人生存为给付条件的年金。

（2）联合及生存者年金，是指两个或两个以上的被保险人中，在约定的给付开始日，至少有一个生存即给付年金，直至最后一个生存者死亡为止的年金。因此，该年金又称为联合及最后生存者年金。但此种年金通常规定，若一人死亡则年金按约定比例减少金额。此种年金的投保人多为夫妻。

（3）联合年金，是指在两个或两个以上的被保险人中，只要其中一个死亡则保险金给付即终止的年金。它是以两个或两个以上的被保险人同时生存为给付条件的。

9.2.3 普通人寿保险和简易人寿保险

以保险经营方式为标准，人寿保险合同可以分为普通人寿保险合同和简易人寿保险合同。

（1）普通人寿保险合同，是指以普通的技术方法经营的人寿保险合同。这种保险一般是由经营人寿保险业务的保险公司经营的。

（2）简易人寿保险合同，一般是指小面额、免体检、适合普通大众的人寿保险。其通常为限期交费的终身保险合同或 20 年期的生死两全保险合同，保险责任通常附加意外伤害保险。因为这种保险合同免于体检，为了防止流弊，保险人通常在不可抗辩条款中规定，保险合同订立前两年内，被保险人因重病接受医疗或外科手术而未告诉保险人的，保险人有权在抗辩期内解除保险合同。

9.2.4 单独人寿保险合同、联合人寿保险合同和团体人寿保险合同

以被保险人的人数为标准，人寿保险合同可以分为单独人寿保险合同、联合人寿保险合同和团体人寿保险合同。

（1）单独人寿保险合同，是指被保险人为一个自然人的人寿保险合同。

（2）联合人寿保险合同，是指被保险人为存在一定的利害关系的两个或者两个以上的自然人为整体的人寿保险合同。一定的利害关系通常是指夫妻、父母子女、兄弟姐妹等。如果其中一人死亡或者达到约定的年龄仍然生存时保险人支付保险金。联合人寿保险合同中的

一人死亡，就将保险金给付给其他仍然生存的人；联合保险人在保险期间届满时均生存时，则所有生存的联合保险人分享保险金。联合保险合同自保险人给付保险金时即行终止。

（3）团体人寿保险合同，是指以一定团体的全部成员为被保险人，以被保险人指定的家属或者其他人为受益人的人寿保险合同。在团体人寿保险合同中，由保险人签发一张总的保险单，为该团体的成员提供保障的保险。每个被保险人会拿到一张上面写有被保险人的姓名、受益人姓名、保险费、保险金额、生日等内容的保险凭证。

9.2.5 普通人寿保险合同和特种人寿保险合同

以承保技术为标准，可以分为普通人寿保险合同和特种人寿保险合同。

（1）普通人寿保险合同，是指以个人为投保人和承保对象，运用一般的技术方法经营生存保险、死亡保险及生死两全保险。在我国保险实务中，普通人寿保险合同通常附加意外伤害保险。

（2）特种人寿保险合同，是指普通人寿保险合同以外的人寿保险合同。在我国保险公司目前开办的人寿保险合同中，除了以个人养老金作为普通人寿保险以外，特种人寿保险主要是简易人寿保险和团体人寿保险。

9.2.6 红利分配保险合同和无红利分配保险合同

以是否分配红利为标准，人寿保险合同分为红利分配保险合同和无红利分配保险合同。

（1）红利分配保险合同，是指保险人将人寿险经营的盈利的一部分分配给被保险人的人寿保险合同。在红利分配保险合同，又可以分为分红险和万能险。分红险是指保险人在每个会计年度结束后，将上一会计年度该类分红保险的可分配盈余，按一定的比例，以现金红利或增值红利的方式，分配给客户的一种人寿保险。万能险是指除了给予被保险人生命保障外，还可以让投保人直接参与由保险人为投保人建立的投资账户内资金的投资活动，将保单的价值与保险人独立运作的投保人投资账户资金的业绩联系起来。

（2）无红利分配保险合同，是指被保险人在缴纳保险费后，没有任何盈利分配的保险。

案例分析

案例一 保险单生效日有争议，应作不利于保险人的解释❶

一、案情

1998年9月30日，中国机电设备华北公司为韩需霞等部分职工向原平安养老保险股份有限公司北京分公司（以下简称"平安养老保险北京公司"）投保了团体养老保险，并签订

---

❶ 北京市第一中级人民法院民事判决书（2008）一中民终字第11294号。

保险合同——《养老金保险条款》，主要内容如下。

（1）本合同由保险单、其他保险凭证及所附条款、投保单及与本合同有关的其他投保文件、合法有效的声明、批注、附贴批单、其他协议构成。

（2）被保险人生存至约定领取年龄的保险单生效日对应日，保险人按约定方式向被保险人支付养老金。选择一次性领取养老金者，保险人支付养老金后保险责任终止。选择分期领取养老金者，保险人保证给付 10 年固定年金。如被保险人在领取 10 年固定年金期间身故，其受益人可继续领取至 10 年，保险责任终止。被保险人领满 10 年固定年金后仍健在，保险人继续支付养老金直至其身故，保险责任终止。韩霈霞选取的是分期领取方式。

（3）本保险的养老金领取年龄分 40 周岁、45 周岁、50 周岁、55 周岁、60 周岁、65 周岁和 70 周岁 7 档，领取方式分月领、年领和一次性领取。韩霈霞领取方式为月领。

（4）被保险人的年龄以周岁计算。

同期，原平安保险北京分公司向中国机电设备华北公司签发《人身保险团体保险单》，记载保险期限自 1998 年 9 月 30 日中午 12 时起。1998 年 10 月 13 日，中国机电设备华北公司一次性全额交付保险费 2 315 885.53 元，其中韩霈霞的保费是 22 255.19 元。1998 年 10 月 14 日，原平安保险北京分公司向中国机电设备华北公司签发养老金保险凭证，主要内容有：被保险人韩霈霞，1948 年 10 月 11 日出生，领取 10 年固定年金期自 2009 年 9 月至 2019 年 8 月，领取年龄 60 岁，领取日期 2009 年 9 月 30 日，首期领取金额 300 元，领取方式为月领。2001 年 10 月 18 日，韩霈霞将 22 255.19 元保费给付中国机电设备华北公司。在 2006 年 12 月 15 日，经中国保监会批准，中国平安人寿保险股份有限公司团险业务分步转移至平安养老保险北京公司。

后来，双方对于《养老金保险条款》第 3 条"被保险人生存至约定领取年龄的保险单生效日对应日，保险人按约定方式向被保险人支付养老金"中的"保险单生效日"产生争议。平安养老保险北京公司对于保险合同中的"保险单生效日"是指养老金保险证生效日还是《人身保险团体保险单》的生效日的表述前后矛盾。

法院认为，本案的争议焦点是《养老金保险条款》，即保险合同第 3 条"被保险人生存至约定领取年龄的保险单生效日对应日，保险人按约定方式向被保险人支付养老金"中的"保险单"指的是原平安保险公司北京分公司 1998 年 9 月 30 日签发的《人身保险团体保险单》还是 1998 年 10 月 14 日签发的养老金保险凭证。平安养老保险北京公司认为是《人身保险团体保险单》，此保险单生效于 1998 年 9 月 30 日，其对应日是 2008 年 9 月 30 日，该期日韩霈霞未满 60 周岁，故韩霈霞领取保险费日期应是 2009 年 9 月 30 日。而韩霈霞认为是养老金保险凭证，该证生效于 1998 年 10 月 14 日，其对应日是 2008 年 10 月 14 日，该期日韩霈霞已满 60 周岁，故韩霈霞领取保险费日期应是此日期。法院认为，平安养老保险北京公司对于保险合同中的"保险单生效日"是指养老金保险证生效日还是《人身保险团体保险单》的生效日的表述前后矛盾。根据《保险法》第 31 条，在韩霈霞与平安养老保险北京公司对保险合同条款发生争议时，法院应作出有利于韩霈霞的解释。据此，法院认定合同中"保险单生效日对应日"应为 2008 年 10 月 14 日，平安养老保险北京公司应自该日起每月向韩霈霞支付养老保险金 300 元。

二、分析

本案主要涉及对于保险合同中的"保险单生效日"的理解。保险公司认为是《人身保险团体保险单》的生效日，即 1998 年 9 月 30 日；而被保险人认为养老金保险证的生效日，即 1998 年 10 月 14 日。依据《保险法》第 30 条的规定："对合同条款有两种以上解释的，人民法院或者仲裁机构应当作有利于被保险人和受益人的解释。"因此，法院作出了有利于被保险人韩霈霞的判决，这一判断是正确的。

案例二　保险业务员为丈夫办保险，引出人身保险合同纠纷[1]

一、案情

李某是辽宁省锦州市一家保险公司的业务员，她在自己单位为其丈夫王某投了一份保险。这是一份人身保险，保险期从 2002 年 8 月 27 日算起，伴随王某终身。该保险的保险金额是 2 万元，分期交付的话，每年需要缴纳保险费 2 676 元，限 10 年内缴清。李某为王某的投保过程中，王某一直没有亲临，都是妻子李某代为处理的，就连保险合同上"投保人"和"被保险人"签章栏内的签名，都是李某代王某签的。投保时，王某的实际年龄是 44 周岁，按照这份保险合同的规定，如果王某在 61 周岁前身故，保险公司将支付王某的妻子李某和儿子王××10 万元的赔偿金。2006 年 10 月 14 日，王某突患脑溢血，医生没能挽救他的生命。

此时李某已经向保险公司支付了总额为 8 028 元的保险费。悲痛之余，李某向保险公司索赔，但是令她意外的是，保险公司竟然以本事故不属保险责任给付范围为由，下送了拒赔通知书。李某无可奈何，一纸诉状将保险公司告上法庭，但是法院的判决结果更令李某意外。

法院认为，由于王某本人既没有参与合同条款协商，也没有在保险合同上签字。也就是说，王某就保险合同订立与否、同意与否，没有作出任何意思表示。所以，王某并没有与保险公司建立真正合同关系，不是实际意义上的"投保人"和"被保险人"，不符合本案特指的合同主体，因此判决保险公司不用赔偿。

二、分析

本案的焦点是人身保险合同是否有效。

在本案中，李某在办理该笔保险业务时，一方面，以丈夫的名义作为投保人与某保险公司签订保险合同；另一方面，以保险公司的名义作为保险人与丈夫签订保险合同。本案属于典型的双方代理的情形，除非得到被代理人的同意，法律不允许双方代理。李某在签订保险合同时，显然已经得到了保险公司的认可，只要被保险人符合投保的条件，保险公司的代理

---

[1]　寇德印. 锦州一保险业务员买保险替丈夫签字没法索赔. 辽沈晚报，2010 - 05 - 17.

人李某可以在其授权范围内同任何人签订保险合同；而其丈夫对其的代理授权，显然可以通过家事代理权进行解决。因此，法院不应当以保险合同中王某没有参与合同条款的协商，也没有签字，来否认其妻子作为代理人签字的效力，没有法律依据。

另外，《保险法》第34条第一款、第三款规定："以死亡为给付保险金条件的合同，未经被保险人书面同意并认可保险金额的，合同无效"；"父母为其未成年子女投保的人身保险，不受本条第一款规定限制。"基于以死亡为给付保险金条件的保险合同的特殊性，除父母可代为未成年的子女投保之外，被保险人必须书面同意并认可保险金额。问题是被保险人书面同意并认可保险金额，是否需要本人亲自的签名？法律规定以死亡为保险金条件的保险合同，需要被保险人书面同意并认可金额的主要原因是为了防止发生道德风险。在本案中，李某作为其丈夫王某的家事代理人，在保险合同的签字应当视为被保险人王某的签字，保险合同有效，保险公司应当支付保险金。

本 章 小 结

人寿保险作为以保险人的生命作为保险标的的保险，在近些年迅速发展并得到很多人的认可。基于人寿保险的特点，人寿保险合同也形成了一些区别于其他保险合同的特点。本章学习重点就在于把握住人寿保险合同区别于其他保险合同的特点，了解人寿保险合同的常见种类，在运用前几章知识的基础上分析比较不同保险合同之间的联系与区别。

本章的重点是：人寿保险合同的概念及其特征

本章的难点是：人寿保险合同的种类

关键词语：人寿保险合同　死亡保险合同　生存保险合同　资金保险合同　年金保险合同

思考题

1. 简述人寿保险合同的概念及其特征。
2. 简述人寿保险合同与人身保险合同的区别和联系。
3. 简述人寿保险合同的种类。

第 10 章

健康保险合同

10.1 健康保险合同概述

10.1.1 健康保险合同的概念

健康保险合同又称为疾病保险合同，是指投保人和保险人约定，在被保险人发生疾病或者生育以及因此致残、死亡时，保险人依约向被保险人或者受益人给付保险金的合同。

10.1.2 健康保险合同的特征

1. 健康保险合同具有综合保险性质

健康保险的内容十分广泛而复杂，一般情况下，凡不属于人寿保险、人身意外伤害保险的人身保险都可以归为健康保险。健康保险不仅承保被保险人的疾病以及分娩危险，而且承保因被保险人的疾病或者分娩所造成的伤残、死亡风险，从而构成综合性人身保险合同。

2. 健康保险合同的保险标的、保险事故具有特殊性

健康保险以人的身体健康为保险标的，以疾病、生育、意外事故等原因造成的残疾、失能和死亡损失及发生的医疗费为保险事故。其中，疾病是必须由人体内部的某种原因引发的，即由于某个或多个器官、组织甚至系统病变而致功能异常，从而出现各种病理表现的情况。同时，健康保险的保险事故还包括其他一切人寿保险、意外伤害保险不保的人身危险事故。

3. 健康保险合同具有补偿的特殊性

一般而言，人身保险的保险金具有给付性质，健康保险的保险金则具有补偿性质。针对疾病和生育的保险事故的保险金给付，不是对被保险人的生命和身体的伤害进行补偿，而是对被保险人因为疾病或生育在医院治疗所发生的医疗费用支出和由此引起的其他费用损失的补偿。

10.2　健康保险合同与人寿保险合同的比较

健康保险合同与人寿保险合同同属于人身保险合同的范畴，既有相同之处，又有较大区别。它们的区别具体表现如下。

1. 保险事故不同

人寿保险合同的保险事故是人的生存或死亡；而健康保险合同却以疾病、分娩及其所致的残废或死亡为保险事故。人寿保险合同保险金的给付，以被保险人在一定条件下死亡或生存为条件；而健康保险合同以疾病、分娩或因疾病、分娩而死亡、残废为保险金给付条件。

2. 保险费的计算方法不同

人寿保险合同的保险期限较长，投保人每次所交的保费从数额上说应当是相等的。经过一定期间后，保险单应当具有其现金价值。保险合同时间越长、保险费率越高，保险单的现金价值就越大。而健康保险合同、期限通常比较短，保险费也多一次交付，保险单一般不具有现金价值。

3. 保险金额不同

人寿保险合同是定额保险合同，保险金额在订立时就已经约定并载明。健康保险合同的保险金额，有的在合同中约定，有的在保险事故发生后约定，根据被保险人疾病或身体健康的状况决定，它可能取决于医疗费、收入的减少等具体损失数额。因此，人寿保险合同是具有储蓄性质的保险合同，在保险合同期满时，应当给付保险金。而健康保险合同，其中相当一部分具有损失补偿性，主要根据被保险人因保险事故受到的损失进行补偿；在期满时，不进行保险金给付，也不退还保费。

10.3　健康保险合同的分类

1. 医疗给付保险合同、工资收入保险合同和死亡与残疾健康保险合同

根据承保风险的不同，健康保险合同可以分为医疗给付保险合同、工资收入保险合同和死亡与残疾健康保险合同。

（1）医疗给付保险合同，是指大额医疗费支出保险合同，因为一般医疗给付保险的作用在于保障大额医疗费用支出，而不在于补偿轻微疾病所致的低额医疗费用支出，所以轻微疾病所致的低额医疗费用支出不作为健康保险合同的标的。保险人在医疗给付保险合同中给

付的保险金一般包括住院费、检查费、治疗费、手术费、护理费和药品费等。

（2）工资收入保险合同，是指投保人支付保险费，约定被保险人因疾病或者分娩导致无法从事正常工作，不能取得工资收入或者完全丧失劳动能力时，由保险人承担给付保险金责任的人身保险合同。工资收入保险合同的保险金给付，以被保险人丧失劳动能力为条件，给付具有一定的期限，在这一期限内被保险人可以得到平均工资一定百分比的保险金给付。

（3）死亡与残疾健康保险合同，是指被保险人因疾病、分娩而造成死亡或伤残的，保险人依合同约定给付保险金的健康保险合同。

2. 总括医疗保险合同和特定医疗保险合同

根据保险人的保险金给付范围分类，健康保险合同可以分为总括医疗保险合同和特定医疗保险合同。

（1）总括医疗保险合同是指保险人对于被保险人因疾病支出的各项费用（医药费、住院费、手术费、检查费、化验费等）不分项目，在保险合同约定的总的限额内予以给付。

（2）特定医疗保险合同则表现为保险人只是对于保险合同约定的特定费用项目或特定疾病作为给付保险金的根据，如住院费用保险合同、手术费用保险合同、痛症保险合同等。

3. 团体健康保险合同和个人健康保险合同

根据投保人的不同分类，健康保险合同分为团体健康保险合同和个人健康保险合同。

（1）团体健康保险合同，是指由单位或团体作为投保人，由其成员作为被保险人的健康保险合同。目前，我国保险实务中的多数健康保险合同都属于团体健康保险合同。

（2）个人健康保险合同，是指由公民个人或家庭作为投保人投保的健康保险合同。例如，我国保险公司开办的农民医疗保险，它以被保险人的家庭作为投保人参加本保险。又如，简易健康保险也是以个人作为被保险人，个人投保的健康保险合同。

10.4　健康保险合同的主要内容

10.4.1　健康保险合同条款中的重要概念

健康保险合同涉及很多医学上的专业术语，普通投保人常常难以理解。有些专业术语，在学术上有不同的定义，保险人可能根据实际需要对某个定义进行裁剪，这更增加了人们理解的难度。例如，保险人出于经营需要，一般要在条款中对可保的"疾病"加以限制，其通常在条款中规定疾病主要是指"人身体内部原因所引起的病症，包括精神上的，或是身体方面的痛楚或是不健全等"。构成可保的"疾病"，通常必须具备以下三个条件。❶

（1）必须是由于明显非外来原因所造成的。由于外来的、剧烈的原因造成的病态视为意外伤害，而疾病则由身体内在的生理原因所致。但若因饮食不慎、沾染细菌引起疾病，则

---

❶　刘冬姣．人身保险．北京：中国金融出版社，2001：189.

不能简单视为外来因素。因为外来的细菌经过体内抗体的抵抗以后，最后再形成疾病。因此，一般来讲，要以是否是明显外来的原因，作为疾病和意外伤害的分界线。

（2）必须是非先天性的原因所造成的。健康保险仅对被保险人的身体由健康状态转入病态承担责任。由于先天原因，使身体发生缺陷，如视力、听力的缺陷或身体形态的不正常，这种缺陷或不正常，则不能作为疾病由保险人负责。

（3）必须是由于非长存的原因所造成的。在人的一生中，要经历生长、成年、衰老的过程，因此在机体衰老的过程中，也会显示一些病态，这是人生必然要经历的生理现象。对每一个人来讲，衰老是必然的，但在衰老的同时，诱发出其他疾病却是偶然的，需要健康保险来提供保障。而属于生理上长存的原因，即人到一定年龄以后出现的衰老现象，则不能称为疾病，也不是健康保险的保障范围。

除上面所说的"疾病"外，其他重要术语，如"生育"以及与之有关的"怀孕"、"流产"；重大疾病保险合同中的各种重大疾病，如"癌症"、"脑中风"等，在健康保险合同中均有其特定的含义。由于这些专业术语对保险责任的准确界定有非常重要的意义，保险人通常在保险条款"释义"项下给出它们的定义。若无定义，根据《保险法》的规定，应作出有利于投保人一方的解释。

10.4.2 健康保险合同的保险责任

不同的健康保险合同其保险责任通常有很大的差别，但概括起来，不外是以下一种或者数种单项保险责任的组合。

（1）重大疾病医疗费用保险金。重大疾病医疗费用保险金以被保险人发生保险合同所列明的重大疾病为保险金给付的条件，但不受医疗费用实际支出数额的限制。目前，重大疾病医疗费用保险金的给付方式一般是在确诊后一次性支付。

（2）门诊、急诊医疗费用保险金。门诊、急诊医疗费用保险金的费用项目包括药品费、治疗费、检查费、材料费及手术费等。保险人通常在合同条款中规定各单项费用的每次给付限额或者各项费用的累积给付限额。门诊、急诊医疗费用保险金的给付以实际支出为限，被保险人申请给付保险金时，必须提供保险合同条款规定的费用收据。

（3）住院医疗费用保险金。其费用项目主要包括：① 病床费及伙食费，按合同约定每日给付金额乘以给付天数所得总金额给付，合同条款通常规定最高给付限额；② 医院杂费，包括药品费、材料费、检查费、治疗费等，一般笼统规定为每次住院的最高限额，保险人出于控制风险考虑，通常也规定单项费用不能超过一定的限额；③ 外科手术费，保险合同当中一般都以附表的形式约定各种手术费的给付限额或给付比例。

（4）失能所得保险金。被保险人因疾病、生育丧失工作能力以致不能获得正常的收入或者导致收入的减少时，可按合同约定向保险人提出给付失能所得保险金。被保险人丧失工作能力的情形可分为永久丧失工作能力、长期丧失工作能力和短期丧失工作能力三种情形。常见的医疗津贴保险金、住院津贴保险金即属于短期丧失工作能力的失能所得保险金。

（5）残疾保险金或死亡保险金。被保险人因疾病或者生育造成残废或者死亡的，被保险人或者其受益人可依照保险合同向保险人申请残疾保险金或死亡保险金。

（6）其他。如特殊看护费用保险金、特定手术费用保险金等。

10.4.3　健康保险合同的保险金给付

1. 被保险人的确定

在保险合同条款中，一个重要的方面就是明确被保险人。就个人健康保险合同而言，被保险人通常应该只有一个，由投保人在办理投保手续时指定。就团体健康保险合同而言，投保人在投保时需要向保险人提供确定的被保险人名单，但与个人健康保险合同不同，团体健康保险合同的投保人可以根据团体成员的变动情况，向保险人提出调整被保险人名单，替换、增加或者减少被保险人。实践中，健康保险合同条款通常规定，生存保险金的受益人为被保险人本人，保险人不接受其他生存保险金受益人的指定。

2. 等待期（观察期）

所谓等待期，在我国称为观察期，又称免责期，是指保险合同生效后，保险人根据合同约定不承担保险责任的一段期间。健康保险的保险合同在"保险金的申请和给付"条款中一般都要加上"等待时间"的约定，时间长短不一，短的只有三五天，长的可达 90 日。保险合同中通常规定，"被保险人自患病之日起，直到约定的等待期间届满以前，不能从保险人处获得任何给付"。

应当区分两类不同的等待期：一是特定期间免责的等待期，保险人在此等待期内免责，但对等待期后的保险事故须承担保险责任；二是特定事项免责的等待期，被保险人在此等待期内遭受特定保险事故的，保险人不但不承担等待期内的保险责任，也不承担因该特定保险事故发生而导致的超出等待期的保险责任。

 ## 案例分析

重大疾病的认定[1]

一、案情

2006 年 11 月 11 日，张某在某保险公司投保了重大疾病保险，保险金额为 5 万元，投保人、被保险人均为张某。2007 年 11 月 12 日—12 月 3 日，张某因病住院治疗，经诊断为脑炎。张某出院后，将病历等相关资料送至保险公司，以投保一年后患有保险合同约定的疾病为由要求保险公司给付重大疾病保险金 5 万元。保险公司认为原告所患疾病较轻，未达到保险合同及关于重大疾病保险的疾病定义使用规范中规定的疾病标准，拒绝支付保险金。张某

---

[1] 中国保险行业协会. 保险诉讼典型案例年度报告（第一辑）. 北京：法律出版社，2009：123.

遂向法院提起诉讼。

一审法院认为，原告已依约缴足第一年的保险费，且宽限期 2007 年 11 月 12 日因患脑炎住院治疗，经本市二院诊断患脑炎，显属第二年内初次患合同中约定的病种，故对被告主张发病期在第一年度内，应按第一年度内给付标准赔付保险金的辩称不予采纳。双方对脑炎病条款明确：指因脑实质的炎症引起的至少持续 6 星期的神经系统异常出现永久性神经系统损害，其诊断须经被告认可的医院的神经科或内科感染医师确认。而原告经治疗脑炎出院后 2007 年 12 月 1 日所做的报告单仍显示右顶叶局限性信号异常，符合脑炎表现，在 2008 年 5 月戈矶山医院的门诊就诊仍有麻木表象，足以认定原告至少持续 6 星期的神经系统异常，该结果符合合同约定的脑炎，且经享有等级的芜湖市第二人民医院确诊应予以认定，故对被告主张的原告所患脑炎较轻，未达到合同所约定的程度且未确诊的主张不予采纳；对被告主张原告所患脑炎程度不符合中国保险行业协会于 2007 年 4 月颁布的关于重大疾病保险险种所涉及疾病定义规范，但该规范产生于原被告所签合同之后，故不能作为本案双方争议的重大疾病关于脑炎所患程度的释义。判决如下：被告在判决书生效后 10 日内给付原告保险金 5 万元，本案诉讼费 1 050 元由被告承担。

被告不服判决上诉称：① 一审法院认定主要事实不清，适用法律错误，被上诉人患有轻微脑炎病治愈出院，无头疼肢体麻木等症状，不符合理赔规定；② 一审法院以被上诉人提供的一份 2008 年 5 月戈矶山医院门诊病历，认定上诉人有麻木表象，认定被上诉人持续有精神系统异常，符合合同理赔条款，未尊重事实，且该证据作为证据使用未加盖医院公章，其真实性无法得到验证；③ 一审法院对"健康天使重大疾病保险"理解错误，请求依法予以撤销。

二审法院维持原判。

二、评析

疾病保险是指以保险合同约定的疾病的发生为给付保险金条件的保险。疾病保险的保险金给付与具体医疗费用支出没有直接关系。重大疾病保险是目前市场上最常见的疾病保险。重大疾病保险是当被保险人在保险期间内发生保险合同中约定的疾病、达到约定的疾病状态或实施了约定的手术时给付保险金的健康保险产品。重大疾病保险的根本目的是为病情严重、花费巨大的疾病治疗提供经济支持。

本案主要涉及以下两个问题。

1. 对保险合同存在不同解释的认定

旧《保险法》第31条规定："对于保险合同的条款，保险人与投保人、被保险人或者受益人有争议时，人民法院或者仲裁机关应当作出有利于被保险人的解释。"由于该条文对如何适用不利解释原则规定得比较模糊，在司法实践中，一旦对条款理解出现问题，法院往往会直接作出不利于保险公司的判决。

新《保险法》第30条规定："采用保险人提供的格式条款订立的保险合同，保险人与投保人、被保险人或者受益人有争议时，应当按照通常理解予以解释。对合同条款有两种以上解释的，人民法院或者仲裁机关应当作出有利于被保险人和受益人的解释。"该条文明确了对于格式条款发生争议时应首先按照通常理解予以解释，按照通常理解仍有两种以上解释的，才作出有利于被保险人和受益人的解释。这一规定在处理在处理条款争议纠纷中对保险人较为公平。它确定了通常解释在先、不利解释在后原则，避免了司法实践中普遍存在的保险合同条款一有争议就使用不利解释原则的局面。

2. 脑炎的认定新旧标准的适用问题

中国保险行业协会关于脑炎及后遗症的规定比较明确，具有可操作性。中国保险行业协会实施重大疾病定义规范，其本意也在于明确疾病认定标准，保护被保险人的合法权益。但是原告与保险公司的保险合同已经成立并且正在履行，保险公司应当按照保险合同的规定承担保险责任。

本 章 小 结

健康保险合同又称为疾病保险合同，是指投保人和保险人约定，在被保险人发生疾病或者生育以及因此致残、死亡时，保险人依约向被保险人或者受益人给付保险金的合同。健康保险的内容十分广泛而复杂，一般情况下，凡不属于人寿保险、人身意外伤害保险的人身保险都可以归为健康保险。健康保险不仅承保被保险人的疾病以及分娩危险，而且承保因被保险人的疾病或者分娩所造成的伤残、死亡风险，从而构成综合性人身保险合同。

本章的重点是：健康保险的概念和特征

本章的难点是：健康保险与人寿保险的区别

关键词语：健康保险　　重大疾病保险

思考题

1. 简述健康保险合同的概念与特征。
2. 简述健康保险合同与人寿保险合同的区别。
3. 健康保险合同的分类是什么？
4. 健康保险合同的主要内容是什么？

第 11 章

意外伤害保险合同

11.1 意外伤害保险的可保危险

意外伤害保险承保的人身危险是意外伤害，但并非一切意外伤害都是保险人所能承保的。一般而言，按照保险人的承保能力，可以将意外伤害划分为不可保意外伤害、特约保意外伤害和一般可保意外伤害三种。

一般可保意外伤害即通常所说的保险人的承保条件，将在下一节详细论述。这里先简述一下前两种意外伤害。

11.1.1 不可保意外伤害

不可保意外伤害一般是指因违反法律规定或违反社会公共利益的行为而引发的意外伤害，这种危险保险人一般都不予理睬。

1. 被保险人在过失或故意犯罪活动中受到的意外伤害

（1）保险只为合法行为提供保障，唯有如此，保险合同才具有法律效力。一切犯罪行为都是违法的，因此在犯罪活动中所受到的意外伤害不应得到保险保障。

（2）犯罪活动具有社会危害性质，如果为犯罪活动中的意外伤害提供保险保障，就等于间接地支持这些不法行为，既违反社会公共利益，也不利于社会的安定。

2. 被保险人在寻衅斗殴中受到的意外伤害

寻衅斗殴是故意制造事端挑起斗殴，虽然不一定构成犯罪，但也具有一定的社会危害性，不利于社会的安定，属于违法行为，同样不能承保。但值得注意的是，在受到他人不法侵害时，被保险人正当防卫中所受的意外伤害是正义行为所致，应当予以承保。

3. 被保险人在醉酒、吸食或注射毒品后发生的意外伤害

被保险人在醉酒、吸食或注射毒品后，因为神志不清、过度兴奋或产生幻觉而发生的跌打损伤、失足落水、交通事故等伤害，虽然属于意外伤害，但是属于违法行为或不道德的行为，甚至在大多数国家是不法行为，因此不予以承保。

对于不可保意外伤害，在保险条款中应明确列示在除外责任里。

11.1.2　特约保意外伤害

特约保意外伤害就是按照保险原理是可以承保的，但保险人出于保险责任区分的考虑、承保能力的限制或盈利的需要一般不予承保，只有经过双方的特别约定，在另加保费或其他条件下才准予承保的意外伤害。其一般包括以下内容。

（1）战争等使参战、非参战的被保险人遭受的意外伤害，被保险人在从事登山、跳伞、滑雪、江河漂流、赛车、拳击、摔跤等剧烈的体育活动、竞技性体育比赛或特别冒险活动中遭受的意外伤害。

（2）由于核爆炸等大的灾难引发的核辐射而造成的意外伤害。

（3）由医生误诊、药剂师错发药品、检查中忽略了潜伏病痛、手术中错误切除等医疗事故造成的意外伤害等。

这些意外伤害或者发生概率远远高于一般水平，或者对于不同的被保险人发生概率有较大的差异，因此出于经营稳定的需要，基于对被保险人保险费负担公平合理的考虑，保险公司一般是不予承保的。但是，可以通过特别约定，使之由除外责任转为可保危险。

11.2　意外伤害的构成要件

意外伤害是由意外和伤害两部分构成的，缺一不可，具体来说应具备以下几个要件。

11.2.1　意外伤害必须是被保险人身体上的伤害

伤害，这里特指身体受到侵害造成损坏、创伤的客观事实，与精神上或心灵上的创伤没有关系。意外伤害保险的承保条件首先要求有身体伤害事实存在，而且这种伤害必须是发生在被保险人身上。被保险人是否受到伤害，可以通过指定医院的证明或是保险公司的工作人员的查验来确定。伤害一般由致害物、侵害对象和侵害事实三个要素构成。

1. 致害物

致害物是直接造成伤害的物体（物质），是导致伤害的物质基础，没有致害物存在，就不可能构成伤害。意外伤害保险强调致害物是外来的，即在发生伤害以前存在于被保险人身体之外的物质，与在被保险人身体内部形成的内生疾病截然不同。

按照致害物的不同，可以将伤害划分为以下几种。

（1）器械伤害，指因使用机械设备、机动车辆、劳动工具、建筑材料、凶器等造成的被保险人身体损伤。

（2）自然伤害，指自然环境或自然灾害对人体的伤害，如气温剧变、过低气压、强光曝晒、暴风雨、洪水、雷电等造成的伤害。

（3）化学伤害，指各种酸、碱、有毒气体、有毒液体等化工产品或化学药品、化学武器对人体体表、四肢、神经系统等的损坏。

（4）生物伤害，指由于野兽侵袭、花粉过敏等对人体造成的伤害，或是由其他生物，如蚊虫、家畜等引起的对人类身体的侵害。

2. 侵害对象

侵害对象是致害物侵害的客体，在意外伤害保险中当然是指被保险人的身体。

任何伤害都必然导致被保险人身体的一个或若干个具体部位受到损伤，如扭脚、闪腰、骨折等，否则就不构成伤害。如果不是被保险人受到伤害，而是被保险人作为加害者去促使第三人受到伤害，意外险保险人不因此对第三人负任何保险给付的责任，当然被保险人也无权领取保险金。

如果受伤害的不是被保险人的身体，而是姓名权、肖像权、名誉权、荣誉权、著作权等与人身相联系的权利，不认为构成保险意义上的伤害。意外伤害保险所承保的伤害必须是发生在被保险人生理上的、身体上的，而不是精神上的、权利上的侵害。

3. 侵害事实

侵害事实就是要求致害物以一定的方式破坏性地接触、作用于被保险人身体的客观事实。也就是要求必须存在致害物对侵害对象以一定方式侵害的客观过程，这个过程要求致害物通过侵害方式直接接触被保险人的身体，而且是具有破坏性及损伤结果的接触，任何主观臆想或推测都不能构成伤害。对于被保险人突然死亡、原因不明又未进行科学解剖等判定死因之前，都不能证实是意外伤害致死，因此也就不能纳入保险责任而履行死亡给付义务。

4. 侵害方式

意外伤害的侵害方式有：碰撞（包括固定物体撞人、运动物体撞人、人与人之间互撞）；撞击（包括落下物撞击、飞来物撞击）；坠落（包括由高处坠落到地上，由平地坠落到井、坑洞里）；跌倒；坍塌；淹溺；灼烫；火灾；辐射；爆炸；中毒（包括吸入有毒气体、皮肤吸收有毒物质、有毒物质进入体内）；触电；接触（包括接触高低温环境、接触高低温物体）；掩埋；倾覆。

11.2.2 意外伤害必须是由外界原因、意外事故所致的伤害

意外伤害必须是由外界原因和意外事故所致的伤害这两个条件构成，缺一不可。

1. 必须是由外界原因引起的伤害

外界原因引发伤害是相对于内部疾病而言的，意外伤害保险与健康保险的主要区别也正

在于此。但是事实上，很多疾病先是由外界环境诱发的，如空气污染造成的呼吸道感染，居住环境缺碘而引发甲状腺肿大等。少数伤害也存在所谓的潜伏期，如剧烈的碰撞使得内脏或头部受伤，当时没有任何过度不适的反应，但实质上已造成脑震荡或内脏位置偏离，在以后的某个时候脑震荡后遗症会突然发作或是由此引起内脏功能失调等，这些都使得外来伤害与内生疾病的界限趋于模糊。这就要求保险公司对特种伤害或是特殊疾病在保险单中都要单独列示，以便于赔付工作的顺利进行，从而避免争执的发生。

2. 必须是由意外事故引起的伤害

所谓"意外"，其实有以下两层含义。

1）被保险人事先对伤害的发生没有预见到，因此也就无法躲避

（1）伤害的发生是被保险人事先不能预见或无法预见的，如走在路上被身后突然奔来的惊马撞伤。被保险人事先不能预见到马路上会有惊马，也没有想到惊马会撞伤自己，他仅仅是按照日常的习惯走在路上却因突然发生的事件而造成人身伤害，这种情况理当称为意外。再如，一架正常航行的飞机因机械失灵坠毁发生空难，这种结果违背乘客乘坐飞机的主观愿望，也不是乘客在搭乘飞机时能够预见的，故属于意外事件。

（2）伤害的发生是被保险人本可以预见的，但由于疏忽大意而没有预见到，如在停电时未切断电源就开始动手修理线路。被保险人用电方面的知识足以使他预见到"一旦恢复供电，自己就有触电的危险"，但根据以往的经验认为需要较长时间才会恢复供电而未切断电源，结果突然恢复供电造成被保险人触电受伤甚至死亡。这种情况下被保险人所受伤害也被认为是意外伤害，属于意外险承保范围。

（3）一般来说，这种被保险人事先没有预见的伤害应该是偶然性事件或是突发性事件。偶然性是相对于必然性而言的。在通常情况下不会发生的事件称为偶然性事件，正因为通常情况下不发生，所以才无法预见。对于必然性事件，被保险人应该能够预见，而且可以防备，不属于意外事件。如被保险人在城市中被狂犬咬伤和被蚊虫叮咬就是两种不同性质的事件，在城市中被疯狗咬伤一般是少见的、偶然发生的事件，被保险人事先无法预见，属于意外伤害；而在一定地区、一定季节被蚊虫叮咬几乎是必然发生的事件，被保险人理应预见到，因而不属于意外事件。又如某地区夏季持续高温，中暑事件经常发生，那么就算不得什么意外；但是如果某地区本来是避暑胜地，但这一年气温与历年同期气温相比有明显差异，过高的气温导致了被保险人中暑，因为第二种情况是被保险人根据一般常识无法预见的偶然事件，所以后者属于意外伤害。突然性是相对于缓慢发生的事件而言的。伤害是在短时间里骤然发生的剧烈行为，使得被保险人来不及预见就已经遭受了伤害事实。例如爆炸、飞机失事、空中坠落物等引起的人身伤亡均属于意外。如果是在较长时间里缓慢发生，如长期接触汞逐渐发生汞中毒、长期接触粉尘慢慢地发生尘肺，这些都是被保险人可以预见的，一般不认为属于意外伤害。

2）被保险人虽然已经预见到伤害，但伤害仍然违背被保险人的主观意愿而最终发生

（1）被保险人预见到伤害即将发生时，在技术上已不能采取措施避免。如出海捕鱼的

渔船，在海上突遇暴风雨袭击，船员虽然明知渔船无法抵御大的风雨，倾覆必然使自己遭受淹溺之苦，但在附近没有避风港、船上没有足够的救生设备，又无法通过无线电呼叫救援船只的情况下，没有办法采取有效措施避免使自己落入海中。这时预见到伤害的发生对于被保险人回避伤害没有任何裨益，当然也属于意外伤害保险承保范围。

（2）被保险人预见到伤害的发生，在技术上也可以采取措施避免，但限于法律上或职责上的要求不能躲避或是出于道德、公共利益的原因甘冒风险。如民警遇到歹徒持械抢劫，如果回避当然可以避免伤害，但是民警肩负同一切违法犯罪行为坚决作斗争的职责，需要挺身而出将歹徒依法逮捕。因此，民警与歹徒搏斗中所受伤害应属于意外伤害。又如路过起火的居民住宅，本来与自己毫无利害关系，又没有法律上的规定或职责上的要求，只要绕行就可以免遭伤害，但听到火中有婴儿啼哭，出于道义冲入火海，救出被困的大人、孩子，又协助灭火，自己却不幸被火烧伤。这种为集体利益、他人生命而甘冒风险遭受的伤害，视为意外伤害，纳入保险责任之中。

11.2.3　意外伤害必须是死亡、残疾或医疗费用支出的直接原因

意外伤害必须是死亡、残废或医疗费用支出的直接原因或近因，这也是构成意外险保险责任的一个必要条件。

（1）意外伤害是直接原因，即意外伤害事故直接造成被保险人死亡、残废或就医治疗增加额外开支。如雪天路滑，被保险人不小心摔倒导致骨折，不得不住院治疗增加了住院费、外科手术费等项支出。又如被保险人乘坐的飞机因天气骤变坠毁造成被保险人意外死亡等。当意外伤害直接导致死亡、残废、受伤治疗等结果时，保险人应依约定给付死亡保险金、残废保险金或医疗保险金。

（2）意外伤害虽然不是导致死亡、残废、就医等的直接原因，却是引发这一结果的一连串相关事件的最初原因。如被保险人被狂犬咬伤后患狂犬病死亡。在这里，狂犬咬伤是意外伤害，但并未直接导致被保险人死亡，被保险人死亡的直接原因是疾病（狂犬病属于疾病）。由于被狂犬咬伤这一意外伤害是引起被保险人患狂犬病的最初原因，其间又无其他独立因素介入，因此意外伤害是被保险人死亡的近因，意外险保险人要承担死亡保险金给付义务。

（3）意外伤害是诱因。意外伤害诱发被保险人原有的疾病发作、恶化，造成被保险人死亡、残废或就医治疗。如被保险人原患血液病，受轻微外伤后血流不止致死。又如，某被保险人患冠心病，乘车中因颠簸诱发心肌梗死而死亡。这里的外伤、颠簸都可以认为是意外伤害，但是这样的意外伤害对健康的人而言所能造成的侵害后果微乎其微，真正造成被保险人死亡的是原患疾病，意外伤害只是诱因。一般在这种情况下，意外险保险人不是按照保险金额和被保险人的最终后果给付保险金，而是比照身体健康者遭受此种意外伤害可能产生的后果进行给付。

11. 2. 4 意外伤害必须是非故意诱发的伤害

故意伤害自己、有意诱发意外或是用保险有效期以外的意外伤害来欺骗保险人，这些行为显然都是有违"最大诚信原则"的，也不符合保险制度的一般规定。保险人一旦发现了事实真相，在证据充分的情况下，就有权单方面解除合同，也不必履行给付保险金的义务。

1. 故意自我伤害、故意诱发意外伤害不保

故意自我伤害是指被保险人故意使自己的身体遭受伤害，如自残、自虐行为，这不符合意外伤害的定义，因此也不属于意外伤害的承保范围。故意诱发意外伤害是指伤害的最终发生是由于被保险人的主观意识、主动行为的诱发或推动，如故意穿得很少在冬季进行户外活动引起冻伤。虽然表面上与意外伤害没有什么区别，但这种伤害与意外伤害中的"与被保险人主观意愿相违背"的规定不符，因此也不宜列入保险责任中，大多在除外责任列示。

故意分为积极故意和消极故意两种。积极故意指被保险人明知自己的行为会使自己的身体受到伤害，同时希望受到伤害，从而积极采取措施造成自我伤害。常见的有自杀、自伤身体等。消极故意是指被保险人已经预见到自己将会受到伤害，而且完全来得及采取措施避免，但由于其主观上希望自己遭受伤害而不采取措施避免，任其发生而终于导致伤害的发生，如被保险人遇到汽车迎面驶来而不躲避。无论是积极故意还是消极故意，都是在被保险人神志清醒、有独立思考能力、有行为意识的情况下，因主观上希望伤害发生而造成自我伤害或是故意诱发外来伤害的发生。

被保险人故意使自己受到伤害，与被保险人已经预见到伤害即将发生，但由于法律上的规定或职责上的要求不能躲避，或是为了抢救集体财产、他人生命而甘冒风险，性质上是完全不同的。对于前者，被保险人主观上希望伤害发生，即伤害的最终发生并不违背其主观意愿，所以不能视为意外伤害。对于后者，被保险人并不希望自己受到伤害，只是出于责任或出于道义而没有躲避伤害的发生，这已经违背了其主观意愿，属于意外，因此可以承保。

2. 保险期限内的非故意诱发的意外伤害都属于保险责任之内

保险期限是在保险合同中明确约定的保险效力起始、终止的日期。如果被保险人在保险期限开始以前曾遭受意外伤害或其他对身体健康的不利影响，却在保险期限以内死亡、残废或发生医疗费用支出的，不构成意外险保险人的保险责任。对于那些在保险期限内遭受伤害，却在保险期限之后死亡、残废或发生医疗费用支出的被保险人，保险公司的一般做法是在合同中规定一个责任期限，即从可保意外伤害发生之日开始的一段时间里（如 90 天、180 天、1 年等），如果发生了死亡、残废等保险事故的，意外险保险人仍然承担保险责任。

总之，意外伤害具有外来性、突发性、不可预见性和非本意的特点。

11.3　意外伤害保险合同的分类

11.3.1　普通意外伤害保险合同和特种意外伤害保险合同

按被保险人的范围分类，意外伤害保险合同可以分为普通意外伤害保险合同和特种意外伤害保险合同。

（1）普通意外伤害保险，又称为一般意外伤害保险，是适用于被保险人为单个自然人的一种意外伤害保险。此类保险是指个人为被保险人而在保险期间内发生意外伤害事故，保险人依照约定，向被保险人或者受益人给付保险金的保险。普通伤害保险一般为短期保险，保险期间为1年或者低于1年。普通意外伤害保险的给付，包括因为伤害致死的死亡保险金给付和因为伤害致残的残废保险金给付；经保险合同当事人的协议，普通意外伤害保险可以附加医疗保险金给付。

（2）特种意外伤害保险，通常为某种特殊需要或特种危险而承保，保险期限一般较短，多是一年以下的短期或某一事项的过程。特种意外伤害保险合同的保险范围仅限于特种原因或特定地点所造成的伤害，主要包括旅游意外伤害保险合同、交通事故意外伤害保险合同和电梯乘客意外伤害保险合同等。

11.3.2　团体人身意外伤害保险合同和个人人身意外伤害保险合同

按投保人的范围分类，意外伤害保险合同可以分为团体人身意外伤害保险合同和个人人身意外伤害保险合同。

（1）团体人身意外伤害保险合同，是指以同属一团体的多个自然人成员为被保险人的人身意外伤害保险合同。团体人身意外伤害保险与普通人身意外伤害保险并没有本质上的区别，保险人对于被保险人在保险期间发生的意外伤害事故，依照保险合同的约定承担给付保险金的责任。但是，订立团体人身意外伤害保险合同，可以简化单个订立意外伤害保险合同的手续，减轻投保人的保险费负担。团体人身意外伤害保险一般期限一年，期满可申请续保。保险金额根据投保单位支付保费能力而定，一般要以每千元为单位进行增减变化。保险金额一旦确定，中途不得变更。我国的保险实务普遍开办有团体人身意外伤害保险。

（2）个人人身意外伤害保险合同，是指公民本人投保或由有关单位（公共游乐场所、旅馆、饭店等）代为办理的人身意外伤害保险合同。

11.3.3　自愿性意外伤害保险合同和强制性意外伤害保险合同

按实施方式来划分，意外伤害保险合同又可以分为自愿性意外伤害保险合同和强制性意外伤害保险合同。

（1）自愿性意外伤害保险合同的适用依据是双方当事人的独立意思表示，是否投保由投保人自行决定，是否承保也取决于保险人的意愿。

（2）强制性意外伤害保险合同的适用依据则是有关法律法规的规定，是否投保或承保不取决于当事人的自愿，必须签订相应的意外伤害保险合同。

11.4　意外伤害保险与相关制度的比较

11.4.1　意外伤害保险与人寿保险的比较

1. 意外伤害保险与人寿保险的联系

1）在保险合同主体方面

二者的投保人和被保险人可以是同一个人，也可以不是同一个人，两者都可指定受益人。

2）在保险标的方面

二者都是以人的生命和身体作为保险标的的险种。

3）在保额约定和保险金给付方面

由于生命和身体是无法用货币衡量的，所以二者的保险金额都不是由保险标的的价值确定的，也不存在超额投保或不足额投保等问题。二者都是采用定额保险的形式，即在投保时，由投保人和保险人约定一个数额，作为保险金额，当保险事故发生时，由保险人依照保险金额承担给付责任。

2. 意外伤害保险与人寿保险的区别

1）保险事故不同

人寿保险是以人的生存或死亡为保险事故，事故发生时，保险人负有给付一定金额的义务。至于伤害保险，则以身体伤害为保险事故，被保险人因伤害所致残废或死亡，保险人虽仍负其责任，但其残废或死亡之原因，系出于伤害，并非直接以死亡为其保险事故。

2）可保危险不同

对于死亡保险而言，不管是疾病的原因，还是身体功能的衰竭，抑或是外来灾祸的侵害等原因，只要发生死亡的结果，保险人都负给付保险金的义务；而意外伤害保险，仅限于因意外伤害而死亡或者伤残，保险人才负给付之责任。

3）保险费交付方式不同

意外伤害保险的保险费，以一次交付为原则；至于人寿保险的保险费，多采用平均保险费数次交付为原则，投保人每次交付的保险费数额相等。由于意外伤害保险的保险费率与被保险人的年龄、健康状况关系不大，保险费不会随年龄的增长而有大的变化，所以从投保人的角度而言，考虑到货币的时间价值，也出于经济负担能力的原因，宁可每年续保一次，也不愿一次性支付长时期的较大金额的保险费。

4）保险期间不同

人寿保险保险期间较长；意外险的保险期间则短，一般不超过1年，最多3年或5年。

5）保险金额给付不同

人寿保险是纯粹的定额给付保险，即当保险事故发生时，不问有无损失或损失程度，都按约定金额给付；意外伤害保险中，死亡保险金按约定金额给付，残废保险金按保险金额的一定百分比支付，医疗保险金按实际支付医疗费进行补偿。

11.4.2 意外伤害保险与人身伤害责任保险的比较

意外伤害保险与人身伤害责任保险在字面上颇有相似之处，又都是以发生人身伤亡事故为条件给付保险金或赔款的保险业务，但实质上却有很大的不同。人身伤害责任保险是指承保因投保人造成他人人身伤害而引起的民事赔偿责任的责任保险，即当由于投保人的疏忽、过失造成他人人身伤害，依照法律或合同的规定应由投保人对他人承担民事赔偿责任时，保险人补偿投保人由此造成的损失。具体来讲，意外伤害保险与人身伤害责任保险的区别主要表现在以下几个方面。

（1）合同主体不同。意外伤害保险合同的投保人和被保险人可以是同一主体，也可以是两个不同的主体。投保人可以是自然人或法人，被保险人只能是自然人，需要指定受益人。然而人身伤害责任保险的投保人和被保险人必须是同一主体——法人或自然人，无须指定受益人。这种保险所承保的实质是被保险人对他人的施害，即被保险人是有可能造成他人人身伤害的人。

（2）保障对象不同。意外伤害保险保障的是在意外伤害中的受害人，与施害人无关。由第三方责任造成伤害的被保险人在领取保险金后，仍然可以要求施害人承担民事赔偿责任。人身伤害责任保险的保障对象从广义上讲，既包括作为施害人的被保险人，也包括受害人（第三方）。第一，被保险人投保此项责任保险后，对受害人应承担的民事赔偿责任可以由保险人代为承担，被保险人本人因此可避免损失；第二，受害人通过保险人履行保险义务而得到赔偿，避免了因施害人无力承担经济赔偿责任而导致受害人索赔不果。

（3）保险标的不同。意外伤害保险的保险标的是被保险人的生命或身体，人身伤害责任保险的保险标的是被保险人对他人的民事赔偿责任。

（4）保险责任不同。对于意外伤害保险，只要被保险人在有效期内遭受意外伤害导致死亡、残废等，就构成保险责任，保险人要依约给付保险金。人身伤害责任保险中，只有依据法律或合同的规定，被保险人应对受害人承担民事赔偿责任时，才构成保险责任，由保险人支付责任保险赔款。这就是说，即使意外伤害事实存在，但并非被保险人的民事责任，如是不可抗力、受害人自己的过失行为造成的伤害，那就不属于责任保险范围，而是意外伤害保险的责任内容。

（5）保险金额的确定不同。意外伤害保险要事先规定保险金额，这是被保险人或受益人从保险公司所能领取保险金的最高限额。人身伤害责任保险合同既可以规定保额，也可以不做规定，即保额无限。在后一种情况下，被保险人对受害人的民事赔偿责任可以全部由保险人承担，而规定了限额时，保险人只承担不超过保额的那部分民事赔偿责任，其余部分由被保险人自行负担。

（6）赔偿方式不同。意外伤害保险仍然是定额给付方式，不问被保险人实际损失多少，按照合同中约定金额或比率给付保险金。人身伤害责任保险是补偿性保险，保险人只在保额限度以内补偿被保险人（施害人）的实际付出（损失），即施害人应对受害人负多大赔偿责任，保险人就支付多少赔款（以保额为最高限）。由于受害人不是人身伤害责任保险合同的当事人，所以对其的赔偿责任不由保险合同规定，而要由法律或施害人、受害人双方协商确定。这在《民法通则》等法律文件中都有规定。此外，受害人的索赔金额并不以施害人的保额为限，凡是保险人保险责任范围之外的赔偿责任，由施害人自己进行处理。

 案例分析

正确理解意外伤害的含义❶

一、案情简介

2003 年 1 月 5 日，甲趁乙（甲的情人）的丈夫外出工作不在家之机，来到乙家与其约会，没想到乙的丈夫在这时却回家来了。甲为了不让乙的丈夫发现，当即选择从三楼窗口跳下离开，结果被摔死。经查，甲的单位曾为职工统一购买了人身意外伤害保险，保险金额为 5 万元人民币。甲妻于是以受益人的身份，向保险公司提出索赔，但遭到保险公司的拒绝。甲妻向法院提起诉讼，请求法院判决保险公司给付保险金 5 万元。

二、对本案的不同意见

甲妻认为，根据现场勘察可以看出，其丈夫的本意是想从三楼跳到二楼平台，然后再由二楼平台跳到地面，但是当甲跳到二楼平台时，没有站稳，摔到地上，头先着地而死，应属意外，属于保险公司的承保范围，应该赔偿。

保险公司认为，在保险合同中对"意外"有一个很明确的解释：意外事故是指突然的、外来的、非本意的、非疾病的伤害事故，这四点必须同时具备才能符合意外伤害的赔付条件。甲是从三楼的窗口往下跳致死的，是他主观自愿的，是故意的，不符合保险条款中"非本意"这一点。由于事故的发生不是意外，所以保险公司不应赔付。

法院审理认为，甲与保险公司签订的是人身意外伤害保险合同。根据双方签订的保险条款，甲的行为不属于保险事故，因此，保险公司拒绝赔偿符合法律规定。

三、本案评析

本案涉及意外伤害保险合同的构成要素以及近因原则的运用问题。

意外伤害保险，是人身保险制度的一种。它是指在保险效力期间内，被保险人由于外来的、突发的、剧烈的意外事故而造成身体的伤害，并致使被保险人死亡、残废或需就医治

---

❶ 王卫国，凌湄. 正确理解意外伤害的含义. 保险研究，2005（2）.

疗，由保险人按照合同规定给付死亡保险金、残废保险金或医疗保险金的一种保险。要深入理解意外伤害保险，首先必须掌握意外伤害的内涵。

意外伤害是指在被保险人没有预见到或与意愿相左的情况下，突然发生的外来侵害对被保险人的身体明显、剧烈地造成损伤的客观事实。意外伤害的构成包括意外和伤害两个必要条件，缺一不可。所谓伤害，是指被保险人身体遭受外来事故的侵害发生了损失、损伤的客观事实；所谓意外，是指被保险人主观上没有预见到会发生致伤的事故或是虽然预见到灾害的发生，但由于各种约束、限制不得不接受与自己本来的主观意愿——回避外来侵害相反的现实结果。意外伤害强调两个方面，仅有主观上的意外而无伤害的客观事实，有惊无险，不能构成意外伤害；反之，有伤害的客观事实发生而无主观上的意外支持，只能是"必然伤害"或是"故意伤害"，与所说的"意外伤害"仍有差距。因此，在表述意外伤害的含义时必须同时反映主观和客观两个方面，避免理解上的偏差和实际工作中的失误。

意外伤害保险合同的特征如下。

1. 伤害必须是对人体的伤害

在意外伤害保险合同中，意外伤害对象是被保险人的身体。这里的身体，是指人的天然躯体。意外伤害所伤害的是人的天然躯体，如撞车折断手臂、操纵机械损伤右脚等。人工装置以代替人体功能的假肢、假眼、假牙等，不是人身天然躯体的组成部分，不能作为意外伤害保险合同的保险对象。

2. 伤害是意外事故所致

所谓意外事故，是指外来的剧烈的突然发生的事故。只有同时具备非本意、外来、偶然性和突然性四个条件，才能构成保险事故。

（1）非本意是指意外事件的发生非被保险人的主观愿望，也不是被保险人所能预见的。例如，一架正常航行的飞机因机械失灵坠毁发生空难，这种结果违背乘客乘坐飞机的主观愿望，也不是乘客在搭乘飞机时能够预见的，故属于意外事件。特别是有些意外事件，尽管本人能够预见到事件将要发生，也可以采取防范措施加以避免，但基于法律的规范或恪守职业道德的要求而不能躲避。例如，一家银行的员工面对持刀抢钱的歹徒为保护国家财产挺身与歹徒搏斗受伤，仍属于意外事件导致的伤害。非本意一词是就当事人的心理状态而言的，而人的内心世界微妙复杂、瞬息万变，这也是纠纷中争论最炽热的一个焦点。所谓本意，应理解为两个方面：一是当事人希望某一事件的发生，或追求某一目的的达成；二是当事人预见到或应当预见到某一结果的发生，仍然放任、不去阻止此种结果的发生。前者可视为当事人对损失结果的主动行为而少有争议，对后者的确定标准则多有口角。有专家认为，当事人应当预见损失后果而因疏忽大意、过于轻信而未能预见的，仍应排除在意外事故范围之外。

（2）外来是指伤害纯系由被保险人人身外部的因素作用所致。如被保险人因交通事故致伤、不慎落水致死、遭雷击而致残、蛇咬而致死以及煤气中毒等即是。如果伤害由自身疾病而引起，如因贫血而跌倒致伤，则不属意外事故，而为健康原因。

（3）偶然性是相对于必然性而言的。在通常情况下不会发生的事件称为偶然性事件，正因为通常情况下不发生，所以才无法预见。必然性事件或几乎是必然的事件，被保险人就应该能够预见，而且可以防备，不属于意外事件。

（4）突然性是指事件的发生对被保险人来讲来不及预防，即指事件发生的原因和结果之间仅具有直接瞬间的关系。例如爆炸、飞机失事、空中坠落物等引起的人身伤亡均属于意外。但在生产劳动中发生的铅中毒和矽肺，尽管也属于非本意、外来的因素所造成的，但由于上述两种情况均属于长期接触有毒物质而形成的职业病，结果与原因之间不具有瞬时联系，故不属于意外事件。

3. 伤害是非故意诱发的

意外伤害保险中强调所承保的意外伤害是偶然的、突然发生的意外事件，是被保险人主观上不曾预见或违背其主观意愿而发生的身体上的伤害事实。其实质是要杜绝被保险人故意伤害自己、有意诱发意外或是用保险有效期以外的意外伤害来欺骗保险人的行为发生。

所谓近因原则，是指通过判断风险事故与保险标的损害之间的因果关系，从而确定保险赔偿责任或给付责任的一项基本原则。近因是指在风险和损害之间，导致损害发生的最直接、最有效、起决定作用的原因，而不一定是指时间上或空间上最近的原因。

结合本案，依据保险法近因原则，甲死亡的直接原因是跳楼，结合当时的情况，甲跳楼离开并不是唯一的选择，不符合意外伤害中的非本意和外来性的特征。此外，甲作为具有完全民事行为能力人，应当预见到从三楼跳下的严重后果，虽然甲的本意不想死，但在本案中，他的行为是一种故意行为，不符合意外伤害保险合同的意外的含义，因此保险公司拒绝赔偿是合理合法的。

如果被保险人居住的三层楼房失火，火从二楼向楼上蔓延，被保险人迫不得已从侧边窗户跳下去，造成残疾，是否属于意外伤害的承保范围呢？在特殊的情况下，被保险人为了自身利益必须作出某种行为，亦构成意外伤害。上述造成被保险人残废的事故，是被保险人故意跳楼造成的，但被保险人故意跳楼是出于当时形势所迫，在别无选择的情况下采取的求生行为。就其真实意愿来说，是非本意的，也属于不可抗拒的情况造成的，应属于意外事故，保险人应承担意外伤害保险责任，而不能以故意行为或自杀行为为由，拒绝承担意外伤害保险责任。

那么，这两者之间有什么区别呢？区分标准有两点：一是看跳楼是否是唯一的选择；二是看伤害发生的时间、地点、状态是否是一种正常的生活、学习、工作、娱乐状态。本案中，甲到乙家约会，约会地点不属于正常的生活、工作、娱乐场所。

在本案中，保险公司是否把道德层面的因素考虑进去了？这是原告方一直怀疑的问题。公序良俗是民法的基本原则。保险法是民法的特别法，民法的基本原则对保险法是适用的。依据法理，如果特别法中没有具体规定，那么可以引用一般法中的基本原则判案。但结合本案，由于意外伤害保险对承保范围规定得很具体、很明确，所以无须引用基本原则。

综上所述，法院的判决是正确的。

本 章 小 结

意外伤害保险承保的人身危险是意外伤害，但并非一切意外伤害都是保险人所能承保的。一般而言，按照保险人的承保能力，可以将意外伤害划分为不可保意外伤害、特约保意外伤害和一般可保意外伤害三种。不可保意外伤害一般是指因违反法律规定或违反社会公共利益的行为而引发的意外伤害，这种危险保险人一般都不予理睬。特约保意外伤害就是按照保险原理是可以承保的，但保险人出于保险责任区分的考虑、承保能力的限制或盈利的需要一般不予承保，只有经过双方的特别约定，在另加保费或其他条件下才准予承保的意外伤害。

本章的重点是：意外伤害保险的可保危险；意外伤害保险的构成要件

本章的难点是：如何认定"意外"

关键词语：意外伤害保险　不可保意外伤害　特约保意外伤害

思考题

1. 意外伤害保险的构成要件是什么？
2. 意外伤害保险的可保危险有哪些？

第 12 章

财产保险合同概述

本章导读

12.1　财产保险合同的特征与种类
12.2　财产保险合同的主要内容
12.3　保险代位权
12.4　重复保险

12.1　财产保险合同的特征与种类

12.1.1　财产保险合同的概念与特征

1. 财产保险合同的概念

财产保险是以财产及其有关利益为保险标的的保险。[❶] 投保人和保险人由此订立的合同为财产保险合同。

财产保险是保险法律规定的基本保险合同种类之一，除具有一般保险合同的共同特征外，还具有自己的一些特点。在保险活动中有许多准则既适用于财产保险合同亦适用于人身保险合同。如它们都是最大诚信合同，都必须要求投保人对保险标的应当具有保险利益，都要求合同双方当事人履行诚实信用原则，如实告知保险有关内容等。但是，因为它们的保险标的不同从而延伸出各种差异，不论在合同条款、危险性质、保险计算的依据、合同有效期间、准备金的提取、资金性质、债权债务关系乃至保险公司破产后合同效力的持续等方面都有明显的区别。因此，有必要通过了解其差异，进一步理解财产保险的特殊性。

2. 财产保险合同的特征

财产保险合同的特征可以通过与人身保险合同进行对比体现出来。具体地讲，财产保

---

❶ 《保险法》第 12 条。

合同与人身保险合同主要的不同点表现以下几个方面。

1）标的不同

财产保险合同的标的是财产及其相关利益，包括有形的动产与不动产。其价值可以根据生产成本、市场价格、重置价值等来确定，在遭遇危险事故时可以价值来估算其损失责任。

人身保险的保险标的是人的生命和身体。生命价值不同于财产价值。人的生命价值是无法衡量的，不能像财产保险那样可以根据财产价值来确定其保险金额，亦不能以此来判断其为超额保险或不足额保险，在发生保险事故时，也无法通过价值来衡量其损失大小。

同时，财产保险合同以财产及其有关利益作为其标的，决定了这种保险标的可以随其所有权的转移而转移。根据《保险法》第49条的规定，保险标的转让的，保险标的的受让人承继被保险人的权利和义务。保险标的转让的，被保险人或者受让人应当及时通知保险人。财产保险合同的这一特征在人身保险合同中是不存在的。

2）保险利益的不同

财产保险对保险利益有明确的规定：其一，财产保险合同强调"保险事故发生时，被保险人对保险标的不具有保险利益的，不得向保险人请求赔偿保险金"（《保险法》第48条）；其二，保险利益不能超出保险标的的实际价值，超出部分因无保险利益而无效。因为财产保险的目的是补偿财产所有人或管理人遭受的损失。

作为人身保险合同标的的生命和身体是无价的，因而其对保险利益没有量的规定。当然，在特殊情况下亦可能有量的规定，如债权人对债务人的保险利益仅以其债权金额为限。此外，保险利益是有效订立人身保险合同的前提，也是维持合同持续有效并且作为保险人支付赔款的条件。❶ 人身保险合同只要求投保人在投保时对保险标的具有保险利益，保险期间即使保险利益发生变化也可不影响合同效力，在发生保险事故时，虽然已不存在保险利益，保险人仍要给付保险金。

3）合同的性质不同

财产保险合同是典型的补偿性保险合同，保险并不是保证不发生危险，而是对危险所造成的损失给予经济补偿。所以，它的直接目的是以赔偿保险标的的损失来补偿被保险人，因此必须严格贯彻、适用损害填补原则。

具体而言：其一，无损失即无保险，只有当保险标的遭遇保险合同中规定的危险，使被保险人遭受实际损失时，保险人才承担经济补偿责任；其二，补偿要以实际损失与保险金额为限，从这个意义上说，财产保险不能成为任何人牟利的工具；其三，补偿方法主要是支付货币。因为财产可以确切用货币来估价，其损失状况也可用价值计算予以补偿，因此危险事故所导致的损失，必须在经济上能够计算价值，否则保险的补偿难以实现。

人身保险合同通常是定额给付性，一般不适用损失补偿原则，在保险事故发生时要依据约定给付金额支付保险金。不过在医疗保险中，由于医疗费用可以确切计算，因此在订立合

---

❶ 《保险法》第31条第三款规定：订立合同时，投保人对被保险人不具有保险利益的，合同无效。

同时，既可采用定额给付方式，也可以采用损失补偿方式。

4）保险价值的规定不同

保险标的的实际价值即保险价值，财产保险合同是根据承保财产的价值确定保险金额的。保险价值是判断不足额保险、足额保险、超额保险和重复保险的标准。财产保险合同的保险金额不得超过保险价值，超过保险价值的部分无效。在有形财产保险中可事先确定保险价值，以作为双方约定保险金额的基础，在此情形下投保人与保险人约定的保险金额不得超过保险价值，这是保险人赔付保险金额的最高限额，也是投保人对保险标的实际投保的金额。在无形财产保险中，由于保险标的是无形的利益，保险价值无法事先约定，而由双方在保险事故发生后估定，此时，若保险金额超过保险价值的，超过的部分也归于无效。

人身保险没有此规定。

5）代位追偿的适用不同

若第三人对于被保险人发生的损失应当负损害赔偿责任，被保险人请求保险金给付后，仍向该第三人请求损害赔偿，将获得超过其保险标的的保险价值的利益，这与填补损害原则不符。所以，财产保险合同广泛适用或者约定保险代位权。被保险人对于因第三者的法律责任造成保险财产的损失，或者向负有法律责任的第三者追偿，或者从保险人那里得到保险赔偿，不能两者兼得。

我国《保险法》第 60 条规定："因第三者对保险标的的损害而造成保险事故的，保险人自向被保险人赔偿保险金之日起，在赔偿金额范围内代位行使被保险人对第三者请求赔偿的权利。前款规定的保险事故发生后，被保险人已经从第三者取得损害赔偿的，保险人赔偿保险金时，可以相应扣减被保险人从第三者已取得的赔偿金额。"

人身保险不存在代位追偿问题，如果发生第三者侵权行为导致的人身伤害，被保险人可以获得多方面的赔偿而无须权益转让，保险人也无权代位追偿。"被保险人因第三者的行为而发生死亡、伤残或者疾病等保险事故的，保险人向被保险人或者受益人给付保险金后，不享有向第三者追偿的权利，但被保险人或者受益人仍有权向第三者请求赔偿"。❶

6）保险期限不同

财产保险合同一般都是短期性的，因为财产保险合同所承保的财产都具有使用价值和交换价值，这就决定了其在市场经济中的流动性。因此，财产保险合同通常以一年为限，或者以更短的经济活动过程来确定保险责任期限，如一段旅途。财产保险合同到期后，经双方当事人协商一致可以续保。同时，财产保险合同的保险费中一般亦没有储蓄因素。

人身保险大都是长期性保险，可能会从几年到几十年不等，由于保险费计算是实现当年收支平衡，而是在年度间调节，因而具有储蓄性。

---

❶ 《保险法》第 46 条。

12.1.2 财产保险合同的种类

在财产保险发展的初期，主要以风险发生的范围来进行保险合同分类，即海上保险合同、陆上保险合同。随后又出现按风险事故的内容或性质划分财产保险合同，如火灾保险合同、洪水保险合同和地震保险合同。在现代保险业发展阶段，财产保险业务的设计和开发必须面对范围广泛的物质财产及其有关利益的保障问题，于是，又出现了按照保险标的区分财产保险合同，如机动车辆保险合同、出口信用保险合同、产品责任保险合同等。

《保险法》第95条规定了保险公司的业务范围：财产保险业务，包括财产损失保险、责任保险、信用保险、保证保险等保险业务；《海商法》中还专章规定了"海上保险"。可见，我国法律首先以"风险的发生范围"为标准划分为陆上保险和海上保险两类合同，又以保险标的及其风险性质为标准，将陆上保险合同分为财产损失保险、责任保险、信用保证和保证保险等合同类型。

对财产保险合同的分类，也是对财产保险的分类，通常有很多分法。由于进行分类的不同需要，以及对保险的不同划分标准，财产保险合同的种类可谓林林总总，很难全面列举。下面将主要的几种财产保险合同做一下列举。

1. 按照保险合同标分类❶

1）财产损失保险合同

财产损失保险合同是指以补偿各种有形财产的损失及有形财产损失所引起的间接损失为目的的保险合同。其标的是以特定的物质形式存在并能以一定的货币价值尺度衡量的财产。财产损失是指某一财产的毁损、灭失所导致的财产价值的减少或丧失，包括直接物质损失以及因采取施救措施等引起的必要、合理的费用支出。随着我国保险事业的发展，财产损失保险合同的种类在不断增加，主要有：普通财产保险合同（包括企业财产保险合同、家庭财产保险合同、涉外财产保险合同）、运输保险合同（包括运输工具保险合同和货物运输保险合同）、工程保险合同（包括建筑工程保险合同、安装工程保险合同、机器损坏保险合同）。

2）责任保险合同

责任保险是指以被保险人对第三者依法应负的赔偿责任为保险标的的保险。❷责任保险合同，即由投保人与保险人约定，当被保险人因承保范围内的行为应当向第三人承担民事赔偿责任时由保险人赔偿。这种保险以第三者请求被保险人赔偿为保险事故，以被保险人向第三者应赔偿的损失价值为实际损失。责任保险包括的范围十分广泛，从内容上看，主要包括产品责任保险合同、公众责任保险合同（其主要种类又有承运人责任保险合同、承包人责任保险合同、个人责任保险合同等）、雇主责任保险合同、职业责任保险合同（如医师职业责任保险合同，律师职业责任保险合同，注册会计师职业责任保险合同，保险代理人、保险

---

❶ 详见本书后面相关章节。
❷ 《保险法》第65条第四款。

经纪人责任保险合同等)。

3) 信用保险合同

信用保险是以信用交易中债务人的信用作为保险标的,在债务人未能如约履行债务清偿义务而使债权人遭受经济损失时,由保险人向债权人提供风险保障的一种保险。按保险标的性质的不同,可以将信用保险分为商业信用保险、银行信用保险和国家信用保险。按保险标的所处地理位置的不同,可以将信用保险分为进口信用保险和出口信用保险。

4) 保证保险合同

保证保险合同是指由商品交易活动的债务人向保险人投保并交纳保险费,而保险人则以债权人作为被保险人向其提供保险保障,当债务人不履行债务或雇员的欺诈行为给债权人或雇主造成经济损失时由保险人负责赔偿的一种财产保险合同。

保证保险合同是为保证合同债务的履行而订立的合同,具有担保合同性质。保证保险法律关系的当事人为保险人(保险公司)、权利人(债权人、受益人)、投保人(合同的债务人、被保证保险人)。❶ 投保人以与自己订立合同的相对人为被保险人,就自己对该相对人应当承担的合同责任为保险标的投保保证保险的,保险事故发生后,保险人应当按照保证保险合同的约定向被保险人承担保险赔偿责任。保险人承担保险赔偿责任后,有权按照合同的约定向投保人追偿。❷

2. 其他分类

1) 以订立财产保险合同的意愿为标准分类

以订立财产保险合同的意愿为标准,财产保险合同可以分为自愿财产保险合同和强制财产保险合同。

(1) 自愿财产保险,是指合同当事人双方在意思自治原则的基础上订立财产保险合同的保险。对于自愿财产保险来说,任何一方均不得把自己的意志强加给对方,任何单位或个人不得非法干预保险行为。大部分财产保险都属于自愿财产保险。

(2) 强制财产保险,又称法定财产保险,是指根据国家法律和行政法规的规定必须参加的保险。强制保险通常是指对危险范围较广、影响公众利益较大、与人民群众生活密切相关,以颁布法律、法规的形式实施的保险,如机动车交通事故责任强制保险(简称"交强险")。

2) 以保险价值是否在保险合同中约定为标准分类

以保险价值是否在保险合同中约定为标准,财产保险合同可以分为定值保险合同和不定值保险合同。

3) 以保险金额与保险价值的关系为标准分类

以保险金额与保险价值的关系为标准,财产保险合同可以分为足额保险合同、不足额保险合同和超额保险合同。

---

❶ 《最高人民法院关于审理保险纠纷案件若干问题的解释(征求意见稿)》第 34 条。
❷ 《最高人民法院关于审理保险纠纷案件若干问题的解释(送审稿)》,第 17 条。

4） 以保险标的是否特定为标准分类

以保险标的是否特定为标准，财产保险合同可以分为特定保险合同和总括保险合同。

（1） 特定保险合同，是指保险标的的特定化的保险合同。此种保险合同在财产保险和人身保险中均适用，如以特定的财产或物作为保险标的的保险合同，或以特定人的身体和寿命作为保险标的的保险合同等均属于特定保险合同。

（2） 总括保险合同，是指以可变动的多数人或物的集体作为保险标的的保险合同。如企业以其全部财产投保，保险人对财产的类别以及坐落的地点不加区分，而是以财产的总价额来确定承担保险责任的限度，在此种情况下订立的保险合同就属于总括保险合同。

12.2　财产保险合同的主要内容

《保险法》第 19 条规定了保险合同的主要内容，而财产保险合同的主要内容是通过条款表现出来的。2005 年 11 月 3 日，中国保监会主席办公会审议通过的《财产保险公司保险条款和保险费率管理办法》明确要求保险机构拟定保险条款和保险费率，应当具备下列条件：结构清晰、文字准确、表述严谨、通俗易懂；要素完整，不失公平，不侵害被保险人的合法权益，不损害社会公众利益；符合法律、行政法规和中国保监会的有关规定；保险费率厘定合理，不危及保险公司的偿付能力或者妨碍市场公平竞争；中国保监会规定的其他条件。❶ 保险公司拟定保险条款和保险费率，应当加强管理，防范风险。保险公司应当积极推进保险条款和保险费率的通俗化、标准化。❷

这里着重就财产保险合同的主要条款内容加以介绍。

12.2.1　保险标的

1. 标的的种类

保险标的是财产保险合同的首要条款，因为它是投保人需求保障的对象，又是保险人同意承担责任的目标，也是确定保险条件和保险金额、计算保险费率和赔款标准的根据。明确保险标的有助于确定财产保险的种类，判断投保人是否具有保险利益，选择适用的保险条款和保险费率。❸ 财产保险标的的种类十分广泛，从《保险法》第 12 条第三款 "财产保险是以财产及其有关利益为保险标的的保险" 可以看出，财产保险合同的标的有两种：一是有形财产；二是与财产有关的 "利益"。而且随着科学技术的发展和社会的进步，保险标的呈现出日益扩大的趋势。

1） 学者们对 "财产" 的理解不尽一致。有学者认为："财产即以一定的物质形式存在

❶ 《财产保险公司保险条款和保险费率管理办法》第 6 条。该办法自 2006 年 1 月 1 日起施行。
❷ 《财产保险公司保险条款和保险费率管理办法》第 7 条。
❸ 黎建飞. 保险法的理论与实践. 北京：中国法制出版社，2005：243.

的有形物质财富，并能以一定的价值尺度进行衡量的财产。"❶ 另有学者认为：财产保险所
保财产一般包括有形的物质财产和无形的非物质财产。❷ 第一种观点是狭义上的财产，第二
种观点是一种广义上的财产。按照第二种观点，财产还应当包括著作权、专利权、商标权及
原产地等无形财产表现出来的知识产权和工业产权，但结合我国的保险实务，目前，这类无
形财产在无特别约定的情形下，一般不会成为保险标的。所以，这里的财产应当是狭义的财
产，也就是一切可以以价值尺度衡量的动产和不动产。这里的财产应当具有下列要件：
① 必须是合法的财产或利益，即无论投保财产是投保人个人所有，还是与他人共有，或接
受委托的财产，它应当为投保人所有或有权经营管理权的财产；② 应当能够量化，即可以
用金钱来衡量，这样，保险人才能履行给付义务；③ 必须与被保险人存在保险利益；④ 必
须经保险人同意承保。

　　2）有关利益包括现有利益、期待利益和消极利益。❸ 现有利益是基于现实存在的财产
和权利所产生的利益。期待利益是基于现有利益产生的预期利益：一是因现有利益而产生的
期待利益。如农民基于目前已播种而对未来的收获可能取得的利益，可作为农业保险合同的
保险标的；货物的托运人对货物到达目的地后应得的利润、收入可作为运输货物保险合同的
保险标的。二是因合同而产生的利益。如卖方出售货物后，对方及时支付货款而取得的利
益，可作为信用保险合同的保险标的。消极利益是基于责任而产生的不利益，指免除由于事
故的发生而增加的额外支出，又称"不受损失"的利益。如由于被保险人的行为以致他人
的财物或人身受到损害时，为承担赔偿责任需支付的费用，可作为责任保险合同的保险
标的。

2. 标的的坐落地点（或运输工具及航程）

　　投保单上要写明保险财产的坐落地点。我国企业财产保险一般只要求写明单位地址，但
如果财产分散在不同地点，特别是部分财产坐落在危险地带，如容易遭受洪灾的江河岸边，
应予以注明。国内货物运输保险除要求写明货物名称外，还要求写明运输工具名称、运输路
线等。机动车辆保险则要写明车辆型号、牌照号码、吨位或座位、用途等。

12.2.2　保险价值与保险金额

1. 保险价值

1）保险价值的含义

　　保险价值是财产保险合同的特有概念。保险价值是指保险标的的实际价值，即投保人对
保险标的所享有保险利益用货币估定的价值额。《保险法》第55条第一款和第二款规定：
"投保人和保险人约定保险标的的保险价值并在合同中载明的，保险标的发生损失时，以约

---

❶ 黄华明．风险与保险．北京：中国法制出版社，2002：181.
❷ 唐运祥．保险代理理论与实务．北京：中国社会科学出版社，2000：148.
❸ 王卫国．保险法．北京：中国财政经济出版社，2009：232.

定的保险价值为赔偿计算标准。投保人和保险人未约定保险标的的保险价值的，保险标的发生损失时，以保险事故发生时保险标的的实际价值为赔偿计算标准。"可见，保险价值在保险合同有定值和不定值的区分。财产保险合同大多数采用不定值保险合同。

2）保险价值的确定方式

确定保险标的的保险价值的传统做法是，保险标的能以市价估计的，按市价估价；不能以市价估计的，可以由当事人双方约定其价值。应该说，以市价估计保险价值比较客观，但有些保险标的（如古玩等），因难以确定市价，只能由当事人双方约定其保险价值，法律为确定当事人的利益起见，承认当事人约定有效，即所谓约定的保险价值。这样可以确定当事人的权利与义务，并避免事后发生争议和纠纷。"当事人根据保险法第 55 条的规定，在合同中约定了保险价值与保险金额的，保险人以约定的保险价值高于保险标的的实际价值为由不承担或者少承担保险责任的，人民法院不予支持。" ❶ "投保人和保险人约定保险标的的保险价值并在合同中载明的，保险标的发生损失时，以约定的保险价值为赔偿计算标准。" ❷

但应注意：市场发生变动时，保险标的的保险价值，如果以市价为准，可能因各种有关因素的变动而变动。如在保险合同存续期间内，保险标的的市场价格跌落，若一旦保险事故发生，保险人如仍以订约时之市价为标准，而计算其补偿金额，显然与损失补偿原则不符。所以，保险人补偿的保险金额，不应超过保险标的在保险事故发生时价值之总额。❸ "投保人和保险人未约定保险标的的保险价值的，保险标的发生损失时，以保险事故发生时保险标的的实际价值为赔偿计算标准。" ❹ "当事人在合同中没有约定保险价值的，保险标的的实际价值按照保险合同订立地的市场价格确定。没有市场价格的，依评估价格确定。" ❺

2. 保险金额

财产保险金额是保险事故发生时保险人承担赔偿责任的最高限额，也是计算保险费的依据。保险标的的保险价值，可以由投保人和保险人约定并在合同中载明，也可以按照保险事故发生时的实际价值确定。因此，根据保险金额与保险财产实际价值的关系，一般可将保险金额分为三种情况即足额保险、不足额保险和超额保险。

（1）足额保险，又称全额保险或等额保险，即保险金额与保险价值相等，所以足额保险使保险人承担着最高的赔偿责任，又使被保险人的利益取得了圆满的保障。

（2）超额保险，即投保人以高于保险标的保险价值的保险金额投保。《保险法》第 55 条第三款规定："保险金额不得超过保险价值。超过保险价值的，超过部分无效，保险人应当退还相应的保险费。"此规定是保险合同中保险利益原则的重要体现。

---

❶ 《最高人民法院关于审理保险纠纷案件若干问题的解释（送审稿）》第 10 条第一款。

❷ 《保险法》第 55 条第一款。

❸ 例如，在订立火灾保险合同时，其保险标的如汽车的价值为 40 万元，投保人亦向保险人投保 40 万元。至火灾发生时，车价普遍跌落，其价值总额仅 20 万元，则保险人的补偿金额，不能按照原定 40 万元计算，而应重新估定。

❹ 《保险法》第 55 条第二款。

❺ 《最高人民法院关于审理保险纠纷案件若干问题的解释（送审稿）》第 10 条第二款。

（3）不足额保险，又称低额保险，这种情形或是由于订约时只以保险标的价值的一部分投保所致或是由于保险合同订立后保险标的的价值上涨而发生。由于保险金额少于保险价值，保险财产的实际价值与保险金额的差额部分只能由被保险人负担。不足额保险不会导致合同无效的法律后果，但不论其是何种原因所致，当发生保险事故时，只能得到部分赔偿。《保险法》第 55 条第四款规定："保险金额低于保险价值的，除合同另有约定外，保险人按照保险金额与保险价值的比例承担赔偿保险金的责任。"

3. 保险金额与保险价值的关系❶

在财产保险合同中，保险金额与保险价值均与保险标的有关，都用货币表现，而且在多数情况下两者金额应当相同。但它们是不同的概念，存在着明显区别。

（1）保险价值是保险标的本身的价值，是发生保险事故时确定实际损失的基础；而保险金额是保险事故发生后保险人赔付的最高限额。

（2）保险价值与保险金额都用货币来表现其金额量，但比较它们的大小，其关系可分为三种，即保险金额与保险价值相等、保险金额超过保险价值、保险金额少于保险价值。

（3）保险金额是所有保险合同均须约定并载明的内容（责任保险合同中称"赔偿限额"），但保险价值是以有形财产为保险标的的财产保险合同才可能约定和载明的。

（4）保险价值可以在订立合同时约定，也可以在事故发生后确定；而保险金额则必须在订立保险合同时确定。

12.2.3　保险责任与责任免除

保险责任与责任免除是保险合同中的核心条款。

1. 保险责任

保险责任是指保险人按照财产保险合同的约定，对于保险事故造成保险标的的损失进行赔偿的义务，它也是被保险人为此而享受的权利。由于各种财产保险合同的内容不同，一般在保险条款中保险责任表现为基本责任和特约责任。

1）基本责任条款

基本责任是指在财产保险合同中载明的保险人承担的风险责任，主要规定承保哪些致损原因、财产和损失等。保险人应承担保险责任的范围主要包括以下三大类。

（1）因不可抗力的自然灾害所造成的损失。如雷电、暴风、暴雨、龙卷风、洪水、海啸、地震、地陷、崖崩、雪灾、雹灾、冰凌、泥石流等自然现象所造成的损失，保险人均负赔偿责任，但是否构成上述自然灾害，应以气象、地质等专业部门的标准为准。

（2）因不可预见的意外事故所造成的损失。意外事故是指损害结果的发生，不是行为人出于故意或过失，而是由于不能抗拒或者不能预见的原因所引起的事故。其包括火灾、爆炸、空中运行物体的坠落；被保险人的供电、供水、供气设备因上述自然灾害或意外事故遭

---

❶ 路琴，马颖.保险法规.北京：高等教育出版社，2003：73.

受损失引起停电、停水、停气，以致被保险人的机器设备、产品和储藏品的损坏或报废等，保险人均负责赔偿。不过，保险人的赔偿责任是这些灾害事故引起的直接损失，一般不包括间接损失。

（3）为防止灾害损失的扩大、抢救保险财产而采取必要的措施所发生的合理费用的支出。

2）特约责任条款

特约责任又称为附加责任或者扩展责任。为了更好地满足日益多元化的市场经济的需要，经投保人和保险人协商，保险人在基本条款的基础上可扩展保险责任范围，即将基本责任以外的事故附加一定条件予以承保的赔偿责任。对于这种扩展或增加的责任，习惯上是用加贴条款的办法来处理。例如家庭财产保险合同可附加盗窃保险；企业财产保险可附加"露堆财产特约条款"。

2. 责任免除

1）除外责任条款

在财产保险合同中，由于险种的不同，对保险人的责任免除条款的规定也不尽一致，但一般规定，保险人的除外责任包括下列情形。

（1）战争、军事行动或暴乱。

（2）地震以及核辐射或污染。由于地震风险的特殊性，近年来，国内保险公司已普遍将地震作为除外责任，只有在少数情况下，经中国保监会批准，才能以扩展责任的方式承保。[1]

（3）被保险人的故意行为。被保险人的故意行为是指道德危险，是恶意行为。但是不能说，所有的被保险人的故意行为都是恶意行为，从而属于除外责任，例如在海上保险中，共同海损责任就是一种故意行为，但经投保人要求，共同海损可列入海上保险责任范围。

（4）由保险标的遭受保险事故引起的各种间接损失以及财产本身缺陷导致的自然磨损与正常消耗。

2）限制责任条款

保险人在承保一般危险责任时，针对某种保险标的的特殊情况，作出特殊限制责任的规定。例如，在美国火灾保险中，动物、草坪、树木、水下和地下桩基、户外招牌等一般属于不保财产；如果危险大量增加，或者建筑物未被占用超过 60 天，保险人可中止保险或拒绝赔偿损失。[2] 又如，海洋运输货物保险中，对运抵某些地区的货运保险加贴"码头检验条款"。其内容是："本保险承保的偷窃、短少损失，以被保险货物到达最后卸货港卸至码头货棚时为止。如在上述地点发现损失，必须向本保险单所指定的检验、理赔代理人申请检

❶ 李玉泉. 保险法. 北京：法律出版社，2003：199.

❷ 许谨良. 财产保险原理与实务. 2 版. 上海：上海财经大学出版社，2004：23.

验，确定损失。被保险货物在此以后所遭受的偷窃、短少的损失，本保险不负赔偿责任。本保险单原有的责任起讫的规定应作相应的修正。"

12.2.4　保险期限

保险期限是指保险责任的起讫期间，即保险合同的有效期限。在该期限内发生保险事故的，保险人应当给付保险金。保险期限的计算直接关系到保险合同当事人的切身利益，甚至是判断保险责任归属的关键。财产保险合同的保险期间和保险责任的开始时间由双方当事人在合同中约定，不能擅自变更。

保险期限通常有两种约定方式。

（1）以年、月、日为计算标准。我国的保险条款通常规定，保险合同的保险期限从合同生效之日起零时计算，至合同终止之日24时结束。财产保险合同的保险期限一般为一年，合同期满之后可以再续。

（2）以某个事件的存续期间为计算标准。保险合同的有效期是以特定的事件的开始日为始期，以该事件的结束日为终期。例如，如工程险的整个工程的施工期；货物运输保险以一个航程为保险期限。

这些期限起始日的计算，根据我国《民法通则》第154条的规定，民法所称的期间按照公历年、月、日、小时计算。规定按照小时计算期间的，从规定时开始计算。规定按照日、月、年计算期间的，开始的当天不算入，从下一天开始计算。期间的最后一天是星期日或者其他法定休假日的，以休假日的次日为期间的最后一天。期间的最后一天的截止时间为24点，有业务时间的，到停止业务活动的时间截止。《民法通则》第155条规定，民法所称的"以上"、"以下"、"以内"、"届满"，包括本数；所称的"不满"、"以外"，不包括本数。在保险合同中，无论是法定的期间还是约定的期间，其起始日和截止日均应依据上述规定解释适用。

12.2.5　其他条款

1. 承保险别

有些财产保险单承保的险别不同，如美国的火灾保险单有指定险和一切险之分，我国海洋运输货物保险有平安险、水渍险和一切险之分，我国国内货物运输保险有基本险和综合险之分，因此投保人应根据需要填报要保险别，险别不同，费率也不同。

2. 保险费率与保险费

保险费率是计算保险费的依据，保险费的缴付是保险合同成立的要件，也是被保险人的义务，如不按期缴付，属于违约行为，保险人有权解除保险合同。财产保险的保险费一般是按年缴付，但考虑到有些投保单位应缴保险费数额大，所以我国允许企业分期缴付企业财产保险费。

3. 保证条款

保证条款是关于被保险人保证在财产保险期间应予遵守的规定。例如，投保仓储险时，附加"不准堆存特别危险品条款"，这是被保险人应予保证的。又如，日本的财产保险单中有多种保证条款（保证书），兹仅举两例。❶

（1）防火门和百叶窗保证书。保证：所有防火门和百叶窗，除工作时间外都要关闭，并保持有效工作状态。

（2）过夜安全保证书。保证：被保险人拥有或使用的任何车辆或拖车，在晚上9点至早上6点之间无人照管时，应把它们开进安全加锁的车库，或者停放在安全加锁处可连续监视下的全封闭院落或有围栏场地内。

4. 特别说明条款

特别说明条款是对一种特殊情况作特别说明的条款。例如，在承保银行的抵押品时，如被保险人要求指定某银行优先受益时，须附加特别说明条款："兹经通知，本保险单所承保之财产过户给某银行，如遇损失时，赔偿权利应优先由过户人享受。"这样，就保护了受押人的权益。在国外的财产保险中，经常附加"抵押条款"。例如，中国香港地区《私用汽车保险单》中规定："如本公司知悉该汽车是被保险人在租购合约或动产抵押契据下所持有的汽车，则任何现金赔付应付给该租购合约所述之车主，或该动产抵押契据上所述之受抵押人。"

12.3 保险代位权

12.3.1 保险代位权概述

1. 保险代位权的概念

保险代位权是指在财产保险合同中，保险标的发生保险事故造成推定全损，或者保险标的由于第三者责任导致保险损失，保险人按照合同的约定履行赔偿责任后，依法取得对保险标的的所有权或对保险标的的损失负有责任的第三者的追偿权。

保险代位原则是损失补偿原则的派生原则，是财产保险合同履行的特有原则。既是财产保险合同补偿性的具体表现，也是对该原则的补充和完善，它是保险人履行了保险赔偿责任后的必然结果，成为财产保险业务中权益转让的主要方式。

2. 保险代位权的功能

1）社会公共利益维护之必需

（1）为了确保损失补偿原则的贯彻执行，防止被保险人额外获利。因为当保险事故是由第三者责任造成时，被保险人有权依据保险合同向保险人请求赔偿，也有权对造成损害的

---

❶ 许谨良. 财产保险原理与实务. 2 版. 上海：上海财经大学出版社，2004：23.

第三者请求赔偿，由于被保险人同时拥有两方面的损害赔偿请求权，如不限制，将使其就同一保险标的的损害获得双重的或者多于保险标的的实际损害的补偿，这不符合损失补偿的原则。

（2）为了维护社会公平的原则，保障公民、法人的合法权益不受侵害。社会公共利益要求致害人应对受害人承担经济赔偿责任，如果致害人因受害人享受保险赔偿而免除赔偿责任，这不仅使得致害人通过受害人与保险人订立保险合同而获益，而且损害保险人的利益。这不符合社会公平的原则，会增加道德风险，也会导致社会秩序的紊乱。

（3）使保险人有能力降低保险费率，保障全体被保险人的利益。❶

2）保险人利益维护之必要

代位求偿是保险实务的一个重要环节，对保险人具有重要的意义。

（1）减少保险基金的支出，提高保险人的经济补偿能力。保险人行使代位求偿权，把已经付出的赔偿金从造成事故的第三者处追偿回来，实际上是降低了赔付率。这样，既壮大了保险基金，也提高了保险公司的经济效益。

（2）拓展责任保险业务。在一般人的观念中，财产保险好像就是为自己的财产投保，却忽略了由于本人的过失而有可能造成他人人身或财产的损害。保险人行使代位求偿权，将保险事故造成的经济损失转由引起事故的第三人承担，有利于提高特定行业的业主和从业人员的风险意识，降低保险事故发生的概率。在保险业务实践中，第三人多数属于对保险标的负有管护责任的人，如货物承运人、车辆保管人等，如果第三人无须对其过错行为承担赔偿责任，就会降低其预防事故发生的责任心，可能导致社会损害事故发生率大幅提高。那么，保险的防灾防损职能不但不能发挥，还可能起到相反的作用。

所以，通过代位追偿，既使得致害人无论如何都应承担损害赔偿责任，也使得保险人可以通过代位追偿从过失方处追回支付的赔偿费用，从而维护保险人的合法权益。❷

3. 保险代位权的适用与类型

保险代位求偿原则适用于财产保险合同，而不适用于人身保险合同。因为人的生命与健康的价值是无法确定的，不存在额外收益问题。

保险代位权一般分为权利代位和物上代位，即代位求偿权和物上代位权。从性质上看，权利代位属于债权的代位权；物上代位是一种物权的代位权。我国《保险法》对代位求偿权和物上代位权分别做了规定。

12.3.2　代位求偿权的成立与行使

1. 代位求偿权的成立要件

根据《保险法》第 60 条的相关规定，代位求偿权的产生必须具备下列条件。

---

❶ 许良根. 保险代位求偿制度研究. 北京：法律出版社，2008：29.
❷ 覃有土. 保险法概论. 2 版. 北京：北京大学出版社，2001：306.

（1）损害事故发生的原因、受损的标的，都属于保险责任范围。只有保险责任范围内的事故造成保险标的损失，保险人才负责赔偿，否则，保险人不承担赔偿责任。受害人只能向有关责任方索赔或自己承担损失，与保险人无关，也就不存在保险人代位求偿的问题。

（2）被保险人对第三人享有赔偿请求权。保险事故的发生是由第三人（法人或自然人）的责任造成的，加害方依法应对被保险人承担民事损害赔偿责任，这样，被保险人才有权向保险人请求赔偿，并在取得保险赔款后将对第三者请求赔偿权转移给保险人，由保险人代位求偿。第三人承担赔偿责任的行为主要有侵权行为、违约行为、不当得利行为和共同海损。

（3）保险人按合同的规定对被保险人履行了赔偿义务。因为代位求偿权是债权的转移，在债权转移之前是被保险人与第三者之间特定的债权债务关系，与保险人没有直接的法律关系。保险人只有依照保险合同的约定向被保险人给付保险赔偿金后，才依法取得对第三者请求赔偿的权利。当然，财产保险合同另有约定时，保险人也可以在保险赔付之前取得代位求偿权。

（4）保险人在代位追偿中享有的权益以其对被保险人赔偿的金额为限。这是由于保险代位权求偿的目的在于防止被保险人取得双重赔偿而获得额外的利益，从而保护保险人的利益。同样，保险人也不能通过行使代位求偿权而获得额外的利益，损害被保险人的利益。

2. 代位求偿权的行使

1）保险人行使代位求偿权的名义

保险人行使代位权是以自己的名义还是以被保险人的名义。各国立法差异很大，有的"应以保险人的名义"，也有的"应以被保险人的名义"，还有的"可以保险人或被保险人的名义"。而国内外学者一直存在着两种对峙的观点。

（1）保险人应当以自己的名义行使代位求偿权。[1] 首先，不管是名义上还是实质上，代位求偿权归根结底是发生了债权移转，根本没有必要再以债权人的名义行使代位求偿权。[2] 其次，在债权转移后，被保险人已丧失对第三人的请求权，要求保险人以被保险人的名义行使代位求偿权，在法理和逻辑上都难以自圆其说。再次，从保险实务角度来看，借用被保险人的名义诉讼也存在诸多掣肘因素及不便之处，而且也会给被保险人增加额外的负担，实际上增加了保险人的诉讼成本，而这种支出是完全没有必要的。

（2）保险人一般应以被保险人的名义行使代位求偿权。[3] 首先，保险代位权对被保险人影响甚大。因为从保险实践来看，在不足额保险或足额保险但非全额赔付的情形下，若允许保险人以自己的名义行使代位权，则其只有权就其补偿的那部分代位权来起诉第三方，而被保险人享有的另一部分权利将与此分割开来。此外，第三人对保险合同的内容及履行全然不知，若要求其向保险人直接履行，则具有极大的盲目性。其次，若满足以下条件，保险人可

---

[1] 王卫国. 保险法. 北京：中国财政经济出版社，2009：250.

[2] 许良根. 保险代位求偿制度研究. 北京：法律出版社，2008：149.

[3] 覃有土，樊启荣. 保险法学. 北京：高等教育出版社，2003：244.

以自己的名义向第三人行使代位权：① 须为足额保险且保险人已全额支付保险补偿金；② 被保险人履行了权益转让手续；③ 第三人已知悉代位权发生的事实。

本书以为，我国《保险法》与《海商法》虽然规定了保险人自向被保险人赔偿之日起，代位行使被保险人对第三者请求赔偿的权利，却尚未明确保险人是以自己的名义还是以被保险人的名义行使代位权。但与之相应，在程序法上，《中华人民共和国海事诉讼特别程序法》第 94 条、95 条及《最高人民法院关于适用〈中华人民共和国海事诉讼特别程序法〉若干问题的解释》第 65 条均明确规定保险人应该在赔付后以自己的名义代位求偿。然而，这些全面具体且操作性强的规定，无法适用于海上保险之外的其他保险。保险实践中，各保险公司往往视具体情况而选择以自己的名义或以被保险人的名义向第三人求偿。如中国平安保险公司《赔偿收据及权益转让书》中规定："立书人同意贵公司以自己或立书人名义向责任方追偿或诉讼。"❶ 因此，《保险法》应当有必要对此问题作出明确规定。

2）代位求偿的金额

既然保险人代位求偿权利的产生是由于已向被保险人支付了赔款，所以保险人代位求偿的金额以其向被保险人支付赔款的金额为限，即保险人只能在已支付赔款的范围内向第三者请求赔偿。具体地说，包括以下三种情况。

（1）当第三者造成保险标的损失时，如果第三者依据相关的法律规定，已经赔偿了被保险人的全部损失，尽管事故属于保险责任范围，但由于被保险人损失已得到弥补，所以保险人可不再支付赔款。既然保险人不支付赔款，也就不产生代位求偿的权利。

（2）由于法律、法规的规定或限于第三者的赔偿能力，第三者只能赔偿被保险人的一部分损失，在这种情况下，保险人支付赔款时，应扣减被保险人已从第三者处获得的赔偿金额。《保险法》第 60 条第二款规定："前款规定的保险事故发生后，被保险人已经从第三者取得损害赔偿的，保险人赔偿保险金时，可以相应扣减被保险人从第三者已取得的赔偿金额。"

（3）保险人的赔偿以保险合同为依据，以保险金额为最高赔偿限额。由于保险合同的约定（如关于免赔额的约定）和保险金额低于保险价值等原因，保险人支付赔款不一定能补偿被保险人的全部损失。在不足额保险的情况下，即使保险人按全损赔偿，并已取得赔偿金额以内的代位求偿权，被保险人仍有权就未取得赔偿部分（保险人赔偿不足部分）的损失向第三者请求赔偿。《保险法》第 60 条第三款规定："保险人依照本条第一款规定行使代位请求赔偿的权利，不影响被保险人就未取得赔偿的部分向第三者请求赔偿的权利。"

3. 行使代位求偿权的限制

保险人支付保险赔款后即依法取得代位追偿权，但由于代位追偿权是被保险人转移其债权的结果，因此，被保险人与第三者之间的债的关系，直接影响保险人能否顺利履行和实现

---

❶ 覃有土，樊启荣．保险法学．北京：高等教育出版社，2003：244.

其代位追偿权。为此,《保险法》作了一定限制。

1) 对被保险人的限制

《保险法》第 61 条规定:"保险事故发生后,保险人未赔偿保险金之前,被保险人放弃对第三者请求赔偿的权利的,保险人不承担赔偿保险金的责任。保险人向被保险人赔偿保险金后,被保险人未经保险人同意放弃对第三者请求赔偿的权利的,该行为无效。被保险人故意或者因重大过失致使保险人不能行使代位请求赔偿的权利的,保险人可以扣减或者要求返还相应的保险金。"

《保险法》规定被保险人有协助保险人行使代位求偿权的义务。第 63 条规定:"保险人向第三者行使代位请求赔偿的权利时,被保险人应当向保险人提供必要的文件和所知道的有关情况。"在财产保险合同的条款中,通常有要求被保险人必须协助保险人向第三者代位求偿的约定。

2) 对保险人的限制

《保险法》第 62 条规定:"除被保险人的家庭成员或者其组成人员故意造成本法第六十条第一款规定的保险事故外,保险人不得对被保险人的家庭成员或者其组成人员行使代位请求赔偿的权利。"

(1) 该限制的原因分析。这是因为被保险人的家庭成员或其组成人员往往与被保险人具有一致的利益,他们的利益得到保护,实质上也就是保护被保险人的利益。家庭成员之间拥有共同财产,保险事故造成被保险人的财产损失,往往就是家庭的共有财产。如果保险人对被保险人先行赔偿,而后向被保险人的家庭成员追偿损失,则无异于向被保险人索还,被保险人的损失将得不到真正的补偿。当被保险人是企事业单位、机关等法人组织时,被保险人的员工在完成本职工作过程中,由于过失造成本单位财产损失,如果保险人向被保险人支付赔款后,再向其员工代位求偿,那么由于员工造成的赔偿责任应由其所在单位承担,实际上被保险人必须返还赔款,从而使保险人的赔偿毫无意义。

(2) 家庭成员或者其组成人员的含义。《意大利民法典》第 1916 条第二款规定:"除有恶意的情况外,如果损害是由子女、养子女、尊亲属、与被保险人共同生活的其他亲属或由姻亲或佣人所致,不发生代位权。"对于家庭成员的范围如何界定,有的学者主张应作广义的解释,应包括配偶和亲等较近的血亲或姻亲而共同生活的人,以及虽非同居但负有法定义务的人,主要有夫妻、父母、子女、祖父母、外祖父母、孙子女、外孙子女、兄弟姐妹等。我国台湾学者桂裕持这种观点。[1] 一般情况下,对个人来说,其家庭成员系指与其户籍在一起或与其共同居住生活的人(一般是近亲属),其他亲属不属于家庭成员。[2]《最高人民法院关于审理保险纠纷案件若干问题的解释(征求意见稿)》第 30 条(保险代位权的相对

---

[1] 许崇苗, 李利. 最新保险法适用与案例精解. 北京: 法律出版社, 2009: 341.

[2] 羊焕发, 吴兆祥. 保险法. 北京: 人民法院出版社, 2000: 159.

人限制）："人民法院在审理案件中，对于被保险人是自然人的，应当依据保险法四十七条❶的规定，认定家庭成员包括被保险人的近亲属和与其共同生活的其他亲属。没有亲属关系但在同一家庭长期共同生活的人视为保险法第四十七条规定的家庭成员。"该解释（送审稿）第十四条："当被保险人是自然人时，保险法第四十七条中的家庭成员包括与被保险人共同生活的人及其他与被保险人有扶养或者赡养关系的人。"对被保险人的组成人员，应作狭义解释，是指为被保险人的利益或接受被保险人的委托或者与被保险人有某种特殊法律关系而进行活动的人，包括被保险人的雇佣人员、合伙人和代理人等❷。对企事业单位来说，其组成人员范围如何，法律无明文规定，有学者认为其范围系包括该企事业单位的所有职工。在实践中，可由保险合同当事人予以约定。❸

12.3.3　物上代位权

1. 物上代位权的概念

物上代位权是指保险人赔付被保险人财产的全部损失后，有直接取得保险标的的所有权的权利。实务中，保险人对损后残值的折抵、变卖以及海上保险所实行的委付等，都是物权代位的表现。

物上代位是指保险标的遭受保险责任范围内的损失，保险人按保险金额全数赔付后，依法取得该项标的的所有权。物上代位通常产生于对保险标的作推定全损的处理。所谓推定全损，是指保险标的遭受保险事故尚未达到完全损毁、灭失的状态，但实际全损已不可避免，或者修复和施救费用将超过保险价值，或者失踪达一定时间，保险人按照全损处理的一种推定性的损失。由于保险标的还有残值或日后可能得到索还，所以保险人在按全损支付保险赔款后，现实取得保险标的所有权，否则被保险人就可能由此而获得额外的利益。❹

2. 物上代位权的取得

保险人取得物上代位中的权益范围，由于保险标的的保障程度不同，保险人在物上代位中所享有的权益也有所不同。《保险法》第 59 条规定："保险事故发生后，保险人已支付了全部保险金额，并且保险金额等于保险价值的，受损保险标的的全部权利归于保险人；保险金额低于保险价值的，保险人按照保险金额与保险价值的比例取得受损保险标的的部分权利。"

对此条款具体分析如下。

（1）在足额保险中，保险人按保险金额支付保险赔偿金后，即取得对保险标的的全部所有权。在这种情形下，由于保险标的的所有权已经转移给保险人，保险人在处理标的物时

---

❶ 现第 62 条。

❷ 许崇苗，李利. 最新保险法适用与案例精解. 北京：法律出版社，2009：341.

❸ 羊焕发，吴兆祥. 保险法. 北京：人民法院出版社，2000：159.

❹ 覃有土，樊启荣. 保险法学. 北京：高等教育出版社，2003：238.

所获得的利益如果超过所支付的赔偿金额，超过的部分归保险人所有。此外，如有对第三者损害赔偿请求权，索赔金额超过其支付的保险赔偿金额，同样归保险人所有，这一点与代位追偿权有所不同。

（2）在不足额保险中，保险人只能按照保险金额与保险价值的比例取得受损标的的部分权利。由于保险标的不可分性，所以保险人在依法取得受损保险标的的部分权利后，通常将该部分权利作价折给被保险人，并在保险赔偿金中作相应的扣除。

12.4 重 复 保 险

损失分摊原则是处理财产保险合同损失赔偿应当遵守的一项重要原则。财产保险标的发生损失，保险公司的赔偿责任应按照保险金额与保险价值的比例来确定。实行损失分摊原则是为了防止投保人获得超倍的赔偿或者几个保险人互相推诿。

12.4.1 重复保险的含义

1. 重复保险的概念

重复保险又称为复保险，是指投保人对同一保险标的、同一保险利益、同一保险事故分别与两个以上保险人订立保险合同，且保险金额总和超过保险价值的保险。●

重复保险的对称是单保险。单保险是指投保人对于任何保险标的或者保险利益、任何保险事故，与一个保险人订立保险合同的行为。重复保险在形式上，表现为两个以上的独立的保险合同。

2. 重复保险与相关概念的区别

1）重复保险不同于共同保险

共同保险简称"共保"，是指由若干保险人共同承保同一保险标的的同一保险责任。当保险金额巨大，一家保险公司无力承保时，可以经若干家保险公司协商一致后，采用共保形式承保。共保相当于投保人与若干保险人同时订立在保险标的、保险利益、保险责任等方面完全相同而保险金额不同的保险合同。

习惯上，如果属于共保性质的保险，均在保险合同中注明共保公司的名称和保险金额。保险事故发生后，由各保险人按各自承保的保险金额的比例分摊损失。被保险人可以向共保的各保险人分别请求赔款，各保险人之间不负连带责任。所以，共保与重复保险是两个不同的概念。

2）重复保险不同于再保险

在再保险中，投保人只与原保险人存在合同关系，与再保险接受人并不存在合同关系，保险事故发生后，被保险人只能向原保险人请求赔偿，并不能向再保险接受人请求赔偿，所

● 《保险法》第 56 条第四款。

以再保险不属于重复保险性质。

3. 重复保险的法律效力

财产保险合同适用补偿原则。在发生重复保险的情形下，保险事故发生后，被保险人可以同时向两个或两个以上保险人请求赔偿。虽然每个保险人支付的赔款未超过被保险人的实际损失，但各保险人支付的赔款总和有可能超过保险标的的实际损失，这就违背了补偿原则。所以，对财产保险合同的重复保险问题有必要进行规制。

根据投保人的主观心理状态的不同，可以将重复保险分为善意重复保险和恶意重复保险。前者是指投保人因估计错误，或者因保险标的价值下跌，使保险金额总和超过保险标的价值，或缔约之后方知晓存在重复保险，且立即向各保险人通知重复保险的有关情况。后者是指投保人为牟取不当利益而订立的保险合同，或者投保人明知重复保险的存在而不为通知，或者为虚假通知。

由于善意重复保险不存在主观上的恶意，而且客观上，善意重复保险还具有增强安全保障的效果，特别是当出现保险人破产或者偿付能力不足的情形，可以防止投保人和被保险人的利益不致落空。❶ 因此，各国法律一般都对其效力予以肯定。

恶意重复保险的投保人企图牟取不当利益，破坏了财产保险中损失补偿原则的宗旨及功能，主观恶性较高。多数国家都对恶意重复保险规定了比较严重的具有惩罚性的法律后果，即各重复保险合同均为无效。如德国《保险契约法》第 59 条第三款规定："要保人意图借由重复保险的订立而获取财产上的不法利益者，以该意图而订立的保险契约无效；保险人于订立保险契约时不知其无效者，保险人可取得于其知悉的保险期间届满时为止的保险费"；意大利《民法典》第 1910 条规定："……如果被保险人对发出通知有恶意懈怠，诸保险人不承担支付保险金的责任……"

我国《保险法》对于重复保险的法律效力，未从当事人主观心理的立场区分善意与恶意，而是笼统地规定为："重复保险的各保险人赔偿保险金的总和不得超过保险价值。除合同另有约定外，各保险人按照其保险金额与保险金额总和的比例承担赔偿保险金的责任。"❷

如此设置，其本身并不合理。应当针对要保人的主观心态，将其明确区分为善意与恶意，从而在法律上赋予不同的法律后果，使重复保险通知义务发挥其应有的功效。如增加规定，"投保人故意不为前款所规定之通知义务的，或意图为不当得利而为重复保险的，除合同另有约定外，第二个保险合同无效"。

当然，如果理性地思考这个问题就会发现。即使出现恶意重复保险，要想让保险公司方面拿出证据证明投保人是恶意也是非常困难的。因为，各个保险公司现在甚至将来的很长一段时间，也不会实行资源共享。也就是说，关于投保人的信息都是保密的，属于公司的商业秘密，不可能透露给别的保险公司。如果这样的话，保险公司的举证就会非常困难。这是一

---

❶ 覃有土，樊启荣．保险法学．北京：高等教育出版社，2003：235.

❷ 《保险法》第 56 条第二款。

个不容忽视的问题。❶

12.4.2 重复保险的构成

根据《保险法》第 56 条第四款的规定，重复保险的构成要素包括以下几个方面。

1. 同一保险标的

只有在以同一标的作为两份或两份以上的保险合同的保险标的时，才可能构成重复保险。如果投保人将两个以上（包括两个）保险标的分别与若干保险人订立保险合同，则不构成重复保险。❷

2. 同一保险利益

所谓同一保险利益，是指投保人或被保险人对同一保险标的所具有的相同特定利害关系。如果就同一保险标的下的不同保险利益订立数个不同的保险合同，则不构成重复保险。❸

3. 同一保险事故

在重复保险中的同一保险事故，一方面，是指数个保险合同中约定的保险事故范围有重合处，唯此种重合之保险事故方为同一保险事故；另一方面，是指在保险事故发生时，所发生的是各保险合同中约定的同一保险事故。只有各个保险合同约定的保险事故是同一保险事故，且其与实际发生的保险事故亦均为同一事故，方构成重复保险的同一保险事故。若各个保险合同中的保险标的与保险利益是同一的，但其约定的保险事故各不相同，则不能构成重复保险。❹

4. 同一保险期间

重复保险至少涉及两份保险合同，只有保险期间有重叠时，才构成重复保险。重叠分为"全部重叠"和"部分重叠"两种。全部重叠指投保人就同一保险标的、同一保险事故、同一保险利益，向不同保险人订立的数个保险合同，其保险的起止时间均相同，此种情形称为"同时重复保险"。❺日本《商法典》第 632 条即为此之规定。部分重叠指投保人就同一保险标的、同一保险利益、同一保险事故同数个保险人订立的数个保险合同，其起讫时间虽非完全相同，但仍有部分相同，此种情形称为"异时重复保险"。须特别注意的

---

❶ 王卫国. 保险法. 北京：中国财政经济出版社，2009：252.

❷ 例如房主甲有平房四合院 10 间，在同一场火灾中损毁。其中北房 5 间有一房产证记载，南房 5 间另有一房产证记载。李某将北房 5 间向 A 保险公司投保火灾险，同时将南房 5 间向 B 保险公司投保火灾险，很显然此案不属于重复保险。

❸ 例如房主甲以其对房屋的所有权利益，将房屋投保火灾保险，而抵押权人乙以其抵押权利益将相同房屋投保火灾保险，虽然保险事故均为火灾，但因保险利益一是基于所有权，第一是基于抵押权，所以不构成重复保险。只有当投保人就同一保险标的的同一保险利益分别与两个或两个以上的保险人订立保险合同时，才能构成重复保险。

❹ 例如房主甲就其房屋分别向 M 保险人投保火灾险，向 N 保险人投保失窃险，向 D 保险人投保地震险，则不是重复保险。

❺ 李建国，曹叠云. 中华人民共和国保险法释义. 北京：人民法院出版社，2002：179.

是，时间上的重叠指"数个保险合同"之"生效期间"的重叠，并非指"成立期间"的重叠。换言之，是否构成重复保险，其判断时点应以"保险事故发生时"为准，而非以投保时点为准。

5. 保险金额总和超过保险价值

如某项财产的保险价值是 10 万元。A 保险人承保的保险金额是 8 万元，B 保险人承保的保险金额是 6 万元，虽然各个合同的保险金额均未超过保险价值，但保险金额总和已超过保险价值。假设保险事故造成的实际损失是 8 万元，那么如果甲保险人赔偿 6.4 万元、乙保险人赔偿 4.8 万元，虽然每个保险人支付的赔款总额并未超过实际损失，但赔款总和已超过实际损失，已违背财产保险合同的补偿原则。在这种情况下，需要对保险事故造成的损失在重复保险的各保险人之间进行分摊。重复保险的保险金额总和超过保险价值的，各保险人的赔偿金额的总和不得超过保险价值。

12.4.3　重复保险的处理

我国《保险法》第 56 条对重复保险的处理作出了相应的规定。

1. 投保人的通知义务

《保险法》第 56 条第一款规定："重复保险的投保人应当将重复保险的有关情况通知各保险人。"重复保险的通知义务，是保险人享有知情权的基础和决定赔偿金额的重要依据。重复保险中投保人的通知义务的意义就在于杜绝投保人恶意利用重复保险，而图谋不当得利。

投保人如果没有履行重复保险的通知义务，其法律后果如何？上述条款仅规定投保人应当将重复保险的有关情况通知各保险人，并未规定违反通知义务的法律后果，不能不说是一个缺憾。如此一来，无论投保人是否履行重复保险通知义务，一旦出险，都能够按比例得到赔偿，毫发无损，《保险法》设置重复保险的通知义务也就变得毫无意义。[1] 因此，有学者建议，我国保险立法应规定："投保人故意不为重复保险通知的，其合同无效。"[2]

2. 重复保险的损失分摊

为了防止投保人获得超额赔款，各国都规定了重复保险的分摊规则。分摊的方式有以下三种。

（1）比例责任制。这种分摊方法是以各保险人所承保的保险金额比例来分摊损失赔偿责任的[3]，即把各家保险公司的保险金额加起来，计算出每家保险公司应分摊的比例，然后按照比例分摊损失金额。当然，各保险人按照比例赔偿的总额不得超过保险标的的价值。

（2）限额责任制。该方法不以保险金额为基础，而是按照各保险人在无他保的情况下，

---

[1] 李玉泉. 保险法学：理论与实务. 高等教育出版社，2007：241.

[2] 覃有土，樊启荣. 保险法学. 高等教育出版社，2003：235.

[3] 用公式表示为：各保险人赔款 =（该保险人的保险金额/所有保险人的保险金额之和）×损失金额。

独自应负的赔款比例来分摊。❶ 系指假定在没有重复保险的情况下，各家保险公司按单独应负的最高赔款限额与各家保险公司应负最高赔偿限额总和的比例分摊责任。

（3）顺序责任制。该方法指各保险人依承保的先后顺序进行分摊，先承保的先赔偿，当赔偿不足时，由其他保险人依次承担不足的部分。❷

《保险法》第56条第二款规定："重复保险的各保险人赔偿保险金的总和不得超过保险价值。除合同另有约定外，各保险人按照其保险金额与保险金额总和的比例承担赔偿保险金的责任。"

3. 保险费的返还请求权

《保险法》第56条第三款规定："重复保险的投保人可以就保险金额总和超过保险价值的部分，请求各保险人按比例返还保险费。"

 ## 案例分析

代位追偿保险赔案引争议❸

一、案情

宋某是某地渔船船东，长年雇佣渔民出海从事捕捞作业。2010年1月，宋某在中国渔业互保协会为船上雇佣的8名渔民全部投保了雇主责任险，每人保额15万元。2010年3月15日，宋某的渔船在海上航行过程中与林某的渔船相撞，导致宋某船上渔民张某和蔡某落海溺水死亡。经主管部门核定，这次碰撞事故中，宋某因驾驶不慎应负30%的责任，林某应负70%的责任。事故发生后，宋某作为雇主，支付渔民张某和蔡某家属死亡赔偿金等总计50万元，其间，林某因资金周转困难，暂时支付宋某赔偿金15万元。宋某在支付死亡渔民家属赔偿金后，即根据在中国渔业互保协会的保单，向中国渔业互保协会提出索赔。

二、问题与争议

中国渔业互保协会在接到索赔后，对如何赔偿、赔偿多少、赔偿的依据，以及该协会在赔偿后是否享有代位追偿权，追偿金额又是多少产生了争议。那么，本案应如何赔偿？中国渔业互保协会又是否可因赔付享有代位追偿权，可代位追偿多少呢？

三、分析

1. 本案中宋某既承担雇主责任，又承担侵权责任，保险机构仅对宋某承担的雇主责任负责赔偿

---

❶ 用公式表示为：各保险人赔款 =（该保险人责任限额/各保险人责任限额总和）×损失金额。

❷ 如三家保险公司同承保一财产，承保额依次为6万元、2万元和4万元，现发生损失10万元，依顺序责任方式，则第一家保险公司赔偿6万元，第二家保险公司赔偿2万元，第三家保险公司赔偿其余2万元。

❸ 中国保险报，2010 - 05 - 04.

本案中，宋某作为死亡渔民张某和蔡某的船东，理应承担全部的雇主责任，因最后为张某和蔡某花费的费用为 50 万元，所以宋某承担 100% 的雇主责任应支付两人总计 50 万元赔款；又因宋某的渔船在碰撞事故中应负 30% 的过错责任，根据法律规定，宋某也应对这 30% 的过错责任负责，承担 30% 的侵权责任。因此，对于死亡渔民张某和蔡某来说，船东宋某和肇事渔船船东林某同样构成了侵权人，应承担侵权责任，各自承担的比例应分别为宋某承担 30% 的侵权责任，林某承担 70% 的侵权责任。

船东宋某在中国渔业互保协会参保的是雇主责任险，根据雇主责任险的含义，保险机构仅在雇员在从事与雇主有关的工作中遭受意外伤害导致伤残或死亡，对雇主应承担的雇主责任在保险金额的范围内给予赔偿；而为了防范道德风险，对雇主因故意和重大过失造成的雇员的伤害是不予赔偿的。根据雇主责任险的含义，本案中保险机构仅对宋某应承担的 100% 雇主责任给予赔偿，而对宋某承担的 30% 的侵权责任，因其不包含在雇主责任险的范围内，因此保险机构是不应给予赔偿的。

此外，雇主责任险为责任险的一种，是一种定额保险，即仅在保险凭证约定的保险金额范围承担赔偿责任，而对超出保险金额的风险和费用，保险机构是不承担赔偿责任的。本案中，因为保险凭证中载明的两个人的保险金额总计为 30 万元，因此保险机构对宋某在本案中所负的 100% 的雇主责任，所赔偿的 50 万元赔款，仅应按保险金额全额支付 30 万元的保险金。对于超出的 20 万元赔款，该风险和费用应由宋某承担和向另一侵权人林某追偿，即投保人并不能因为保险而转嫁所有风险，所转嫁风险的多少由投保的保额决定，对于超出保额的风险，只能由个人承担，这也符合保险中损失补偿原则的要求。

2. 本案中保险机构在向宋某支付赔偿金后，即在支付的赔偿金范围内享有向林某的代位追偿权

代位追偿权常常出现在普通的财产保险中，那么在雇主责任险中是否适用代位追偿，保险机构在赔付时产生了不同的看法。实际上在雇主责任险中代位追偿也是适用的。法律规定，保险机构在承担财产保险赔偿后，可以行使代位追偿权，而责任险是财产保险的一种，因此雇主责任险也同样可以适用代位追偿，适用方法与普通的财产保险相同。

结合本案分析，中国渔业互保协会在向宋某支付雇主责任险赔偿后，可以行使代位追偿权，但从法律上分析其行使的代位追偿权并非基于林某的侵权行为。实际上，从法律关系来说，保险机构与林某没有任何实质的法律关系，其追偿行为仅基于保险机构在承担雇主责任赔偿金后从宋某那里转移来的部分债权。

3. 本案保险机构的赔款金额、追偿金额及各个关系人各自承担的费用金额

根据上面阐述的原理，本案中若肇事船东林某没有在宋某申请保险赔偿之前向宋某支付 15 万元用于对死亡渔民的赔偿，则在宋某索赔时，保险机构应向宋某支付全部雇主责任险赔偿金总计 30 万元，则宋某因全部支付了对死亡渔民的赔偿金额，根据赔偿法的规定，还须对余下的 20 万元根据林某承担的 70% 的比例向林某索赔。

但在林某向宋某先行支付 15 万元的情况下，保险机构在向宋某支付雇主责任险赔偿金

时就应扣除这 15 万元中保险机构在日后代位追偿中可以追回的金额。这与保险机构在支付赔款后在代位追偿是一个道理。在计算上这部分金额应为 9 万元 [(30/50) × 15]，则保险机构支付给宋某的雇主责任险赔偿金就应为 21 万元 （30 - 9）。在本案中，林某作为侵权方之一，其所应当承担的赔偿金额应为 35 万元 （50 × 70%），则林某在支付了 15 万元后，还应支付 20 万元的赔款。因为宋某的雇主责任险保额小于实际发生的费用数额，保险机构根据保额支付给宋某的赔偿金并没有完全弥补宋某的损失，因此这 20 万元的赔偿款应由保险机构和宋某共同分割，则保险机构的代位追偿金额应为 12 万元 [(30/50) × 20]，宋某在这 20 万元中应当从林某那里获得的受偿金额为 8 万元 [20 × (50 - 30) /50]。

四、结论

综上所述，本案中保险机构支付给宋某的雇主责任险赔偿金为 21 万元，代位追偿的金额为 12 万元，实际承担的费用为 9 万元 （21 - 12）；林某作为承担 70% 侵权责任的肇事船东应承担的赔偿金额为 35 万元 （50 × 70%）；宋某在支付死亡渔民雇主责任赔偿后从保险机构和林某处先后获得的款项金额为 44 万元 （15 + 21 + 8），宋某在此次事故中实际承担的费用为 6 万元 （50 - 44），在这起事故中宋某本应承担 15 万元 （50 - 35），但因其投保的雇主责任险，便将部分风险 9 万元转移给了保险机构，最后实际仅承担赔款 6 万元。

五、启示

该案提醒我们：第一，并不是参加保险以后，便可以一劳永逸，所有的风险和费用都能由保险机构承担，保险机构承担的多少要看投保的保额是多少；第二，雇主责任险中保险机构仅承担雇员在从事雇主安排的工作时遭受意外事故导致的伤残和死亡，雇主对雇员的侵权责任，保险机构是不负赔偿保险金责任的。

本 章 小 结

财产保险合同是《保险法》规定的主要类型，财产保险合同与人身保险合同相比，具有自己的内容和特点。财产保险合同与人身保险合同有着巨大区别。财产保险合同的标的是财产及其有关利益，它强调保险标的因保险事故致损时的保险利益；财产保险合同的保险金额不得超过保险价值，它是补偿性合同，且期限较短。财产保险合同的类型有财产损失保险合同、责任保险合同、信用保险合同。其主要内容包括保险标的、保险责任和责任免除、保险价值、保险金额、保险期间和保险责任的开始时间等。财产保险合同履行中应当遵循损失补偿原则、分摊原则以及代位求偿原则。财产保险合同是严格贯彻损失补偿原则的合同，保险代位权和重复保险制度是由损失补偿原则派生出来的。

本章的重点是：财产保险合同的内容

本章的难点是：重复保险　物上代位

关键词语：财产保险合同　责任保险合同　保证保险合同　信用保险合同　保险价值代位原则　代位求偿权　物上代位　重复保险

思考题

1. 财产保险合同的特征有哪些?
2. 财产保险合同标的的含义是什么?
3. 如何理解财产保险合同的保险利益?
4. 保险价值与保险金额的联系与区别是什么?
5. 代位求偿权的构成要件有哪些?
6. 行使代位求偿权有哪些限制规定?
7. 如何实施分摊原则?
8. 简述重复保险的主要内容。
9. 简述财产保险合同与人身保险合同的区别。

第 13 章

财产损失保险合同

13.1 财产损失保险合同概述

13.1.1 财产损失保险合同的含义

财产损失保险合同，即狭义的财产保险合同，是指以各种有形财产及其相关利益为保险标的的财产保险合同。

广义的财产保险合同是指以财产及其有关利益为保险标的的保险合同。而财产损失保险合同仅为财产保险合同中的一个组成部分。

目前，财产损失保险主要包括企业财产保险、家庭财产保险、运输工具保险、货物运输保险和农业保险等。

13.1.2 财产损失保险合同的赔偿范围

在财产损失保险合同中，保险人承担的损失赔偿范围一般包括以下三个方面。

1. 保险标的遭受的实际损失

保险标的遭受损失时，保险人只能按实际损失赔偿，且不能超过保险金额。保险保障的目的是使遭受损失者在经济上能恢复到保险事故发生前的状态。

2. 施救费用

为了鼓励被保险人在保险事故发生后积极施救，保护保险标的，减少保险标的的损失，保险人应当支付被保险人为施救保险标的而产生的费用。我国《保险法》第 42 条第二款规定：“保险事故发生后，被保险人为防止或者减少保险标的的损失所支付的必要的、合理的费用，由保险人承担；保险人所承担的数额在保险标的的损失赔偿金额以外另行计算，最高不超过保险金额的数额。”

这些费用主要包括以下两方面开支。

（1）为抢救财产或者防止灾害蔓延而采取必要措施而造成的保险标的的损失。例如，某公司投保了企业财产保险，该公司的某一车间发生火灾，为了使火灾不致蔓延扩大，被保险人将该车间周围的建筑物（亦属保险标的）拆除所造成的损失。

（2）为施救、保护、整理保险标的所支出的合理费用，如救火的人工费、消防器材费用、整理损余财物的费用。

3. 为查明和确定保险事故的性质、原因和保险标的损失程度所支付的必要的、合理的费用

《保险法》第 49 条规定：“保险人、被保险人为查明和确定保险事故的性质、原因和保险标的的损失程度所支付的必要的、合理的费用，由保险人承担。”例如，为确定某保险标的的毁损程度所发生的鉴定费用，应当由保险人承担。

上述的第 2、3 项费用的支出，应当以保险标的本身的损失分别计算，且最高赔偿以不超过保险金额为限。

13.2　企业财产保险合同

企业财产保险是以企业存放在固定地点的财产为保险标的的保险业务。企业财产保险是目前我国保险业务中的主要险种之一，使用范围十分广泛，任何性质的企业都可以人民币或外币投保。

13.2.1　保险标的范围

1. 可保财产

下列财产在保险标的范围以内：

（1）属于被保险人所有或与他人共有而由被保险人负责的财产；

（2）由被保险人经营管理或替他人保管的财产；

（3）其他具有法律上承认的与被保险人有经济利害关系的财产。

2. 特保财产

下列财产非经被保险人与保险人特别约定，并在保险单上载明，不在保险标的范围以内：

（1）金银、珠宝、钻石、玉器、首饰、古币、古玩、古书、古画、邮票、艺术品、稀有金属等珍贵财物；

（2）堤堰、水闸、铁路、道路、涵洞、桥梁、码头；

（3）矿井、矿坑内的设备和物资。

3. 不保财产

下列财产不在保险标的范围以内：

（1）土地、矿藏、矿井、矿坑、森林、水产资源以及未经收割或收割后尚未入库的农作物；

（2）货币、票证、有价证券、文件、账册、图表、技术资料、计算机资料、枪支弹药以及无法鉴定价值的财产；

（3）违章建筑、危险建筑、非法占用的财产；

（4）在运输过程中的物资；

（5）领取执照并正常运行的机动车；

（6）牲畜、禽类和其他饲养动物。

13.2.2 保险责任和除外责任

1. 财产保险基本险责任范围

1）保险责任

保险人承担基本险的保险责任包括以下四个方面：

（1）由于火灾、雷击、爆炸、飞行物体及其他空中运行物体坠落造成的保险标的的损失；

（2）被保险人拥有财产所有权的自用的供电、供水、供气设备因保险事故遭受损坏，引起停电、停水、停气以致造成保险标的的直接损失；

（3）在发生保险事故时，为抢救保险标的或防止灾害蔓延，采取合理的、必要的措施而造成保险标的的损失；

（4）保险事故发生后，被保险人为防止或减少保险标的的损失而支出的施救、保护等费用也由保险人负责赔偿。

2）除外责任

基本险的除外责任包括以下三个方面。

（1）除外的损失原因。由于下列原因造成保险标的的损失，保险人不负责赔偿：① 战争、敌对行为、军事行动、武装冲突、罢工、暴动；② 被保险人及其代表的故意行为或纵容所致；③ 核反应、核子辐射和放射性污染；④ 地震、暴雨、洪水、台风、暴风、龙卷风、雪灾、雹灾、冰凌、泥石流、崖崩、滑坡、水暖管爆裂、抢劫、盗窃。

（2）除外的损失。保险人对下列损失也不负责赔偿：① 保险标的遭受保险事故引起的各种间接损失；② 保险标的的本身缺陷、保管不善导致的损毁，保险标的的变质、霉烂、受潮、虫咬、自然磨损、自然损耗、自燃、烘焙所造成的损失；③ 由于行政行为或执法行为所致的损失。

（3）其他不属于保险责任范围内的损失和费用。由于该保险承担的保险责任为列明的风险责任，而且除外责任不可能完全列举，因此设置该兜底条款。

2. 财产保险综合险责任范围

1）保险责任

按照《财产保险综合险条款》（以下简称《综合险》），保险人不仅承担财产保险基本险四个方面的保险责任，而且在此基础上还把保险责任范围扩展到包括 12 项自然灾害造成的保险标的的损失：暴雨、洪水、台风、暴风、龙卷风、雪灾、雹灾、冰凌、泥石流、崖崩、突发性滑坡、地面突然塌陷。

2）除外责任

《综合险》的除外责任与《财产保险基本险条款》（以下简称《基本险》）相比，主要区别是把上述 12 项灾害从除外责任中剔除，列为《综合险》的保险责任。此外，在《综合险》的除外责任中，还特别列明了地震造成的一切损失和存放在露天或使用芦席、篷布、茅草、油毛毡、塑料膜或尼龙布等作罩棚或覆盖的保险财产，因遭受风、霜、严寒、雨、雪、洪水、冰雹、尘土引起的损失作为除外责任。《综合险》的除外责任其余与基本险相同。

13.2.3　被保险人义务

财产保险《基本险》和《综合险》条款中规定了投保人或被保险人应尽的义务，具体如下。

（1）投保人应当在保险合同生效前按约定交付保险费。

（2）被保险人应当履行如实告知义务，如实回答保险人就保险标的或者被保险人的有关情况提出的询问。

（3）被保险人应当遵照国家有关部门制定的保护财产安全的各项规定，对安全检查中发现的各种灾害事故隐患，在接到安全主管部门或保险人提出的整改通知书后，必须认真付诸实施。

（4）在保险合同有效期内，如有被保险人名称变更、保险标的占用性质改变、保险标的的地址变动、保险标的的危险程度增加、保险标的的权利转让等情况，被保险人应当事前书面通知保险人，并根据保险人的有关规定办理批改手续。

（5）保险标的遭受损失时，被保险人应当积极抢救，使损失减少至最低程度，同时保护现场，并立即通知保险人，协助查勘。

（6）被保险人如果不履行上述义务，保险人有权拒绝赔偿或解除合同。

13.3　家庭财产保险合同

13.3.1　家庭财产保险合同的概念

家庭财产保险合同是指以我国城乡居民的财产为保险标的，在保险标的发生保险事故而遭受损失时，依照合同约定，由保险人承担赔偿责任的保险合同。

13.3.2　家庭财产保险合同的种类

我国从 1981 年开始办理家庭财产保险。但由于家庭财产保险具有涉及面广、业务分散、工作量大、保费收入零星、广大公民保险意识淡薄等特点，发展较缓慢。目前我国家庭财产保险的种类主要有普通家庭财产保险、家庭财产两全保险和长期有效的家庭财产还本保险。

1. 普通家庭财产保险

投保的财产可以是城市居民的房屋、家具、电器等，也可是农村居民的农具和收获的农副产品等。如果发生保险责任事故，保险公司的赔偿金额最高可达到投保时所约定的保险上限额度。普通家庭财产保险的优点是费率较低，保险范围广，保险标的可大可小，适合普通家庭的财产投保。

2. 家庭财产两全保险

其是在长期有效的家庭财产还本保险基础上，对赔付条款进行修改后产生的新险种，是一种包含储蓄保底概念的保险险种。该保险期限一般分为 3 年、5 年和 10 年，每千元财产一次性缴纳保险储金 50 元，到期后无论是否在保险期内发生过赔款，保险公司都将向投保者如数退还全部储金。如在保险有效期内发生保险责任事故，一次赔偿可达到约定保险金额的最高限度，但若重复出险，则保险公司不负责重复多次赔偿。与长期有效的家庭财产还本保险相比，家庭财产两全保险对出险的一次性赔付金额较大，但不能反复赔付。

3. 长期有效的家庭财产还本保险

这是一种一次性投保，长期受益，出险反复赔付，到期返还投保本金的险种。该险种保险期限 1 年起，最高可至 20 年，每千元财产一次性缴纳保险储金 50 元，投保者只要不领储金，保险始终有效，到期后无论是否发生赔款，本金一律退还，也可再行续保。保险期间，如果发生保险责任事故，保险公司按规定赔偿，发生几次赔偿几次，直到退保为止。保险公司营运该险种的利益主要是获取储金的利息收入。

13.3.3　家庭财产保险合同的主要内容

1. 保险标的

凡是被保险人所有或者共有或者受他人委托代管的，坐落于保险单所载明地址内的家庭财产，均在保险标的范围以内。如房屋及其室内附属设备、室内装潢、室内财产等。

但是，对于价值不易确定的财产，一般不在保险标的范围以内。如金银、珠宝、字画等珍贵财物，以及货币、票证、有价证券、文件等无法鉴定价值的财产。

2. 保险责任

家庭财产保险的保险责任一般包括三大类：

（1）意外事故引发的损失，如火灾、爆炸带来的损失；

（2）自然灾害造成的损失，如雷击、台风、龙卷风、暴风、暴雨、洪水、雪灾、雹灾、冰凌、泥石流、崖崩、突发性滑坡、地面突然下陷造成的损失；

（3）合同约定的其他事故造成的损失。

此外，在发生保险事故时，为抢救保险标的或防止灾害蔓延，采取合理的、必要的措施而造成保险标的的损失。保险事故发生后，被保险人为防止或者减少保险标的的损失所支付的必要的、合理的费用。上述损失和费用，由保险人负责赔偿。

3. 除外责任

家庭财产保险的除外责任可以概括为以下四类：

（1）不能承保的风险，即绝对除外责任，如战争、核风险、地震等；

（2）使用不当造成的损失，如家用电器因使用过度、超电压、短路、断路、漏电、自身发热、烘烤等原因所造成本身的损毁；

（3）因保险标的本身的物理属性造成的损失，如保险标的本身缺陷、保管不善导致的损毁；保险标的的变质、霉烂、受潮、虫咬、自然磨损、自然损耗、自燃、烘焙所造成本身的损失；

（4）其他不属于保险责任范围内的损失和费用。

4. 被保险人义务

被保险人主要承担以下义务。

（1）缴纳保费的义务。投保人应当在保险合同生效前一次性交清保险费。保险合同在投保人一次性交清保险费后生效。

（2）如实告知义务。被保险人应当就保险标的或者被保险人的有关情况履行如实告知义务。

（3）遵照消防安全的义务。被保险人应当遵照国家有关消防、安全方面的规定，维护保险标的的安全。

（4）通知义务。在保险合同有效期内，如被保险人的地址发生变更或保险标的的所有权发生转移，应当及时通知保险人，并根据保险人的有关规定办理批改手续。

（5）施救义务。保险标的遭受损失时，被保险人应当积极抢救，使损失减少至最低程度，同时保护现场，并立即通知保险人，协助查勘。

13.4　机动车辆保险合同

13.4.1　机动车辆保险合同的概念

机动车辆保险合同是指机动车辆所有人或使用人向保险人支付保险费，保险人在被保险车辆发生保险合同约定的保险事故时承担赔偿责任的保险合同。

13.4.2　机动车辆保险合同的特点

与其他运输工具保险合同相比较，机动车辆保险合同具有以下特点。

（1）机动车辆保险属于不定值保险。机动车辆保险合同属于不定值保险合同，一旦机动车辆发生合同约定的事故，造成损失，保险人将予以赔付。损失多少赔付多少，但不能超过保险金额。

（2）机动车辆保险的赔偿方式主要是修复。财产保险一般是现金赔付方式，而机动车辆保险的赔偿方式是修复，即把车辆恢复到原来的状态。当然，修复后的车辆只是性能与原来差不多，但不是没有差别。实际上车辆发生事故后，即使更换新件，也不可能与原车一样。

（3）机动车辆保险赔偿中采用绝对免赔方式。在机动车辆保险赔偿中，为了增强被保险人及驾驶人员的交通安全责任心，对造成交通事故的保险车辆实行绝对免赔比例，即免赔率，亦即被保险人自己承担责任的比例。我国交通管理部门对于交通事故肇事按全责、主责、半责、次责、无责来分别确定车祸双方的责任，相应地，保险公司也给予不同的免赔比例。

（4）机动车辆保险采用无赔款优待方式。为了鼓励被保险人及其驾驶员严格遵守交通规则，安全行车，保险人实行无赔款优待办法。保险车辆在上一年保险期限内无赔款，续保时可享受无赔款减收保险费优待，优待金额为本年度续保险种应交保险费的一定比例。

（5）机动车辆保险中的"交强险"采用强制保险方式。依照《机动车交通事故责任强制保险条例》，交强险是我国首个由国家法律规定实行的强制保险制度。交强险是由保险公司对被保险机动车发生道路交通事故造成受害人（不包括本车人员和被保险人）的人身伤亡、财产损失，在责任限额内予以赔偿的强制性责任保险。机动车辆保险中的第三者责任保险已经变更为自愿保险，对交强险起补充作用。

13.4.3 机动车辆保险合同的主要内容

在机动车辆保险业务中，一般以机动车辆保险条款承保不同种类的机动车辆，其保险责任分为车辆损失险和第三者责任险两种基本险别。其中第三者责任险将在第 14 章中论述。除此之外，机动车辆保险还包括一些附加险，它们是针对车辆损失险和第三者责任险的部分责任免除而设计的，主要包括全车盗抢险和玻璃单独破碎险等八种。

1. 车辆损失险

1）车辆损失险的保险责任

车辆损失险的保险责任主要是指对被保险车辆在行驶或停放期间遭遇自然灾害或意外事故导致车辆损失的赔偿责任。车辆损失险的保险责任包括意外事故、自然灾害、施救和保护费用三类。

2）车辆损失险的除外责任

除外责任包括：① 战争、军事冲突、暴乱、扣押、罚没；② 竞赛、测试、进厂修理；③ 驾驶员饮酒、吸毒、药物麻醉、无有效驾驶证；④ 保险车辆拖带未保险车辆及其他拖带物或未保险车辆拖带保险车辆造成的损失；⑤ 保险车辆肇事逃逸经公安部门侦破后；⑥ 保险事故发生前，未按书面约定履行缴纳保险费义务；⑦ 保险车辆全车被盗窃、被抢劫、被抢夺，以及在此期间受到损坏或车上零部件、附属设备丢失，以及第三者人员伤亡或财产损失。

3）被保险人的义务

在保险合同有效期内，保险车辆转卖、转让、赠送他人、变更用途或增加危险程度，被保险人应当事先书面通知保险人，申请办理批改。

2. 附加险

机动车辆保险的附加险包括：全车盗抢险、车上责任险、无过失责任险、车载货物掉落责任险、玻璃单独破碎险、车辆停驶损失险、自燃损失险、新增加设备损失险和不计免赔率特约险等。

13.5　货物运输保险合同

13.5.1　货物运输保险合同的概念

货物运输保险合同是指以各种运输货物作为保险标的，承保货物在运输过程中遭受各种自然灾害或意外事故造成的损失的一种保险合同。货物运输保险合同所承保的货物，主要是指具有商品性质的贸易货物。一般不包括个人行李或随运输所耗的各类供应和储备物品。

13.5.2　货物运输保险合同的种类

（1）按照运输工具不同，货物运输保险合同可分为水路货物运输保险合同、公路货物运输保险合同、铁路货物运输保险合同、航空货物运输保险合同和海洋货物运输保险合同等。

（2）按照适用范围不同，货物运输保险合同可分为国内货物运输保险合同和涉外货物运输保险合同两种。

（3）按照保险人承担的责任不同，货物运输保险合同可分为基本保险合同和综合保险合同两种。

13.5.3　货物运输保险合同的特征

货物运输保险与一般财产保险相比较，有以下几个特点。

（1）保险标的具有流动性。一般财产保险的保险标的总是表现为静止状态，而货物运输保险的保险标的是处于位移中的货物，处于流动状态。

（2）保险责任范围的广泛性。普通财产保险一般只负责保险财产的直接损失和为减少损失所支出的施救、保护费用；而货物运输保险除负责上述损失和费用外，对货物由于破碎、渗漏、包装破裂、遭受盗窃或整件提货不着所致的损失也负责赔偿。此外，按照国际惯例，对海上发生的共同海损和应分摊的共同海损费用，也负责赔偿。

（3）承保对象的多变性。由于贸易的需要，按照惯例，货物运输保险单经保险人空白背书同意，保险权益随物权单据即货运提单的转让而转移。所以，货物运输保险的投保人与被保险人经常是不同的两个人。而且随着保单的辗转，被保险人不断改变，直至持有保险单的收货人出现为止。

（4）保险期限以约定航程为准。普通财产保险的保险期限一般为一年，而货物运输保险的保险期限一般不受时间限制而以一个航程为准，同时应按"仓至仓"条款规定办理。

（5）货物运输保险具有国际性。其国际性具体表现为：保险合同的关系方会涉及不同的国家和地区；保险标的是国际贸易中的货物；保险合同的签订和履行除会涉及贸易合同的有关规定之外，还要遵循有关国际公约和国际惯例的规定等。

13.5.4 货物运输保险合同的保险责任

货物运输保险合同的保险责任包括基本责任和附加或特约责任。

1. 基本责任

货物运输保险合同的基本保险责任包括以下几点。

（1）因火灾、爆炸、雷电、冰雹、暴风、暴雨、洪水、海啸、破坏性地震、地面突然塌陷、突发性滑坡、崖崩、泥石流所造成的损失。

（2）因运输工具发生火灾、爆炸、碰撞造成所载被保险货物的损失，以及运输工具在危险中发生卸载对所载货物造成的损失及支付的合理费用。

（3）在装货、卸货或转载时发生意外事故所造成的损失；利用船舶运输时，因船舶搁浅、触礁、倾覆、沉没或遇到码头坍塌所造成的损失。

（4）利用火车、汽车、大车、板车运输时，因车辆倾覆、出轨，隧道和码头坍塌或人力、畜力的失足所造成的损失。

（5）利用飞机运输时，因飞机遭受碰撞、倾覆、坠落、失踪（在3个月以上），在危险中发生卸载，以及遭受恶劣天气或其他危难事故，发生抛弃行为所造成的损失。

（6）在发生上述灾害或事故时，遭受盗窃或在纷乱中造成被保险货物的损失。

（7）在发生保险责任事故时，因施救或保护被保险货物支出的直接的合理费用。

2. 附加或特约责任

附加或特约责任分为一切险、单独附加险、综合险和特别附加险四种。其中，一切险包括偷窃、提货不着险、淡水雨淋险、短量险、混杂玷污险、渗漏险、碰撞破损险、串味险、受潮受热险、钩损险、包装破损险、锈损险等险种。

13.5.5 货物运输保险合同的除外责任

货物运输保险合同的除外责任包括：

（1）被保险人的故意行为或过失；

（2）发货人不履行贸易合同规定的责任；

（3）保险责任开始前被保险货物早已存在的品质不良和数量短差；

（4）被保险货物的自然损耗、市价跌落和本质上的缺陷；

（5）货物发生保险责任范围内的损失，根据法律规定或有关约定应由承运人或第三者负责赔偿的部分；

（6）战争、军事行动、核辐射或核污染等。

 案例分析

"车辆贬值费" 保险公司该不该赔[1]

一、案情

2008 年 7 月 27 日，王某驾驶临时牌照为豫 AP2522 的轿车在郑州市解放路等红灯时，被后面的豫 AR8957 皮卡轿车追尾相撞。交警部门勘验后认定皮卡车司机汪某应对该事故承担全部责任。

8 月 11 日，王某将皮卡车车主河南省某有限公司和驾驶员汪某告至郑州市管城回族区人民法院，除要求被告承担 3 750 元财产损失外，还要求被告承担其车辆由于被撞而产生的贬值费 7 000 元和贬值鉴定费用 2 100 元。

二、法院判决

10 月 28 日，郑州市管城回族区人民法院作出了（2008）管民初字第 1800 号民事判决书。法院一审判决被告赔偿原告车辆修理费、配件费等费用 3 750 元，赔偿车主车辆贬值损失费 7 000 元，并承担贬值鉴定费用 2 100 元。

三、争议焦点："车辆贬值费" 保险公司该不该赔

虽然汪某所驾驶的皮卡车购买了交强险和第三者责任险，但是保险公司还是明确拒绝赔付 "车辆贬值费"。

四、法理分析

（一）一审法院的判决是正确的

理由是：依据《民法通则》第 117 条第二款、第三款的规定："损坏国家的、集体的财产或者他人财产的，应当恢复原状或者折价赔偿。受害人因此遭受其他重大损失的，侵害人应当赔偿损失。" 以及《民法通则》第 134 条第一款第（七）项的规定："赔偿损失。"

本案属于侵权案件，原告受到了损失，被告主观上有过错，被告的过错和原告的损失之间具有因果关系，被告的行为具有违法性。所以，被告应承担损害赔偿责任。

---

[1] 王卫国，凌湄. "车辆贬值费" 保险公司该不该赔. 中国保险报，2008 – 11 – 24.

（二）"车辆贬值费"是否属于保险公司的赔偿范围

1."车辆贬值费"的性质

"车辆贬值费"不是规范的法律用语，如果从民法的角度讲，相当于"间接损失"，是与"直接损失"相对应的一个概念。

2. 交强险和第三者责任险的赔偿范围

《机动车交通事故责任强制保险条例》第21条规定："被保险机动车发生道路交通事故造成本车人员、被保险人以外的受害人人身伤亡、财产损失的，由保险公司依法在机动车交通事故责任强制保险责任限额范围内予以赔偿。"

根据中国保险行业协会制定的2007版《机动车商业保险行业基本条款》的相关规定，保险人承担"被保险人或其允许的合法驾驶人在使用被保险机动车过程中发生意外事故，致使第三者遭受人身伤亡或财产直接损毁，依法应当由被保险人承担的损害赔偿责任，保险人依照本保险合同的约定，对于超过交强险各分项赔偿限额以上的部分负责赔偿。"

从交强险的规定看，只是概括地说"财产损失"，至于"财产损失"都包含哪些损失并没有作出解释。《机动车商业保险行业基本条款》中强调财产直接损毁，应当理解为"直接损失"。

3. 财产保险的赔偿范围

对被保险人的财产损失因保险事故所致损失进行赔偿，是保险人的主要义务。但是，发生保险事故时，保险人对被保险人的损失赔偿范围有哪些呢？根据我国《保险法》的相关规定，主要包括三部分：第一部分是保险标的遭受的实际损失，即保险标的因保险事故发生所受到的直接损失；第二部分是施救费用，即被保险人为防止或减少保险标的的损失而支付的必要的、合理的费用；第三部分是查验费，即被保险人为查明和确定保险事故的性质、原因和保险标的的损失程度所支付的必要的、合理的费用。

但《通则》认为，在财产损失保险中，保险人所承保的是保险财产因发生保险事故而遭受的直接损失，对保险财产因发生保险事故而致市场价格降低部分，保险人不予赔偿。

（三）结论

根据《保险法》的损失补偿原则，保险人所承担的是"直接损失"，而不是"间接损失"。"车辆贬值费"属于"间接损失"，因而不予赔偿是合理的。

本 章 小 结

财产损失保险是指以各种有形财产及其相关利益为保险标的的财产保险合同。目前，财产损失保险主要包括企业财产保险、家庭财产保险、运输工具保险、货物运输保险和农业保险等。农业保险不在本章讨论之内。

本章的重点是：财产损失保险合同的赔偿范围

本章的难点是：机动车辆保险

关键词语：财产损失保险　企业财产保险　家庭财产保险　车辆损失险　货物运输保险

思考题

1. 财产损失保险合同的赔偿范围是什么？
2. 家庭财产保险的保险责任和除外责任包括哪些内容？
3. 车辆损失险的保险责任和除外责任包括哪些内容？
4. 机动车辆保险的附加险有哪几种？

第 14 章

责任保险合同

本章导读

14.1 责任保险概述

14.1.1 责任保险的概念

责任保险是指保险人承保被保险人因疏忽或过失造成第三者人身伤亡或财产损失而依法应承担赔偿责任的保险。

《保险法》第 65 条第四款规定："责任保险是指以被保险人对第三者依法应负的赔偿责任为保险标的的保险。"责任保险不仅可以保障被保险人因为履行损害赔偿责任所受利益丧失或者损害，实现被保险人自身损害的填补，而且可以保护被保险人的致害行为的直接受害人，使受害人可以获得及时赔偿。因此，责任保险一定程度上保障了加害人和受害人的利益，从而具有特殊的安定社会的效能。

责任保险的历史并不久远。法国在 19 世纪前期颁布《拿破仑法典》规定有赔偿责任后，首先创办和开展了责任保险，德国随后仿效法国也开办了责任保险，英国在 1857 年开始办理责任保险业务，美国的责任保险制度则产生于 1887 年后。但是，责任保险中发展较为迅速的为汽车责任保险。汽车责任保险 1895 年始创于英国，美国在 1898 年开始承办汽车责任保险，并随着汽车工业的发展和汽车使用的普及，获得了迅速发展。❶ 责任保险虽然只有 100 多年的历史，但它的发展速度却相当迅速，从某种意义上说，责任保险的产生是社会工业化进程高速发展的必然结果。"现在，责任保险成为衡量一国保险业发展水平的重要标志。"❷ "盖此种保险，乃透过保险业将其危险转嫁给公众，故现今各国，无不盛行。"❸

我国直到 1984 年才出现独立存在的责任保险险种，2006 年首家专业责任保险公司挂牌，责任保险业务收入占整个非寿险业务收入的比例远低于发达国家。目前，尽管我国责任保险已涵盖公众责任、产品责任、雇主责任、职业责任等各个方面，开办的险种多达数百个，服务范围涉及社会的各个领域，各家保险公司也相继在责任保险方面作了一些有益的探索，但是责任保险的规模和功效并未得到长足发展，在经营中仍然存在业务规模小、新险种发展缓慢等问题，与现实的社会需求相比极不适应。因此，大力发展责任保险势在必行。

14.1.2 责任保险的特征

与其他财产保险相比较，责任保险具有下列特征。

1. 保险标的的特殊性

责任保险所承保的标的不同于财产保险和人身保险，它不是有形的，而是被保险人因过失造成第三者损失应承担的民事损害赔偿责任。

2. 保险金额的限额性

在一般财产保险中，保险标的的价值是可以确定的，保险金额也可以此确定。但在责任保险中，保险人承担的是被保险人因造成第三者的损害而依法应承担的民事赔偿责任。由于这种责任是无形的，无法判定其价值大小，所以也无法确定其保险金额。因此，责任保险保单中只载明了保险人所承担的赔偿责任的最高限额，以代替保险金额。一旦发生保险责任索赔，责任保险人即在这一事先规定的赔偿限额内赔偿。由于责任保险标的没有可作为确定保险金额的价值依据，所以赔偿限额只能根据被保险人缴付保费的能力和可能面临的损失规模的大小来确定。

3. 保险的第三人性

责任保险以被保险人对受害人承担的赔偿责任为标的，与以有形财产或利益为标的的财产保险有差别，即以有形财产或利益为标的的财产保险，纯粹为被保险人本人的利益而存在，而责任保险则需为第三人的利益而存在。因此，责任保险在性质上是第三人保险。第三人对被保险人的赔偿请求，是责任保险得以成立和存在的基础。若没有第三人的存在，被保险人的损害赔偿责任无从发生，也无责任保险的适用。从这个意义上说，责任保险合同在相当程度上是为第三人的利益而订立的保险合同。

---

❶ 邹海林. 保险法. 北京：人民法院出版社，1998：361.

❷ 彭喜锋. 保险学原理. 上海：复旦大学出版社，2000：242.

❸ 梁宇贤. 保险法新论. 北京：中国人民大学出版社，2004：205.

责任保险的目的在于分散和转移被保险人对第三人应当承担的赔偿责任，性质上为第三人保险。而被保险人的人身或者财产因意外事故受到损失，不属于第三人所发生之损害，可以通过意外伤害保险或者财产损失保险加以填补。因此，"若保险合同约定，保险人对被保险人本人之身体伤害亦负赔偿责任，其性质应属意外伤害保险的范围，并非责任保险之范围。"❶

4. 偿付的替代性

正是因为上述责任保险的第三人性，使得责任保险在功能上除具有保障性外，还具有替代性的特征。因为责任保险是被保险人分散和转移其赔偿责任的一种方式，也为受害人取得实际的赔偿创造了条件。除法律规定不能通过责任保险转移的赔偿责任或保险合同不予承保的赔偿责任以外，被保险人对第三人应当承担赔偿责任，或者受害人请求被保险人给付赔偿金时，由保险人承担赔偿责任。在这个意义上，责任保险的保险人承担了被保险人的赔偿责任，其居于代被保险人向受害人赔偿的地位，这就是责任保险偿付功能的替代性。

14.1.3　责任保险的分类

（1）以责任保险的实施方式为标准，可分为法定责任保险和自愿责任保险。

① 法定责任保险是指通过制定有关法律、法规实施的责任保险。如我国的机动车"交强险"就属于这一类。

② 在责任保险中，大多数险种都是自愿责任保险，企业和个人可根据自己的需要及缴付保费的能力投保相应的责任保险。如我国的公众责任保险、律师责任保险等。目前，我国的责任保险还处于发展阶段，可供投保人选择的责任保单不是很多，而西方国家这类保单非常多，如美国有综合普通责任保险、产品责任保险、综合个人责任保险、户主责任保险、会计师责任保险、律师责任保险、建筑师和工程师责任保险等。

（2）以责任保险的承保方式为标准，可分为独立的责任保险和附加的责任保险。

① 独立的责任保险是指保险人需要出具专门保单的责任保险。如我国目前开办的公众责任保险、产品责任保险、雇主责任保险、展览会责任保险，这些保险都有各自的专门条款。

② 附加的责任保险是从属于某种财产保险而不需要出具专门的保单，如船舶碰撞责任保险、飞机旅客责任保险、油污责任保险、建筑和安装工程保险的第三者责任保险等。

（3）以责任保险承保的风险性状为标准，可分为公众责任保险、产品责任保险、雇主责任保险、专家责任保险、展览会责任保险、环境责任保险、汽车第三者责任保险、飞机第三者责任保险、工程承包商第三者责任保险、承运人旅客责任保险等。

（4）以责任保险适用的范围和承保对象为标准，可分为企业责任保险、专家责任保险和个人责任保险三大类。

---

❶ 桂裕. 保险法论. 台北：三民书局，1984：345.

14.1.4　责任保险的赔偿金额

当赔偿责任产生后，被保险人承担的赔偿金额通常是由法院根据责任的大小及受害人的财产或人身的实际损害程度来裁定的，可分为财产损害赔偿金额和人身伤害赔偿金额两大类。

1. 财产损害赔偿金额

财产损害赔偿金额取决于损失财产的程度和市价。保险人支付的这种赔偿金仅限于被保险人因过失行为造成第三者的财产损失，对被保险人本身也受到的财产损失不予赔偿。例如，两车相撞，被保险人是责任方，责任保险人赔偿的是另一辆车的损失，而不是被保险人所有的那辆车的损失。此外，保险人仅对财产的直接损失支付赔偿金，对间接损失一般不予负责。

2. 人身伤害赔偿额

对人身伤害的经济补偿一部分是有客观依据的，如医疗费用、丧葬费用、收入损失和整容费用；另一部分则具有主观色彩，如疼痛和痛苦。一次严重的人身伤害事故所带来的后果包括肉体上的疼痛以及感情上和心理上的痛苦。相对来说，确定财产损害赔偿金、医疗费用、丧葬费用及收入损失比较容易，而确定疼痛和痛苦的赔偿金则比较困难。各国运用的法律不同，判处的标准和金额也不相同。在我国司法实践中，过去对精神损害赔偿一般不予以支持。但随着我国法制建设的不断完善，人们对自身价值、生命和健康的珍惜和索赔意识的逐步增强，各地因人身伤害而引起的精神损害赔偿案不断增多。近年来，我国司法已逐步接受了精神损害赔偿，对一些案件作出了数万至十几万元的精神损害赔偿。

14.1.5　可保责任与责任风险

1. 可保责任

责任保险的可保责任通常是指因疏忽或过失损害他人而负有的民事责任。例如，汽车驾驶责任、医师职业责任。责任保险的可保责任通常要具备以下条件。

1）被保险人的过失

过失是指应当预见自己的行为可能发生灾害的结果，但因为疏忽大意而没有预见到；或者已经预见到而轻信能够避免，以致发生这种结果的行为。在一般情况下，行为人只对自己的过错造成他人的损失承担民事责任。《民法则》第 106 条规定："公民、法人由于过错侵害国家的、集体的财产，侵害他人财产、人身的，应当承担民事责任。没有过错，但法律规定应当承担民事责任的，应当承担民事责任。"其中，过错包括故意和过失。故意行为不仅要承担民事责任，而且还有可能负刑事责任，这是保险人不能承保的。责任保险承保的是被保险人的过失行为。

2）损害事实的存在

《民法通则》中对民事责任的规定都是以造成他人损害为条件的，并且相应规定了承担民事责任的方式。例如，侵害公民身体造成伤害的，应当赔偿医疗费、因误工减少的收入、残废者生活补助等费用。造成死亡的，应当支付丧葬费、死者生前抚养和赡养的人的必要生活费等。

　　3）过失与损害事实之间的因果关系

　　过失与损害事实之间必须存在一种内在的必然联系。由于这种因果关系往往是错综复杂的，因此，在确定保险责任时要分清原因和条件、主要原因和次要原因。

　　2. 责任风险

　　风险是指损失的不确定性或可能性，责任风险就是指与责任有关或由责任引起的损失的不确定性，每个人都有不使自己的行为损害他人的义务，如果不履行这一义务，而使他人受到伤害或他人财产受到损害，就要相应承担法律赔偿责任。风险是客观、普遍存在的，责任风险同样如此。

　　一个人或企业对自己的财产遭受直接损失的最大金额是清楚的，那就是该财产的价值。但若损失或索赔是由责任风险引起的，情况就可能完全不同。与财产风险相比，责任风险具有更大的不确定性，它可能引起的损失最大值事先难以预知或确定。所以，对社会和被保险人来说，更需要责任保险来提供风险保障。

14.2　公众责任保险

14.2.1　公众责任保险的概念

　　公众责任保险是指以被保险人因其违反法定义务造成他人（公众）人身伤亡或者财产损失而应当承担的赔偿责任为标的的责任保险。公众责任保险适用范围极其广泛。它可以承保不同行业的企业和团体在生产、经营活动中，以及家庭或个人在日常生活中因意外事故造成的他人人身、财产损失而产生的赔偿责任。

14.2.2　保险对象

　　凡依法设立的企事业单位、社会团体、个体工商户、其他经济组织及自然人，均可作为被保险人。

14.2.3　保险责任

　　在保险有效期限内，被保险人在保险单明细表中列明的地点范围内依法从事生产、经营等活动以及由于意外事故造成下列损失或费用，依法应由被保险人承担的民事赔偿责任，保险人负责赔偿：

　　（1）第三者人身伤亡或财产损失；

　　（2）事先经保险人书面同意的诉讼费用；

（3）发生保险责任事故后，被保险人为缩小或减少对第三者人身伤亡或财产损失的赔偿责任所支付的必要的、合理的费用。

上述第（1）项与第（2）项每次事故赔偿总金额不得超过本保险单明细表中列明的每次事故赔偿限额；第（3）项每次事故赔偿金额不得超过本保险单明细表中列明的每次事故赔偿限额。

14.2.4　责任免除

责任免除包括以下内容。

（1）下列原因造成的损失、费用和责任，保险人不负责赔偿：

① 被保险人及其代表的故意或重大过失行为；

② 战争、敌对行为、军事行为、武装冲突、罢工、骚乱、暴动、盗窃、抢劫；

③ 政府有关当局的没收、征用；

④ 核反应、核辐射和放射性污染；

⑤ 地震、雷击、暴雨、洪水、火山爆发、地下火、龙卷风、台风暴风等自然灾害；

⑥ 烟熏、大气、土地、水污染及其他污染；

⑦ 锅炉爆炸、空中运行物体坠落；

⑧ 直接或间接由于计算机 2000 年问题引起的损失。

（2）被保险人的下列损失、费用和责任，保险人不负责赔偿：

① 被保险人或其代表、雇佣人员人身伤亡的赔偿责任，以及上述人员所有的或由其保管或控制的财产的损失；

② 罚款、罚金或惩罚性赔款；

③ 被保险人与他人签订协议所约定的责任，但应由被保险人承担的法律责任不在此列。

（3）下列属于其他险种保险责任范围的损失、费用和责任，保险人不负责赔偿：

① 被保险人或其雇员从事医师、律师、会计师、设计师、建筑师、美容师或其他专门职业所发生的赔偿责任；

② 不洁、有害食物或饮料引起的食物中毒或传染性疾病，有缺陷的卫生装置，以及售出的商品、食物、饮料存在缺陷造成他人的损害；

③ 对于未载入本保险单而属于被保险人的或其所占有的或以其名义使用的任何牲畜、车辆、火车头、各类船只、飞机、电梯、升降机、自动梯、起重机、吊车或其他升降装置造成的损失；

④ 由于震动、移动或减弱支撑引起任何土地、财产、建筑物的损害责任；

⑤ 被保险人因改变、维修或装修建筑物造成第三者人身伤亡或财产损失的赔偿责任；

⑥ 被保险人及第三者的停产、停业等造成的一切间接损失。

（4）未经有关监督管理部门验收或经验收不合格的固定场所或设备发生火灾爆炸事故造成第三者人身伤亡或财产损失的赔偿责任，保险人不负责赔偿；因保险固定场所周围建筑物发生火灾、爆炸波及保险固定场所，再经保险固定场所波及他处的火灾责任，保险人不负责赔偿。

（5）下列原因造成的损失、费用和责任，保险人不负责赔偿：

① 被保险人因在本保险单列明的地点范围内所拥有、使用或经营的游泳池发生意外事故造成的第三者人身伤亡或财产损失；

② 被保险人因在本保险单列明的固定场所内布置的广告、霓虹灯、灯饰物发生意外事故造成的第三者人身伤亡或财产损失；

③ 被保险人因在本保险单列明的地点范围内所拥有、使用或经营的停车场发生意外事故造成的第三者人身伤亡或财产损失；

④ 被保险人因出租房屋或建筑物发生火灾造成第三者人身伤亡或财产损失的赔偿责任。

（6）本保险单列明的或有关条款中规定的应由被保险人自行负担的免赔额，保险人不负责赔偿。

（7）其他不属于本保险责任范围内的一切损失、费用和责任，保险人不负责赔偿。

14.2.5　被保险人义务

被保险人有以下义务。

（1）被保险人应履行如实告知义务，并回答保险人就有关情况提出的询问。

（2）被保险人应按约定如期缴付保险费，未按约定缴付保险费的，保险人不承担赔偿责任。

（3）在本保险有效期限内，保险重要事项变更或保险标的危险程度增加的，被保险人应及时书面通知保险人，保险人应办理批改手续或增收保险费。

（4）发生本保险责任范围内的事故时，被保险人应尽力采取必要的措施，缩小或减少损失；立即通知保险人，并书面说明事故发生的原因、经过和损失程度。

（5）被保险人获悉可能引起诉讼时，应立即以书面形式通知保险人；当接到法院传票或其他法律文书后，应及时送交保险人。

（6）被保险人应选用合格的人员并且使拥有的建筑物、道路、工厂、机器、装修的设备处于坚实、良好可供使用状态。同时，应遵照法律法规和政府有关部门的要求，对已经发现的缺陷立即修复，并采取临时性的预防措施以防止发生意外事故。

（7）被保险人如果不履行上述第（1）项至第（6）项义务，保险人不负赔偿责任，或从解约通知书送达15日后终止本保险。

14.3　产品责任保险

14.3.1　产品责任保险的概念

产品责任保险是承保产品制造者、销售者或修理商等因其制造、销售或修理的产品有缺陷以致造成他人的人身伤害或财产损失而依法应由被保险人承担赔偿责任的责任保险。"产品责任保险的目的,在于保护产品的制造商或者生产商免受因其产品的使用而造成他人人身或者财产损害而承担赔偿责任的损失。"❶

14.3.2 保险责任

保险人对下列各项承担赔偿责任。

(1) 在本保险有效保险期间和约定的追溯期内,在保险单约定的承保区域内,由于保险单中所列被保险产品存在缺陷,造成使用、消费或操作该产品的人或其他任何人的人身伤亡或财产损失,依法应由被保险人承担赔偿责任,且受损害方在保险期间内首次向被保险人书面提出索赔,被保险人亦在保险期间内向保险人书面提出索赔,保险人依据保险合同的约定,在赔偿限额内负责赔偿。

(2) 保险人负责赔偿与保险事故索赔相关且应由被保险人支付的仲裁或诉讼费用,以及事先经保险人书面同意承担的其他必要的、合理的费用,但上述费用与责任赔偿金额之和以保险单载明的赔偿限额为限。

14.3.3 责任免除

保险人对下列各项不负责赔偿。

(1) 被保险人根据与他人的合同或协议应承担的责任,但不包括即使没有这种合同或协议被保险人仍应承担的责任;

(2) 被保险人对其雇员由于雇佣关系而依法或依据雇佣合同所应承担的责任;

(3) 被保险产品本身的损失或其修理、改装、重置、退换、回收或召回引起的损失及费用;

(4) 被保险人所有、保管或控制的财产的损失;

(5) 被保险人或其代表的故意、违法或犯罪行为引起的责任;

(6) 对大气、土地及水污染或其他各种污染引起的责任;

(7) 对飞机或轮船的损害责任;

(8) 直接或间接由于石棉、电磁场、霉变、铅毒或其相关问题引起的责任;

(9) 由于战争、类似战争行为、敌对行为、武装冲突、恐怖活动、谋反或政变等直接或间接引起的任何后果所致的责任;

(10) 由于罢工、暴动、民众骚乱或恶意行为直接或间接引起的任何后果所致的责任;

(11) 核裂变、核聚变、核武器、核材料、核辐射或放射性污染引起的责任;

(12) 由于计算机 2000 年问题引起的责任;

(13) 任何罚款、罚金或惩罚性赔款;

---

❶ 邹海林. 责任保险论. 北京:法律出版社,1999:80.

（14）保险单载明的应由被保险人自行负担的每次事故免赔额；

（15）其他不属于保险责任范围内的损失、费用及责任。

14.3.4　赔偿限额

累计赔偿限额、每次事故赔偿限额和每次事故人身伤亡每人赔偿限额由保险双方协商确定。

14.3.5　保险费

投保人按被保险产品的预计年销售收入预交保险费，待保险期间结束后按实际销售收入计算应收保险费，多退少补，但应收保险费不低于本保险合同设定的最低年保费。预支保险费的计算公式为

$$预交保险费 ＝ 预计年销售收入 × 年费率$$

保险合同约定一次性交付预交保险费或对预交保险费交付方式、时间没有约定的，投保人应在保险责任期间的起始日前支付预交保险费；约定以分期付款方式支付预交保险费的，投保人应按期支付第一期预交保险费。投保人未按本条约定交付预交保险费的，保险合同不生效，保险人不承担保险责任。

如果发生未按期足额支付预交保险费或不按约定日期支付第二期或以后各期预交保险费的情形，从保险责任期间的起始日起满 10 日，保险人有权解除保险合同并追收已经承担保险责任期间的保险费和利息，保险合同自解除通知到达投保人时解除；在保险合同解除前发生保险事故的，保险人按投保人已付预交保险费占应付预交保险费的比例承担保险责任。

14.3.6　保险期间

保险期间为 1 年，自保险单载明的保险责任起始日 0 时起至保险责任终止日 24 时止。

14.3.7　投保人及被保险人义务

投保人及被保险人有以下义务。

（1）投保人应对投保申请书中列明的问题以及保险人提出的其他事项作出真实、详尽的回答或描述。

（2）保险期间结束后，如需补交保险费，投保人应在 10 日内或根据保险合同的约定交清保险费。

（3）被保险人应当加强产品质量管理，严格产品检验制度。保险人有权在保险期间内的任何时候，要求被保险人提供一定期间内所生产、销售的产品数量和质量状况，被保险人有义务配合保险人对其有关账册或记录进行了解与核实。

（4）被保险人对导致风险变化的各种重要情况（如设计、工艺、原材料、使用说明的变化等）须及时通知保险人，保险人有权根据风险变化调整保险费或解除保险合同。

（5）保险期间结束后，被保险人应将保险期间内被保险产品的实际销售收入书面通知保险人，作为计算应收保险费的依据。若预交保险费低于应收保险费，投保人应补交其差额；若预交保险费高于应收保险费，保险人退还其差额，但应收保险费不得低于所规定的最低年保费。

（6）被保险人及其代表应当：

① 在获悉发生产品责任事故且可能或已经被索赔时，立即通知保险人，并在 7 日或约定的期限内书面告知事故发生的经过、原因和损失程度，未经保险人书面同意，被保险人及其代表不得作出任何承诺、拒绝、出价、约定、付款或赔偿；

② 在获悉受损害方就产品责任赔偿可能或已经向法院提出诉讼或向仲裁机构提出仲裁申请时，立即书面通知保险人，并在接到法院传票或其他相关法律文书后，立即将其送交保险人；

③ 在处理被保险产品引起的索赔案件时，应依法尽力采取有效、合理措施，包括抗辩、应诉等，以避免或减少损失；在必要时，保险人有权以被保险人的名义接办对任何诉讼的抗辩或索赔的处理；

④ 在保险人以被保险人名义自行处理被保险产品引起的索赔案件时，提供一切所需的资料和协助。

（7）若在某一被保险产品中发现的缺陷表明或预示类似缺陷也存在于其他被保险产品时，被保险人应立即自付费用进行调查并纠正该缺陷，否则，由于类似缺陷造成的一切损失应由被保险人自行承担。

（8）如投保人及被保险人未履行规定的各项义务之一的，保险人有权拒绝赔偿，并有权以书面形式通知投保人或被保险人终止保险合同。

14.4　雇主责任保险[1]

14.4.1　雇主责任保险的概念

雇主责任保险是指承保雇员在受雇期间发生的人身伤亡或根据雇佣合同应由雇主承担的经济赔偿责任的一种保险。它在责任保险中最先产生，且最先成为许多发达国家法定保险。[2]

雇主责任保险是承保基于雇主的过失或疏忽未能尽其法律义务而产生的法律赔偿责任的保险。劳动保险虽然也是承保雇员遭受人身伤亡或疾病时的雇主赔偿责任，但这种保险不考虑雇主有无过失责任。劳动保险负责雇主对雇员受雇期间任何时间、任何地点遭受的人身伤

---

[1] 本节内容参照中国人民财产保险股份有限公司雇主责任保险条款（2004）。

[2] 王卫国. 保险法. 北京：中国财政经济出版社，2003：191.

亡和疾病的赔偿责任，以严格责任为归责原则。另外，雇主责任保险由雇主支付保险费，劳动保险常常由政府、雇主和雇员一起交付保险费。雇主责任保险的赔偿金交给雇主，劳动保险的赔偿金直接交给受伤雇员（或由法院交给雇员）。劳动保险属于社会保险，雇主责任保险属于商业保险。

雇主责任保险的投保人与被保险人都是雇主，但保险合同的受益人是与雇主有雇佣关系的雇员。保险公司与雇主之间存在保险合同关系，与雇员不存在合同关系（除非法律或雇佣合同另有规定）。

14.4.2 保险条款总则

保险条款总则具体内容如下。

（1）本保险合同由保险条款、投保单、保险单以及批单组成。凡涉及本保险合同的约定，均应采用书面形式。

（2）中华人民共和国境内（不包括香港、澳门和台湾地区）的各类企业、有雇工的个体工商户、国家机关、事业单位、社会团体、学校均可作为本保险合同的被保险人。

（3）本保险合同所称工作人员，是指与被保险人存在劳动关系（包括事实劳动关系）的各种用工形式、各种用工期限、年满16周岁的劳动者及其他按国家规定和法定途径审批的劳动者。

14.4.3 保险责任

在保险期间内，被保险人的工作人员在中华人民共和国境内（不包括香港、澳门和台湾地区）因下列情形导致伤残或死亡，依照中华人民共和国法律应由被保险人承担的经济赔偿责任，保险人按照本保险合同约定负责赔偿：

（1）在工作时间和工作场所内，因工作原因受到事故伤害；

（2）工作时间前后在工作场所内，从事与工作有关的预备性或者收尾性工作受到事故伤害；

（3）在工作时间和工作场所内，因履行工作职责受到暴力等意外伤害；

（4）被诊断、鉴定为职业病；

（5）因公外出期间，由于工作原因受到伤害或者发生事故下落不明；

（6）在上下班途中，受到交通及意外事故伤害；

（7）在工作时间和工作岗位，突发疾病死亡或者在48小时之内经抢救无效死亡；

（8）在抢险救灾等维护国家利益、公共利益活动中受到伤害；

（9）原在军队服役，因战、因公负伤致残，已取得革命伤残军人证，到用人单位后旧伤复发；

（10）法律、行政法规规定应当认定为工伤的其他情形。

保险事故发生后，被保险人因保险事故而被提起仲裁或者诉讼的，对应由被保险人支付的仲裁或者诉讼费用以及事先经保险人书面同意支付的其他必要的、合理的费用（以下简称"法律费用"），保险人按照本保险合同约定的限额也负责赔偿。

14.4.4 责任免除

下列原因造成的损失、费用和责任，保险人不负责赔偿：

（1）投保人、被保险人的故意或重大过失行为；

（2）战争、敌对行动、军事行为、武装冲突、罢工、暴动、民众骚乱、恐怖活动；

（3）核辐射、核爆炸、核污染及其他放射性污染；

（4）行政行为或司法行为；

（5）被保险人承包商的工作人员遭受的伤害；

（6）被保险人的工作人员犯罪或者违反法律、法规的；

（7）被保险人的工作人员醉酒导致伤亡的；

（8）被保险人的工作人员自残或者自杀的；

（9）在工作时间和工作岗位，被保险人的工作人员因投保时已患有的疾病发作或分娩、流产导致死亡或者在 48 小时之内经抢救无效死亡。

下列损失、费用和责任，保险人不负责赔偿：

（1）罚款、罚金及惩罚性赔款；

（2）精神损害赔偿；

（3）被保险人的间接损失；

（4）被保险人的工作人员因保险合同列明情形之外原因发生的医疗费用；

（5）本保险合同中载明的免赔额。

14.4.5 责任限额与免赔额

责任限额包括每人伤亡责任限额、每人医疗费用责任限额、法律费用责任限额及累计责任限额，由投保人自行确定，并在保险合同中载明。其中每人伤亡责任限额不低于 3 万元人民币；每人医疗费用责任限额不超过每人伤亡责任限额的 50% 并且不高于 5 万元人民币，法律费用责任限额为伤亡责任限额的 20%。

每次事故每人医疗费用免赔额由投保人与保险人在签订保险合同时协商确定，并在保险合同中载明。

14.4.6 保险期间

除另有约定外，保险期间为 1 年，以保险合同载明的起讫时间为准。

14.4.7 投保人、被保险人义务

投保人、被保险人义务具体内容如下。

（1）投保人应履行如实告知义务，如实回答保险人就被保险人的有关情况提出的询问，并如实填写投保单。

投保人故意隐瞒事实，不履行如实告知义务的，或者因过失未履行如实告知义务，足以影响保险人决定是否同意承保或者提高保险费率的，保险人有权解除保险合同，保险合同自保险人的解约通知书到达投保人或被保险人时解除。

投保人故意不履行如实告知义务的，保险人对于保险合同解除前发生的保险事故，不承担赔偿责任，并不退还保险费。

投保人因过失未履行如实告知义务，对保险事故的发生有严重影响的，保险人对于保险合同解除前发生的保险事故，不承担赔偿责任，但可退还保险费。

（2）投保人应在保险合同成立时一次性支付保险费。保险事故发生时投保人未足额支付保险费的，保险人按照已交保险费与保险合同约定保险费的比例承担赔偿责任。

（3）被保险人应严格遵守有关安全生产和职业病防治的法律法规以及国家及政府有关部门制定的其他相关法律、法规及规定，执行安全卫生规程和标准，加强管理，采取合理的预防措施，预防保险事故发生，避免和减少损失。

保险人可以对被保险人遵守前款约定的情况进行检查，向投保人、被保险人提出消除不安全因素和隐患的书面建议，投保人、被保险人应该认真付诸实施。

投保人、被保险人未遵守上述约定而导致保险事故发生的，保险人不承担赔偿责任；投保人、被保险人未遵守上述约定而导致损失扩大的，保险人对扩大部分的损失不承担赔偿责任。

（4）在保险期间内，如保险合同所载事项变更或其他足以影响保险人决定是否继续承保或是否增加保险费的保险合同重要事项变更，被保险人应及时书面通知保险人，保险人有权要求增加保险费或者解除合同。

被保险人未履行通知义务，因上述保险合同重要事项变更而导致保险事故发生的，保险人不承担赔偿责任。

（5）发生本保险责任范围内的事故，被保险人应该：

① 尽力采取必要、合理的措施，防止或减少损失，使工作人员得到及时救治，否则，对因此扩大的损失，保险人不承担赔偿责任；

② 立即通知保险人，并书面说明事故发生的原因、经过和损失情况；对因未及时通知导致保险人无法对事故原因进行合理查勘的，保险人不承担赔偿责任；对因未及时通知导致保险人无法核实损失情况的，保险人对无法核实部分不承担赔偿责任；

③ 允许并且协助保险人进行事故调查；对于拒绝或者妨碍保险人进行事故调查导致无法确定事故原因或核实损失情况的，保险人不承担赔偿责任。

（6）被保险人收到其工作人员的损害赔偿请求时，应立即通知保险人。未经保险人书面同意，被保险人自行对其工作人员作出的任何承诺、拒绝、出价、约定、付款或赔偿，保险人不承担赔偿责任。

（7）被保险人获悉可能发生诉讼、仲裁时，应立即以书面形式通知保险人；接到法院传票或其他法律文书后，应将其副本及时送交保险人。保险人有权以被保险人的名义对诉讼进行抗辩或处理有关仲裁事宜，被保险人应提供有关文件，并给予必要的协助。

对因未及时提供上述通知或必要协助引起或扩大的损失，保险人不承担赔偿责任。

（8）被保险人向保险人请求赔偿时，应提交保险单正本、索赔申请、工作人员名单、有关事故证明书、就诊病历、检查报告、用药清单、支付凭证、损失清单、劳动保障行政部门出具的工伤认定证明、劳动能力鉴定委员会出具的劳动能力鉴定证明或保险人认可的医疗机构出具的残疾程度证明、公安部门或保险人认可的医疗机构出具的死亡证明、有关的法律文书（裁定书、裁决书、判决书等）或和解协议，以及保险人合理要求的有效的、作为请求赔偿依据的其他证明材料。

被保险人未履行前款约定的单证提供义务，导致保险人无法核实损失的，保险人对无法核实部分不承担赔偿责任。

（9）被保险人在请求赔偿时应当如实向保险人说明与本保险合同保险责任有关的其他保险合同的情况。对未如实说明导致保险人多支付保险金的，保险人有权向被保险人追回应由其他保险合同的保险人负责赔偿的部分。

（10）发生保险责任范围内的损失，应由有关责任方负责赔偿的，被保险人应行使或保留行使向该责任方请求赔偿的权利。

保险事故发生后，保险人未履行赔偿义务之前，被保险人放弃对有关责任方请求赔偿的权利的，保险人不承担赔偿责任。

在保险人向有关责任方行使代位请求赔偿权利时，被保险人应当向保险人提供必要的文件和其所知道的有关情况。

由于被保险人的过错致使保险人不能行使代位请求赔偿的权利的，保险人相应扣减赔偿金额。

14.5 职业责任保险

14.5.1 职业责任保险的概念

职业责任保险是承保各种专业技术人员因工作上的疏忽或过失，造成他们的当事人或他人的人身伤害或财产损失的经济赔偿责任的一种保险。目前国外办理较为普遍的有医生、药剂师、会计师、律师、设计师、工程师等的职业责任保险。不同专业技术人员的保险，承保时内容皆不相同，保险人用专门设计的保险单和条款承保。

14.5.2 职业责任保险的主要种类

目前开办的职业责任保险主要有以下几类。

（1）内科医生、外科医生、药剂师及牙科医生的责任保险。

（2）注册会计师职业责任保险。

（3）律师职业责任保险。

（4）保险代理人、保险经纪人责任保险。

（5）房地产评估师职业责任保险。

（6）船舶检验师职业责任保险。

（7）造价咨询师职业责任保险。

（8）注册资产评估师职业责任保险。

（9）高新技术企业董事会监事会高级管理人员职业责任保险。

14.5.3　投保人与被保险人

职业责任保险的投保人一般是提供专业技术服务的单位。例如，医院替医生投保，勘察设计院替设计师投保等。私人医生则由其本人投保个人职业责任保险。职业责任保险范围包括甚广，不同形式的保单有不同的规定。如要增加被保险人，必须增加一定的保费。

14.5.4　保险责任

职业责任保险的保险责任一般包括下列各条：

（1）负责专业人员由于职业上的疏忽行为、错误或失职造成的损失；

（2）负责被保险人的疏忽行为，既包括被保险人自己，也包括被保险人从事该业务的前任、被保险人的雇员及从事该业务的雇员的前任的职业疏忽行为；

（3）职业责任保险通常采用以索赔为基础的条件承保，保险公司仅对在保单有效期内提出的索赔负责；

（4）职业责任保险承担的赔偿责任包括赔偿金和诉讼费用。

14.5.5　除外责任

职业责任保险的除外责任一般包括下列各条：

（1）战争、罢工；

（2）核风险（核责任除外）；

（3）被保险人的故意行为；

（4）被保险人的家属、雇员的人身伤害或财物损失（雇主责任险除外）；

（5）被保险人的契约责任；

（6）被保险人所有或由其照管、控制的财产的损失。

此外，规定有一些特别的除外责任。

14.5.6 责任期限

职业责任保险的保险期限通常为 1 年。由于职业责任事故从产生到受害方提出索赔，有可能间隔很长期限。例如，1 年、2 年甚至更长时间，保险公司通常在一定的保险期限之外均规定责任追溯日期，仅对追溯日期开始后发生的疏忽行为并在保单有效期内提出的索赔负责，对于追溯日期之前的索赔概不负责。

14.5.7 赔偿限额

职业责任保险保单的赔偿限额一般为累计的限额，而不规定每次事故的限额，但也有些承保人采用每次索赔或每次事故限额而不规定累计限额。法律诉讼费用，一般在赔偿限额以外赔付。但若最终赔偿金额超过限额，法律诉讼费用应按两者的比例分摊。

14.6 机动车第三者责任保险❶

14.6.1 机动车第三者责任保险的概念

机动车第三者责任保险是指以机动车的所有人或使用人对机动车事故受害人应当承担的损害赔偿责任为标的的责任保险。在机动车责任保险中，被保险人为被保险机动车的所有人或者使用人（包括保险单列明的被保险人及经其同意而使用被保险机动车的人），被保险人对机动车事故受害人的赔偿责任，为机动车责任保险的标的，但其不以机动车事故所造成的受害人的人身损失为限，还包括机动车事故造成受害人的财产损失。保险人以机动车责任保险合同约定的保险金额为限承担保险责任。

14.6.2 定义

机动车第三者责任保险的定义如下。

（1）本保险合同中的机动车是指在中华人民共和国境内（不含港、澳、台地区）行驶，以动力装置驱动或者牵引，上道路行驶的供人员乘用或者用于运送物品以及进行专项作业的轮式车辆（含挂车）、履带式车辆和其他运载工具（以下简称被保险机动车），但不包括摩托车、拖拉机和特种车。

（2）本保险合同中的第三者是指因被保险机动车发生意外事故遭受人身伤亡或者财产损失的人，但不包括被保险机动车本车上人员、投保人、被保险人和保险人。

14.6.3 保险责任

被保险人或其允许的合法驾驶人在使用被保险机动车过程中发生意外事故，致使第三者

---

❶ 本节内容参照中国保险行业协会制定的 2007 版机动车商业保险行业基本条款。

遭受人身伤亡或财产直接损毁，依法应当由被保险人承担的损害赔偿责任，保险人依照本保险合同的约定，对于超过机动车交通事故责任强制保险各分项赔偿限额以上的部分负责赔偿。

14.6.4　责任免除

本保险责任免除包括以下内容。

（1）被保险机动车造成下列人身伤亡或财产损失，不论在法律上是否应当由被保险人承担赔偿责任，保险人均不负责赔偿：

① 被保险人及其家庭成员的人身伤亡、所有或代管的财产的损失；

② 被保险机动车本车驾驶人及其家庭成员的人身伤亡、所有或代管的财产的损失；

③ 被保险机动车本车上其他人员的人身伤亡或财产损失。

（2）下列情况下，不论任何原因造成的对第三者的损害赔偿责任，保险人均不负责赔偿。

① 地震、战争、军事冲突、恐怖活动、暴乱、扣押、收缴、没收、政府征用。

② 竞赛、测试、教练，在营业性维修、养护场所修理、养护期间。

③ 利用被保险机动车从事违法活动。

④ 驾驶人饮酒、吸食或注射毒品、被药物麻醉后使用被保险机动车。

⑤ 事故发生后，被保险人或其允许的驾驶人在未依法采取措施的情况下驾驶被保险机动车或者遗弃被保险机动车逃离事故现场，或故意破坏、伪造现场、毁灭证据。

⑥ 驾驶人有下列情形之一者：无驾驶证或驾驶证有效期已届满；驾驶的被保险机动车与驾驶证载明的准驾车型不符；实习期内驾驶公共汽车、营运客车或者载有爆炸物品、易燃易爆化学物品、剧毒或者放射性等危险物品的被保险机动车，实习期内驾驶被保险机动车牵引挂车；持未按规定审验的驾驶证，以及在暂扣、扣留、吊销、注销驾驶证期间驾驶被保险机动车；使用各种专用机械车、特种车的人员无国家有关部门核发的有效操作证，驾驶营业性客车的驾驶人无国家有关部门核发的有效资格证书；依照法律法规或公安机关交通管理部门有关规定不允许驾驶被保险机动车的其他情况下驾车。

⑦ 非被保险人允许的驾驶人使用被保险机动车。

⑧ 被保险机动车转让他人，未向保险人办理批改手续。

⑨ 除另有约定外，发生保险事故时被保险机动车无公安机关交通管理部门核发的行驶证和号牌，或未按规定检验或检验不合格。

⑩ 被保险机动车拖带未投保交强险的机动车（含挂车）或被未投保交强险的其他机动车拖带。

（3）下列损失和费用，保险人不负责赔偿：

① 被保险机动车发生意外事故，致使第三者停业、停驶、停电、停水、停气、停产、通信或者网络中断、数据丢失、电压变化等造成的损失以及其他各种间接损失；

② 精神损害赔偿；

③ 因污染（含放射性污染）造成的损失；

④ 第三者财产因市场价格变动造成的贬值、修理后因价值降低引起的损失；

⑤ 被保险机动车被盗窃、抢劫、抢夺期间造成第三者人身伤亡或财产损失；

⑥ 被保险人或驾驶人的故意行为造成的损失；

⑦ 仲裁或者诉讼费用以及其他相关费用。

（4）应当由交强险赔偿的损失和费用，保险人不负责赔偿。

保险事故发生时，被保险机动车未投保交强险或机动车交通事故责任强制保险合同已经失效的，对于交强险各分项赔偿限额以内的损失和费用，保险人不负责赔偿。

（5）保险人在依据本保险合同约定计算赔款的基础上，在保险单载明的责任限额内，按下列免赔率免赔：

① 负次要事故责任的免赔率为 5%，负同等事故责任的免赔率为 10%，负主要事故责任的免赔率为 15%，负全部事故责任的免赔率为 20%；

② 违反安全装载规定的，增加免赔率 10%；

③ 投保时指定驾驶人，保险事故发生时为非指定驾驶人使用被保险机动车的，增加免赔率 10%；

④ 投保时约定行驶区域，保险事故发生在约定行驶区域以外的，增加免赔率 10%。

（6）其他不属于保险责任范围内的损失和费用。

14.6.5　责任限额

每次事故的责任限额，由投保人和保险人在签订本保险合同时按保险监管部门批准的限额档次协商确定。

主车和挂车连接使用时视为一体，发生保险事故时，由主车保险人和挂车保险人按照保险单上载明的机动车第三者责任保险责任限额的比例，在各自的责任限额内承担赔偿责任，但赔偿金额总和以主车的责任限额为限。

14.6.6　保险期间

除另有约定外，保险期间为 1 年，以保险单载明的起讫时间为准。

14.6.7　保险人义务

机动车第三者责任保险的保险人义务如下。

（1）保险人在承保时，应向投保人说明投保险种的保险责任、责任免除、保险期间、保险费及支付办法、投保人和被保险人义务等内容。

（2）保险人应及时受理被保险人的事故报案，并尽快进行查勘。保险人接到报案后 48 小时内未进行查勘且未给予受理意见，造成财产损失无法确定的，以被保险人提供的财产损毁照片、损失清单、事故证明和修理发票作为赔付理算依据。

（3）保险人收到被保险人的索赔请求后，应当及时作出核定。

① 保险人应根据事故性质、损失情况，及时向被保险人提供索赔须知。审核索赔材料后认为有关的证明和资料不完整的，应当及时通知被保险人补充提供有关的证明和资料。

② 在被保险人提供了各种必要单证后，保险人应当迅速审查核定，并将核定结果及时通知被保险人。

③ 对属于保险责任的，保险人应在与被保险人达成赔偿协议后 10 日内支付赔款。

（4）保险人对在办理保险业务中知道的投保人、被保险人的业务和财产情况及个人隐私，负有保密的义务。

14.6.8 投保人、被保险人义务

本保险投保人、被保险人义务如下。

（1）投保人应如实填写投保单并回答保险人提出的询问，履行如实告知义务，并提供被保险机动车行驶证复印件、机动车登记证书复印件，如指定驾驶人的，应当同时提供被指定驾驶人的驾驶证复印件。

在保险期间内，被保险机动车改装、加装或者被保险家庭自用汽车、非营业用汽车从事营业运输等，导致被保险机动车危险程度增加的，被保险人应当及时书面通知保险人。否则，因被保险机动车危险程度增加而发生的保险事故，保险人不承担赔偿责任。

（2）除另有约定外，投保人应当在本保险合同成立时交清保险费。保险费交清前发生的保险事故，保险人不承担赔偿责任。

（3）发生保险事故时，被保险人应当及时采取合理的、必要的施救和保护措施，防止或者减少损失，并在保险事故发生后 48 小时内通知保险人。否则，造成损失无法确定或扩大的部分，保险人不承担赔偿责任。

（4）发生保险事故后，被保险人应当积极协助保险人进行现场查勘。

被保险人在索赔时应当提供有关证明和资料。

引起与保险赔偿有关的仲裁或者诉讼的，被保险人应当及时书面通知保险人。

14.7 机动车交通事故责任强制保险❶

14.7.1 机动车交通事故责任强制保险的概念

交强险是指由保险公司对被保险机动车发生道路交通事故造成本车人员、被保险人以外

---

❶ 本节内容参照中国保险行业协会制定的《机动车交通事故责任强制保险条款》。

的受害人的人身伤亡、财产损失，在责任限额内予以赔偿的强制性责任保险。❶

14.7.2 《机动车交通事故责任强制保险条款》的主要内容

1. 相关用语的定义

（1）交强险合同中的被保险人是指投保人及其允许的合法驾驶人。投保人是指与保险人订立交强险合同，并按照合同负有支付保险费义务的机动车的所有人、管理人。

（2）交强险合同中的受害人是指因被保险机动车发生交通事故遭受人身伤亡或者财产损失的人，但不包括被保险机动车本车车上人员、被保险人。

（3）交强险合同中的责任限额是指被保险机动车发生交通事故，保险人对每次保险事故所有受害人的人身伤亡和财产损失所承担的最高赔偿金额。责任限额分为死亡伤残赔偿限额、医疗费用赔偿限额、财产损失赔偿限额以及被保险人在道路交通事故中无责任的赔偿限额。其中无责任的赔偿限额分为无责任死亡伤残赔偿限额、无责任医疗费用赔偿限额以及无责任财产损失赔偿限额。

（4）交强险合同中的抢救费用是指被保险机动车发生交通事故导致受害人受伤时，医疗机构对生命体征不平稳和虽然生命体征平稳但如果不采取处理措施会产生生命危险，或者导致残疾、器官功能障碍，或者导致病程明显延长的受害人，参照国务院卫生主管部门组织制定的交通事故人员创伤临床诊疗指南和国家基本医疗保险标准，采取必要的处理措施所发生的医疗费用。

2. 保险责任

在中华人民共和国境内（不含港、澳、台地区），被保险人在使用被保险机动车过程中发生交通事故，致使受害人遭受人身伤亡或者财产损失，依法应当由被保险人承担的损害赔偿责任，保险人按照交强险合同的约定对每次事故在下列赔偿限额内负责赔偿：

（1）死亡伤残赔偿限额为 110 000 元；

（2）医疗费用赔偿限额为 10 000 元；

（3）财产损失赔偿限额为 2 000 元；

（4）被保险人无责任时，无责任死亡伤残赔偿限额为 11 000 元；无责任医疗费用赔偿限额为 1 000 元；无责任财产损失赔偿限额为 100 元。

死亡伤残赔偿限额和无责任死亡伤残赔偿限额项下负责赔偿丧葬费、死亡补偿费、受害人亲属办理丧葬事宜支出的交通费用、残疾赔偿金、残疾辅助器具费、护理费、康复费、交通费、被扶养人生活费、住宿费、误工费，被保险人依照法院判决或者调解承担的精神损害抚慰金。

医疗费用赔偿限额和无责任医疗费用赔偿限额项下负责赔偿医药费、诊疗费、住院费、住院伙食补助费，必要的、合理的后续治疗费、整容费、营养费。

---

❶ 《机动车交通事故责任强制保险条例》第 3 条。

3. 垫付与追偿

被保险机动车在以下（1）～（4）之一的情形下发生交通事故，造成受害人受伤需要抢救的，保险人在接到公安机关交通管理部门的书面通知和医疗机构出具的抢救费用清单后，按照国务院卫生主管部门组织制定的交通事故人员创伤临床诊疗指南和国家基本医疗保险标准进行核实。对于符合规定的抢救费用，保险人在医疗费用赔偿限额内垫付。被保险人在交通事故中无责任的，保险人在无责任医疗费用赔偿限额内垫付。对于其他损失和费用，保险人不负责垫付和赔偿。

（1）驾驶人未取得驾驶资格的。

（2）驾驶人醉酒的。

（3）被保险机动车被盗抢期间肇事的。

（4）被保险人故意制造交通事故的。

对于垫付的抢救费用，保险人有权向致害人追偿。

4. 责任免除

下列损失和费用，交强险不负责赔偿和垫付：

（1）因受害人故意造成的交通事故的损失；

（2）被保险人所有的财产及被保险机动车上的财产遭受的损失；

（3）被保险机动车发生交通事故，致使受害人停业、停驶、停电、停水、停气、停产、通信或者网络中断、数据丢失、电压变化等造成的损失以及受害人财产因市场价格变动造成的贬值、修理后因价值降低造成的损失等其他各种间接损失；

（4）因交通事故产生的仲裁或者诉讼费用以及其他相关费用。

5. 保险期间

除国家法律、行政法规另有规定外，交强险合同的保险期间为 1 年，以保险单载明的起止时间为准。

6. 投保人、被保险人义务

（1）投保人投保时，应当如实填写投保单，向保险人如实告知重要事项，并提供被保险机动车的行驶证和驾驶证复印件。重要事项包括机动车的种类、厂牌型号、识别代码、号牌号码、使用性质和机动车所有人或者管理人的姓名（名称）、性别、年龄、住所、身份证或者驾驶证号码（组织机构代码）、续保前该机动车发生事故的情况以及保监会规定的其他事项。

投保人未如实告知重要事项，对保险费计算有影响的，保险人按照保单年度重新核定保险费计收。

（2）签订交强险合同时，投保人不得在保险条款和保险费率之外，向保险人提出附加其他条件的要求。

（3）投保人续保的，应当提供被保险机动车上一年度交强险的保险单。

（4）在保险合同有效期内，被保险机动车因改装、加装、使用性质改变等导致危险程度增加的，被保险人应当及时通知保险人，并办理批改手续。否则，保险人按照保单年度重新核定保险费计收。

（5）被保险机动车发生交通事故，被保险人应当及时采取合理的、必要的施救和保护措施，并在事故发生后及时通知保险人。

（6）发生保险事故后，被保险人应当积极协助保险人进行现场查勘和事故调查。

发生与保险赔偿有关的仲裁或者诉讼时，被保险人应当及时书面通知保险人。

14.7.3　交强险与商业三者险的关系

交强险与机动车第三者责任保险（即商业三者险）在保险种类上属于同一个险种，都是保障道路交通事故中第三方受害人获得及时有效赔偿的险种。只不过交强险是法定强制性的，而商业三者险是商业性质的。

尽管两者都属于责任保险，但交强险与商业三者险在赔偿原则、赔偿范围等方面存在着本质的区别。

（1）商业三者险采取的是过错责任原则，即保险公司根据被保险人在交通事故中所承担的事故责任来确定其赔偿责任。而交强险实行的是"无过错责任"原则，即无论被保险人是否在交通事故中负有责任，保险公司均将在 12.2 万元责任限额内予以赔偿。

（2）出于有效控制风险的考虑，商业三者险规定了较多的责任免除事项和较高的免赔率（额）。而交强险的保险责任几乎涵盖了所有道路交通风险，且不设免赔率和免赔额，其保障范围远远大于商业三者险。

（3）商业三者险以营利为目的，属于商业保险业务。而交强险不以营利为目的，保险公司从事交强险业务将实行与其他商业保险业务分开管理、单独核算，无论盈亏，均不参与公司的利益分配，保险公司实际上起了一个代办的角色。

（4）目前各保险公司商业三者险的条款费率相互存在差异，并设有 5 万元、10 万元、20 万元乃至 100 万元以上等不同档次的责任限额。而交强险的责任限额全国统一定为 12.2 万元，并在全国范围内执行统一保险条款和基础费率。

 案例分析

<h3 align="center">何谓"第三者"❶</h3>

一、问题的提出

案例一：2007 年 3 月 1 日，车主万某买了辆货车，他向某保险公司投保了车辆损失险和第三者责任险，雇请有多年驾龄的肖某来驾驶。4 月 21 日，汽车行驶途中出现故障，肖

---

❶ 王卫国，吕少罕．何谓"第三者"．中国保险报，2009－03－06．

某想到自己的父亲具有多年修车经验，于是就把他请来修车。孰料在修车过程中，汽车突然发动，将肖某的父亲碾压致死。保险公司向万某赔付车辆险后，就再也不肯支付肖某父亲的死亡赔偿金了。保险公司的依据是车辆第三者险中"免赔条款"明确规定：投保车辆的驾驶员及家庭成员人身伤亡，或遗留车内的财产损失均不在赔付之列。万某不服，将保险公司告上法庭，要求其按车辆第三者责任险赔付肖某父亲的死亡赔偿金。

案例二：车主赵某有一辆货车从事货运经营，并向保险公司投保了保额为 20 万元的第三者责任险和 2 万元的车上人员责任险。保险期间，赵某聘请司机驾车，自己随车前往广州送货途中发现车上货物被盗，赵某急忙让司机将车停靠路边下车查看。由于车未停稳，赵某跳下车后摔倒，被该车后轮碾压身亡。当赵某的家人向保险公司索赔遭拒后向法院起诉：请求确认保险合同中损害原告权利的免责条款无效，判令被告保险公司赔偿死亡补偿金等各项损失 20 万元。被告保险公司辩称：保险公司《机动车第三者责任保险条款》第 4 条第（一）项已明确规定："机动车事故造成被保险人、驾驶人或其家庭成员人身伤亡或财产损失的，保险人不予赔偿。"赵某是自己的车辆压死的，不属于第三者责任险赔偿范围。

案例三：2005 年 11 月 2 日，协盛公司就其所有的闽 CB4061 号货车与某保险公司签订了商业第三者责任保险和车上人员责任险，同年 11 月 9 日，协盛公司驾驶员温某驾驶该车送货时，在某经营部院内停车，因未按操作规范将车熄火和挂挡停车即下车，导致车辆后溜并撞到走到车后与他人交谈的驾驶员温某，造成其受伤抢救无效死亡。事发后，协盛公司在赔偿了驾驶员的死亡赔偿金、经济补偿等损失后，起诉保险公司要求支付第三者责任保险金，保险公司则以温某不属于保险合同约定的第三者范畴拒绝赔偿。

二、争议焦点

本案涉及机动车第三者责任险中"第三者"的界定问题。

所谓机动车第三者责任险，是指投保的车辆发生事故，致使第三者遭受人身伤亡或财产直接损失时，保险公司依照保险合同的约定给予赔偿。一般而言，保险公司称第一者，驾驶员称第二者，事故中的受害人称第三者。但保险公司第三者责任险的免责条款都规定：驾驶员和他的家庭成员不属于第三者。

案例一争议的焦点是家庭成员是否属于第三者？案例二、案例三争议的焦点是驾驶员是否属于第三者？

三、观点之争

实践中，对第三者责任险中第三者的范围认定问题，即第三者的身份的确定标准和驾驶员、车上人员是否存在在特定情况下向第三者转化的可能也是一个争议较大的问题。

一种观点认为，根据保险公司提供的保险条款对第三者范围的规定"本保险合同中的第三者是指除投保人、被保险人、保险人以外的，因保险车辆发生意外事故遭受人身伤亡或者财产损失的保险车辆下的受害者"（这也是多数保险公司采用的保险条款），并在免责条款中将本车驾驶人员及其家庭成员的人身伤亡和财产损失列入了不予赔偿的范围。由此可知，驾驶员及其家庭成员不属于第三者。

另一种观点认为，第三者身份的确定主要应依照其对车辆的操作和控制状况来进行。驾驶员身份的判定，应依事故发生时其是否实际操纵和控制保险车辆或者有能力操纵和控制保险车辆来确定。第三者责任保险合同将驾驶员及其亲属排除在赔偿责任范围之外的主要目的是为了避免驾驶员在驾驶和操纵车辆过程中故意行为、串通骗取保险金等道德风险，其前提应基于保险事故发生时驾驶员实际操纵车辆的情形。因此应根据具体情况来认定。

四、评析

实践中，由于对第三者的含义存在不同的理解，所以由此引发的纠纷较多，有必要对该问题进行深入的探讨。

1. 设立第三者责任险的宗旨

第三者责任险旨在确保第三人即受害人因意外事故受到损害时能够从保险人处获得救济，是为不特定的第三人利益而订立的合同，其含义并未将被保险人或车辆驾驶人员的家属排除在外，保险车辆上人员之外所有人均属于第三者。

2. 保险公司缩小"第三者"范围的目的

由于机动车第三者责任险为商业保险，很多保险公司为了降低风险，在合同中都规定有类似"保险车辆造成本车驾驶员及其家庭成员（家属）、被保险人及其家庭成员（家属）人身伤亡的属除外责任"的免责条款。从保险公司的角度看，它们之所以拟定类似条款，主要是为了防范道德风险，即投保人与家属之间串通骗保。其实，这种担心是不必要的。如果保险事故是由被保险人故意造成的，根据《保险法》第27条的规定，保险人不承担保险责任。又根据《保险法》，如果投保人、被保险人进行保险欺诈活动，构成犯罪的，依法追究其刑事责任。因此，道德风险的防范并非没有相应措施与途径，它不需要也不应当通过预先对合法权利的剥夺来实现。

3. 关于驾驶员向第三者转化的问题

在案例二和案例三中，因为驾驶员的过失导致事故，而事故的发生恰恰是因为原驾驶员停止了驾驶行为，离开该车导致无法控制该车造成的。有人认为在此情形下其身份符合第三者的条件和保护范围，已由驾驶员向第三者转化。否则如该案例，该驾驶员既不属于第三者，按照合同约定也不属于车上人员，将使该人处于缺乏保护的状态。另外在实践中，也存在着车上人员下车后与车辆发生刮碰的事故等情形，也应根据该人员的实际情况对其身份属第三者或者车上人员作出具体判断。

我们认为这种观点是不正确的。从第三者责任险的立法本意来看，主要是保护除车上人员、被保险人以外的受害人的利益。驾驶员可以通过车上人员责任险和意外伤害险来保障自己的权益。根据权利义务相一致原理，不能给保险人施加过多的负担。这也是民法公平原则和等价有偿原则的体现。

2005年11月4日，在广东省高级人民法院关于如何确定机动车第三者责任保险中"第三者"范围的批复（粤高法民一复字〔2005〕11号）中，对广州市中级人民法院报送的《关于中国平安财产保险股份有限公司增城支公司与朱伯获、郭带娣、罗景秋道路交通事故人身损害赔偿纠纷一案有关法律适用问题的请示》是这样答复的：原则同意你院审判委员会多数意见，即机动车第三者责任保险中"第三者"不包括保险车辆本车上的乘客。根据《中国保险监督管理委员会关于机动车辆保险条款解释》的规定和保险行业惯例及保险理论通说，商业三者险中"第三者"是指除保险人、被保险人和保险车辆上的人员以外，因保险车辆的意外事故遭受人身、财产损害的第三人。保险车辆本车上的乘客不属于本车投保的第三者责任保险中的"第三者"，其因交通事故遭受人身、财产损害的，可由本车车上乘客责任险和对方机动车投保的第三者责任保险予以保护。

我们认为这种判定是正确的，也就是说，不管驾驶员在车内还是车外均不属于第三者。

五、结论

综上所述，机动车第三者责任险中的"第三者"的范围是指除保险人、被保险人以外的受害人。也就是说，"被保险人的家庭成员"、"被保险人允许的驾驶人员的家庭成员"均属于第三者，但被保险人和驾驶员不属于第三者。由此可以得出：案例一属于第三者赔偿的范围，案例二、案例三不属于第三者赔偿的范围。

本 章 小 结

责任保险是指保险人承保被保险人因疏忽或过失造成第三者人身伤亡或财产损失而依法应承担赔偿责任的保险。《保险法》第 65 条第四款规定："责任保险是指以被保险人对第三者依法应负的赔偿责任为保险标的的保险。"责任保险不仅可以保障被保险人因为履行损害赔偿责任所受利益丧失或者损害，实现被保险人自身损害的填补，而且可以保护被保险人的致害行为的直接受害人，使受害人可以获得及时赔偿。因此，责任保险一定程度上保障了加害人和受害人的利益，从而具有特殊的安定社会的效能。

本章重点是：责任保险的概念及特征

本章难点是：公众责任保险的保险责任和除外责任；产品责任保险的保险责任和除外责任；雇主责任保险的保险责任和除外责任

关键词语：责任保险　公众责任保险　产品责任保险　雇主责任保险

思考题

1. 责任保险的概念和特征包括哪些内容？
2. 公众责任保险的保险责任和除外责任是什么？
3. 产品责任保险的保险责任和除外责任是什么？
4. 雇主责任保险的保险责任和除外责任是什么？
5. 交强险与商业三者险的关系是什么？

第 15 章

信用保险与保证保险合同

本章导读

15.1 信用保险合同

15.2 保证保险合同

15.1 信用保险合同

15.1.1 信用保险合同的概念与特征

信用保险合同是以信用交易中债务人的信用作为保险标的，当被保险人在信用贷款或售货交易过程中未能如约履行债务时，由保险人向债权人提供风险保障，给予赔偿的一种财产保险合同。在该合同中，投保人和保险人是当事人，投保人是债权人，同时，债权人也是被保险人。

《保险法》第95条第一款第（二）项规定："财产保险业务，包括财产损失保险、责任保险、信用保险、保证保险等保险业务。"可见，信用保险合同与财产损失保险、责任保险处于同等地位。

信用保险是一种比较新型的财产保险。经营工商、金融事业过程中常常依靠信用，当债务人信用不佳致使债务不能清偿时，债权人往往遭受损失，这种危险的存在使得信用保险业务得以产生和发展。信用保险合同具有如下特征。

（1）信用保险合同是针对被保险人的信用贷款或信用赊销而订立的一种保险合同。当债务人不能清偿债权人贷款或货款时，由保险人给予债权人保险赔偿。

（2）信用保险合同中的投保人，只能是信用贷款合同或信用赊销合同中的权利人。

（3）在信用保险合同中，投保人与被保险人为同一人（债权人）。债务人不是信用保险合同的当事人。

（4）信用保险合同的保险标的是被保险人在信用贷款或信用赊销中因义务人不能如约

履行债务而遭受的损失。

（5）在信用保险中，为了防止滥用贷款或赊销，被保险人必须自行承担一部分风险。

（6）保险人的特定性。在各国保险市场上，并非所有的保险组织都能够经营信用保险，而是由政府机构直接办理（政策性）信用保险业务（如英国出口信用保险部）；或者是政府以出资参股的形式，支持保险公司办理出口信用保险（如加拿大的出口发展公司）；或者是政府授权私人保险公司经营信用保险业务（如德国的赫尔梅斯保险公司）。

15.1.2 信用保险合同的种类

按保险标的性质的不同，可以将信用保险合同分为商业信用保险合同、银行信用保险合同和国家信用保险合同。在我国，信用保险合同一般分为出口信用保险合同、投资信用保险合同和商业信用保险合同。

1. 出口信用保险合同

出口信用保险合同是指以出口信用为标的，在外贸企业或银行从事商品外销或者贷款业务中，债务人因主客观原因不履行合同义务时，保险人对债权人的损失给予补偿的一种财产保险合同。按照承保业务的性质，出口信用保险合同又可分为普通出口信用保险合同、寄售出口信用保险合同、出口融资信用保险合同、托收方式出口信用保险合同、中长期延付出口信用保险合同、海外工程出口信用保险合同等。

出口信用保险是国家为了扩大出口，保障本国出口商的利益，由政府直接或间接办理的一项政策性保险业务，它主要保障本国出口商按合同规定出口货物或付出服务后，因政治危险或商业危险而不能按期收回合同款项的损失能够得到赔偿。英国早在1929年就成立了出口信用担保局。1934年，英国、法国、意大利、西班牙的信用保险机构联合组建一个名为"国际信用与投资保险人联合会"的国际组织，通称"伯尔尼组织"。我国在1989年1月开始试办出口信用保险。

2. 投资信用保险合同

投资信用保险合同，又称政治风险保险合同，是指投保人（主要指海外投资商）向保险人所在国投资经营，因政治原因造成经济损失，由保险人负赔偿责任的一种财产保险合同。

3. 国内商业信用保险合同

它是指国内的商品出卖人因买受人的信用危险，致使货款无法收回时，由保险人依约定给予赔偿的一种财产保险合同。其主要有贷款信用保险合同和消费信用保险合同。

15.1.3 信用保险合同的保险范围

1. 信用保险的保险责任

信用保险合同的保险责任主要包括商业信用危险责任和政治危险责任两个方面。

1）商业信用危险责任

商业信用危险责任是指债务人信用不良而导致被保险财产或利益的损失，保险人依照合同应承担赔偿责任。对债务人的恶意违约行为而导致的被保险人的利益或财产损失，保险人亦应承担赔偿责任。当然，债权人（要保人）应尽到必要的注意义务去核查债务人的信用情况，运用交易惯例手段去防止因债务人的欺诈而损害保险人的利益的行为发生。商业信用危险责任主要有以下内容。

（1）买方无力偿付债务。其主要包括以下情况：法院已宣告买方破产；买方已接到法院关于破产清算的判决或裁定；买方已由法院委任的清算人或破产清算人接管；买方已作出将其全部资产用于清理债务的安排；买方的债权人已接受买方的全部或大部分资产。

（2）买方收货后超过付款期一定期限以上仍未支付货款。

（3）非被保险人违约，买方拒绝收货及付款。被保险人已采取必要措施迫使买方收货付款，包括必要时对买方起诉。

2）政治危险责任

一般来说，政治危险责任在国内商业信用保险业务中不适用，而只适用于出口信用保险和投资保险合同中。政治危险责任适用的情况如下。

（1）战争、类似战争行为、叛乱、罢工及暴动。

（2）政府有关部门的征用或没收。

（3）政府有关部门的汇兑限制，使被保险人不能将按投资合同规定应属被保险人所有并可汇出的汇款汇出。

除上述原因外，普通出口信用保险的政治危险责任还有以下情况：出口国以外与本合同交易有关国家及地区发生的上述行为；由于上述原因导致出口货物中止运输；上述原因发生在本国以外的抵制、禁止、增加关税等。

2. 信用保险的除外责任

信用保险的除外责任因具体险种不同而有所差别，主要是因被保险人过失而造成的损失应由被保险人自己承担。

在出口信用保险中，属于除外责任的有以下情况：

（1）应由货物运输保险或其他保险承担的损失；

（2）由于汇率变更引起的损失；

（3）由于被保险人或代表他的任何人违反合同或不遵守法律引起的损失；

（4）在将货物交付承运前，由于买方根本违反合同或预期违反合同，被保险人有权解除或中止合同，但仍向其出口货物而发生的损失；

（5）在交付货物时，由于买方没有遵守所在国法律、法令等，因而未得到进口许可而引起的损失；

（6）由于被保险人或买方的代理人、被保险人的承运人、任何有关的银行或金融机构破产、欺诈、违约或其他行为引起的损失。

在投资风险保险中，除外责任包括：

（1）被保险人的投资项目受损引发的被保险人其他一切商业损失；

（2）被保险人或其代理人违反投资协议，或者故意的违法行为导致政府有关部门的征用或没收而造成的损失；

（3）政府有关部门对汇出汇款期限有明确规定，由于被保险人没有按照规定汇出汇款而造成的损失；

（4）原子弹、氢弹等核武器造成的损失；

（5）投资合同范围以外的任何其他财产被征用、没收等造成的损失。

15.2　保证保险合同

15.2.1　保证保险合同的概念

保证保险合同是指由商品交易活动的债务人向保险人投保并交纳保险费，而保险人则以债权人作为被保险人向其提供保险保障，当债务人不履行债务或雇员的欺诈行为给债权人或雇主造成经济损失时由保险人负责赔偿的一种财产保险合同。

保证保险作为一种保险业务，产生的时间并不长。最早办理保证保险业务的是美国，然后是西欧一些国家，日本在近十几年也开办了保证保险业务。它是随着商业信用的普遍化和道德危险的频繁发生而发展的。目前，西方国家的保证保险体系已趋于完善，可以对货物买卖、租赁、借贷、工程承包等各种类型的合同提供保证保险。

15.2.2　保证保险合同的特征

保证保险类似于银行的担保业务，即由保险人提供保证保险单，负责赔偿权利人因被保证人的不履行合同义务或不忠实行为而遭受的损失。因此，该种保险合同与一般保险合同不同。保证保险合同的主要特征如下。

（1）保证保险合同和信用保险合同的主体构成不同。保证保险合同涉及债权人、债务人和保险人三方当事人。其中，投保人和被保险人两种身份是处于相互分离状态的，债务人是投保人，而债权人则是被保险人，保险人根据债务人的要求就其信用向债权人提供保险保障。与此不同，信用保险合同发生在债权人与保险人之间，因此，投保人和被保险人两种主体身份统一于一人，即商品交易活动中的债权人。债权人要求保险人对于其商品交易的相对人——债务人的信用风险提供保险保障。

（2）保证保险合同的保险标的是基于债务人的信用风险而形成的一种经济利益，具体表现为三方当事人在保险合同中的权利、义务是以债务人不履行债务而给债权人造成的经济损失为对象的。

（3）保证保险合同承保的危险是一种信用风险，具有特殊性，即债务人出于主观过错而不履行债务的行为。故保险人在订立保证保险合同时，应当调查债务人的资信情况，调查内容包括被保证人在各国的政治经济状况、被保证人的资金财务状况、信誉状况、经营范围、经营能力等。只有经过可靠的资信调查，认为确有把握的才能承保，并且据此决定所应适用的保险费率。当然，保证保险合同一般将债务人因不可抗力而不能履行债务的情况列为责任免除事项。

（4）保证保险合同的保险人在向被保险人（债权人）履行了保险赔偿责任后，适用代位求偿制度，即保险人在向债权人进行保险赔偿之后，债权人应当将其享有的向债务人的追偿权转让给保险人，由保险人代位向债务人追偿。

（5）保证保险合同强调损失的共担。承保风险的特殊性使得保证保险合同的风险范围很难估算和控制，因此在保险实务中，保证保险合同一般采取保险人与被保险人共担损失的办法，由保险人和被保险人各负担一定比例的损失责任。

15.2.3 保证保险合同与保证合同的区别

保证保险合同与保证合同之间在功能上具有一致性。但是，二者之间却有着本质上的区别，主要表现在以下几个方面。

（1）合同的主体不同。保证保险合同的主体包括投保人、被保险人和保险人。其中，投保人和被保险人是指债务人和债权人。涉及保证合同的法律主体是债权人、债务人和保证人。保险人履行保险责任以收取保险费为前提，而保证人履行保证责任则无须对价条件。

（2）合同的内容不同。保证保险作为一种保险手段，是以转嫁被保险人（即债权人）所面临的投保人（即债务人）不能履行债务的风险为目的的一种保险，保证保险合同以经营信用风险为合同的主要内容。保证担保是指保证人和债权人约定，当债务人不履行债务时，保证人按照约定履行债务或者承担责任的一种法定担保形式。保证合同作为保证担保的法律形式，是以保证人承担保证责任为合同的核心内容。

（3）合同的性质不同。保证保险合同一经成立便产生独立的权利义务关系，属于双务有偿合同。保证合同则表现为单务无偿合同。保证合同作为购车借款合同（即主合同）的附属合同，与主合同之间存在着主从关系。保证合同以主合同的存在为前提，其本身不能独立存在；而保证保险合同与购车借款合同之间不具有主从关系，两者处于并存状态。

（4）保证的范围不同。保证保险合同中，被保险人履行保证保险责任仅限于保险合同约定的保险金额限度内的贷款本金和利息，对于违约金、逾期利息、罚息等均不属于赔偿范围。保证担保的范围包括主债权及利息、违约金、损失赔偿金以及实现债权的费用。当事人对保证担保的范围未做约定或约定不明确时，保证人应当对全部债务承担责任。

（5）保证的程度不同。保证保险合同中，首先，保险人承担保险责任取决于合同约定的保险事故，即投保人未能按期履行约定的还款责任事实是否发生；其次，保险人在履行赔偿义务时，对合同约定的免责事项如战争、行政执法行为以及被保险人未对投保人作资信调查等情况均可免除保险责任。而根据《中华人民共和国担保法》（以下简称《担保法》）的规定，在一般保证的情况下，当债权人向保证人请求履行保证责任时，保证人在主合同纠纷未经审判或仲裁，并就债务人财产依法强制执行仍不能履行债务前，保证人可以拒绝承担保证责任，保证人享有检索抗辩权。除了法律或保证合同另有约定的情形外，保证人一般没有实体法上的免责事由。

（6）适用的法律不同。保证保险作为一种保险形式，其法律性质区别于保证担保，不属于担保的范畴。相应地，处理保证保险合同纠纷的法律依据应当是《保险法》，而不是《担保法》。作为一种法定的担保形式，处理保证担保关系则应适用《担保法》。因此，在保证保险中，除了合同双方事先约定外，保险公司无权要求银行必须先处置抵押物后才能行使索赔权。

15.2.4 保证保险合同的种类

保证保险合同一般分为诚实保证保险合同和确实保证保险合同。

1. 诚实保证保险合同

诚实保证保险合同，又称雇员忠诚保证合同。它主要承保雇主因雇员的不诚实行为或者疏于职守而受到的损失，如雇员的贪污、盗窃、侵占、非法挪用、伪造、欺骗等行为。按承保方式不同，诚实保证保险又可分为三类，即业务保证保险、职位保证保险和总括保证保险。

2. 确实保证保险合同

确实保证保险合同是指被保险人由于不履行法律或合同义务给权利人造成损失时，保险人负赔偿责任的一种财产保险合同。该合同以法律义务或者民事、商事债的存在为保险利益，保险人居于保证人的地位，投保人同时又是被保险人，他有义务向保险人提供有关其偿付能力的各种证明材料。

15.2.5 保证保险与信用保险的区别

在保险实务中，与保证保险类似的是信用保险，二者容易混淆。保证保险和信用保险，均以债务履行为保险标的，均以债务人届期不履行债务为保险事故，差别仅在于投保人不同。在保证保险中，投保人是借款合同的债务人；在信用保险中，投保人是借款合同的债权人。

在信用保险中，投保人（债权人）对于保险标的（债务履行）具有保险利益，且保险事故（债务不履行）是否发生，不受投保人（债权人）的影响，属于客观存在的不确定风险。实质上，借款合同的债权人以支付保险费为代价，将债务不履行的风险转嫁给保险人。因此信用保险完全符合保险法关于保险标的、保险事故和保险利益的规定，属于真正的保险合同。

在保证保险中，投保人（债务人）对于保险标的（债务履行）不具有保险利益，且保险事故（债务不履行）是否发生，实际上取决于投保人（债务人）的主观意愿，不符合保险事故必须是客观的不确定风险的基本原理。保证保险不符合保险法关于保险标的、保险事故和保险利益的规定，不是本来意义上的保险合同。

 ## 案例分析

男子坠楼身亡留 40 万欠款　保险公司替死者还房贷[1]

一、基本案情

倪某向银行贷款买房，不料两个月后坠楼身亡。为追索尚未归还的大笔借款，银行将此前与倪某签订"个人抵押住房综合保险合同"的保险公司告上法庭。近日，市二中院对这起保险合同赔偿纠纷案作出终审判决，判令保险公司向银行支付倪某生前留下的借款余额403 051.81 元。

2004 年 10 月，倪某向银行贷款 40.4 万元购买位于所在市海潮路的一处二手房，并以该房屋的所有权为抵押向银行作还款担保。

倪某与保险公司签订"个人抵押住房综合保险合同"，约定被保险人倪某在保险期限内因遭受意外事故所致死亡或伤残，连续 3 个月未履行或未完全履行银行抵押还贷责任的，由保险公司承担全部或部分还贷责任，如被保险人遭受意外事故死亡的，由保险公司承担全部还贷责任。

合同还特别约定贷款银行为该保险合同的第一受益人。

12 月 22 日，倪某在海潮路的房屋内坠楼身亡。就倪某的死因，当地派出所出具证明排除他杀可能。

2006 年 8 月，银行向保险公司提出理赔申请无果，遂向法院提起诉讼，要求保险公司支付借款本息和逾期利息共计 43 万余元。倪某的母亲和女儿作为遗产继承人，以第三人身份参加了诉讼。

二、法院判决

一审法院经审理，判决保险公司向银行支付贷款本息 403 051.81 元。

保险公司不服提出上诉，认为倪某坠楼并非意外伤害事故而是出于其自发意识的主动行为，该行为属于保险合同的责任免除事由范围。

保险公司还提出涉案保险合同是保证保险合同，银行作为债权人不能以合同当事人身份主张权利。

银行方面则认为保险公司对倪某死亡原因的推断缺乏证据，银行作为第一受益人的身份在倪某与保险公司签订的"个人抵押住房综合保险合同"中已作约定。

市二中院认为，涉案保险合同中关于银行为第一受益人的约定是当事人签约时的真实

---

[1] 曹廷利. 还贷责任保证保险案例. http://blog.chinacourt.org, 2009 – 11 – 20.

意思。

　　基于被保险人倪某死亡，其继承人继受了倪某在保险合同项下请求赔偿的权利而自愿参加诉讼，并认同银行向保险公司提出理赔交涉的行为及诉讼金额，明确请求保险公司向银行支付保险赔偿金，故原审判令保险公司向银行支付保险赔偿金并无不当。

本 章 小 结

　　信用保险合同是以信用交易中债务人的信用作为保险标的，当被保险人在信用贷款或售货交易过程中未能如约履行债务时，由保险人向债权人提供风险保障，给予赔偿的一种财产保险合同。在该合同中，投保人和保险人是当事人，投保人是债权人，同时，债权人也是被保险人。保证保险合同是指由商品交易活动的债务人向保险人投保并交纳保险费，而保险人则以债权人作为被保险人向其提供保险保障，当债务人不履行债务或雇员的欺诈行为给债权人或雇主造成经济损失时由保险人负责赔偿的一种财产保险合同。

　　本章的重点是：信用保险合同；保证保险合同

　　本章的难点是：保证保险合同与保证合同的区别

　　关键词语：信用保险　保证保险

 思考题

1. 信用保险合同的保险范围是什么？
2. 如何理解保证保险合同与保证合同的区别？
3. 如何理解保证保险与信用保险的区别？

第 16 章

再保险合同

16.1 再保险合同概述

16.1.1 再保险合同的概念

经济的高度发展，科学技术的进步，扩大了灾害事故可能造成的物质财富毁损和人身伤害的程度。例如，大型飞机、远洋货轮、核电站、通信卫星等的财产保险的保险金额巨大，如果发生保险事故，如此巨额的损失倘若由一个保险公司来履行全部赔付责任，势必造成保险公司的财务困难，乃至财务危机甚而破产。保险人为了避免支付被保险人因遭遇巨灾或因灾害频繁发生所造成的巨额赔款从而影响其经营基础，必须通过再保险的方式来处理其承担的责任。"再保险源于保险，由保险派生发展而来。保险是基础和前提，再保险是后盾和保障，是保险发展的支柱。"❶

《保险法》第 28 条第一款规定："保险人将其承担的保险业务，以分保形式部分转移给其他保险人的，为再保险。"

"再保险者，谓保险人以其所承保之危险，转向他保险人为保险之契约行为，故亦称为分担契约或转保契约。"❷

再保险合同，又称分保险合同，是相对于原保险合同而言的一种保险合同，它是指原保险人将其承保风险的一部分或全部进行转保而订立的保险合同。

---

❶ 黎建飞．保险法的理论与实践．北京：中国法制出版社，2005：252.

❷ 梁宇贤．保险法新论．北京：中国人民大学出版社，2004：164.

再保险合同的概念有广义和狭义之分。广义的再保险合同是指以原保险的任何保险责任为保险标的而成立的保险合同，包括全部再保险和部分再保险。例如，我国台湾地区保险办法规定："再保险为保险人以其承保之危险，转向他保险人为保险之契约行为。"狭义的再保险合同是指仅以原保险的部分保险责任为保险标的而成立的保险合同，实际为部分再保险合同。依照狭义的再保险合同，原保险人和再保险人不得订立以原保险的全部保险责任为保险标的的保险合同。有些国家，如美国有些州的立法例禁止保险人通过再保险承保原保险人依照原保险合同承担的全部风险责任，要求原保险人保留不能通过再保险获得填补的部分风险。《保险法》规定的再保险合同，仅以保险人将其承保的部分保险责任转移给其他保险人承保的保险合同为限，实际为狭义的再保险合同。

再保险合同的投保人为原保险的保险人，原保险人又称为再保险分出人；与原保险人订立保险合同并承担原保险人的保险责任风险的他保险人，为再保险人，又称为再保险接受人。

再保险合同是相对于原保险合同而言的一种保险分类。原保险人和投保人订立保险合同后，原保险人认为其负担的保险责任过重而有必要将其负担的保险责任转移给他保险人承担时，或者保险人负担的保险责任依法应当转移给他保险人承担的，有订立再保险合同的必要。例如，《保险法》第103条第一款规定："保险公司对每一危险单位，即对一次保险事故可能造成的最大损失范围所承担的责任，不得超过其实有资本金加公积金总和的百分之十；超过的部分，应当办理再保险。"

16.1.2　再保险的功能

保险公司对于分保的需要如同投保人需要获得保险保障一样，都是为了转嫁风险、分散风险，以获得安全保障。再保险的功能主要表现在以下几个方面。

1. 再保险可以分散风险

保险公司是经营风险的企业，在其经营过程中同样也会面临各种风险，这些风险主要是巨灾风险、巨额风险和经营风险。保险人通过再保险可以使这些风险得以分散，所以再保险有"保险的保险"之称。当价值巨大的标的遭遇保险风险时，保险人一次将要支付巨额赔款，通过再保险，原保险人可以将超过自己承保能力的保险金额分由再保险人来承担，从而分散巨额风险。尽管一些保单的标的价值额与保额并不算巨大，但很多保单所保标的风险单位集中，一旦某些保险事故发生，波及这些集中的标的，就会使众多遭灾受损标的的损失金额累积值巨大，同样会使保险人在一次事故后给付巨额保险金。如洪水对沿岸聚居区财产、生命的威胁，火灾对密集的商业区、街区、工业区的侵袭，核泄漏、核爆炸等有毒物质泄漏对聚居区生命、财产的危害等保险事故都将可能面临巨额赔偿的风险。保险公司在经营过程中，由于受地域与经营性质等因素影响，往往难以承保到大数法则所要求的足够多的保险标的的数量和同质性的风险，从而导致预定的费率将可能与实际所发生的损失补偿和给付之间存有较大的差异，这对于新成立或成立时间不长的公司来说，虽达到资本金方面的要求，但仍会出现因财力的限制而难以提留到足够的应付经营风险的准备金的情况。通过分保，可将那些风险同质性较差、标的数量太少、保额过高的保险业务部分或全部地转嫁给其他保险人，以分散风险。

2. 再保险可以扩大经营能力

保险公司的承保能力是受资本金和总准备金等自身财务状况限制的。通常各国都通过保险的有关立法，规定保险人经营业务量与其资本额的适当比例，并对每一危险单位的最高自留额作出限制，以此来控制保险公司的经营额度和经营范围。例如，《保险法》第 102 条规定：“经营财产保险业务的保险公司当年自留保险费，不得超过其实有资本金加公积金总和的四倍。”第 103 条第一款规定：“保险公司对每一危险单位，即对一次保险事故可能造成的最大损失范围所承担的责任，不得超过其实有资本金加公积金总和的百分之十；超过的部分应当办理再保险。”由此可以看出，对保险人的业务发展是有限制的，是要受到其资本金的限制的。但是通过再保险，不仅可以扩大保险人的业务范围，突破限额，还能合法地保证经营的稳定性。

保险人不仅可以利用再保险扩大承保数额，增加保费收入，降低经营成本，保险人还因为业务分出得到再保险人返还的分保佣金；当分出业务良好时还可再得到盈余佣金。对保险人来说，通过再保险，增加了保费及各项佣金，提高了经营利润，增强了保险人的承保能力。

3. 再保险可以提高保险公司的偿付能力

再保险的这一作用主要表现在以下两个方面。

（1）再保险可以使分出公司通过提取未到期赔付责任准备金、未决赔款准备金、分摊赔款和分摊保险经营费用而聚集大量资金并加以适当运用，来增加保险公司的收益。

（2）在再保险业务中，分出公司所分出业务的各类准备金，可以扣除经营费用，这样就减少了准备金的提留数额，即降低了公司的负债。同时，分出公司在分保业务中还可以得到一定数量的分保佣金，从而增强了分出公司的财务力量。

保险公司的偿付能力是以公司的净资产来衡量的，即资产减负债。通过办理再保险，可以增加公司资产，降低公司负债，从而提高偿付能力。

4. 再保险可以促进保险公司的共同发展

保险事业的经营有赖于经验的积累和统计的利用。所以，“保险业同行业间可以通过再保险的方法，相互交换情报及资料，分工合作，共谋事业的合理发展”。❶

16.1.3　再保险合同与原保险合同的关系

再保险的基础是原保险，原保险和再保险是相辅相成的，它们都是对风险的承担与分散。尽管如此，再保险与原保险之间的区别仍很明显，主要有以下几点。

---

❶　梁宇贤. 保险法新论. 北京：中国人民大学出版社，2004：164.

1. 保险关系的主体不同

原保险关系的主体是保险人与投保人或被保险人，原保险体现的是保险人与被保险人之间的经济关系；而再保险关系的主体是原保险人与再保险人，再保险体现的是保险人之间的经济关系。

2. 保险标的不同

原保险的保险标的包括财产、人身、责任、信用以及相关的利益，既有财产保险、人身保险，也有责任保险和信用保证保险；而再保险的保险标的则是原保险人所承担的风险责任，是一种具有责任保险性质的保险。例如，某保险公司承保一颗保额为1亿美元的通信卫星，自留10%，其余分保给再保险公司，若发生保险责任项下的全损，前者需支付给被保险人1亿美元的赔款，后者对前者1亿美元的赔偿应负有不可推卸的90%的责任，即须支出9 000万美元的分保赔款。

3. 保险赔付的性质不同

原保险人在履行赔付职责时，对财产保险是损失补偿，而对人身保险则是给付性的，所以原保险合同包括补偿性合同和给付性合同两种；而再保险人对原保险合同的分摊，无论是财产再保险还是人身再保险，都是对原保险人承担的风险损失的补偿，所以再保险合同均为补偿性合同。

16.1.4 再保险与类似概念的比较

为了深入理解再保险的含义，有必要比较与再保险相类似的制度——共同保险和重复保险之间的差异。

1. 再保险与共同保险

共同保险是由两个或两个以上的保险人联合直接承保同一保险标的、同一保险利益、同一保险责任而总保险金额不超过保险标的的可保价值的保险。共同保险的保险人在各自承保金额限度内对被保险人负赔偿责任。

再保险与共同保险均具有扩大风险分散范围、平均风险责任、稳定保险经营的功效。两者的区别在于：共同保险是多数保险人同投保人建立的保险关系，属横向联系或原保险，且为原保险的特殊形式；就风险的分散方式而言，它是风险的第一次分散，因此，各共同保险人仍然可以实施再保险。而再保险是保险人同保险人建立的保险关系，是纵向关系；就风险的分散方式而言，再保险是在原保险基础上进一步分散风险，是风险的第二次分散，并可通过转分保使风险更加细化。

2. 再保险与重复保险

重复保险是指投保人对同一保险标的、同一保险利益、同一保险事故分别向两个以上保险人订立保险合同的保险。重复保险虽与再保险一样具有分散风险的功能，但二者之间的差异是明显的：从缔约动机上看，重复保险的投保人若系善意，旨在增强安全保障，若系恶意，投保人则往往在于图谋不当得利；而再保险乃原保险人为避免或减轻所负责任，所作出分散危险的制度安排。从告知义务的履行事项看，重复保险的投保人应当将重复保险的有关情况通知各保险人；而再保险分出人（原保险人）则应将其自负责任及原保险的有关情况告知再保险接受人。从超额部分的保险效果看，重复保险的保险金额不得超过保险价值，超过保险价值的，超过的部分无效；而再保险中则可就超额约定再保险合同。总之，再保险与重复保险为两种不同的保险制度。

16.2　再保险合同的分类

根据不同的标准，再保险合同可分为以下几种。

16.2.1　按照再保险业务的操作方式划分

按照再保险业务的操作方式，可以分为临时分保、合同分保和预约分保。

1. 临时分保

临时分保是逐笔成交的、具有可选择性的分保安排方式，它常用于单一风险的分保安排。对于保险公司，当承保的单一风险大于其自留的限额时，可以自由选择安排多少分保、向谁安排等；另外，保险公司必须将风险的整体情况和分保安排的条件如实告知再保险公司，一般保障条件与原保单一致。再保险公司则可以根据业务情况和自己的承保能力自由选择接受与否，以及接受的份额。

其实，临分业务与直接保险业务中的共保业务有相似之处，都是由几家公司分担同一风险的责任。不同之处在于契约关系：临分业务的主体是分出公司与再保险接受公司，二者之间存在分保关系；而在共保业务中，不存在分保关系，也就没有再保险接受公司。除此之外，在临分业务中，再保险接受人还要给分出人一定的分保手续费，以分担分出公司的管理成本。

临时分保是再保险的最初形态，其优点在于再保险接受人可以清楚地了解业务情况，收取保费快捷，便于资金运用。但是临时分保手续较为烦琐，分出人必须逐笔将分保条件及时通知再保险人，而对方是否接受事先难以判断，如果不能迅速安排分保就要影响业务的承保或已承保的业务保险人将承担更多的风险责任。

2. 合同分保

合同分保是由保险人与再保险人用签订合同的方式确立双方的再保险关系，在一定时期内对一宗或一类业务，根据合同中双方同意及规定的条件，再保险分出人有义务分出、再保险接受人亦有义务接受合同限定范围内的保险业务。简单地说，合同分保实际上是再保险人提供给保险人的、对其承保的某一险种的业务的一种保障。合同分保是一种缔约人之间有约束力的再保险。分保合同是长期有效的，除非缔约双方的任何一方根据合同注销条款的规定，在事前通知对方注销合同。

合同分保的正式文件一般由分保条、合同文本以及附约组成。合同的内容和分保条的内容是相辅相成的。分保条是合同文本的基础和根据，合同是达成分保协议形成的正式法律契约，附约是合同签订后中途修改的批单，是对合同文本中有关条文的修正。

合同分保的安排大体上与临时分保相同，所不同的是合同是按照业务年度安排分保的，而临时分保则是逐笔安排的。合同分保涉及的是一定时期内的一宗或一类业务，缔约人之间的再保险关系是有约束力的，因此协议过程要比临时分保复杂得多。

3. 预约分保

预约分保是介于合同分保和临时分保之间的一种分保方式，是在临时分保的基础上发展起来的一种再保险方式。它既具有临时分保的性质，又具有合同分保的形式。预约分保往往作为对合同分保的一种补充。

预约分保的订约双方对于再保险业务范围虽然有预约规定，但保险人有选择的自由，不一定要将全部业务放入预约合同。但对于再保险接受人则具有合同性质，只要是合同规定范围内的业务，分出人决定放入预约合同，接受人就必须接受，在这一点上具有合同的强制性。

一个保险公司对一类特殊的业务办理临时分保次数增多时，为节省手续，往往考虑采用预约分保。这有利于将某类超过自留或固定合同限额的业务自动列入预约分保合同，不必安排临时分保。虽然预约分保合同的接受人不能逐笔审查列入合同的业务，但却可以得到更多的业务，增加保费收入，求得业务平衡。一般分出公司要向分保接受人提供放入合同的业务报表。

16.2.2 按照再保险的分保形式划分

按照再保险的分保形式，可以分为比例再保险和非比例再保险。

1. 比例再保险

比例再保险是以保险金额为计算基础安排的分保方式。其最大特点就是保险人和再保险人按照比例分享保费，分担责任，并按照同一比例分担赔款，同时再保险人按照比例支付手续费。比例再保险可分为成数再保险（成数分保）和溢额再保险（溢额分保）两种主要方式。

1）成数分保合同

成数分保合同是分保人和再保险人订立的一种自动生效的分保险协议。这种合同是以保险金额作为基础的一种比例分保方式，原保险人与再保险人之间事先约定对每一危险单位的承保金额，依照一定的百分率共同分担其责任。在协议范围内的每一笔业务，分保人和再保人都必须按事先约定的以保险金额作为分保基础的固定比例成分，自动承担责任，保险费及赔款全部按上述固定比例成分处理。成数分保合同的最高责任限额事先由双方确定，以此确定再保险双方当事人各自承担的比例。

例如，某分保公司组织了一个通信卫星的成数分保合同，每一危险单位的最高限额为1 000万美元，自留15%，即150万美元，分出85%，即850万美元。关于保费和赔款的分配，均按这一比例计算。通常会有几个再保险人，各人承担的比例也不一定相等。假如上例的原保险人就 85% 分别与 A、B、C、D 四个再保险人签订合同，这四个再保险人不一定均等成分参加合同，假设 A 再保险人接受 20%，B 再保险人承担 25%，C、D 两个再保险人分别参加 15% 和 25%，那么 A、B、C、D 各自承担的再保险额分别是 200 万美元、250 万美元、150 万美元和 250 万美元。至于合同责任限额以外的部分，分保公司可另行安排临时分保或超赔保障等，否则只能自留。由于成数分保常与其他方式的再保险合用，因此，其合约多为复合式合约。

2）溢额分保合同

在再保险业务中，凡超过分保人自留额以上的部分保险金额，即为溢额，故溢额又称分出额或分保额。如果以合同方式安排这种再保险，该合同则叫做溢额分保合同。溢额分保合同也是以保额为基础确定分保关系，因此属于比例再保险。在溢额分保合同中。分出公司规定某一金额为自留金额，将其超过部分分给再保险人，但以自留额的若干倍数，即"线"数来表示。自留额和分出额与总保额之间的比例分别叫做自留比例和分保比例。自留比例和分保比例随保险标的、保额的大小而变动，因此分配保费和分摊赔款也相应改变。在溢额分保合同中，只有当被保风险的保额超过分出公司的自留额时，才依照合同的约定比例，将溢额自动分给再保险人。保额低于自留额的业务，则无须办理分保。所以，溢额分保合同虽属于比例再保险，但分出人和再保险人的利益有时并非完全一致，这正是溢额分保合同与成数分保合同的不同之处。

2. 非比例再保险

非比例再保险是与比例再保险相对而言的，它是以赔款金额作为计算自留额和分保限额基础的。也就是先规定一个由分出人自己负担的赔款额度，对超过这一额度的赔款才由分保接受人承担赔偿责任，二者无比例关系。因此，超额赔款的分保方式几乎成了非比例再保险的代名词。

16.2.3　按照再保险对象的不同划分

按照再保险对象的不同，可以将再保险合同分为人身再保险合同和财产再保险合同。

在再保险合同中，财产再保险合同占有重要地位，对再保险的需求较大。在通常情况下，人身保险合同的保险金额较小，对再保险的需求不大。

在人寿险再保险中，寿险公司经营再保险业务，首先应该确定公司的最高自留额。最高自留额是保险公司可以接受的单笔寿险业务保额的最高限，是进行再保险业务的前提。寿险公司应该综合考虑注册资本、保险标的、分保方法，以及财务和管理水平等各种因素，根据自身的特点和需要来确定适用于本公司的最高自留额。意外伤害及健康险常面临突然事件，形成责任积累，原保险人往往安排事故超赔再保险以保障再保险双方当事人的利益。

财产再保险合同可分为火灾再保险合同、运输工具再保险合同、货物运输再保险合同、责任再保险合同等。火灾保险的危险性质或程度因财产自身情况的不同而有较大差别，火灾险分保安排一般采用溢额分保方式，汽车险保单一般是综合性保单，所以汽车险再保险是按每次事故安排超赔分保。责任险再保险按责任险的不同种类分别采用比例和非比例方式安排分保，有时还要安排赔付率超赔分保。

16.3 再保险合同法律关系

16.3.1 再保险合同法律关系的主体

再保险合同法律关系的主体包括再保险人和原保险人，即再保险的接受公司和分出公司。

1. 再保险人

作为再保险业务的供给方，再保险人又称分保接受人，也可称再保险业务的分入人或接受公司，它是收取再保险费并按照再保险合同规定承担分出公司赔偿责任的人。再保险人与原保险合同中的被保险人或受益人之间不存在任何法律关系，因此《保险法》第 29 条第一、第二款明确规定："再保险接受人不得向原保险的投保人要求支付保险费。原保险的被保险人或者受益人不得向再保险接受人提出赔偿或者给付保险金的请求。"

2. 原保险人

作为再保险的需求者，原保险人又称被再保险人、原保险公司，也可称再保险业务的分出人、分出公司，它是指与再保险人签订再保险合同并接受再保险合同保障的人。原保险人负有交付再保险费的义务，同时有权按照再保险合同的约定向再保险公司要求赔偿损失。原保险人处于两个不同的法律关系当中，他不能以在此法律关系中的事由来对抗彼法律关系中的当事人。《保险法》第 29 条第三款规定："再保险分出人不得以再保险接受人未履行再保险责任为由，拒绝履行或者迟延履行其原保险责任。"

16.3.2 再保险的保险标的和保险利益

再保险的保险标的是原保险人依照原保险合同承担的保险金责任。"正是基于此，学界还以再保险为'责任保险'的通说，认为再保险就是以原保险人基于原保险契约所负的责任为对象的保险，所以属于责任保险之一种。"[❶] 也就是说，再保险的保险标的与责任保险的标的一样，均是以给付为内容的债的关系，具有相同的特征。但是值得注意的是，二者发生原因有所不同：再保险的保险标的为契约上的给付义务，而责任保险的保险标的为侵权责任或违约责任。

再保险合同既为保险合同之一种，故亦必须有保险利益存在，否则该合同无效。但再保险的保险利益并非原保险的保险利益。在原保险中，其保险利益为原投保人对保险标的所具

---

❶ 郑玉波. 保险法论. 台北：三民书局，1984：52.

有的法律上承认的利益；而再保险的保险利益，则为原保险契约上的利益，原保险人无契约上的利益，则无保险利益。❶

16.3.3　再保险合同法律关系的内容

1. 权利

1）原保险人的权利

（1）有权依照再保险合同，在约定的保险赔偿责任产生时，向再保险人索取保险赔款。

（2）原保险人在维护再保险合同双方权益的前提下，有权单独处理诸如承保的风险选择、向投保人收取保险费、实施理赔、支付合理的施救、整理费用、向第三者责任方追偿、申请仲裁、实施法律诉讼等事宜。由此产生的各项费用，原保险人可以要求再保险人按照约定的比例予以分担。

（3）原保险人有权向再保险人收取再保险的手续费。

（4）对于比例再保险，原保险人有权要求再保险人提存保费准备金和赔款准备金。

（5）遇到巨额赔款，赔偿责任超过约定数额时，原保险人可以要求再保险人以现金摊赔。

2）再保险人的权利

（1）有权向原保险人收取再保险费。

（2）有权要求原保险人履行分保合同为其规定的义务。

（3）有权在原保险人不履行法定义务时，解除或终止分保合同。

（4）有权按分保比例摊回损余收回或向第三者责任方追回的款项。

（5）有权依据工作之需，向原保险人要求检查账册、单据及分保记录。

2. 义务

1）原保险人的义务

（1）如实告知的义务。原保险人应遵循再保险人的要求，将其决定是否接受承保、据以考核再保险费率等主要危险的事实，如实告知再保险人，并应提供分保条件。

（2）交付再保险费的义务。原保险人要按约定期限，交付再保险费。

（3）防灾减损的义务。原保险人要及时并有针对性地提出防灾减损的建议。保险事故发生后原保险人要主动提出合理的施救措施，避免灾害损失的扩大。

（4）发送有关文件账册的义务。当再保险协议达成后，原保险人应向再保险人发送正式分保条款，定期编送业务账单、业务更改报表、赔偿通知书、已决和未决赔款的报表等。

（5）在归还保费准备金或赔款准备金时，应同时支付议定利息给再保险人。

（6）如当有损余收回或向第三者责任方追回款项时，分出公司应按再保险人的分保比例予以退回。

---

❶　桂裕. 保险法论. 台北：三民书局，1981：107.

（7）依照再保险人之需，向其提供有关文件、单据与账册的义务。

2）再保险人的义务

（1）按照分保合同规定，履行保险责任范围内造成损失的赔偿责任。

（2）按时支付再保险手续费或纯益手续费。

（3）在比例分保中，再保险人应在收到的分保费中，扣除合同规定的保费准备金和赔款准备金。

（4）当原保险人为维护双方利益而支出合理费用时，分入公司应按照分保的比例予以分担。

（5）当原保险人的赔偿责任超过约定数额时，再保险人应按照再保险合同规定，进行现金的摊赔。

（6）除非法律或合同另有规定，当再保险合同成立后，接受公司不得在保险有效期内终止合同。

（7）对原保险人因列入合同业务所发生的税款，再保险人有义务予以分担。

3. 再保险合同的条款

再保险合同的内容（即合同双方当事人的权利和义务）是通过再保险合同的条款体现出来的。再保险合同的条款可以分为共同条款与非共同条款。

1）共同条款

（1）共命运条款。国际上，共命运条款通常的表述为："兹特约定凡属本合同约定的任何事宜，再保险人在其利害关系范围内，与原保险人同一命运。"合同规定再保险人要同原保险人共命运，这使得原保险人获得了再保险人的确实保证，从而可在合同约定范围内无所顾虑地开展业务。当然，为了维护再保险缔约双方的共同利益，原保险人仍必须加强业务选择，合理厘定费率和恰当处理赔款，从而取得适当的利润。该条款的具体内容是：凡是有关保费收取、赔款给付、对受损标的施救、损余收回、向第三者追偿、避免诉讼或提起诉讼等事项，都由原保险人为维护共同利益作出决定，或出面签订协议。

（2）错误和遗漏条款。由于分保手续十分烦琐，从危险的分配与安排到账单编制再到保险费的交付等具体工作中，难免有错误、遗漏以及延迟等情况发生。为了避免由此引起纠纷而影响再保险业务的开展，在再保险合同中普遍订有错误和遗漏条款。条款规定，订约双方的一方不能因另一方在工作中发生了错误、遗漏或延迟而推卸对其原应承担的责任。只要这类错误、遗漏和延迟不是故意、过失或疏忽造成的，就不影响合同的有效性。合同双方应本着同一命运的原则，负责到底。但是错误或遗漏等一经发现，就应当立即采取相应措施予以更正。在实务中，发生错误、遗漏或延迟常常有下列情形：应办理再保险而未办理，或办理有错误；应办再保险账而未办理，或办理有错误；应记入业务或赔款明细表而未记入或记载错误；赔款发生，应通知而未通知或未及时通知；有关合同内容已发生变更，但在执行中未予变更或执行错误；依照合同规定，应通知而未通知或未及时通知。

（3）保护再保险人利益条款。保护再保险人利益条款规定："一切有关本合同的账册、登记本、记录单证和文件，在任何时候均可由接受公司所授权的代表进行检查。"该条款的目的在于保护再保险人的利益。在接受公司对合同的经营发生怀疑或产生争执需要进行查账时，接受公司应先通知分出公司，并承担查账的所有费用。除非在接受公司和分出公司之间因存在分歧，发生争执而提交仲裁，接受公司仅可指派非公司雇佣人员作为代表进行查账。

2）非共同条款

与共同条款不同，非共同条款是由合同双方当事人约定，并写进再保险合同之中的。

（1）执行条款。执行条款是用以规定再保险方式、再保险业务种类、地区范围以及责任范围和责任限制的条款。

再保险方式有成数再保险、溢额再保险和超赔再保险之分，后者又可分为险位超赔再保险、事故超赔再保险和赔付率超赔再保险。究竟采取哪一种再保险方式分出、分入业务，在合同中要作出明确规定。

再保险业务种类包括火险业务、水险业务、各种责任保险业务、人身保险业务等。分出公司与分入公司究竟对哪一种业务进行分出和分入，在合同中也要有明确的规定。

在再保险合同中要明确规定列入再保险合同的业务的地区范围，即这些业务是来自某个国家或地区的业务，还是来自世界各地的业务。明确规定再保险业务的地区范围，有利于分入公司控制自己的责任，避免责任过度累积，保持其财务上的稳定。

对于责任范围，除应直接规定保险责任外，还要规定除外责任，以进一步明确保险责任，以免在保险标的发生损失需要分摊赔款时因保险责任范围不清而产生纠纷。

责任限制是指对分出公司和分入公司的责任限制，即在合同中规定每一危险单位或每一次事故的自留责任和最高分保责任。这也是在合同中必须作出明确规定的。

（2）共同保险条款。共同保险条款是非比例分保合同的特有条款，设立该条款的目的在于限制分出人在赔款已经超过合同规定的自负责任额时，由于不负责任处理赔案而损害分入人的行为。例如，在合同中规定："分出公司保证和接受公司成为共同再保险人接受人，且成分至少为本合同所承保的超赔额的 10%。此份额作为分出公司所自留的责任而不分保。"由于分出人对超过合同规定的自负责任额的赔偿责任也承担其中的一部分，因而与接受人有共同的利害关系，这可以促使分出公司在理赔时采取谨慎的态度。

（3）物价指数条款。物价指数条款又称稳定条款，是指再保险合同生效时与赔款发生时货币价值往往不同，超赔分保合同中通常附加物价指数条款，规定免赔额和责任额要按赔款支付时的物价指数进行调整，使赔款受币值影响而超出的部分由原保险人和再保险人共同来分摊。

（4）汇率变动条款。再保险的国际性决定了分保业务往往涉及多种货币，这就给超赔分保的责任计算带来了很多不便。为了使合同的责任限额保持在较为稳定的水平，减少货币兑换的风险，超赔分保合同一般都有汇率变动条款，规定不同货币要折成合同中规定的使用货币。

（5）除外责任条款。除外责任条款主要载明再保险合同不保的危险和责任。除外责任条款因国家、地区业务种类及分保方式的不同而有所差异，但大多数再保险合同都包括以下除外责任：① 战争、类似战争行为、敌对行为、武装冲突、罢工、暴动和民变等引起的损失；② 直接或间接由于核反应、核辐射和放射性污染引起的损失；③ 政府当局的没收、征用等命令造成的损失；④ 被保险人及其代表的故意行为及重大过失引起的损失。

（6）赔款条款。规定原保险人处理赔款的权利和赔款发生后及时通知再保险人的义务。如果发生巨额赔款，原保险人可向再保险人请求现金摊赔。

对于一切赔案分出人必须按照原保单条款的规定处理，分入人只对分出人负有法律责任的赔款进行摊付。除非事先征得接受人的同意，分出人不按原保单条款的规定通融处理的赔案，接受人有权拒付赔款。近些年国际保险市场上对通融赔款的处理都十分谨慎，一般要求事先征得再保险人的同意才可以作通融赔付处理。

（7）账务条款。账务条款规定关于账单的编制、寄送及账务结算事宜。分出公司应在每季度结束后的 60 天内编制业务账单寄送接受人。分入人在收到账单后应予证实，如在 15 天不予证实，即视为证实。账单按原币编制并按原币结算。

该条款虽然规定由分出人编制业务账单送交分入人，但实际上分出人通常向经纪人提供保费、赔款等资料，由经纪人编制业务账单送交接受人。为简化手续，有的合同规定每半年期编送一次账单。

业务账单有两个作用：一是向接受人提供有关合同项下的保费、赔款等金额以便进行统计和核算业务的经营结果；二是为分出人与接受人之间的账务结算提供依据，贷方余额是分出人的应付款项，借方余额是分出人应收款项。

编制账单和结算的货币一般应是原保单的货币。如原保单有多种货币，则可分别编制账单和结算。但有的合同也规定采用当地货币或某种外币为编制账单和结算的货币，其他货币的保单，其保费按出单日、赔款按付款日的牌价折算成所采用的货币记账。如采用当地货币编制账单，那么结算时按结算日当地银行外汇牌价折算成国际可兑换的货币进行结算。

（8）保险费条款。保险费条款详细说明计算再保险费的基础和方法，包括再保险人需要支付给保险人的税款及其他费用。

（9）期限条款。比例再保险与非比例再保险合同都有期限条款，但规定略有不同。比例再保险合同自合同生效日起，不定期限。订约双方的任何一方可在任何一年的年终予以注销，但应在该年年终前 3 个月用书面通知对方。该合同的终止不影响任何一方在此之前已经生效的业务的权利和义务。

再保险合同一般是只有起讫日，而不订明期限，合同具有长期性。任何一方有意向或认为应终止再保险合同，则必须在年终前 3 个月向对方发出注销通知，并须得到对方的证实。注销通知有两种，即临时注销通知和确定注销通知。

在非比例再保险合同中，由于超赔分保接受人不愿意承诺长期的责任，所以通常规定合同的期限为 1 年。但险位超赔合同也有不订明合同期限的，任何一方不发出注销通知，则合同连续有效。

 案例分析

再保险的赔付原则

一、案情

某保险公司与某航空公司订有飞机机身险合同，每架飞机的保险金额为 3 000 万元。后该保险公司又与中国再保险公司订立了再保险合同，将机身保险金额的 50% 分给了再保险公司。此后航空公司有一架在保飞机失事坠毁，航空公司便向再保险公司主张其承担支付保险金责任，但遭到了再保险公司的拒绝。

二、评析

《保险法》第 28 条第一款规定："保险人将其承担的保险业务，以分保形式部分转移给其他保险人的，为再保险。"

在本案中，该保险公司又与中国再保险公司订立了再保险合同，将机身保险金额的 50% 分给了再保险公司，这属于再保险行为。

《保险法》第 29 条规定："再保险接受人不得向原保险的投保人要求支付保险费。原保险的被保险人或者受益人不得向再保险接受人提出赔偿或者给付保险金的请求。再保险分出人不得以再保险接受人未履行再保险责任为由，拒绝履行或者迟延履行其原保险责任。"

因此，本案某航空公司应依据保险合同向原保险公司提出赔付要求，而无权要求再保险公司赔偿。也就是说，某保险公司应首先向某航空公司给付保险金额为 3 000 万元，然后向中国再保险公司请求按 50% 的比例分担，即 1 500 万元。

本 章 小 结

再保险合同的概念有广义和狭义之分。广义的再保险合同是指以原保险的任何保险责任为保险标的而成立的保险合同，包括全部再保险和部分再保险。狭义的再保险合同是指仅以原保险的部分保险责任为保险标的而成立的保险合同，实际为部分再保险合同。依照狭义的再保险合同，原保险人和再保险人不得订立以原保险的全部保险责任为保险标的的保险合同。有些国家，如美国有些州的立法例禁止保险人通过再保险承保原保险人依照原保险合同承担的全部风险责任，要求原保险人保留不能通过再保险获得填补的部分风险。《保险法》规定的再保险合同，仅以保险人将其承保的部分保险责任转移给其他保险人承保的保险合同为限，实际为狭义的再保险合同。

本章的重点是：再保险合同法律关系

本章的难点是：再保险合同与原保险合同的关系

关键词语：再保险　原保险　重复保险　临时分保　合同分保　预约分保

思考题

1. 再保险合同与原保险合同的关系是什么?
2. 如何理解再保险人的权利和义务?

第17章

保险经营制度

17.1　保险经营组织

17.1.1　保险公司概述

1. 保险公司的概念

保险公司是依照保险法律规范的规定，经中国保监会批准设立，并经登记注册的专门经营商业保险业务的企业法人。保险公司是通过收取保险费，建立保险基金，向社会提供经济保障的经营组织。保险公司在组织形式上直接适用《中华人民共和国公司法》（以下简称《公司法》）❶，可以采取股份有限公司或者有限责任公司的形式。不同的组织形式决定着保险公司的成立条件、设立程序、资金筹集方式和公司的组织结构等有不同的要求。

2. 保险公司的特征

1）合法性

根据《保险法》和《保险公司管理规定》，保险公司必须经过国务院保险监督管理部门的批准，取得经营保险业务许可证，并凭经营保险业务许可证向国家工商行政管理机关办理登记手续，取得营业执照以后才能经营保险业务。非经中国保监会批准，任何单位、个人不得在中华人民共和国境内经营或变相经营商业保险业务。保险公司依法开展保险业务活动，不受各级政府部门、社会团体和个人的干预。

2）商业性

保险是商品经济的产物，是随着商品经济高度发展而出现的行业。保险公司经营的保险

---

❶ 《保险法》第94条："保险公司，除本法另有规定外，适用《中华人民共和国公司法》的规定。"

产品作为一种特殊的商品，保险费就是它的价格。保险公司在收取保险费时，保险费率中就已经包含了公司的利润因素。

3）金融性

保险是一种金融活动，保险公司经营业务均涉及货币商品。首先，保险公司收取投保人交纳的保险费，形成保险基金；其次，保险公司依法可将保险基金投入到金融市场中，既实现保险基金的保值增值，又可以满足社会经济建设的需要；再次，保险业务中的寿险业务具有长期储蓄的功能，保单具备现金价值；最后，当保险事故发生，保险公司承担赔偿或给付保险金的义务。

4）风险性

风险无处不在，危险随时都有，保险公司的经营是以"大数法则"为基础，对同类事物经过长期的观察，可以找出接近正确的危险发生频率，通过运用大数法则，保险公司使总的保费收入与赔偿支出达到平衡。但是由于实际发生的损失不可能与预期损失完全一致，再加上虽然事物的发生有自身的规律性，却也有相当程度的偶然性，如可能发生百年不遇的自然灾害。另外，保险公司资金运用中，也会有投资风险。所以，保险公司的经营具有一定的风险性。

17.1.2　保险公司的设立

1. 保险公司的设立条件

依据《保险法》第68条之规定，设立保险公司必须具备以下条件。

（1）主要股东具有持续盈利能力，信誉良好，最近3年内无重大违法违规记录，净资产不低于人民币2亿元；保险公司的股东应为企业法人或国家允许投资的其他组织；股东资格应符合中国保监会的有关规定。

（2）有符合《保险法》和《公司法》规定的章程。公司章程是由公司股东或发起人起草并一致同意的规定公司基本事项，依法约定公司内、外部法律关系，确立公司内部管理体制的原则性法律文件。公司章程的制定是公司设立的核心要素，所以章程的内容必须符合有关法律规定；同时必须全面、清晰，足以反映公司的经营宗旨、资本金、业务范围、组织机构、股东权利义务以及经营管理等方面的情况。保险公司的章程一经批准即发生法律效力，不得违反或者随意变更。

（3）有符合保险法规定的注册资本最低限额。设立保险公司，其注册资本的最低限额为人民币2亿元。保险公司注册资本最低限额必须为实缴货币资本。保险监督管理机构根据保险公司业务范围、经营规模，可以调整其注册资本的最低限额。但是，不得低于前款规定的限额。

（4）有具备任职专业知识和业务工作经验的董事、监事和高级管理人员。董事、监事和高级管理人员的思想素质、业务水平、工作能力、管理经验等都直接关系到保险公司经营的优劣甚至成败。世界各国对于保险业的高级管理人员的任职资格都有较高的要求，并进行严格的资格审查，不符合法定条件的不能任职，而保险公司没有达到法定数额的合格董事、监事和高级管理人员，不能营业。

（5）有健全的组织机构和管理制度。组织机构是指保险公司的股东（大）会、董事会、监事会所形成的公司决策、管理和执行、监督三大机构的有机整体；管理制度是指公司的业务规则、财务管理制度、人事制度、保卫制度等一系列保障公司正常运营的规定。

（6）有符合要求的营业场所和与经营业务有关的其他设施。保险公司的营业场所是保险公司收取保险费和履行赔偿和给付的地方，是业务经营不可缺少的条件。由于保险公司收取、集中了大量的保险费，并且存有一整套重要的保险展业、承保、理赔等资料，所以保险公司除了要有符合要求的营业场所以外，还要具备防火、防盗等安全防范设备和其他进行营业所需要的设备。

（7）法律、行政法规和国务院保险监督管理机构规定的其他条件。目前，我国保险业刚刚起步，还有很多需要完善的地方，设立保险公司，应该符合国家对保险业的总体规划。国务院保险监督管理机构审查保险公司的设立申请时，应当考虑保险业的发展和公平竞争的需要。❶ 设立保险公司，应当遵循下列原则：① 符合法律、行政法规；② 有利于保险业的公平竞争和健康发展。❷

2. 保险公司的设立程序

保险业是市场经济的重要组成部分，保险公司的设立必须依照法律规定的程序和条件进行，要履行批准手续。我国实行审批制，是为了将所有的商业保险经营机构纳入监管范围，有利于切实有效地加强对保险业的监督管理，保障被保险人的合法权益。对设立机构实行审批制度，也有利于保证保险竞争的有序性和公平性，进一步促进我国保险业的发展。

1）申请筹建

设立保险公司应向中国保监会提出筹建申请，并符合相关条件。❸ 申请筹建保险公司的，申请人应当提交相关材料❹一式三份。

2）批准

中国保监会应当对筹建保险公司的申请进行审查，自受理申请之日起 6 个月内作出批准或者不批准筹建的决定，并书面通知申请人。决定不批准的，应当书面说明理由。中国保监

---

❶ 《保险法》第 67 条。

❷ 《保险公司管理规定》第 6 条。

❸ ① 有符合法律、行政法规和中国保监会规定条件的投资人，股权结构合理；② 有符合《保险法》和《公司法》规定的章程草案；③ 投资人承诺出资或者认购股份，拟注册资本不低于人民币 2 亿元，且须为实缴货币资本；④ 具有明确的发展规划、经营策略、组织机构框架、风险控制体系；⑤ 拟任董事长、总经理应当符合中国保监会规定的任职资格条件；⑥ 有投资人认可的筹备组负责人；⑦ 中国保监会规定的其他条件。

❹ ① 设立申请书，申请书应当载明拟设立保险公司的名称、拟注册资本和业务范围等；② 设立保险公司可行性研究报告，包括发展规划、经营策略、组织机构框架和风险控制体系等；③ 筹建方案；④ 保险公司章程草案；⑤ 中国保监会规定投资人应当提交的有关材料；⑥ 筹备组负责人、拟任董事长、总经理名单及本人认可证明；⑦ 中国保监会规定的其他材料。

会在对筹建保险公司的申请进行审查期间，应当对投资人进行风险提示。中国保监会应当听取拟任董事长、总经理对拟设保险公司在经营管理和业务发展等方面的工作思路。

3）筹建

申请人应当自收到批准筹建通知之日起 1 年内完成筹建工作；筹建期间不得从事保险经营活动。❶ 筹建期间届满未完成筹建工作的，原批准筹建决定自动失效。筹建期间不得变更主要投资人。❷

4）开业申请

筹建完成后，保险公司如果符合《保险法》第 68 条之规定以及建立了完善的业务、财务、合规、风险控制、资产管理、反洗钱等制度；有具体的业务发展计划和按照资产负债匹配等原则制定的中长期资产配置计划；信息化建设符合中国保监会要求；法律、行政法规和中国保监会规定的其他条件，可以向中国保监会提出开业申请。申请人提出开业申请，应当向中国保监会提交相关材料❸一式三份。

5）成立

中国保监会应当审查开业申请，进行开业验收，并自受理开业申请之日起 60 日内作出批准或者不批准开业的决定。验收合格决定批准开业的，颁发经营保险业务许可证；验收不合格决定不批准开业的，应当书面通知申请人并说明理由。

经批准开业的保险公司，应当持批准文件以及经营保险业务许可证，向工商行政管理部门办理登记注册手续，领取营业执照后方可营业。❹

17.1.3 保险公司的变更与终止

1. 保险公司的变更

保险公司的变更是指公司依法设立后，在其存续期间内，依法对公司重要情况名称、资本组成、结构、营业场所等公司的变动。

根据《保险法》第 84 条及《保险公司管理规定》第 26 条规定，保险公司有下列情形之一的，应当经中国保监会批准：① 变更名称；② 变更组织形式；③ 变更注册资本；④ 扩大业务范围；⑤ 修改公司章程；⑥ 变更公司注册地、营业场所或者分支机构的营业场所；⑦ 公司分立或者合并；⑧ 撤销分支机构；⑨ 变更出资额占有限责任公司资本总额 5%

---

❶ 《保险法》第 72 条。

❷ 《保险公司管理规定》第 11 条。

❸ ① 开业申请书；② 创立大会决议，或全体股东同意申请开业的文件或者决议；③ 公司章程；④ 股东名称及其所持股份或者出资的比例，资信良好的验资机构出具的验资证明，资本金入账原始凭证复印件；⑤ 中国保监会规定股东应当提交的有关材料；⑥ 拟任该公司董事、监事、高级管理人员的简历以及相关证明材料；⑦ 公司部门设置以及人员基本构成；⑧ 营业场所所有权或者使用权的证明文件；⑨ 按照拟设地的规定提交有关消防证明；⑩ 拟经营保险险种的计划书、3 年经营规划、再保险计划、中长期资产配置计划，以及业务、财务、合规、风险控制、资产管理、反洗钱等主要制度；信息化建设情况报告；公司名称预先核准通知；中国保监会规定提交的其他材料。

❹ 《保险公司管理规定》第 14 条。

以上的股东，或者变更持有股份有限公司股份5%以上的股东；⑩中国保监会规定的其他情形。

　　保险机构有下列情形之一，应当自该情形发生之日起15日内，向中国保监会报告：① 变更出资额不超过有限责任公司资本总额5%的股东，或者变更持有股份有限公司股份不超过5%的股东，上市公司的股东变更除外；② 保险公司的股东变更名称，上市公司的股东除外；③ 保险公司分支机构变更名称；④ 中国保监会规定的其他情形。

2. 保险公司的终止

　　保险公司的终止是指依法成立的保险公司根据法律的有关规定，停止保险业务经营行为，经过工商行政管理部门取消注册登记的法律行为。保险公司终止后，其法人资格消失，保险公司依法终止其业务活动，应当注销其经营保险业务许可证。根据《保险法》和《保险公司管理规定》规定，保险公司终止有下列三种情形。

　　1）解散

　　(1) 保险公司因分立、合并需要解散，或者股东会、股东大会决议解散，或者公司章程规定的解散事由出现，经中国保监会批准后解散。

　　(2) 保险公司依法解散的，应当向中国保监会报送下列材料一式三份：解散申请书；股东大会或者股东会决议；清算组织及其负责人情况和相关证明材料；清算程序；债权债务安排方案；资产分配计划和资产处分方案；中国保监会规定提交的其他材料。❶

　　(3) "经营有人寿保险业务的保险公司，除因分立、合并或者被依法撤销外，不得解散。"❷ 这是因为人寿保险业务是长期业务，具有一定的储蓄性质，保险期间较长，人寿保险的投保人一般要分期缴纳保险费，并且保险公司往往是在几年十几年以后才开始给付保险金；同时集聚的保险资金较多，涉及的社会面较广，随着我国养老体制改革的深入进行，人寿保险在社会养老问题中扮演着越来越重要的角色，人寿保险公司一旦解散会给社会造成比较大的影响，严重损害被保险人的利益，所以法律要作这样的限制。

　　(4) 保险公司解散，应当依法成立清算组进行清算。清算工作由中国保监会监督指导。

　　2）撤销❸

　　(1) 保险公司违法违规被撤销。保险公司因违反法律、法规被保险监督管理机构吊销经营保险业务许可证，依法终止其业务活动，即依法被撤销。保险公司依法被撤销的，由中国保监会及时组织股东、有关部门以及相关专业人员成立清算组。清算组应当自成立之日起10日内通知债权人，并于60日内在中国保监会指定的报纸上至少公告3次。清算组应当委托资信良好的会计师事务所、律师事务所，对公司债权债务和资产进行评估。

　　(2) 保险公司撤销分支机构。应当经中国保监会批准。分支机构经营保险业务许可证

---

❶ 《保险公司管理规定》第28条。

❷ 《保险法》第89条第二款。

❸ 参见《保险公司管理规定》第29～31条。

自被批准撤销之日起自动失效，并应当于被批准撤销之日起 15 日内缴回。保险公司合并、撤销分支机构的，应当进行公告，并书面通知有关投保人、被保险人或者受益人，对交付保险费、领取保险金等事宜应当充分告知。

保险公司依法解散或者被撤销的，其资产处分应当采取公开拍卖、协议转让或者中国保监会认可的其他方式。保险公司依法解散或者被撤销的，在保险合同责任清算完毕之前，公司股东不得分配公司资产，或者从公司取得任何利益。

3）破产

（1）保险公司不能支付到期债务，经过保险监督管理机构同意，保险公司或者其债权人可以依法向人民法院申请重整、和解或者破产清算；国务院保险监督管理机构也可以依法向人民法院申请对该保险公司进行重整或者破产清算。[1]

（2）经营有人寿保险业务的保险公司被依法撤销或者被依法宣告破产的，其持有的人寿保险合同及责任准备金，必须转让给其他经营有人寿保险业务的保险公司；不能同其他保险公司达成转让协议的，由国务院保险监督管理机构指定经营有人寿保险业务的保险公司接受转让。转让或者由国务院保险监督管理机构指定接受转让前款规定的人寿保险合同及责任准备金的，应当维护被保险人、受益人的合法权益。[2]

（3）破产财产在优先清偿破产费用和共益债务后，按照下列顺序清偿：① 所欠职工工资和医疗、伤残补助、抚恤费用，所欠应当划入职工个人账户的基本养老保险、基本医疗保险费用，以及法律、行政法规规定应当支付给职工的补偿金；② 赔偿或者给付保险金；③ 保险公司欠缴的除第①项规定以外的社会保险费用和所欠税款；④ 普通破产债权。

破产财产不足以清偿同一顺序的清偿要求的，按照比例分配。破产保险公司的董事、监事和高级管理人员的工资，按照该公司职工的平均工资计算。[3]

17.1.4 涉外保险机构的相关规定

从 1992 年友邦保险在上海设立第一家分公司到加入 WTO 后政府承诺放开国内保险市场，中国经济的超速增长以及人口基数给了外资保险相当的想象空间，2005 年起，越来越多的国际保险巨头开始着力发展中国市场，从曾经极度规模扩张到目前致力于调整结构。截至 2009 年年底，共有 15 个国家和地区 52 家保险公司在我国设立了 277 个营业性机构。外资保险公司年保费收入已超过 400 亿元，占全国市场份额 5% 左右（2005 年曾达到 8.9%）。为了适应对外开放和经济发展的需要，加强和完善对涉外保险机构的监督管理，促进保险业的健康发展，我国颁布了一系列相关规定进行明确规范。2001 年年底颁布《外资保险公司管理条例》、2004 年 3 月颁布《外资保险公司管理条例实施细则》、2006 年 6 月颁布《外国

---

[1] 《保险法》第 90 条。
[2] 《保险法》第 92 条。
[3] 《保险法》第 91 条。

保险机构驻华代表机构管理办法》，而 2009 年重新颁布于 10 月施行的《保险法》、《保险公司管理规定》，对涉外保险公司的法律适用进行了调整。

1. 外资保险公司概述

外资保险公司是指依照中华人民共和国有关法律、行政法规的规定，经批准在中国境内设立和营业的下列保险公司。

（1）外国保险公司同中国的公司、企业在中国境内合资经营的保险公司（以下简称合资保险公司）。另外，外国保险公司与中国的公司、企业合资在中国境内设立经营人身保险业务的合资保险公司（以下简称合资寿险公司），或者外国保险公司直接或者间接持有的合资寿险公司股份，其中外资比例不得超过公司总股本的 50%。

（2）外国保险公司在中国境内投资经营的外国资本保险公司（以下简称独资保险公司）。

（3）外国保险公司❶在中国境内的分公司（以下简称外国保险公司分公司）。

2. 外资保险公司的法律适用

《保险法》第 185 条规定："中外合资保险公司、外资独资保险公司、外国保险公司分公司适用本法规定；法律、行政法规另有规定的，适用其规定。"

《保险公司管理规定》第 70 条规定："外资独资保险公司、中外合资保险公司分支机构设立适用本规定；中国保监会之前作出的有关规定与本规定不一致的，以本规定为准。对外资独资保险公司、中外合资保险公司的其他管理，适用本规定，法律、行政法规和中国保监会另有规定的除外。"

3. 外国保险公司分公司的特别规定

1）出资要求

外国保险公司分公司成立后，外国保险公司不得以任何形式抽回营运资金。❷

2）经营范围

《保险公司管理规定》第 71 条规定：外国保险公司分公司只能在其住所地的省、自治区、直辖市行政辖区内开展业务。但下列两种情形除外：① 再保险公司，包括外国再保险公司分公司，可以直接在全国开展再保险业务；② 保险机构参与共保、经营大型商业保险或者统括保单业务，以及通过互联网、电话营销等方式跨省、自治区、直辖市承保业务，应当符合中国保监会的有关规定。

3）撤销分公司

外国财产保险公司申请撤销其在中国境内分公司的，应当报中国保监会批准，并提交下列资料：外国财产保险公司董事长或者总经理签署的申请书；拟成立的清算组人员构成及清算方案；未了责任的处理方案。外国财产保险公司撤销其在中国境内分公司的具体程序，适

---

❶　指在中国境外注册、经营保险业务的保险公司。《外资保险公司管理条例实施细则》第 2 条。

❷　《外资保险公司管理条例实施细则》第 41 条。

用《外资保险公司管理条例》及其细则有关合资、外资财产保险公司申请解散的程序。

4. 外国保险机构驻华代表机构

外国保险机构是指在中国境外注册的保险公司、再保险公司、保险中介机构、保险协会及其他保险组织。外国保险机构驻华代表机构是指外国保险机构在中国境内获准设立并从事联络、市场调查等非经营性活动的代表处、总代表处。代表机构必须遵守中国法律、法规和中国保险监督管理委员会的有关规定。代表机构的合法权益受中国法律保护。

外国保险机构（"申请者"）申请设立代表处的应当具备下列条件：① 经营状况良好；② 外国保险机构经营有保险业务的，应当经营保险业务 20 年以上（应当是持续经营保险业务 20 年以上，外国保险机构吸收合并其他机构或者与其他机构合并设立新保险机构的，不影响其经营保险业务年限的计算），没有经营保险业务的，应当成立 20 年以上；③ 申请之日前 3 年内无重大违法违规记录；④ 中国保监会规定的其他审慎性条件。

代表机构发生变更、撤销，以及更换增减人员等事项，应当向中国保监会及其派出机构书面报告，并办理相关手续。

17.2　保险经营规则

保险经营规则是指保险组织在进行保险业务活动时应当遵循的法定准则。这些规则是保证保险经营的正常开展、规范保险市场秩序、保护保险当事人的合法权益、保障社会生产生活秩序稳定的重要手段。《保险法》、《保险公司管理规定》、《保险公司偿付能力管理规定》等法律法规对保险经营规则作了明确规定。

17.2.1　保险分业经营

《保险法》第 95 条第一款规定了保险公司的业务范围为：人身保险业务，包括人寿保险、健康保险、意外伤害保险等保险业务；财产保险业务，包括财产损失保险、责任保险、信用保险、保证保险等保险业务；……分业经营是指同一保险人不得同时兼营财产保险业务和人身保险业务。各国保险立法大多实行保险分业经营原则，但是分业经营的规则随着保险业的发展和国际惯例的推行，又发生着变化。保险分业经营有两层含义：

1. 禁止兼营

禁止兼营是指同一保险人不得兼营人身保险业务和财产保险业务，即财产保险公司和寿险公司分别局限在财产保险业务和人寿保险业务范围内经营，双方不得交叉进入对方业务领域。但是，经营财产保险业务的保险公司经国务院保险监督管理机构批准，可以经营短期健康保险业务和意外伤害保险业务。❶

分析该条款的法律规定可知以下几方面内容。

---

❶ 《保险法》第 95 条第二款。

（1）不允许兼营的原因如下。

① 防范经营风险。保险业务所固有的风险较大，人寿保险的经营风险主要是资产风险和利率风险，发生亏损时在短期内虽然表现为现金净流量减少，但不会出现支付困难，风险有可能被长期掩盖，因而具有隐蔽性。财产保险的经营风险主要是巨灾风险，即一次事故造成巨额赔款支出，发生亏损则会显现现金净流量锐减，常常发生支付困难，因而风险容易显现。如果允许保险公司同时经营财产保险和人寿保险业务，就有可能发生这样的情况：当财产保险业务发生巨灾风险或保费收入不足以抵偿赔款时，就会动用人寿保险资金支付财产保险的赔款，从而影响人寿保险资金的增值，损害人寿保险被保险人的利益，又形成潜在的风险。

② 考虑经营技术。人身保险和财产保险的技术要求层次不同，人寿保险对风险概率的计算比较精密，风险事故的出现也比较规则和稳定。财产保险则不然。为此，财产保险为了弥补缺陷，力求达到收支平衡，除了必须保持较大的现金准备外，在保险技术上对大数法则的利用尤为重要。经营中，一方面，尽量要使风险分散（如对风险集中的限制以及采用再保险）；另一方面，将多种风险集合经营（如由承保单一风险的保险合同扩大到承保多数风险）。财产保险业务和人寿保险业务还存在诸如保险费率的制定、保险资金的运用、责任准备金的提取、保险期限等不同之处，特别是承保手续、保险费的计算基础、保险金的给付方法、对再保险的利用（人寿保险除了保险金额较大的合同外，再保险的重要性较小）都存在很大差异，同一保险公司难以对之顾全周到。

③ 有利于监管。允许保险公司二者兼营，势必扩大保险公司的业务，增加保险公司的资金负担，减低保险公司的偿付能力，影响被保险人和受益人的利益和社会公益。[1] 从保护被保险人的角度出发，保证保险公司偿付能力对实现被保险人的利益有非常重要的意义。所以，禁止兼营有利于金融监督管理部门对保险公司进行分类监管。

（2）允许财产保险公司兼营短期健康保险业务和意外伤害保险业务的理由如下。

① 短期健康保险业务和意外伤害保险业务被划作非寿险，它们在经营上与财产保险业务有太多的相似之处，在会计核算（都是"当年收入减去当年支出"）、准备金提取、风险特点等方面类似，因此便于业务开展和管理。

② 出于借鉴和与国际接轨的需要，因为绝大多数国家的保险法允许财产保险公司介入作为第三领域的短期健康保险业务和意外伤害保险业务。并且，随着我国保险市场的开放，早已允许保险公司（包括产险公司和寿险公司）与外国保险公司合资设立具有法人资格的寿险公司，实际上是产险公司已以转投资的方式向寿险业渗透。再者，从风险管理的角度考虑，严格而绝对的禁止也没有必要。

不过，虽然经营财产保险业务的保险公司经保险监督管理机构批准，可以经营短期健康

---

[1] 陈云中．保险学．3 版．台北：五南图书出版公司，1984：196；郑玉波．保险法论．台北：三民书局，1984：243.

保险业务和意外伤害保险业务，但分业经营的原则并没有从根本上打破。

2. 禁止兼业

禁止兼业是指保险公司未经国家规定，不得经营保险业以外的其他业务和非保险业者不得经营任何保险业务。

"保险业务由依照本法设立的保险公司以及法律、行政法规规定的其他保险组织经营，其他单位和个人不得经营保险业务。"（《保险法》第 6 条）"保险业和银行业、证券业、信托业实行分业经营、分业管理，保险公司与银行、证券、信托业务机构分别设立。国家另有规定的除外。"（《保险法》第 8 条）

17.2.2 保险公司的偿付能力

1. 偿付能力的含义

"保险公司偿付能力是指保险公司偿还债务的能力。"❶ 换言之，就是保险公司当负债到期时要有足够的现金或流动资产对承担的风险依法履行赔偿或给付责任的能力。在保险业务的经营过程中，保险公司往往先收取保险费，一旦发生保险事故，应支付赔款或给付保险金。可见，保险公司的债务主要是对保单持有人的负债，所以保险公司的偿付能力也是其偿还保单债务的能力。

由于保险人是通过分析以往长期同类风险的大量、完善和健全的损失或赔付数额资料的前提下，依据一定的数理模型，并假设过去同类责任赔款和给付的经验与未来状况大致相同，从而计算出损失概率以确定该保单的纯保费。由于风险发生的随机性、随着时间推移的事故不确定性以及风险计算的技术误差，实际发生的损失额与预计的损失概率之间通常有偏差，当前者大于后者，通常称为出现负偏差时，该保险人就面临着偿付能力问题。

保险人的偿付能力是保证其履行社会稳定职能的核心能力，经济越发达的国家，其保险业承担的社会稳定作用就越大，对保险业偿付能力的要求就越高，而一旦这个能力与其所承担的社会责任不相适应，轻则损害被保险人的利益，重则危害整个保险业的经营秩序。

2. 偿付能力的维持

保险公司应当建立偿付能力管理制度，强化资本约束，保证公司偿付能力充足。按照《保险法》及相关理论，保险公司偿付能力的维持表现在以下几个方面。

1）最低注册资本

最低注册资本即法律或法规规定的保险公司申请设立时的注册资本的最低限额。它既是保险公司获得市场准入的资格条件，又是保险公司获取偿付能力的初始前提。

《保险法》第 69 条规定："设立保险公司，其注册资本的最低限额为人民币二亿元。国务院保险监督管理机构根据保险公司的业务范围、经营规模，可以调整其注册资本的最低限额，但不得低于本条第一款规定的限额。保险公司的注册资本必须为实缴货币资本。"

---

❶ 《保险公司偿付能力管理规定》第 2 条第二款。

2）最低偿付能力

保险公司最低偿付能力是中国保监会规定的"其实际资产减实际负债的差额"。"保险公司应当具有与其业务规模和风险程度相适应的最低偿付能力。保险公司的认可资产减去认可负债的差额不得低于国务院保险监督管理机构规定的数额；低于规定数额的，应当按照国务院保险监督管理机构的要求采取相应措施达到规定的数额。"❶ "保险公司应当具有与其风险和业务规模相适应的资本，确保偿付能力充足率不低于 100%。偿付能力充足率即资本充足率，是指保险公司的实际资本与最低资本的比率。""保险公司的最低资本，是指保险公司为应对资产风险、承保风险等风险对偿付能力的不利影响，依据中国保监会的规定而应当具有的资本数额。""保险公司的实际资本，是指认可资产与认可负债的差额。"❷

3）保险责任准备金

保险责任准备金是保险人为了承担未到期责任和处理未决赔款而从保险费收入中提存的一种资金准备。保险准备金是为了保证保险企业应付将来的赔款责任或给付责任，保障被保险人的权益不受侵害，它不是保险企业的营业收入而是保险企业的负债。保险企业应有与保险准备金等值的资金做后盾，才能完全履行保险责任。因此，各国保险法都规定了保险准备金的提存与标准。《保险法》第98条规定："保险公司应当根据保障被保险人利益、保证偿付能力的原则，提取各项责任准备金。保险公司提取和结转责任准备金的具体办法，由国务院保险监督管理机构制定。"责任准备金主要包括：① 长期责任准备金；② 人寿保险责任准备金；③ 未到期责任准备金❸；④ 未决赔款准备金❹。

4）保险保证金

保险保证金是国家规定由保险公司成立时向国家缴存的保证金额，可以用现金或其他方式交纳。国家可以通过保证金制度，掌握保险企业的一部分实有资金，以保证保险企业的变现资金数额。保证金一般按规定上缴国库或指定银行，不予动用。

"保险公司应当按照其注册资本总额的百分之二十提取保证金，存入国务院保险监督管理机构指定的银行，除公司清算时用于清偿债务外，不得动用。"（《保险法》第97条）

5）保险公积金

公积金是指保险公司为了预防亏损，依照法律和公司章程的规定，从公司的每年税后利润中提取的累积资金。提取公积金是公司巩固公司财产基础或者信用的重要措施，以保护股

❶ 《保险法》第101条。

❷ 参见《保险公司偿付能力管理规定》第3条、第7条、第8条。

❸ 未到期责任准备金，是指当年承保业务的保险单中，在下一会计年度有效保单的保险费。保险合同规定的保险责任期限与企业会计年度的时间上不可能完全吻合，因为企业会计年度总是自1月1日起至同年12月31日止，而保险期限可以发生在任何一个时间点上。因此，在会计年度结算时，必然有期限未届满或虽已收取但应属于下一个年度收取的保险费，这一部分保险费称为未到期责任准备金。

❹ 未决赔款准备金，是指保险人在会计年度决算以前发生保险责任而未赔偿或给付保险金，在当年收入的保险费中提取的资金。

东和债权人的利益，稳定公司的经营。公积金包括资本公积金和盈余公积金。

资本公积金来源于盈余之外的财源。包括公司在筹集资本金的过程中投资者交付的出资额超过注册资本金的差额、股票溢价发行与面值的差额、资产重估与账面价值的差额等。

盈余公积金来源于公司的税后利润，包括法定盈余公积金和任意盈余公积金，它们都是从公司利润中按照一定程序提取的，是公司所有者权益的一部分。法定盈余公积金是按照法律规定从当年税后利润中提取的公积金。任意盈余公积金是公司自由提取的公积金，即在经股东同意后，可以在税后利润中提取法定盈余公积金后提取。

《保险法》第99条规定，"保险公司应当依法提取公积金。""依法"即保险公司应当遵守《公司法》等的相关规定。

6）保险保障基金

保险保障基金是指保险公司依照监管部门的规定，每年按比例提取并交存的累积资金。"保险保障基金是用于救助保单持有人、保单受让公司或者处置保险业风险的非政府性行业风险救助基金。"当保险公司被依法撤销或者依法实施破产，其清算财产不足以偿付保单利益或中国保监会经商有关部门认定，保险公司存在重大风险，可能严重危及社会公共利益和金融稳定时，可以动用保险保障基金。❶ 保险保障基金又称为保险公司的总准备金，属于保险公司的资产，目的在于确保被保险人或者受益人的利益，并在保险公司经营有困难时支持保险公司的稳健经营，与保险公司提取的责任准备金性质不同。

同时，《保险法》第100条规定，保险公司应当缴纳保险保障基金。保险保障基金应当集中管理，并在下列情形下统筹使用：① 在保险公司被撤销或者被宣告破产时，向投保人、被保险人或者受益人提供救济；② 在保险公司被撤销或者被宣告破产时，向依法接受其人寿保险合同的保险公司提供救济；③ 国务院规定的其他情形。保险保障基金筹集、管理和使用的具体办法，由国务院制定。

17.2.3 保险公司的风险控制

各国保险法都对保险企业的风险控制进行了严格的规范。我国《保险法》从自留保险费、承保责任、再保险等方面对保险公司规定了风险管理的规则。

1. 自留保险费的限制规则

保险费是保险企业的负债，保险公司当年自留保险费的多少，反映其所承担的风险的大小。保险公司按照大数法则进行正常的业务经营，但不能排除危险突发的可能性。自留保险费过多或过少对保险公司来讲都是不利的。自留保险费越高，表明保险公司债务越多，所承担的风险就越大，经营的稳定性越差；而自留保险费过少，保险公司就不能充分运用其保险费、资本等进行投资以获得较大收益，其营业收入和利润就会减少，这样既不利于分散风险，保险公司也会因无利可图而失去经营积极性。由于保险公司所承担的风险必须与公司的

---

❶ 参见《保险保障基金管理办法》第3条、第16条，该办法于2008年9月11日开始施行。

资本相适应，而公司的资本金加上公积金反映了该公司的实力，因此，自留保险费的多少应以公司的资本金和公积金之和为标准来确定，并要对其超出额进行一定限制，以防范风险过大。

"经营财产保险业务的保险公司当年自留保险费，不得超过其实有资本金加公积金总和的四倍。"❶ 因为人身保险的保险事故发生较为规则，对其危险概率的测算较为精密，所要求的保险准备金数额要少一些，即寿险公司的风险较财险公司的风险要小，因此，经营人身保险的保险公司其当年自留保险费不受此限制。

2. 承保责任的限制规则

保险公司的经济实力决定其承保能力。适当的业务量，有利于保险企业实现规模经营，获取更多利润，增强其经济实力。但保险公司是以盈利为目的，这就易使保险公司为增加利润而追求业务量的扩大。从理论上讲，适当地扩大业务量有利于保险公司的盈利，不至于影响正常的保险经营；但是，如果保险公司承保的一个危险单位的保险标的巨大或者经营超出其承保能力，出现一次支付过多保险金并陷入困境，极可能使保险企业亏损甚至破产。因此，《保险法》第 103 条明确规定："保险公司对每一危险单位，即对一次保险事故可能造成的最大损失范围所承担的责任，不得超过其实有资本金加公积金总和的百分之十；超过的部分应当办理再保险。"《保险法》第 104 条规定："保险公司对危险单位的划分方法和巨灾风险安排方案，应当报国务院保险监督管理机构备案。"

3. 再保险的经营规则

1）再保险的强制规则

再保险也称分保，是对保险人承担的风险的保险，简言之，再保险就是保险的保险。再保险是分散原保险公司风险，控制其承保责任的有效途径。再保险业务包括分出业务和分入业务两种。由于再保险具有稳定保险企业经营、扩大保险企业承保能力、消除非常损失造成的支付困难、增进国际间的保险业务交流、引进新的保险技术等积极作用，因而再保险成为具有很强独立性的保险业务，是保险公司业务的重要组成部分。当前，许多国家都对保险企业办理再保险业务作出了强制规定，以期达到实现稳健经营、控制保险经营风险的目的。

《保险法》第 103 条规定："保险公司对每一危险单位，即对一次保险事故可能造成的最大损失范围所承担的责任，不得超过其实有资本金加公积金总和的百分之十；超过的部分应当办理再保险。"即通过分保方式，将过大危险单位的责任，在更大范围内进行分摊。

2）再保险接受人的选择

再保险业务不但是一个国家的国内保险业务，而且是具有国际性的保险业务。目前在世界范围内已经形成了国际再保险市场。我国的许多再保险业务，都直接或间接地借助于国际再保险市场。为了加强对国内再保险市场的监管，也为了防止境外保险公司利用再保险对我国保险公司进行欺诈，《保险法》第 105 条规定："保险公司应当按照国务院保险监督管理

---

❶ 《保险法》第 102 条。

机构的规定办理再保险，并审慎选择再保险接受人。"

17.2.4 保险资金的运用

1. 保险公司可运用的资金来源

截至 2009 年年底，我国保险公司总资产达到 4.1 万亿元，净资产 3 904.6 亿元，保险资金运用余额达 3.7 万亿元，保费收入首次突破 1 万亿元，达到 11 137.3 亿元。天文般的数字表明，我国保险资金庞大且呈快速增长趋势。保险公司的资金来源项目较多，对此的管理和运用是个重要的问题。经中国保监会公布，自 2010 年 8 月 31 日起施行的《保险资金运用管理暂行办法》，明确规范保险资金运用行为，有利于防范保险资金运用风险，维护保险当事人合法权益，促进保险业持续、健康发展。"保险资金，是指保险集团（控股）公司、保险公司以本外币计价的资本金（含公积金、未分配利润）、各项准备金及其他资金。"❶ 具体而言，保险投资的资金来源主要包括以下几项。

1）资本金

资本金是指属于保险公司股东所有的资金，是保险人的自有资金，它包括实收资本、公积金、公益金和未分配利润。拥有一定的资本金是保险公司成立的法定条件，也是保险公司开业经营的前提条件。保险公司资本金作为企业的所有者权益部分，正常情况下不承担偿付责任。保险经营的原则之一是收支相等，即赔款支出与费用支出之和等于保费收入，所以保险人只有在发生特大灾害事故、各种准备金不足以支付时，才运用资本金进行赔付或给付，而在正常状况下，保险公司的资本金除上缴部分保证金外，基本处于闲置状态。所以，这部分资金具有较强的稳定性和长期性，可作为保险公司进行长期投资的资金来源，应充分加以运用。

2）责任准备金

责任准备金是保险企业为保障被保险人的利益，从收取的保费中按期和按一定比例提留的资金。与资本金的性质不同，责任准备金通常是公司的负债，是公司将于未来某一时期向被保险人偿付的资金。在运用的过程中应充分考虑投资风险，在坚持安全第一的前提下，尽量提高资金收益率。根据保险业务的特点，保险公司的准备金有多种形式，如人寿保险责任准备金、长期责任准备金、未到期准备金、未决赔款准备金、巨灾准备金等，由于保险经营的特点，这部分资金掌握在保险人手中，是保险可运用资金的重要来源。

3）其他资金

其他资金是指除了资本金和准备金之外的保险公司的其他可以运用资金，如总准备金和储金。

总准备金是保险公司的自有资金，不属于负债。它是从公司税后利润中提取的，用于预防巨额损失赔付而累积的资金。总准备金不用于平时的小额赔付，只有在当年保险业务经营

---

❶ 参见《保险资金运用管理暂行办法（草案）》第 3 条。

发生亏损并且当年投资利润也不足以弥补亏损时才会动用。所以在正常情况下，总准备金是不断积累的。总准备金既不受企业年度预算和决算的影响，也不像银行存款那样受存款期限的制约，是非常适合保险公司运用的一项资金来源。

储金是一种返还性质的保险，保户以存入资金的利息充缴保费，在保险期间若发生保险事故，保险公司给予赔付；若未发生保险事故，则到期偿还本金。储金也是一笔可供保险公司运用的资金。

2. 保险资金运用的原则

保险资金运用是指保险公司在业务经营过程中，为实现资产保值增值和保证经营稳定，将积聚的各种保险资金部分地投入到社会生产过程中，即进行投资和融资的活动。

"保险公司的资金运用必须稳健，遵循安全性原则。"❶ "保险资金运用必须稳健，遵循安全性原则，符合偿付能力监管要求，根据保险资金性质实行资产负债管理和全面风险管理，实现集约化、专业化、规范化和市场化。"❷ 我国保险资金的运用要求符合下列原则。

1）安全性原则

保险公司资金运用的安全性是指保险公司按期收回投资资金本息的可靠性。安全性原则是保险资金运用的最基本原则。因为可运用保险资金既不完全是保险企业的盈利，也不是可以无限期流出保险企业的闲置资金。这种资金的绝大部分在保险企业的会计科目上是列为负债项目，即最终要偿付给被保险人的。从某种意义上讲，保险资金好似被保险人的信托资金。因此，对资金的运用必须求其安全。再则，保险的基本职能之一是经济保障，需要实现保险金的如期给付，而保险公司资金运用的安全才可能实现这种保障功能。不难设想，如果一味地为获取厚利进行冒险投资，一旦发生无法回收资金，产生无力偿还保险赔付的后果，势必使保险经营陷入困境进而造成不良的社会影响。安全性第一的原则决定了保险公司资金运用方式应该以安全性较强的工具和方式为主。

2）流动性原则

流动性是指资产变现的能力。由于保险企业担负着经济补偿的任务，而保险事故的发生又具有随机性的特点。因此，运用中的保险资金必须保持足够的流动性，以便随时满足保险赔偿和给付的需要。在保险资金运用的流动性要求方面，非寿险资金运用比寿险资金运用对流动性的要求高。非寿险的期限短，它承保的保险事件随时可能发生，所以，保险金的赔付时间和数量具有较大的随机性，因此必须随时保证有足够的流动性资产以满足随时都可能发生的保险赔付，否则就会遭受资产变现的损失。相反，寿险的期限一般都较长，它承保的保险事件的发生与人的身体和生命有关，通常是死亡，具有一定程度的"确定性"❸，所以，

---

❶ 《保险法》第 106 条第一款。

❷ 《保险资金运用管理暂行办法》第 4 条。

❸ 一定时期内保险事件发生的概率（生存率和死亡率）关键生存年表能够比较准确地把握，而且寿险保险金的数量是事先确定的。

一定时期内保险金的支付具有某种程度的确定性，因此寿险资金运用的资金流动性要求相对较低。

3）收益性原则

保险公司资金运用的收益性要求不仅要保本，而且还应当有一定的盈利，收益性是保险资金运用的直接目的。承保和资金运用既是保险公司两大主要业务，也是保险公司利润来源的主要途径。随着保险公司之间以及保险业和其他金融服务业之间的竞争愈演愈烈，保险公司的承保利润日趋微薄，许多保险公司在承保业务方面甚至出现亏损，资金运用收益成为保险公司增加利润、提高竞争力的关键因素。

一方面，高盈利可以为保险人带来巨大效益，如提高保险公司的利润水平、降低费率和扩大业务规模、增加所有者权益、增强公司的竞争能力；另一方面，高盈利可以带来良好的社会效益，通过增强保险公司的偿付能力，保证被保险人利益的实现。为此，收益性原则要求在资金运用项目上在保证安全性的前提下尽可能选择效益高的项目，在一定的风险限度内力争实现收益最大化，确保资产的保值增值。

上述原则是相互联系、相互制约的，安全性是出发点，收益性是资金运用的目标，流动性是基础。因此，在资金运用中，稳健的经营不是先追求收益，而是先保证资金的安全性。只有采取多种多样的方式，在可以随时变现的基础上再努力通过资金的收益性才是最佳的资金运用途径。为了使资金运用能够达到预期目的，国内外均从法律上予以限制。

3. 我国保险资金运用的形式

根据《保险法》及相关规定，保险公司的资金可以运用于下列几种形式。

1）银行存款

银行存款安全性高、流动性强，在用以进行日常的赔付方面优于其他投资方式，特别是非寿险业务的资金运用多以存款为主。但其收益性低于贷款，也低于债券。实质上，银行存款的安全性只是一种表象。因为在通货膨胀时期，银行存款的利率处于一种负利率状态。还有，在实际运作这一方式时，必须关注银行的经营情况，防止因银行破产、停业等原因造成资金偿付不足招致损失的风险。通常应当选择历史较长、信誉较高、有较好经营业绩的银行，并且不能把所有存款都集中放于同一家银行。保险资金办理银行存款的，应当选择符合下列条件的商业银行作为存款银行：① 资本充足率、净资产和拨备覆盖率等符合监管要求；② 治理结构规范、内控体系健全、经营业绩良好；③ 最近三年未发现重大违法违规行为；④ 连续三年信用评级在投资级别以上。❶

2）买卖债券

保险资金投资的债券，应当达到中国保监会认可的信用评级机构评定的、且符合规定要求的信用级别，主要包括政府债券、金融债券、企业（公司）债券、非金融企业债务融资

---

❶ 《保险资金运用管理暂行办法》第 7 条。

工具以及符合规定的其他债券。❶ 政府债券又称国家债券，是一国政府为弥补财政赤字或应付某种财政需要而发行的、到期偿还本金并支付约定利息的债券。我国每年发行的国库券就属此类。金融债券的发行主体是银行及其他金融机构，收益比政府债券要高，功能与政府债券相同。政府债券和金融债券的安全性高、流动性大，收益比银行存款高，因此是保险资金运用的重要方式。

中国保监会 1999 年颁布了《保险公司购买中央企业债券管理办法》，2009 年 4 月发布了《关于增加保险机构债券投资品种的通知》，2009 年 12 月发布了《关于保险机构投资无担保企业债券有关事宜的通知》，2010 年 8 月 11 日发布了《关于调整保险资金投资政策有关问题的通知》。按照该规定，保险公司可投资有担保债券的品种包括有担保的企业债券、有担保的公司债券、有担保的可转换公司债券和有担保的公开发行的证券公司债券。有担保企业（公司）类债券的信用等级，为具有国内信用评级机构评定的 A 级或者相当于 A 级以上的长期信用级别。可投资无担保债券的品种包括无担保企业债券、非金融企业债务融资工具和商业银行发行的无担保可转换公司债券。投资中国境内发行的无担保企业（公司）类债券的信用等级，为具有国内信用评级机构评定的 AA 级或者相当于 AA 级以上的长期信用级别。

3）股票

股票投资具有的收益性、流通性和参与性是其他投资方式所不具备的。经国家证券管理部门或证券交易所同意后，股票可以在证券交易所流通或进行柜台交易，将其兑现，这就是股票的流通性。而参与性表现在，根据《公司法》的规定，股票的持有者就是公司的股东，他有权出席股东大会、参加公司董事机构的选举及公司的经营决策。也正因为如此，股东的投资意志和经济利益才能通过其行使的股东参与权而得到强化。随着我国经济和资本市场的发展，保险资金投资股票是一种必然的选择。2004 年以来，保监会根据良好的经济环境和政策制度基础，会同中国证券监督管理委员会制定并颁布了《保险机构投资者股票投资管理暂行办法》，2009 年 4 月又发布了《关于规范保险机构股票投资业务的通知》。由于股票投资具有高风险性，因此，所有国家都严格限制保险资金投资于资本市场尤其是股票市场的种类和比例，我国也不例外。"保险资金投资的股票，主要包括公开发行并上市交易的股票和上市公司向特定对象非公开发行的股票。"投资创业板上市公司股票和以外币认购及交易的股票由中国保监会另行规定。"❷

4）证券投资基金份额等有价证券

保险资金允许买卖证券投资基金，扩大保险资金运用的渠道，增强保险公司的经济实力，但有必要对保险资金进入基金市场进行一定的风险控制，《保险公司投资证券投资基金管理暂行办法》（2003 修订）作了相应规定。保险资金投资证券投资基金的，其基金管理人

---

❶ 《保险资金运用管理暂行办法》第 8 条。
❷ 《保险资金运用管理暂行办法》第 9 条。

应当符合下列条件：① 公司治理良好，净资产连续三年保持在人民币 1 亿元以上；② 依法履行合同，维护投资者合法权益，最近三年没有不良记录；③ 建立有效的证券投资基金和特定客户资产管理业务之间的防火墙机制；④ 投资团队稳定，历史投资业绩良好，管理资产规模或者基金份额相对稳定。❶

5）投资不动产

2009 年 10 月 1 日实施的《保险法》将投资不动产明文列入保险公司资金运用形式中。在此之前，保险公司主要通过自建或收购商业地产的模式，间接进行不动产的投资。

对于保险资金投资不动产，实属国际通例，而此前鉴于我国保险资金的投资渠道过于单一，致使保险资金的收益率长期低水平徘徊，反而导致保险资金的投资风险很大。因此，《保险法》修订的初衷主要是为保险资金拓宽投资渠道，增加长期收益，而不是鼓励保险资金去炒作房地产。各国保险法对保险公司的不动产投资，尤其是纯为收益而进行的不动产投资严加限制，❷目的是使保险公司的资金保持一定的流动性。我国保险资金以安全、谨慎投资为宗旨，"保险资金投资的不动产，是指土地、建筑物及其他附着于土地上的定着物。具体办法由中国保监会制定。"❸《保险资金投资不动产试点管理办法》已经提交审议，可见监管机构的审慎。

6）国务院规定的其他资金运用形式

例如，长期大额协议存款❹、债券回购、股权投资、债权投资及贷款。

2006 年 3 月，保监会发文，允许保险资金间接投资基础设施建设，投资方式包括债权、股权和物权投资。同年 10 月，保监会又进一步放开和允许保险公司股权投资非上市银行业务，投资资金不仅包括资本金，也可以包括保险资金。保监会还发布了《保险资金间接投资基础设施项目试点管理办法》，规定具有投资资格的保险机构，通过受托人可以间接投资于交通、通信、能源、市政、环境保护等国家级重点基础设施项目。

2006 年保监会颁布的《关于保险机构投资商业银行股权的通知》规定，保险机构可以投资境内国有商业银行、股份制商业银行和城市商业银行等未上市银行的股权。

"保险资金投资的股权，应当为境内依法设立和注册登记，且未在证券交易所公开上市的股份有限公司和有限责任公司的股权。"❺ 保险集团（控股）公司、保险公司对其他企业实现控股的股权投资，应当满足有关偿付能力监管规定。保险集团（控股）公司的保险子

---

❶ 《保险资金运用管理暂行办法》第 10 条。

❷ 日本保险法规定对不动产的投资不能超过保险公司总资产的 20%。在美国，对不动产的投资大体包括两大类：一类是因营业所需或其他原因所取得的不动产，对此类不动产的投资，美国各州均无限制；另一类是为了取得收益而投资所取得的不动产，对于此类不动产投资，各州保险法的规定均严于上一类不动产的投资。如单笔投资不得超过保险人资产的 1%；总投资不得超过保险人资产的 10%。

❸ 《保险资金运用管理暂行办法》第 11 条。

❹ 长期大额协议存款是指存款期限超过 5 年（不含 5 年）、每笔起存金额超过 3 000 万元的存款。长期大额协议存款的利率水平、存款期限、结息和付息方式、违约处罚标准等由保险公司与商业银行协商确定。

❺ 《保险资金运用管理暂行办法》第 12 条。

公司不符合中国保监会偿付能力监管要求的，该保险集团（控股）公司不得向非保险类金融企业投资。实现控股的股权投资应当限于下列企业：① 保险类企业，包括保险公司、保险资产管理机构以及保险专业代理机构、保险经纪机构；② 非保险类金融企业；③ 与保险业务相关的企业。❶

2009 年 4 月保监会发布《关于保险资金投资基础设施债权投资计划的通知》和《基础设施债权投资计划产品设立指引》，将交通、通信、能源等国家基础设施建设纳入保险机构资金运作渠道。

保险人所放的贷款一般为抵押贷款，即以不动产、有价证券或寿险保单为抵押的放款。目前，我国法律仅允许保险公司以人身保险单质押贷款，且尚无贷款比例的明确限制。

 ## 案例分析

HIV 感染者状告保险公司"歧视"❷

一、案件起因

2008 年 2 月，昆明艾滋病病毒（HIV）感染者李伟（化名）买了中国平安人寿保险公司云南分公司（以下简称"云南平保"）的意外险卡，之后，他发现所购保险合同免责条款中写有："因下列情形之一，造成被保险人身故、残疾或医疗费用支出的，本公司不负给付保险责任……被保险人患艾滋病（AIDS）或感染艾滋病病毒（HIV 呈阳性）期间"。保险公司的免责条款，将"患艾滋病或感染艾滋病期间"与战争、军事行动、暴乱、武装叛乱及核辐射并列作为免责条件之一。

李伟很苦恼，觉得即便出现意外伤害事件，也不能得到保险公司的赔付，想退保业务员又不同意。在多次向云南平保交涉未果后，李伟遂委托律师于 2008 年 5 月将保险公司告上法庭，要求法院判令该免责条款无效；删除其带有歧视性的保险条款；书面向他赔礼道歉，并索赔精神损失费 10 元。他在诉状中写道，将患艾滋病或感染艾滋病毒期间与战争、军事行动、暴乱、武装叛乱及核辐射等并列作为免责条件之一，明显有对艾滋病患者和艾滋病毒携带者的歧视，违反了《中华人民共和国传染病防治法》（以下简称《传染病防治法》）、《艾滋病防治条例》中对于不得歧视艾滋病患者和艾滋病病毒携带者的相关规定。

同年 6 月，李伟将其经历给中国保监会写了一封公开信。8 月 15 日，中国保监会办公厅给李伟的代理人寄来一份《告知书》，称："你们反映的保险合同中存在歧视艾滋病感染者和病人条款的信件已收到，我会非常重视此事，将认真研究相关问题，进一步加强保险产品监管。"然而，保监会再无进一步的答复。

---

❶ 《保险资金运用管理暂行办法》第 14 条。
❷ 参见《中国青年报》，2009 年 7 月 1 日。

二、争议焦点

原告方认为，近年来国家大力提倡关爱艾滋病患者，从法律角度，从社会接纳度、人们的宽容度来讲均在提高，其中对艾滋病患者最直接的帮助就是社会保障体系。而对于与疾病无关的涉及人身和财产的意外险，保险公司更加不应当拒绝，这样的条款完全可以去掉。根据《传染病防治法》的规定，艾滋病属乙类传染病，但意外伤害险条款中，并没有单列出比艾滋病传染性更强的任何一种甲类传染病，因此该条款涉嫌构成歧视。

被告云南平保答辩称，艾滋病患者风险无法计算，也不好估算。对艾滋病本身的抗病毒治疗和由艾滋病引起的一系列并发症、合并症的治疗及控制所需提供的医疗服务具有难以估测性和超高额性，会给公司带来不可估量的损失，毕竟保险公司是一个自负盈亏的企业。商业保险公司必须将理赔风险控制在能承受的范围内，在保险条款中把感染艾滋病作为责任免除是保险行业的惯例。

三、一审判决

昆明市五华区法院在不公开审理了该案后，认为原告李伟所买的意外保险条款上，从字面上看不出来保险公司免责，驳回了原告的诉讼请求。李伟不服并向昆明市中级人民法院提起上诉。

四、分析与思考

1. 保险经营应当具备适法性

本案中的保险合同条款滞后。庭审时云南平保提出的："艾滋病目前无法治愈，也无法计算风险；该保险合同已经中国保监会备案。"据平安保险公司提供的资料，该备案是在1997年。随着《传染病防治法》，尤其是2006年3月1日《艾滋病防治条例》的先后施行，保险合同这一免责条款是违反上述相关法律规定的。《艾滋病防治条例》第3条规定："任何单位和个人不得歧视艾滋病病毒感染者、艾滋病病人及其家属。艾滋病病毒感染者、艾滋病病人及其家属享有的婚姻、就业、就医、入学等合法权益受法律保护。"2008年，某媒体经调查后发现，24家保险公司的意外伤害险均将患艾滋病和感染艾滋病病毒者列入免责条款。

《保险法》第19条明确规定，采用保险人提供的格式条款订立的保险合同中的下列条款无效：① 免除保险人依法应承担的义务或者加重投保人、被保险人责任的；② 排除投保人、被保险人或者受益人依法享有的权利的。尽管该条款是2009年修订的，但在此之前，《合同法》第52条规定"违反法律、行政法规的强制性规定"无效；第40条规定"提供格式条款一方免除其责任、加重对方责任、排除对方主要权利的，该条款无效"。可见，平安保险公司以"该保险合同已经中国保监会备案"作为存在的理由拒绝删除是不合法理的。

《保险法》第137条规定："保险公司使用的保险条款和保险费率违反法律、行政法规或者国务院保险监督管理机构的有关规定的，由保险监督管理机构责令停止使用，限期修改；情节严重的，可以在一定期限内禁止申报新的保险条款和保险费率。"

2. 保险经营应当具备合理性

"保险机构应当公平、合理拟订保险条款和保险费率，不得损害投保人、被保险人和受益人的合法权益。"❶ 本案中的免责条款不合理。假设李伟与其他旅客一样遇到车祸或空难，难道保险公司能仅仅对李伟免责吗？显然李伟不应因其患有艾滋病，保险公司就对他遭受的意外伤害免责，因为他和其他人一样，有着与疾病无关的合法权益。因此，该免责条款完全可以删掉。

3. 保险经营应当考虑适应性

也就是说，要公平设计条款，满足公众（包括艾滋病患者）的保险需求。保险人拒绝对艾滋病患者承担保险责任，没有意识到艾滋病患者和病毒感染者同样享有公民权利和公平地位，损害了他们的合法权益。从经营角度考虑，保险公司可以公平设计条款，以更科学、更精确的保险方式，设计出涵盖艾滋病病毒感染者的意外保险，甚至医疗险等，通过集中起来的保险费建立保险基金，为民众（包括艾滋病患者）排忧解难，使其安居乐业。

4. 保险经营要注重公益性

加强对艾滋病病毒感染者和艾滋病患者的权利保障，不仅仅在于保护他们的生存条件，还在于保护全人类的生存条件和社会的和谐。艾滋病的蔓延对一个国家的政治、经济和社会有重大的影响，因此对患艾滋病或感染艾滋病病毒的人提供关爱和必要的保障已成为人们的共识。在现阶段，控制预防和治疗艾滋病已经成为社会问题。其实，给予艾滋病患者的保险保障，也是保险人防范风险的举措。保险公司存在的重要意义是，具有经济效益，为被保险人挽回一定的经济损失，更重要的是，如何安抚社会，使得社会稳定，实现可持续发展。保险公司本身并不同于一般的商业机构，作为企业，它既要考虑自身的经济利益，还要考虑对社会的义务，承担起更多的社会责任。

五、结语：本案的社会影响与带来的触动

中国保险行业协会推出的《人身保险产品条款部分条目示范写法》要求，从 2009 年 10 月 1 日起，保险公司不得在人身保险产品中将感染艾滋病病毒或患艾滋病列为除外责任。一方面，是因为新《保险法》在被保险人权益保护方面作了极大改变，因此保险公司急需修改相应条款；另一方面，是保险产品的责任免除条款往往是保险公司屡遭诟病的部分。本案原告虽然没有得到预想的结果，但由于其影响，客观上推动了中国保险行业协会明确了"该由保险公司承担的责任不能随意免责"的要求。

本 章 小 结

保险经营应当有规范的经营组织和严格的经营规则。我国保险经营组织主要是保险公司，应按照《公司法》的要求建立相应的组织机构。保险公司及其分支机构以及外资保险

---

❶ 《保险公司管理规定》第 43 条。

公司必须依照法律规定的条件、程序设立，保险公司的变更要经过审批并登记。保险公司因解散、撤销、破产而终止的，要依法进行清算，并保障相关保险责任的落实。保险经营规则主要有分业经营规则，即要求禁止兼营和禁止兼业；偿付能力规则，维持偿付能力要具备最低偿付能力，建立各种责任准备金、公积金和保险保障基金；风险控制规则要从自留保险费、承保责任和再保险等方面进行风险管理；保险资金运用规则对资金运用的原则、途径、比例作了要求。

　　本章的重点是：保险公司的设立、终止；保险经营规则

　　本章的难点是：偿付能力规则

　　关键词语：保险公司　分业经营　偿付能力　最低偿付能力　责任准备金

思考题

　　1. 保险公司是如何设立的？

　　2. 保险公司终止的原因有哪些？

　　3. 简述分业经营的含义。

　　4. 保险公司应怎样维持偿付能力？

　　5. 保险机构应如何控制经营风险？

　　6. 简述我国法律对保险资金运用的规定。

保险中介制度

18.1 保险中介制度概述

18.1.1 保险中介的概念与类型

1. 保险中介的概念

保险中介也称保险中介人、保险合同辅（补）助人，是指介于保险经营机构之间或保险人与投保人之间，专门从事保险业务咨询与招揽、风险管理与安排、价值衡量与评估、损失鉴定与理算等中介服务活动，促成双方达成合同或协助履行保险合同并从中依法获取佣金或手续费的单位或个人。

2. 保险中介的类型

在成熟的保险市场中，代表保险公司的保险代理人和代表保户的保险经纪人以及处于中立的保险公估人，共同组成了保险中介市场。保险公司主要承担核保、核赔和业务管理等保险业务的经营，而将保险销售交给保险代理人或经纪人完成，理赔交给保险公估人处理，以降低经营成本、提高经营效益。保险中介人的主体形式多样，根据不同服务范围和服务对象可分以下几类。

（1）保险代理人，即代表保险人招揽、推销保险业务并提供各种辅助服务的单位或个人。

（2）保险经纪人，是指代表被保险人在保险市场上选择保险人或保险产品，同保险方洽谈保险合同条款并代办保险手续以及提供相关服务的中间人。

（3）保险公估人，即接受保险人或投保人（被保险人）的委托，从事独立、客观的保险查勘、理赔估损的保险公证人。

（4）其他中介人。其他一些专业领域的单位或个人也可以从事某些特定的保险中介服务，如保险精算师事务所、事故调查机构和律师等。

18.1.2 保险中介的特征

1. 合法性

根据《保险法》第119条和中国保监会颁布并于2009年10月1日起施行的《保险专业代理（经纪、公估）机构监管规定》的相关要求，在中华人民共和国境内设立保险中介机构，应当符合中国保监会规定的资格条件，取得保险监督管理机构颁发的经营保险代理（经纪、公估）业务许可证。保险中介机构凭该许可证向工商行政管理机关办理登记，领取营业执照。保险兼业代理机构凭保险监督管理机构颁发的许可证，向工商行政管理机关办理变更登记。由此可知，保险中介人须经过政府有关部门的批准，方能取得经营资格，从事相关业务。

2. 专业性

保险是专业化程度很高的服务行业，保险商品具有不可感知性，保险合同往往非一般社会公众所能理解。保险中介机构中都有各自独特的专业人员，并具备娴熟的保险技术和广泛的市场关系，为保险合同双方提供信息和专业技术服务。

3. 介入与沟通性

在保险交易中，由于信息不对称，投保人、被保险人往往不清楚保险商品的利弊，容易产生不利的情况。保险中介人以其专业知识和保险经验为客户提供保险咨询、保险处理方案，为社会公众提供风险评估、防灾防损等风险管理咨询服务，保险中介人出面参与保险交易，使投保人避免投保行为的盲目性。同时保险合同双方在保险的全过程中存在着利益矛盾，意见分歧在所难免。当发生争议时，保险中介的介入，不仅能解决专业术语和条款上的疑难问题，而且容易缓解双方之间的紧张关系。

4. 客观性

保险中介人能够提供具有公正性和权威性的资证，供保险双方或法院裁决时参考，有利于矛盾的化解和消除，能有效地减少保险纠纷，保护双方的利益。尤其是保险公估人独立于保险双方之外，可以接受保险人或被保险人的委托，在从事保险公估业务过程中始终遵循"独立、客观、公平、公正"的原则。保险公估结论容易被双方当事人特别是被保险人接受，能使保险赔付更趋于公平合理，可以有效缓和保险人与被保险人在理赔领域的矛盾。

5. 经济性

随着现代保险业的发展，保险业务从销售到索赔理赔，都是通过保险中介人的辅助工作来完成的。一方面，这种分工避免了保险人机构设置及人员安排上的过于庞杂，降低经营成本。另一方面，保险本来就是对风险进行分担，保险经营也是如此。参加保险经营的人越多，越有利于保险经营风险的分散。保险中介有利于保险业整体执业水平的提高和不断升级与横向交流，从而促进整个保险行业的发展；由于规模效应以及逆向选择和道德风险的减少，必然会大大降低保险理赔费用从而帮助保险人降低成本，最终提高整个社会的经济效益。

6. 责任性

保险经纪机构因过错给投保人和被保险人造成损失的，应当依法承担赔偿责任。保险公估机构在办理保险公估业务过程中因过错给保险公司或者被保险人造成损害的，应当依法承担赔偿责任。❶ 根据《保险法》第 127 条的规定，保险代理人根据保险人的授权代为办理保险业务的行为，由保险人承担责任。但是，"保险代理人没有代理权、超越代理权或者代理权终止后以保险人名义订立合同，使投保人有理由相信其有代理权的，该代理行为有效。保险人可以依法追究越权的保险代理人的责任。"❷

18.1.3　保险中介的作用

保险中介是保险市场成熟化与分工精细化的结果。在保险市场发育初期，由于保险产品品种较少，相对单一，买卖双方数量有限，保险产品的交易一般都由买卖双方直接参与成交。但是随着保险行业的不断发展，保险产品品种多样化，保险产品设计开发技术的复杂化，保险产品的功能多元化，以及买卖双方主体数量激增引起的竞争激烈化，导致原来只有买卖双方直接成交的交易方式对新形势的不适应，这便促成保险人与投保人对中介人的需求。保险中介在保险市场上发挥着重要的作用。

（1）保险中介推动了保险业的发展。保险中介使保险供需双方更加合理、迅速地结合，减少了供需双方的辗转劳动，中介机构参与到保险活动中来，获取利润，迅速壮大，使得保险市场主体、业务规模和服务领域都发生了深刻变化，这有利于保险市场机制的完善，有利于我国保险市场的开拓和规范保险市场竞争，促进保险业发展并加快与国际接轨。

（2）保险中介满足投保人、被保险人的服务需求。保险需求涉及保险合同的签订、变更、终止的全过程。由于经营保险产品存在着专业垄断尤其是非对称信息等现象，投保人、被保险人需要借助中介人从法律地位上保证自己与保险人抗衡，解决自身保险专业知识缺乏的问题，改变其在保险人面前的劣势地位。保险中介提供的风险管理、协助索赔等保险服

---

❶　《保险经纪机构监管规定》第 4 条、《保险公估机构监管规定》第 5 条。

❷　这实际上引入了民法的表见代理制度。《最高人民法院关于审理保险纠纷案件若干问题的解释（征求意见稿）》第 57 条（表见代理）规定，保险法规定"投保人有理由相信其有代理权"的情形包括：① 行为人持有保险公司工作证、空白保险合同、盖有保险公司印鉴的收据等；② 行为人原为保险公司代理人并与投保人签订保险合同的，后行为人丧失代理权而保险人未及时通知投保人，行为人又以保险公司代理人身份与投保人进行了续期保险费收取等业务活动的；③ 保险公司的委托授权文件对代理人的授权不明的；④ 其他使相对人有理由相信行为人有代理权的情况。但上述证件、文件系伪造、变造的除外。

务，可以最大限度地帮助客户的保险选择趋于理性化，获得最适合自身的保险需求。

（3）保险中介降低了保险企业的经营成本，有利于保险人扩大保险需求，增加保费收入，提高保险销售效率，促进产品创新和转变经营机制。因为保险人的成本制约着保险人的人员规模，所以单靠保险人自身进行展业实难满足保险职能发挥的内在要求。保险中介的出现和发展也使保险经营者从繁重的展业、检验、理赔等工作中解脱出来，可以集中精力致力于市场调研、险种开发、偿付能力管理、保险资金运用以及高效的管理制度建设等方面，进一步提升了保险业的服务水平。

总之，保险中介机构在保险市场中处于不可替代的地位，上述作用的发挥是由其在专业技术服务、保险信息沟通、风险管理咨询等方面所具有特殊的优势决定的。当前，我国保险中介整体上呈现良好的发展态势，❶ 然而中介渠道实现的保费收入占比仍然较小，部分中小型机构开拓市场的手段单一，经营面临较多困难，服务客户的能力有待提高，与保险业发展和经济社会需要还有很大差距。按照建立和完善社会主义市场经济制度、推行改革开放政策的客观要求，市场化、规范化、职业化和国际化是未来中国保险中介行业生存的前提，也是其发展的方向。

18.1.4 保险中介从业人员条件

1. 一般从业人员条件

1）一般从业人员的概念

保险代理从业人员是指在保险代理机构中，从事销售保险产品或者进行相关损失查勘、理赔等业务的人员。

保险经纪从业人员是指保险经纪机构中，为投保人或者被保险人拟订投保方案、办理投保手续、协助索赔的人员，或者为委托人提供防灾防损、风险评估、风险管理咨询服务、从事再保险经纪等业务的人员。

保险公估从业人员是指保险公估机构及其分支机构中从事保险标的的承保前检验、估价及风险评估的人员，或者从事保险标的的出险后的查勘、检验、估损理算等业务的人员

2）一般从业人员应具备的资格

保险中介人进行的是专业性很强的知识、信息服务活动，关系到保险合同当事人的切身利益，因此，世界各国对保险中介人都有明确的资格要求，必须通过严格的审查。审查的内容是要掌握保险专业理论和业务实践经验以及保险法律知识，同时也应掌握从事保险中介活

---

❶ 保监会发布的《2009 年三季度保险中介市场发展报告》显示：截至 2009 年 9 月 30 日，我国共有保险专业中介机构 2 529 家，其中保险代理公司 1 883 家、保险经纪公司 365 家、保险公估公司 281 家，分别占 74.46%、14.43% 和 11.11%。全国保险专业中介机构注册资本达到 69.66 亿元，同比增长 6.76%；总资产达到 100.79 亿元，同比增长 18.86%；实现保费收入 7 274.66 亿元，同比增长 10.88%，占全国总保费收入的 84.78%。全国中介共实现业务收入 663.32 亿元，同比增长 21.78%。保险专业中介机构共实现经营收入 61.69 亿元，同比增长 25.80%；实现盈利 3.10 亿元。

动所应具有的道德准则和其他有关规定。我国也不例外，保险中介从业人员应当符合中国保监会规定的条件，持有中国保监会规定颁发的资格证书。"资格证书"既是对保险中介从业人员基本资格的认定，也具有执业证明的效力。保险中介人员在从事业务时，必经持有执业证书以备保险监管机关和委托人查验。

（1）考试。凡从事保险中介业务的人员，都必须参加由中国保监会统一组织的从业人员资格考试。报名条件：① 年满 18 周岁且具有完全的民事行为能力；② 必须具备相应的学历条件。报考保险代理人，须具有高中以上学历或同等学力；报考保险经纪人，须具有大学专科以上学历；报考保险公估人，须具有大学本科以上学历。

（2）领取"资格证书"。凡通过保险从业人员资格考试者，均可向中国保监会申请领取"资格证书"，申请领取"资格证书"的人应当品行良好，正直诚实，具有良好的职业道德。有下列情况之一者，不得申请领取"资格证书"：曾受到刑事处罚者；曾因违反有关金融、保险法律、行政法规、规章而受到行政处罚者；保监会认定的其他不宜从事保险中介业务者（如党政机关、社会团体、保监会、保险协会现职人员；有事实证明从事或涉及其他不正当之活动，显示其不适合担任保险中介人员者；有重大债务尚未了结者）。

（3）从业人员的培训规定。保险中介机构应当对本机构的从业人员进行保险法律和业务知识培训及职业道德教育。保险中介从业人员上岗前接受培训的时间不得少于 80 小时，上岗后每人每年接受培训和教育的时间累计不得少于 36 小时，其中接受法律知识培训及职业道德教育的时间不得少于 12 小时。

2. 高级管理人员条件

1）保险中介高级管理人员任职资格

保险中介机构高级管理人员是指下列人员：公司制保险中介机构公司的总经理、副总经理或者具有相同职权的管理人员；合伙制保险中介（公估）机构执行合伙企业事务的合伙人或者具有相同职权的管理人员；保险中介分支机构的主要负责人。❶

保险中介机构拟任董事长、执行董事和高级管理人员应当具备下列条件，并报经中国保监会核准：① 大学专科以上学历；② 持有中国保监会规定的资格证书；③ 从事经济工作 2 年以上；④ 具有履行职责所需的经营管理能力，熟悉保险法律、行政法规及中国保监会的相关规定；⑤ 诚实守信，品行良好。从事金融工作 10 年以上，可以不受前款第①项的限制；担任金融机构高级管理人员 5 年以上或者企业管理职务 10 年以上，可以不受前款第②项的限制。

2）保险中介高级管理人员资格限制❷

有《公司法》第 147 条规定的情形或者下列情形之一的，不得担任保险专业代理机构董事长、执行董事或者高级管理人员：

（1）担任因违法被吊销许可证的保险公司或者保险中介机构的董事、监事或者高级管理

---

❶ 参见《保险专业代理（经纪、公估）机构监管规定》第 20（21、21）条。

❷ 参见《保险专业代理（经纪、公估）机构监管规定》第 22（23、23）条。

人员，并对被吊销许可证负有个人责任或者直接领导责任的，自许可证被吊销之日起未逾3年；

（2）因违法行为或者违纪行为被金融监管机构取消任职资格的金融机构的董事、监事或者高级管理人员，自被取消任职资格之日起未逾5年；

（3）被金融监管机构决定在一定期限内禁止进入金融行业的，期限未满；

（4）受金融监管机构警告或者罚款未逾2年；

（5）正在接受司法机关、纪检监察部门或者金融监管机构调查；

（6）因违法行为或者违纪行为被吊销执业资格的资产评估机构、验证机构等机构的专业人员，自被吊销执业资格之日起未逾5年；（此项限制保险公估机构的高级管理人员）

（7）中国保监会规定的其他情形。

18.2　保险代理人

18.2.1　保险代理人概述

1. 保险代理人的概念

保险代理人是根据保险人的委托，向保险人收取拥金，并在保险人授权的范围内代为办理保险业务的机构或者个人。❶ 其又称保险人"延长的手"，在现代保险市场上，保险代理人已成为世界各国保险企业开发保险业务的主要形式和途径之一。上述概念表明以下内容。

（1）保险代理人必须以保险人的名义进行活动。保险代理人的任务，就是代理保险人销售保险产品、代理收取保险费、代理相关保险业务的损失勘察和理赔等。因此，保险代理人只有以保险人的名义进行代理活动，才能为保险人设定权利和义务。

（2）保险代理人受保险人委托代为办理保险业务，保险代理人的业务权限在保险人委托授权的范围以内。为了明确保险人对保险代理人的授权范围及双方的权利义务，保险人与保险代理人应订立书面的代理合同。

（3）保险代理人向保险人收取代理手续费用作为其报酬。

（4）保险代理人代理活动的法律后果由保险人承担。

（5）保险代理人可以是单位或个人。

2. 保险代理人的作用

纵观保险业的发展史，保险代理人在其中扮演了重要的角色。他们对保险市场的开拓、保险业务的发展起到了功不可没的作用。例如，在英、美、日等国，约有80%以上的保险业务是通过保险代理人和经纪人招揽的。实际上，保险代理制的实施，保险代理人的出现，对完善保险市场、沟通保险供求、促进保险业发展发挥了重要作用。具体来说，其具有以下

---

❶ 《保险法》第117条。

几方作用。

（1）直接为各保险公司收取了大量的保险费，并取得了可观的经济效益。

（2）各种保险代理人的展业活动渗透到各行各业，覆盖了城市乡村的各个角落，为社会各层次的保险需求，提供了最方便、最快捷、最直接的保险服务，发挥了巨大的社会效益。

（3）有效地宣传和普及了保险知识，对提高和增强整个社会的保险意识起到了不可替代的作用，进一步促进了我国保险事业的发展。

（4）保险代理作为一个新兴的行业，它的发展能容纳大批人员就业。例如，日本从事保险代理的人，约占国民的 1%。而截至 2009 年第三季度，我国共有保险营销员 279 万人❶。随着我国保险事业的不断兴旺发达，保险代理人的队伍将日益扩大，从而在安置就业方面将发挥一定的积极作用。

18.2.2　保险代理人的分类

1. 理论上对保险代理人的分类

（1）保险代理人依其组织形式，可分为机构代理与个人代理。前者以单位形式进行代理活动。后者以自然人形式进行代理活动。

（2）保险代理人依其职业分类，可分为专职代理人和兼职代理人。专职代理人的收入只来源于代理活动中的代理手续费。而兼职代理人的收入除了源于代理活动中的代理手续费外，更大一部分来源于其他业务活动。

（3）保险代理人依其所代理的保险人多少，可分为独立代理人和专属代理人。独立代理人具有法人资格，他可以同时为两家或两家以上的保险公司代理业务。专属代理人只为一家保险公司代理保险业务。

（4）根据保险代理人的经营职责，可分为展业代理人和理赔代理人。前者以代理展业为主，后者的任务主要是代理保险人进行损失勘验、理赔的工作。例如，海洋运输保险服务的代理人——海损代理人，他们遍布世界各大港口，代保险公司检验受损保险货物和处理赔偿。

（5）保险公司代理人依其辖区及权限，可分为总代理人与分代理人。总代理人由保险公司授权，在一定范围代表保险公司开展业务，他的职责是任命代理人、雇用推销员、自己招揽业务等。分代理人又称地方代理人，较总代理人管辖的范围小，只在某一地区开展业务，其权限也较小，通常仅以招揽业务、交付保险单及收取第一期保险费为限。

2. 我国保险代理人的种类

根据我国保险法律的规定，保险代理人分为专业代理人、兼业代理人和个人代理人三种，法律分别规定了其各自应具备的条件和业务范围。

---

❶　数据来源于中国保监会发布的《2009 年三季度保险中介市场发展报告》。

1）专业代理人

专业代理人是指专门从事保险代理业务的专业机构。"除中国保监会另有规定外，保险专业代理机构应当采取下列组织形式：有限责任公司；股份有限公司。"❶ 可见在我国，保险专业代理机构是具有独立法人资格的公司。

保险专业代理机构的业务范围为：① 代理销售保险产品；② 代理收取保险费；③ 代理相关保险业务的损失勘察和理赔；④ 中国保监会批准的其他业务。❷

2）兼业代理人

兼业代理人是指受保险人委托，在从事自身业务的同时，指定专人为保险人代办保险业务的单位。目前，截至 2009 年第三季度，全国共有保险兼业代理机构超过 14 万家。主要有行业兼业代理、企业兼业代理、金融机构兼业代理和群众团体兼业代理等形式。尤其是通过金融机构可以有效地开展兼业代理。因为金融机构与社会各行各业接触广泛，具有固定的销售渠道，同时保险业与银行业、证券业同属于金融业，虽然目前中国实行金融业分业经营政策，但金融业有着不可分割的联系。这从表 17 - 1 的数据可见一斑。

表 17 - 1　截至 2009 年三季度保险兼业代理机构情况❸

类型	数量/家	占比/%	业务收入/亿元	占比/%	佣金收入/亿元	占比/%
银行	79 140	55.08	2 289.35	69.00	81.48	51.47
邮政	17 900	12.46	485.62	14.64	16.34	10.32
铁路	412	0.29	2.13	0.06	0.19	0.12
航空	2 178	1.52	2.12	0.06	0.69	0.44
车商	18 045	12.56	227.39	6.86	24.96	15.77
其他	26 006	18.09	311.25	9.38	34.64	21.88
合计	143 681	100.00	3 317.86	100.00	158.30	100.00

保险兼业代理人可以具有法人资格，不具备法人资格的单位经法定代表人授权也可以成为兼业代理人，其组织形式取决于其经营自身业务的组织形式。

兼业代理人从事保险兼业代理业务必须符合下列条件：① 向中国保监会申请保险兼业代理资格，经中国保监会核准后取得兼业代理许可证；② 具有工商行政管理机关核发的营业执照；③ 有同经营主业直接相关的一定规模的保险代理业务来源；④ 有固定的营业场

---

❶ 《保险专业代理机构监管规定》第 5 条。
❷ 《保险专业代理机构监管规定》第 29 条。
❸ 根据保监会发布的《2009 年三季度保险中介市场发展报告》整理。

所，具有直接代理保险业务的便利条件；⑤ 有专人从事保险代理业务。

兼业代理人的业务范围仅限于代理销售保险单和代理收取保险费。

3）个人代理人

个人代理人是指根据保险人委托，向保险人收取佣金（代理手续费），并在保险人授权范围内代为办理保险业务的个人。

凡持有《保险代理人资格证书》者，均可申请从事保险代理业务，并由被代理的保险公司审核登记报当地保险监督管理部门备案。中国保监会要求，2003 年 1 月 1 日以后，各家保险公司保险代理人必须持证上岗，否则不准许办理保险业务。个人代理人的业务范围仅限于代理销售保险单和代理收取保险费，不得办理企业财产保险和团体人身保险。另外，个人保险代理人在代为办理人寿保险业务时，不得同时接受两个以上保险人的委托。个人代理人转为其他保险公司代理人时，应重新办理登记手续。

个人代理人展业方式灵活，尤其是在一些业务量大、业务面广的分散性险种上，保险代理人以保险公司业务员的名义来往于保险公司与投保人之间。对保险公司来说，由于代理人的活动，使得推销保险单、收取保险费、联络投保人的感情、占领保险市场、降低业务费用、扩大保险公司的影响等方面，都变得更为方便有效。个人专业代理推销分散性保险单的方式，为众多寿险公司广泛采用。在实践中，个人代理人往往由被代理公司负责组织管理，如归入营销部，并建立了代理人的登记、考勤及业绩考核和奖励制度。这样，个人代理人与被代理公司之间就具有了保险代理合同关系和劳动管理关系。这是目前我国个人代理人的最大特点。❶

18.2.3 保险代理人的市场准入与市场退出

鉴于个人保险代理人与保险兼业代理人的特殊性，以下仅介绍专业保险代理机构的相关规定。

1. 市场准入

1）保险专业代理公司的设立条件

（1）股东、发起人信誉良好，最近 3 年无重大违法记录；依据法律、行政法规规定不能投资企业的单位或者个人，不得成为保险专业代理公司的发起人或者股东。保险公司员工投资保险专业代理公司的，应当书面告知所在保险公司；保险公司、保险中介机构的董事或者高级管理人员投资保险专业代理公司的，应当根据《公司法》有关规定取得股东会或者股东大会的同意。

（2）注册资本达到《公司法》和《保险专业代理机构监管规定》的最低限额。保险专

---

❶ 2010 年 10 月，保监会出台《关于改革完善保险营销员管理体制的意见》鼓励保险公司和保险中介机构积极探索新的保险营销模式和营销渠道，逐步实现保险销售体系专业化和职业化。鼓励保险公司投资设立专属保险代理机构或者保险销售公司。

业代理公司的注册资本不得少于人民币 200 万元；经营区域不限于注册地所在省、自治区、直辖市的保险专业代理公司，其注册资本不得少于人民币 1 000 万元。保险专业代理公司的注册资本必须为实缴货币资本。

（3）公司章程符合有关规定。

（4）董事长、执行董事、高级管理人员符合《保险专业代理机构监管规定》的任职资格条件。

（5）具备健全的组织机构和管理制度。

（6）有与业务规模相适应的固定住所。

（7）有与开展业务相适应的业务、财务等计算机软、硬件设施。

（8）法律、行政法规和中国保监会规定的其他条件。

2）保险专业代理公司的设立程序

（1）申请设立保险专业代理机构的，申请设立保险专业代理公司，全体股东或者全体发起人应当指定代表或者共同委托代理人，向中国保监会办理申请事宜。经中国保监会依法批准并颁发许可证。

（2）申请人收到许可证后，应当按照有关规定办理工商登记，领取营业执照后方可开业。保险专业代理机构自取得许可证之日起 90 日内，无正当理由未向工商行政管理机关办理登记的，其许可证自动失效。

（3）依法设立的保险专业代理机构，应当自领取营业执照之日起 20 日内，书面报告中国保监会。

2. 市场退出

保险专业代理公司因分立、合并需要解散，或者根据股东会、股东大会决议解散，或者公司章程规定的解散事由出现的，应当经中国保监会批准后解散。

保险专业代理公司申请解散的，应当自解散决议作出之日起 10 日内向中国保监会提交下列材料一式两份：解散申请书；股东大会或者股东会的解散决议；清算组织及其负责人情况和清算方案；中国保监会规定的其他材料。

保险专业代理公司解散，在清算中发现已不能清偿到期债务，并且资产不足以清偿全部债务或者明显缺乏清偿能力的，应当依法提出破产申请，其财产清算与债权债务处理，按照法定破产程序进行。

保险专业代理公司被依法吊销营业执照、被撤销、责令关闭或者被人民法院依法宣告破产的，应当依法成立清算组，依照法定程序组织清算。

清算结束后，保险专业代理公司应当向中国保监会提交清算报告。

3. 许可证制度

1）许可证使用及申请延续

保险专业代理机构应当将许可证置于住所或者营业场所显著位置。保险专业代理公司许可证的有效期为 3 年，保险专业代理公司应当在有效期届满 30 日前，向中国保监会申请延续。

保险专业代理公司申请延续许可证有效期的，中国保监会在许可证有效期届满前对保险专业代理公司前 3 年的经营情况进行全面审查和综合评价，并作出是否批准延续许可证有效期的决定。决定不予延续的，应当书面说明理由。

保险专业代理公司应当自收到决定之日起 10 日内向中国保监会缴回原证；准予延续有效期的，应当领取新许可证。

2）许可证失效及后果

保险专业代理公司有下列情形之一的，中国保监会不予延续许可证有效期：许可证有效期届满，没有申请延续；不再符合《保险专业代理机构监管规定》除第 6 条第（一）项以外关于公司设立的条件；内部管理混乱，无法正常经营；存在重大违法行为，未得到有效整改；未按规定缴纳监管费。

保险专业代理公司因许可证有效期届满，中国保监会依法不予延续有效期，或者许可证依法被撤回、撤销、吊销的，应当依法组织清算或者对保险代理业务进行结算，向中国保监会提交清算报告或者结算报告。

3）许可证注销

保险专业代理公司因下列情形之一退出市场的，中国保监会依法注销许可证，并予以公告：许可证有效期届满，中国保监会依法不予延续；许可证依法被撤回、撤销或者吊销；保险专业代理公司解散、被依法吊销营业执照、被撤销、责令关闭或者被依法宣告破产；法律、行政法规规定的其他情形。被注销许可证的保险专业代理公司应当及时交回许可证原件。

18.3　保险经纪人

18.3.1　保险经纪人概述

1. 保险经纪人的概念

保险经纪人是基于投保人的利益，为投保人与保险人订立保险合同提供中介服务，并依法收取佣金的单位。[1] 保险经纪机构是指基于投保人的利益，为投保人与保险公司订立保险合同提供中介服务，并按约定收取佣金的机构，包括保险经纪公司及其分支机构。[2]

2. 保险经纪人的特征

1）保险经纪人的活动必须是基于投保人的利益

保险经纪人通常都是接受投保人、被保险人的委托为其安排投保事宜，保险经纪人本身

---

[1]　《保险法》第 126 条。
[2]　《保险经纪机构监管规定》第 2 条。

不是保险合同当事人，而是为投保人与保险人订立合同创造条件。

2）为投保人和保险人订立保险合同提供中介服务

保险经纪人与投保人（包括被保险人、受益人）之间的关系是居间与委托关系，该关系通过订立合同来确定。居间合同❶可以因居间人完成委托人委托的事项而终止，也可以因居间人的过失使订约机会丧失而终止。后者情况下，居间人要为自己的过失承担相应的法律责任。

3）保险经纪人必须在法定范围内从事业务

保险经纪人的业务种类、经营区域由中国保监会核定，可以涉及参加投保谈判、设计保险方案、提供保险咨询、担当风险管理顾问、帮助进行保险索赔等，但不得超出法定范围也不能擅自超越客户的委托范围。

4）保险经纪人以独立名义从事中介活动

保险经纪人是具有独立法律地位的经营组织，有严格的市场准入条件，具有一定的组织机构，有一定的资金作为保证金，并能以自己的名义享有民事权利，承担民事义务。"保险经纪人因过错给投保人、被保险人造成损失的，依法承担赔偿责任。"（《保险法》第128条）

3. 保险经纪人与保险代理人的区别

1）代表的利益关系不同

保险经纪人代表的是投保人的利益，是投保人的风险管理顾问。而保险代理人是根据保险人的委托代为办理保险业务的，代表的是保险公司的利益。

2）业务范围不同

（1）服务的对象不同。保险经纪人的客户主要是收入相对稳定的中高端消费人群及大中型企业和项目；而保险代理人的客户主要是个人。

（2）保险经纪人提供的业务范围更广。保险经纪人为客户提供风险管理、保险安排、协助索赔与追偿等全过程服务；而保险代理人一般只代理保险公司销售保险产品，代为收取保险费。

（3）保险经纪人服务专业性更强。❷

3）组织形式不同

保险代理人可以是机构也可以是个人，而保险经纪人必须是具有法人资格的公司。

4）市场准入条件不同

保险经纪人的市场准入条件及监管要求较高。各国法律对保险经纪机构的设立、经纪人

---

❶ 居间合同也称中介合同，是指居间人向委托人报告订立合同的机会或者提供订立合同的媒介服务，委托人支付报酬的合同。

❷ 随着客户对风险保障需求层次的不断提高，保险经纪人在提供风险管理咨询、损失评估与分析、索赔处理与自保风险的管理以及保险方案设计等方面的作用与日俱增，可以帮助投保人及时发现潜在风险，提出消除或减少这种风险的各种可能办法，并帮助投保人在保险市场上寻找最合适的保险公司。

员的从业资格要求要高于保险代理人。

5）收入来源不同

保险代理人和保险经纪人都是通过劳动获取报酬的，即通过向委托人提供劳务而获取报酬。但是，两者获取报酬的方式是不同的。保险代理人是为保险人提供服务的，他只能从保险人处获取代理费。而保险经纪人的报酬通常可以由保险人支付，也可以由投保人支付，或者由保险人和投保人共同支付。❶

6）收取保费的后果不同

保险经纪人收取保险费的行为，对保险人无约束力，即法律上不视为保险人已经收到，被保险人不能以此为由主张保险合同业已成立。而保险代理人收取保险费后，即使实际尚未交付给保险人，在法律上则视为保险人已收到。

7）法律责任的承担不同

客户与保险经纪人是委托与受托关系，如果因为保险经纪人的过错造成客户的损失，保险经纪人承担相应的经济赔偿责任。而保险代理人与保险公司是代理与被代理关系，保险公司对保险代理人在授权范围内的行为后果负责。

综上所述，与保险代理人相比，保险经纪人在价值定位上存在根本的优势。保险市场发展揭示了一个必然规律：保险尤其是寿险销售方式必将从产品导向的推销方式，变革为需求导向的咨询服务方式，从而为消费者创造真正价值。随着行业的发展和竞争的加剧，主动权逐渐从保险公司过渡到消费者手中，因此，也只有真正从客户需求出发的咨询服务模式才是真正长远有效的销售方式。而在这种销售方式的变革过程中，保险经纪人是体现客户需求导向的最佳人选。保险代理人代表保险公司推销产品，而保险经纪人则是代表客户、从众多保险公司的产品中挑选最满足客户需求的保险方案，同时协助客户向保险公司获取服务。国际保险市场的经验表明，保险经纪人是成熟保险市场中举足轻重的主导销售渠道。

18.3.2 保险经纪人的类型

各个国家对保险经纪人的类型划分不尽相同，主要有下列几类。

（1）按保险经纪人的组织形式，可以分为个人保险经纪人和公司保险经纪人。前者以

---

❶ 《保险经纪机构监管规定》第 36 条第二款规定："保险经纪机构应当按照与保险合同当事人的约定收取佣金。"可见，保险经纪机构的佣金是约定收取的，是由保险合同当事人支付的，即可以由保险人支付，也可以由投保人支付。保险经纪人佣金的主要形式有保险经纪人佣金、招揽佣金、特佣等。

从理论上讲，保险经纪人为投保人提供的服务，应由投保人付钱购买，但其佣金却常常由保险人支付。这是因为：首先，保险费由基本保费和附加保费两大部分组成，而保险人支付给保险经纪人的佣金就包含在附加保费里，其最终的来源仍然是被保险人支付的保险费；其次，保险经纪人的活动客观上为保险公司招揽了业务，故其佣金由保险公司按保费的一定比例（一般为每笔保险费的 15%）在保险经纪人完成投保手续、交付保费后支付。

近年来，由于保险经纪人在为投保人选择保险公司、协助核定保险条款和费率等工作涉及大量繁重的风险评估等事务，特别是一些高风险的业务，如核电站、地铁工程等建筑安装工程保险业务，其佣金已逐渐改为由保险人和投保人共同摊付或全部由投保人支付。另外，如果被保险人委托保险经纪人向保险人索赔，佣金或服务费则由被保险人支付。

个人身份执业，后者只能以公司形式执业。

（2）按保险经纪人的业务范围，可以分为专属经纪人和非专属经纪人。前者只能代理一家公司的产品，后者可以代理多家公司的产品。非专属经纪人又可分为"完全独立经纪人"❶和依附于某些保险公司的有关联的"非独立经纪人"。

（3）按保险经纪人在保险市场的不同环节或不同作用，可以分为直接保险经纪人和再保险经纪人。

① 直接保险经纪人，是指介于投保人和保险公司之间，直接接受投保人委托的保险经纪人。按业务性质的不同，直接保险经纪人又可分为人身保险经纪人和财产保险经纪人。从事人身保险经纪活动的保险经纪人要具备法律、医疗、劳动、财会等方面专业知识。财产保险业务是保险经纪人活动的主要领域，财产保险标的种类多，保险产品复杂，保险风险多样化，所以从事财产保险经纪活动的保险经纪人要具备多种专业知识，如理工、法律、金融、外贸、财会等方面专业知识。

② 再保险经纪人，是指将原保险人的保险业务向其他保险人分出的保险经纪人。再保险经纪人不仅介绍再保险业务、提供保险信息，而且在对再保险合同进行管理，继续为分出公司服务，如处理合同的续转、修改、终止等问题，并向再保险接受人及时提供分保账单。再保险经纪人熟悉保险市场的情况，对保险的管理技术比较内行，具备相当的技术咨询能力，能为分出公司争取较为优惠的条件。

2. 我国法律规定的保险经纪人类型

1）组织形式

我国《保险经纪机构监管规定》第 6 条规定，除中国保监会另有规定外，保险经纪机构应当采取有限责任公司和股份有限公司的组织形成。

2）市场准入与退出

保险经纪机构的市场准入条件与保险专业代理机构基本相同，唯在注册资本要求上更高。一般来说，保险经纪公司的注册资本不得少于人民币 1 000 万元，且必须为实缴货币资本。保险经纪机构的市场退出要求与保险专业代理机构一致，在此不再赘述。

3）保险经纪机构的业务范围

保险经纪机构可以在中华人民共和国境内从事保险经纪活动。保险经纪机构可以经营下

---

❶ "完全独立经纪人"是与任何一家保险公司都没有特殊利益关系，可以提供市场上的任何一家公司的险种的指导和建议的保险经纪人。它在客观上最大程度地减少了倾向性，在为顾客推荐产品时，可以最大限度做到公正。但是，对独立保险经纪人的监督及管理都是比较松散的，这要求其有极强行业自律性。在德国，独立保险经纪人被称为保险人的"同盟者"。国外的独立保险经纪人可通过下列方式获取报酬。大部分情况下，当他们为顾客选择了某一险种，就由这家保险公司支付佣金。不管收到多少金额，保险经纪人都必须告知顾客，以便使顾客相信他们不是按照佣金来选择保险公司的。另一种情况是，很多独立保险经纪人向顾客收取服务费，并确保原本向任何一家保险公司获取的佣金日后都如数退给顾客，使顾客更多受益。也有一些独立保险经纪人让顾客自己选择向经纪人支付服务费还是让经纪人收取保险公司的介绍费。参见朱宏. 英国独立保险经纪人（保险 ABC）. 国际金融报，2000－06－08。

列保险经纪业务：① 为投保人拟订投保方案、选择保险公司以及办理投保手续；② 协助被保险人或者受益人进行索赔；③ 再保险经纪业务；④ 为委托人提供防灾、防损或者风险评估、风险管理咨询服务；⑤ 中国保监会批准的其他业务。

4）保险经纪机构的业务准则

根据《保险法》第 131 条的规定，保险代理人、保险经纪人及其从业人员在办理保险业务活动中不得有下列行为：欺骗保险人、投保人、被保险人或者受益人；隐瞒与保险合同有关的重要情况；阻碍投保人履行本法规定的如实告知义务，或者诱导其不履行本法规定的如实告知义务；给予或者承诺给予投保人、被保险人或者受益人保险合同约定以外的利益；利用行政权力、职务或者职业便利以及其他不正当手段强迫、引诱或者限制投保人订立保险合同；伪造、擅自变更保险合同，或者为保险合同当事人提供虚假证明材料；挪用、截留、侵占保险费或者保险金；利用业务便利为其他机构或者个人牟取不正当利益；串通投保人、被保险人或者受益人，骗取保险金；泄露在业务活动中知悉的保险人、投保人、被保险人的商业秘密。

根据《保险经纪机构监管规定》，保险经纪机构不得以捏造、散布虚假事实等方式损害竞争对手的商业信誉，不得以虚假广告、虚假宣传或者其他不正当竞争行为扰乱保险市场秩序。保险经纪机构不得与非法从事保险业务或者保险中介业务的机构或者个人发生保险经纪业务往来。保险经纪机构不得以缴纳费用或者购买保险产品作为招聘业务人员的条件，不得承诺不合理的高额回报，不得以直接或者间接发展人员的数量或者销售业绩作为从业人员计酬的主要依据。

18.3.3 保险经纪人的权利义务

1. 保险经纪人的权利

1）获取报酬权

保险经纪人是经营者，因此在接受委托、履行其义务的同时，享有通过劳动获取相应报酬的权利。保险经纪机构应当按照与保险合同当事人的约定收取佣金。❶ "保险佣金只限于向具有合法资格的保险代理人、保险经纪人支付，不得向其他人支付"。❷

2）自由选择权

从市场角度看，保险经纪人了解和熟悉市场上各家保险公司的险种设计、承保原则、索赔程序、理赔服务、经营管理、资金运用及财务收支等情况，如果投保人委托时没有非常严格要求，那么保险经纪人在选择保险人及确定保险内容方面（如险种、费率），都可以有较大的自由度。但是，保险经纪人必须尽到合理的谨慎义务，否则将承担相应的责任。

---

❶ 《保险经纪机构监管规定》第 36 条第二款。

❷ 《保险法》第 130 条。

3）留置保单权

通常，通过保险经纪人投保，一旦完成投保手续后，应当由保险经纪人向保险人交付保费，不管被保险人是否已将保费交付给经纪人。因此，在被保险人向保险经纪人交付保费前，保险经纪人对保单享有留置权。

4）兼职兼业权

如兼职代理业务或其他业务，但是，如果法律禁止，则不可。根据我国对保险经纪人的有关管理规定，不允许保险经纪人兼营保险代理业务，这与韩国的规定相同，而在英、美则不禁止保险经纪人兼职代理业务。

2. 保险经纪人的义务

保险经纪人接受投保人的委托在其业务活动中承担以下义务。

（1）促成订立保险合同。

① 负责提供保险信息。经纪人有义务按照投保人的需要将有关保险事项的信息如实告知投保人；依其专业知识和业务经验，以谨慎的态度对保险标的物进行风险调查、合理评估并提出合适的保险建议及投保方案。经纪人有义务在合理的时间内为被保险人办理保险。如有严重失误，经纪人需承担责任。

② 审查保险合同内容，告知投保人应当注意的事项。保险经纪机构应当向投保人明确提示保险合同中责任免除或者除外责任、退保及其他费用扣除、现金价值、犹豫期等条款。

（2）向保险人进行合理陈述。保险经纪人应当将知道的关于被保险人的重要情况向保险人披露，重要情况可以是投保人告之的以及经纪人发现的。如果重要情况是保险经纪人已知或者应知而未知，却没有或不能主动地将这些信息告诉保险人，则将承担责任。因为保险经纪人有义务去收集保险标的的相关重要信息，不过被保险人有机会发现这一疏漏情形的，保险经纪人的责任有可能被减轻。当然，保险经纪人陈述时应当保守在经营过程中知悉的投保人与被保险人的商业秘密。

（3）协助索赔。当保险事故发生后，在索赔中保险经纪人有协助被保险人的义务。如果保险经纪人接受被保险人的委托办理有关索赔事宜，则需在办理此项事务的过程中尽到合理的谨慎义务。

（4）与委托人签订书面委托合同。保险经纪机构从事保险经纪业务，应当与委托人签订书面委托合同，依法约定双方的权利义务及其他事项。委托合同不得违反法律、行政法规及中国保监会有关规定。

（5）制作、出示、说明客户告知书。❶

---

❶ 保险经纪机构在开展业务过程中，应当制作规范的客户告知书。客户告知书至少应当包括保险经纪机构的名称、营业场所、业务范围、联系方式等基本事项。保险经纪机构及其董事、高级管理人员与经纪业务相关的保险公司、保险中介机构存在关联关系的，应当在客户告知书中说明。保险经纪从业人员开展业务，应当向客户出示客户告知书，并按客户要求说明佣金的收取方式和比例。保险经纪机构应当向客户说明保险产品的承保公司，应当对推荐的同类产品进行全面、公平的分析。

（6）建立专门账簿和完整规范的业务档案。❶

（7）投保职业责任保险或者缴存保证金。❷

18.4　保险公估人

18.4.1　保险公估人概述

1. 保险公估人的概念

保险公估人也称保险公证人，是指接受保险合同主体的委托，以独立第三方的身份，凭借丰富的专业知识和技术，从事与保险事务相关的信息资料的搜集、调查取证、查勘、检验、鉴定、估价、评定和理算等，出具客观、公正报告并按约定收取报酬的专业人员或机构。

保险公估机构是指接受委托，专门从事保险标的或者保险事故评估、勘验、鉴定、估损理算等业务，并按约定收取报酬的机构。❸

2. 保险公估人的存在基础

1）理赔的必需

保险理赔是保险经营的重要环节，理赔工作不配套往往会影响保险业的发展。在保险业发展初期，对保险标的检验、定损等工作往往由保险公司自己进行。随着保险承保业务的发展，这种保险公司"全程包揽"方式的局限性日益暴露，难以适应复杂的情况。保险公司从经营成本考虑，不可能配备门类齐全的专业技术人员。实践证明，像过去那样单纯依靠保险公司内部的理赔人员处理理赔案件，已经满足不了保险服务的需要。理赔与承保的不同步发展，成了保险公司提高经济效益急需解决的一个重要问题。

而保险公估人能协助保险公司解决理赔领域的一些专业性、技术性较强的问题。保险公估人才涉足经济、金融、保险、财会、法律及工程技术等领域方面，从而促进保险理赔良好地运作。保险市场存在保险公估人，保险公司能够将一部分理赔工作从保险公司职能中剥离出来，交由保险公估人去完成，不仅可以使保险人从繁杂的理赔事务中解脱出来，深化内部经营体制改革，提高保险服务质量；而且可以降低保险经营成本，分享社会分工给自己带来

---

❶　保险经纪机构应当建立专门账簿，记载保险经纪业务收支情况。保险经纪机构应当开立独立的客户资金专用账户。下列款项只能存放于客户资金专用账户：投保人、被保险人支付给保险公司的保险费；为投保人、被保险人和受益人代领的退保金、保险金。

　　保险经纪机构应当建立完整规范的业务档案，业务档案至少应当包括下列内容：通过本机构签订保单的主要情况，包括保险人、投保人、被保险人名称或者姓名，产品名称，保险金额，保险费，缴费方式等；佣金金额和收取情况；保险费交付保险公司的情况，保险金或者退保金的代领以及交付投保人、被保险人或者受益人的情况；其他重要业务信息。保险经纪机构的记录应当真实、完整。

❷　参见《保险经纪机构监管规定》第 39～42 条及本书保险监管制度部分。

❸　《保险公估机构监管规定》第 2 条。

的好处，这样做无疑会加快达到由粗放经营向集约经营转变的目标。

2）化解矛盾的必要

保险是一种专业性很强的特殊行业，就理赔而言，保险事故发生后，造成损失的原因是否属于保险责任范围、损失金额如何确定等，是一系列比较复杂的问题，并非为一般社会大众所能了解和掌握。即便是经营保险业务的保险人，也难以做到得心应手地处理好每一个损失赔偿案件。保险公司既是承保人又是理赔人，直接负责对保险标的进行检验和定损，作出的结论难以令被保险人信服。同时，在现实生活中，无论是保险人，还是被保险人，由于各自受主观利益的驱动，在损失赔偿问题上常常表现出截然不同的态度。高低偏差过大，往往各执一词，矛盾在所难免。在缺乏保险公估人制度的情况下，保险关系双方往往选择一种超经济的解决问题的手段，往往在某些方面使矛盾变得更加复杂化。同样的问题，如果交由保险公估人处理，则可以起到事半功倍的作用。因为保险公估人处于客观中立的地位，容易被保险合同双方所接受，能使保险赔付更趋于公平合理，可以有效缓和保险人与被保险人在理赔领域的矛盾。

3）国际化的必然

保险公估人的存在与发展是参与国际保险市场竞争的客观要求。世界经济正朝着一体化和自由化方向发展，中国的保险业将会面对来自保险公估人在内的各个方面的挑战。更多的外商保险企业进入国内保险市场；同时国内一些保险公司也会走出国门，参与国际保险市场竞争。按照国际惯例，外资保险公司、国外保险公司以及国外再保险公司必然会把有关公估业务交由保险公估人处理。保险公估人实现了保险理赔工作的专业化分工。这种分工有利于保险理赔技术的不断升级和横向交流，并能促进保险公估业整体执业水平的提高，从而促进整个保险行业的发展。

3. 保险公估人的职能

1）评估职能

在保险业高度发达的国家，保险公估人很普遍，由其介入处理的赔案比例高达80%以上。保险公估人的评估职能包括查勘、鉴定、估损和理算。保险公估人有丰富的知识和技能，在判断保险公估结论准确与否的问题上具有专业性，保险公估人执行评估职能，出具保险公估报告，可使赔案快速、科学地得以处理。

2）中介职能

保险公估人既可以受托于保险人，又可以受托于投保人、被保险人和受益人。公估人的主要职能是按照委托人的委托要求，对保险标的进行检验、鉴定和理算，从事保险公估经营活动，为保险关系当事人提供中介服务。因为有了保险公估人，保险公司便可以从烦琐的理赔事务中解脱出来，既提高了保险服务质量又能降低成本，各保险公司与其合作是大势所趋。

3）公证职能

保险公估人是保险合同当事人之外的第三方，是独立站在中间的立场上对委托事项作出客观、公正的评价，对保险案件进行评审能够作出符合双方利益的评估结论，使承保与理赔的核定工作更具权威性。

　　4）防范职能

　　委托专业的公估机构对可疑赔案进行相关调查已经成为行业共识。目前，根据保险公司与保险公估公司的初步估算，在委托进行调查或复勘的可疑理赔案件尤其是车险理赔案件中，有 20%～30% 存在夸大赔款金额或骗赔问题。保险公司委托公估公司从事保险欺诈案件调查，可以大大减少保险欺诈的比例，直接为保险公司减少损失，提高保险经营效益。

　　因此，保险公估人必须是独立的社会组织，不能成为政府部门或保险公司的附属机构。保持中立是其维护其信誉、获得社会依赖的前提，也是其与保险公司理赔人员与代表保险公司或被保险人利益的其他保险中介人的区别之所在。在查勘、检验、定损过程中提供保险公估服务时，必须公正、客观、独立，不得掺杂私利。

18.4.2　保险公估人的类型

1. 保险公估人的分类

　　保险公估人的分类标准较多，常见的主要有以下几类。

　　（1）根据保险公估人的组织形式，从国际范围看可分为保险公估合伙企业、保险公估公司、保险公估个人。

　　（2）根据保险公估人与委托方的关系，保险公估人可分为雇佣保险公估人与独立保险公估人。雇佣保险公估人一般长期固定受雇于某一家保险公司，按照该保险公司委托或指令处理各项理赔业务，这类公估人一般不能接受其他保险公司的委托业务。独立保险公估人可以同时接受数家保险公司的委托，处理理赔事务。

　　（3）根据委托方的不同，保险公估人可分为受托于保险人的公估人与受托于双方的公估人，例如，在德国和意大利，保险公估人可以为保险人或被保险人服务；而在法国、日本和韩国，保险公估人不可以为被保险人服务，只能受聘于保险人。

　　（4）根据执业性质的不同，保险公估人可分为保险型公估人、技术型公估人和综合型公估人。英国、德国和欧洲其他国家的保险公估人分别多属此三类。

　　（5）根据可参与保险公估业务内容的不同，保险公估人可分为海上保险公估人、火灾保险公估人和汽车保险公估人。他们分别主要处理海上、航空运输保险等方面的业务，火灾及特种保险等方面的业务，与汽车保险有关的业务。

　　（6）根据执业的顺序，保险公估人可分为承保（核保）时的公估人和理赔时的公估人两类。前者主要从事保险标的的价值评估和风险评估。后者是在保险事故发生后，受托处理保险标的的检验、估损和理算。保险理赔公估人依其执行业务的性质或服务范围与专业技术，又可以细分为理算人、勘验人、评估人、核赔人、评定人、调查人、资料收集人、定价人等。❶

---

❶　周云，薛蓓. 漫话保险公证人. http://www.qzr.cn/.

2. 我国保险公估人的类型

我国的保险公估业刚刚起步，保险公估人主要侧重理算人，未来公估人的发展既要注重专业性，也要考虑综合性的过程。由于公估行业涉及专业门类宽、技术含量高、关系繁杂，以个人名义从事保险公估活动显然无法满足这一要求，而且也不便于监督管理。所以我国在涉及保险公估人的组织类型时参照国际惯例，强调保险公估人应是机构形式。

根据《保险公估机构监管规定》第 7 条的规定，保险公估机构应当采取下列组织形式：① 有限责任公司；② 股份有限公司；③ 合伙企业。除了应当按照《公司法》和《中华人民共和国合伙企业法》（以下简称《合伙企业法》）的相关规定外，尤其强调"保险公估机构的注册资本或者出资不得少于人民币 200 万元，且必须为实缴货币资本"。依据法律、行政法规规定不能投资企业的单位或者个人，不得成为保险公估机构的发起人、股东或者合伙人。

保险公估机构可以经营下列业务：① 保险标的承保前和承保后的检验、估价及风险评估；② 保险标的出险后的查勘、检验、估损理算及出险保险标的的残值处理；③ 风险管理咨询；④ 中国保监会批准的其他业务。❶

3. 我国保险中介机构之比较

我国保险中介机构之比较如表 17 - 2 所示。

表 17 - 2　我国保险中介机构之比较

组织形式＼区别	与当事人的关系	利益关系	组织形式	注册资本/万元	责任主体	收入来源
保险专业代理机构	代理合同	代表保险人的利益	公司	200（跨区经营 1 000）	保险人	保险人支付佣金
保险经纪机构	居间（委托）合同	代表投保人和被保险人的利益	公司	1 000	自己	由保险人支付佣金，投保人也可以支付报酬
保险公估机构	委托合同	独立第三方	公司，合伙企业	200	自己	委托方支付报酬

18.4.3　保险公估人的权利义务❷

1. 保险公估机构及其从业人员享有的权利

（1）根据执行业务的需要，要求委托人及其他相关当事人提供有关保险公估的文件、资料和其他必要协助。

---

❶ 《保险公估机构监管规定》第 30 条。
❷ 参见《保险公估机构监管规定》第 34 ~ 41 条，以及 57 条。

（2）客观、公正从事保险公估活动，在当事人不提供协助或者要求出具虚假保险公估报告时，中止执行业务或者终止履行合同。

（3）法律、行政法规和中国保监会规定的其他权利。

2. 保险公估机构及其从业人员应当履行的义务

保险公估人员在执业中，须遵守职业道德并且有胜任工作的相应能力，不得有违法、违反职业道德及其他不恰当的行为。具体要求如下。

1）守法经营

保险公估机构及其从业人员应当遵守法律、行政法规及中国保监会规定，接受行业管理，维护行业声誉；遵守评估准则、职业道德和有关标准；对使用的有关文件、证明、资料的真伪进行查验；履行法律、行政法规和中国保监会规定的其他义务。

保险公估机构及其分支机构从事保险公估业务，应当与委托人签订书面委托合同，依法约定双方的权利义务及其他事项。委托合同不得违反法律、行政法规及中国保监会的有关规定。

公估活动当事人有权要求与自身或者其他评估当事人有利害关系的保险公估机构或者保险公估从业人员回避。

2）诚信经营

保险公估机构、保险公估分支机构及其从业人员与保险公估活动当事人一方有利害关系的，应当告知其他当事人。保险公估机构及其分支机构在开展业务过程中，应当制作规范的客户告知书，并在开展业务时向客户出示。客户告知书应当至少包括保险公估机构及其分支机构的名称、营业场所、联系方式、业务范围等基本事项。保险公估机构及其董事、高级管理人员与公估业务相关的保险公司、保险中介机构存在关联关系的，应当在客户告知书中说明。

保险公估人员须保证公估过程中的保密性要求，独立执行任务。公估结论是保险公估人员关于该业务的分析、意见和结论，是很明确的保密事项，只能在这些工作结束之后，保险公估人员分别同保险当事人双方协商时，告知其相关信息。这样做可消除保险公估过程中的负面影响，保证公估工作公正、合理、快速地进行。

3）勤勉尽职

保险公估机构及其分支机构应当建立专门账簿，记载保险公估业务收支情况。保险公估机构及其分支机构应当建立完整规范的业务档案，业务档案应当包括下列内容：保险公估业务所涉及的主要情况，包括保险人、投保人、被保险人和受益人的名称或者姓名，保险标的、事故类型、估损金额等；报酬金额和收取情况；其他重要业务信息。保险公估机构的记录应当完整、真实。

保险公估机构、保险公估分支机构及其从业人员在开展公估业务过程中，应当勤勉尽职，保险公估报告不得存在重大遗漏。保险公估报告中涉及赔款金额的，应当指明该赔款金额所依据的相应保险条款。保险公估人员要避免任何可能会导致误导或过错的行为，不能使用、依赖没有充分依据支持的因素，在假设基础上进行保险公估，不得发生对公估结论具有重要影响的实质性疏忽或错误，保证最终公估意见或结论的准确与可信赖。

保险公估机构及其分支机构应当妥善保管业务档案、会计账簿、业务台账以及佣金收入的原始凭证等有关资料，保管期限自保险合同终止之日起计算，保险期间在 1 年以下的不得少于 5 年，保险期间超过 1 年的不得少于 10 年。期间不得篡改、丢失、销毁。完整的工作档案记录，既能持续保障保险当事人双方利益也便于保险监管部门检查。

18.4.4　保险公估人的经营规则❶

保险公估人经营规则的具体内容如下。

（1）保险公估机构及其分支机构不得伪造、变造、出租、出借、转让许可证。

（2）保险公估从业人员不得以个人名义招揽、从事保险公估业务或者同时在两个以上保险公估机构中执业。

（3）保险公估机构、保险公估分支机构及其从业人员在开展公估业务过程中，不得有下列欺骗投保人、被保险人、受益人或者保险公司的行为：① 向保险合同当事人出具虚假或者不公正的保险公估报告；② 隐瞒或者虚构与保险合同有关的重要情况；③ 冒用其他机构名义或者允许其他机构以本机构名义执业；④ 从业人员冒用他人名义或者允许他人以本人名义执业，或者代他人签署保险公估报告；⑤ 串通投保人、被保险人或者受益人，骗取保险金；⑥ 通过编造未曾发生的保险事故或者故意夸大已经发生保险事故的损失程度等进行虚假理赔；⑦ 其他欺骗投保人、被保险人、受益人或者保险公司的行为。

（4）保险公估机构、保险公估分支机构及其从业人员在开展公估业务过程中，不得有下列行为：① 虚假广告、虚假宣传；② 以捏造、散布虚假事实，利用行政处罚结果诋毁等方式损害其他保险中介机构的商业信誉，或者以其他不正当竞争行为扰乱市场秩序；③ 利用行政权力、股东优势地位或者职业便利以及其他不正当手段强迫、引诱、限制投保人订立保险公估合同、接受保险公估结果或者限制其他保险中介机构正当的经营活动；④ 给予或者承诺给予保险公司及其工作人员、投保人、被保险人或者受益人合同约定以外的其他利益；⑤ 利用业务便利为其他机构或者个人牟取不正当利益；⑥ 利用执行保险公估业务之便牟取其他非法利益；⑦ 泄露在经营过程中知悉的投保人、被保险人、受益人或者保险公司的商业秘密及个人隐私；⑧ 虚开发票、夸大公估费。

（5）保险公估机构及其分支机构不得与非法从事保险业务或者保险中介业务的机构或者个人发生保险公估业务往来。

---

❶ 参见《保险公估机构监管规定》第 46～50 条。

案例分析

保险中介涉案传销获罪❶

一、案情

2008年以后，北京大润保险经纪有限公司（以下简称"大润经纪公司"）的主要业务是销售卡式短期意外险，保险卡面值分别为100元、180元和200元，分别来自8家保险公司。大润经纪公司以各种名义，强制或诱导业务员购买面值3 000元左右的意外伤害保险卡等保险产品，或以缴纳3 000元培训费作为加入公司的条件，并承诺给予高额回报。其设立层级奖励制度，以"拉人头"的传销经营模式扩大队伍。大润经纪公司将大润业务员分为试用期业务员、业务员、业务主管、业务主任、业务经理、高级经理、业务督导、高级督导，共8级。若本人为业务员，只要至少扩充3名业务员，就可晋升业务主管资格，达到条件以此类推晋级。根据公安机关调查，截至立案时，大润经纪公司案件涉及保险卡超过28 000张，涉案金额超过600万元，波及全国14个省区，被卷入其中的约有3 000人。成为保险中介机构以传销等非法手段骗取钱财的典型案例。保监会之前已经发出特别警示，保险公司及保险中介机构以购买保险产品或者缴纳一定费用作为加入公司的条件等做法涉嫌传销。

二、判决

2009年12月31日，吉林省农安县法院作出判决，大润经纪公司负责人蔡军，犯组织领导传销罪被判处有期徒刑4年，并处罚金10万元；该公司吉林分公司负责人王佳茹被判处有期徒刑一年零六个月，并处罚金6万元。

三、启示

保险中介市场鱼龙混杂，保监会颁布的《保险专业代理机构监管规定》、《保险经纪机构监管规定》、《保险公估机构监管规定》已于2009年10月1日起施行。监管部门意图明显，就是要清理整顿，创造出良好的中介市场环境。上述监管规定中，保险中介注册资本大幅度提高，保险专业代理、经纪、公估机构注册资本金分别从50万元、500万元、50万元提升至200万元（跨区经营为1 000万元）、1 000万元、200万元。达不到要求、资质差的中介机构要退出市场。打击保险中介违法业务，是今后工作的重点。中国保监会发现保险专业代理、经纪、公估机构涉嫌逃避缴纳税款、非法集资、传销、洗钱等，需要由其他机关管辖的，应当向其他机关举报或者移送。违反规定，涉嫌构成犯罪的，中国保监会应当向司法机关举报或者移送。

---

❶ 李军慧. 华夏时报，2010-02-01.

本 章 小 结

　　成熟的保险市场需要有保险中介人，保险中介人是介于保险人与投保人之间促成双方达成合同或协助履行保险合同的人。保险中介人主要有保险代理人、保险经纪人、保险公估人。保险中介人的产生与发展，是保险市场发展的必然选择。同时，保险中介人通过为投保人、被保险人提供风险管理服务，选择保险产品与公司和协助索赔，有利于保险人扩大保险需求、增加保费收入、降低保险销售成本、提高保险销售效率、转变经营机制、促进产品创新，从而有利于促进保险市场机制的完善。我国保险法律、法规明确规定了保险中介相关的市场准入和市场退出、权利义务、经营规则、监管要求。保险中介人要依法设立、依法经营，并承担相应的法律责任。

　　本章的重点是：保险代理人、保险经纪人、保险公估人的基本制度

　　本章的难点是：保险中介人的权利义务；保险中介机构的比较

　　关键词语：保险中介人　保险代理人　保险经纪人　保险公估机构

思考题

　1. 保险中介人有什么特征和作用？

　2. 简述保险中介人的市场准入和市场退出要求。

　3. 保险经纪人有哪些权利义务？

　4. 保险代理人与保险经纪人有什么不同？

　5. 保险公估人有哪些权利义务？

　6. 简述保险代理人、保险经纪人、保险公估人的区别。

　7. 简述保险中介人存在的基础和发展前景。

第 19 章

保险监督管理制度

本章导读

19.1　保险监管概述

19.1.1　保险监管的概念

保险监管是指国家保险监管机构根据国民经济发展的需要，通过法律、行政和经济等手段，对保险经营机构及保险市场所进行的监督与管理。

国家之所以要指定专门机构对保险业进行监督管理，是因为作为国民经济重要组成部分的保险业具有特殊性，是公共性极强的行业，有"社会稳定器"之称。具体而言包括以下内容。

（1）保险业具有高风险性。保险是以各种风险为经营对象，保险经营与风险密不可分。首先，保险事故的随机性和不平衡性、损失程度的不可知性、理赔的差异性使得保险经营本身存在着不确定性；其次，保险经营的资产具有负债性和返还性，由投保人支付保险费而形成的保险基金，有相当一部分是对未来赔付保险金的负债，最终要用于对被保险人和受益人的赔偿和给付；最后，加上激烈的同业竞争和保险道德风险及欺诈的存在，使得保险业成为高风险行业。

（2）保险业具有极强的公众性和社会性。构成保险的要件之一是必须集合为数众多的经济单位，才能有效地分散风险。所以保险公司的承保对象覆盖面大，涉及社会各部门、各阶层，保险经营险种囊括了社会经济的各个领域和不同行业。一旦保险公司经营亏损或倒闭，不仅会直接损害公司自身的存在和利益，还将可能影响社会生活的各个层面，危害相关产业的发展，从而危及社会经济的稳定和人民生活的安定。

（3）保险经营具有很强的专业性和技术性。保险市场由买方、卖方和中介人构成，保险需要专门知识，而参加保险的众多成员往往缺乏相应知识。保险技术本身很复杂，这主要是指保险商品的价格即费率的拟定与普通商品不同，保险经营以大数法则为数理基础，只有通过集合足够多的保险标的，保险人才能计算出合理的保险费率。因此，保险商品的定价需要非常专门的技术，而且一般不被保险人所掌握。所以为了保障被保险人的利益，增强投保人的信心，规范保险市场的行为，促进保险市场竞争的开展，需要政府加以严格监管。

19.1.2　保险监管的方式

世界各国由于经济与法律制度的差异，在不同历史时期，对保险业的监管方式不尽统一。根据监管的宽严程度不同，有关国家对保险业的监管曾经采取过截然不同的三种方式。

1. 公示监管

公示监管（又称公示主义、公告管理）方式是指国家对保险业的实体并不直接监督管理，而是要求保险人定期将营业结果呈报给监管机构，并将其资产负债、财务成果及相关事项予以告示。公众通过对保险人的经营状况的了解，自己就保险企业的业务实质及经营优劣，作出独立判断和选择。这是一种最为宽松的监管方式，保险人的经营有较大的自由度，保险业的组织、保险合同格式的设计、资金的运用等由保险公司自主决定。

其优点是保证保险企业自主经营，为保险业的自由发展提供了广阔的天地，使保险业在自由竞争的环境中得以发展。但采取这种监管方式必须具备以下前提条件：一是国民经济发达，保险业发展环境宽松，保险企业普遍存在并高度发展，有从众多保险企业中选择经营最优良者的可能；二是社会各界有较强的保险及自我保护意识，并对保险业的经营有正确的判断水准和能力；三是市场具有平等竞争的条件和良好的商业道德，且有保险公司的优劣判断和评估的标准；四是保险行业自律能力较强。此种方式曾为英国采用，该国的 1901 年、1940 年和 1958 年《保险公司法》均采用公示监管方式。由于该方式最大的缺点是一般公众对保险业优劣的判断标准不易准确掌握，对不正当的经营无能为力，保险企业的不规范行为难以得到及时有效的纠正。20 世纪 70 年代随着一些保险公司的破产，英国政府对保险业的监管有加强的趋势，这一方式也逐渐被放弃。

2. 准则监管

准则监管（又称准则主义、规范管理方式、形式监管主义）方式是指国家通过颁布一系列有关保险的法律法规，制定保险业经营的基本准则，如最低资本额的限定、资产负债表的审核、保险资金运用规范等，要求所有的保险人必须共同遵守的监管方式。该方式适用于保险法规比较严密和健全的国家，荷兰、德国曾采用。这种监管方式注重强调保险经营形式上的合法性，较公示监管方式严格，却比公示监管方式具有较大的可操作性，被视为"适中的监管方式"。但这种监管方式仅从形式出发，难以适应所有保险机构，也并未触及保险业经营管理的实体，加之保险技术性强，内容十分复杂，因而形式上合法而实质上不合法的行为时有发生，仅有某些基本准则难以起到严格有效监管的作用，增加了政府监管的难度。因此，目前大部分国家已不采用。

3. 实体监管

实体监管（又称批准主义、严格监管、许可监管方式）方式是指国家订有完善的保险监督管理规则，保险监管机构根据法律、法规所赋予的权力，对保险业、保险市场尤其是保险公司采取全面有效的监督管理措施。其监管的内容涉及保险业的组织与行为，是对保险业监管中最为严格的一种。实体监管方式要求保险组织的设立，必须经保险监管机构审批核准，发放许可证；在经营过程中，必须接受监管机构在财务、业务方面的监管；破产清算时，仍须在监管机构监管下进行。此监管方式最早由瑞士创立，因其监管的内容具体实际，监管机关具有较大的权威和权力，有明确的衡量尺度，操作性比较强。所以，目前大多数国家和地区采取这种监管方式，如美国、日本、德国等，我国亦然。不过，目前在保险费率管理、保险条款审定、竞争约束、资金运用等方面，许多原来管理严格而审查秩序较好的国家，对此有解禁的趋势。

19.1.3　保险监管的机构与职责

为了对保险业实行更有效的监督和管理，各国都建立了相应的保险监管机构❶，并赋予其明确的职责。负责我国保险监管的机构是中国保监会。

1. 中国保监会的性质

我国自恢复国内保险业务以来曾长期由中国人民银行行使保险业的监管职能。1998 年 11 月，经国务院批准，按照银行与保险分业经营、分业监管原则，为了加大对保险业的统一监管力度，逐步完善保险监管体系，成立了中国保监会负责对全国保险业的监管。

中国保监会是全国商业保险的主管部门，为国务院直属事业单位，根据国务院授权履行行政管理职能，依照法律、法规统一监督管理保险市场。它具有政府行政管理部门和保险监管机构的双重职能。作为保险监管机构，它应维护被保险人的合法权益、维护公平竞争的市场秩序和保险体系的整体安全与稳定；作为行业行政管理部门，它必须做好保险发展的中长期规划的研究和制定，研究保险发展的重大战略、基本任务和产业政

---

❶　德国的保险监管机构是保险监督局，受财政部领导；② 英国的保险监管机构是贸工部，贸工大臣享有对保险业全面监督和管理的权力，贸工部下设保险局作为保险监管的实施机构，具体负责保险监管事宜；③ 法国保险业由国家保险委员会进行管理，受财政部领导；④ 意大利的保险监督机构是工商部，下设民营保险管理局负责具体事务；⑤ 瑞士的保险业监管由联邦司法警务部和联邦保险管理局共同负责；⑥ 澳大利亚的保险监管机构是保险和年金委员会，其负责人为监督官，由总督任命，向财政部负责；⑦ 美国保险监管机构主要是州保险监督局，全国共有 55 个这样的保险监督机构，另外，美国还设立了"保险监督官协会"，该协会由各州的保险监督官参加组成，主要作用是协调各州的保险立法；⑧ 日本的保险监管机构是大藏省，大藏省的银行局下设保险部，具体负责对保险业的监管；⑨ 韩国的保险监管机构由财经院和保险监督院共同担任，财经院的职责为负责建立实施保险监管的法律法规、制定行业发展政策、审批经营保险业务的许可，而保险监督院负责检查各家保险公司的经营、调查处理保险人和被保险人之间的纠纷及管理保险保证基金等。

策，要通过规划、指导和信息服务引导保险业发展的方向，促进我国保险事业的健康发展。

"保险监督管理机构依照本法和国务院规定的职责，遵循依法、公开、公正的原则，对保险业实施监督管理，维护保险市场秩序，保护投保人、被保险人和受益人的合法权益。"（《保险法》第134条）"保险监督管理机构工作人员应当忠于职守，依法办事，公正廉洁，不得利用职务便利牟取不正当利益，不得泄露所知悉的有关单位和个人的商业秘密。"（《保险法》第157条）

2. 中国保监会的职责

（1）拟定保险业发展的方针政策，制定行业发展战略和规划；起草保险业监管的法律、法规；制定业内规章。

（2）审批保险公司及其分支机构、保险集团公司、保险控股公司的设立；会同有关部门审批保险资产管理公司的设立；审批境外保险机构代表处的设立；审批保险代理公司、保险经纪公司、保险公估公司等保险中介机构及其分支机构的设立；审批境内保险机构和非保险机构在境外设立保险机构；审批保险机构的合并、分立、变更、解散，决定接管和指定接受；参与、组织保险公司的破产、清算。

（3）审查、认定各类保险机构高级管理人员的任职资格；制定保险从业人员的基本资格标准。

（4）审批关系社会公众利益的保险险种、依法实行强制保险的险种和新开发的人寿保险险种等的保险条款和保险费率，对其他保险险种的保险条款和保险费率实施备案管理。

（5）依法监管保险公司的偿付能力和市场行为；负责保险保障基金的管理，监管保险保证金；根据法律和国家对保险资金的运用政策，制定有关规章制度，依法对保险公司的资金运用进行监管。

（6）对政策性保险和强制保险进行业务监管；对专属自保、相互保险等组织形式和业务活动进行监管；归口管理保险行业协会、保险学会等行业社团组织。

（7）依法对保险机构和保险从业人员的不正当竞争等违法、违规行为以及对非保险机构经营或变相经营保险业务进行调查、处罚。

（8）依法对境内保险及非保险机构在境外设立的保险机构进行监管。

（9）制定保险行业信息化标准，建立保险风险评价预警和监控体系，跟踪分析、监测、预测保险市场运行状况，负责统一编制全国保险业的数据、报表，抄送中国人民银行，并按照国家有关规定予以发布。

19.1.4　保险监督管理的目标

1. 维护投保人、被保险人和受益人的合法权益

保险是一种无形商品，保险人所"出售"的是未来的损害赔偿责任，是一种承诺。这种承诺往往是长期性的，甚至可能长达几十年。所以被保险人（受益人）希望政府能够有效地监督保险人在未来的某一时期向他支付保险金。又由于投保人、被保险人对保险机构、保险中介机构和保险产品的认知程度极为有限，现实与可行的办法就是通过法律和规则，对供给者的行为进行必要的制约，还有一些强制的信息披露要求，让需求者尽量知情。同时也鼓励需求者自觉掌握尽量多的信息和专业知识，提高判断力，并应当对自己的选择和判断承担相应的风险。监管可以防止投保人、被保险人和受益人的利益可能因不知情而受到保险机构和保险中介机构的恶意侵害。

2. 维护公平竞争的市场秩序

市场经济要突出强调竞争，竞争才有公平和活力，才能带来繁荣。维护公平竞争市场秩序的作用有如下。首先，保护自由竞争。保险市场的竞争程度决定了该市场的效率，竞争越充分，资源配置的效率就越高。因此，保险监管对保护保险市场的自由竞争十分必要。其次，避免过度竞争。过度竞争源于市场退出机制不完善。当整个保险市场集中度不高，众多市场主体不具备行业合理的经济规模，难以降低成本，导致社会资源配置的低效率。又因竞争的需要而人为地压低费率，其后果是削弱甚至丧失偿付能力，最终损害被保险人的利益。因此，加强保险监管，防止保险市场上出现过度竞争是非常重要的。最后，反垄断。在保险市场逐步发展过程中，保险公司因入市时间、经营管理水平、人员素质、业务活动区域以及政策倾斜等，呈现实力的差异。少数保险公司利用其优势，在竞争初期将其保险商品价格即费率降至边际成本以下，以此排挤同行，迫使它们退出保险市场，以便取得垄断地位，然后再抬高费率至边际成本以上，获取垄断利润，从根本上损害被保险人利益。因此，有必要通过保险监管，消除或防止保险市场的垄断行为。

3. 维护保险体系的整体安全与稳定

维护保险体系的整体安全与稳定是维护被保险人合法权益、维护公平竞争的市场秩序的客观要求和自然延伸。首先，应当兼顾保险业发展中的效率与公平。保险业是经营风险的特殊行业，是社会经济补偿制度的一个重要组成部分，对社会经济的稳定和人民生活的安定负有很大的责任。虽然保险机构和保险中介机构的合法利益应当由它们自己依法维护，然而，保险业本身的特殊性要求在保证被保险人获得合理的保障条件下应规范投保人支付费用和条件。其次，维护保险体系的整体安全稳定，并不排除某些保险机构和保险中介机构因经营失败而自动或被强制退出市场。监管者不应当、也不可能为所有保险经营者提供"保险"。监管者所追求的是整体的稳定，而不是个体的"有进无退，生死无虞"。

19.2　保险监管的内容

对保险业的监督管理应当是全方位的，保险监管的内容主要包括组织监管、经营行为监管和偿付能力监管等方面。

19.2.1　对保险业组织的监管

1. 对保险公司的监管

1）对保险公司的整顿❶

保险公司未依照《保险法》规定提取或者结转各项责任准备金，或者未依照《保险法》规定办理再保险，或者严重违反《保险法》关于资金运用的规定的，由保险监督管理机构责令限期改正，并可以责令调整负责人及有关管理人员。保险公司逾期未改正的，保险监督管理机构可以决定选派保险专业人员和指定该保险公司的有关人员组成整顿组，对公司进行整顿。整顿的目的是使出现问题的保险公司及时纠正违规行为，促使其改善经营状况，保障保险行业的持续、健康、稳健发展。

整顿决定应当载明被整顿公司的名称、整顿理由、整顿组成员和整顿期限，并予以公告。整顿组有权监督被整顿保险公司的日常业务。被整顿公司的负责人及有关管理人员应当在整顿组的监督下行使职权。整顿过程中，被整顿保险公司的原有业务继续进行。但是，国务院保险监督管理机构可以责令被整顿公司停止部分原有业务、停止接受新业务，调整资金运用。

被整顿保险公司经整顿已纠正其违反《保险法》规定的行为，恢复正常经营状况的，由整顿组提出报告，经国务院保险监督管理机构批准，结束整顿，并由国务院保险监督管理机构予以公告。

2）对保险公司的接管❷

保险公司有下列情形之一的，国务院保险监督管理机构可以对其实行接管：① 公司的偿付能力严重不足的；② 违反《保险法》规定，损害社会公共利益，可能严重危及或者已经严重危及公司的偿付能力的。被接管的保险公司的债权债务关系不因接管而变化。接管目的是避免出现严重危及保险公司偿付能力的情形，预防保险公司破产，从而稳定保险市场。

接管组的组成和接管的实施办法，由国务院保险监督管理机构决定，并予以公告。接管期限届满，国务院保险监督管理机构可以决定延长接管期限，但接管期限最长不得超过 2年。接管期限届满，被接管的保险公司已恢复正常经营能力的，由国务院保险监督管理机构决定终止接管，并予以公告。

3）保险公司的重整与清算❸

被整顿、被接管的保险公司有《中华人民共和国企业破产法》第 2 条规定情形的，国务院保险监督管理机构可以依法向人民法院申请对该保险公司进行重整或者破产清算。保险公司因违法经营被依法吊销经营保险业务许可证的，或者偿付能力低于国务院保险监督管理

---

❶　参见《保险法》第 140～144 条。

❷　参见《保险法》第 145～148 条。

❸　参见《保险法》第 149～150 条。

机构规定标准，不予撤销将严重危害保险市场秩序、损害公共利益的，由国务院保险监督管理机构予以撤销并公告，依法及时组织清算组进行清算。

2. 对保险中介机构的监管

1) 监管的法律体系

在我国，目前对保险中介人进行法律监管的体系主要由法律、行政法规、部门规章等构成。主要有《保险法》、《公司法》、《反不正当竞争法》、《合伙企业法》、《公司登记管理条例》以及《保险专业代理机构监管规定》、《保险经纪机构监管规定》、《保险公估机构监管规定》。通过上述法律法规和规章制度的判定和实施，建立起对保险中介人的从业资格、市场进入与退出、组织形式、执业管理的全方位监管的法律体系。

2) 对保险中介机构业务监管的主要内容

(1) 保险中介机构及其保险公估分支机构应当依照中国保监会有关规定及时、准确、完整地报送报表、报告、文件和资料，并根据中国保监会要求提交相关的电子文本。

保险中介机构及其保险公估分支机构报送的报表、报告和资料应当由法定代表人、主要负责人、执行合伙企业事务的合伙人或者其授权人签字，并加盖机构印章。

(2) 保险中介机构及其保险公估分支机构应当妥善保管业务档案、会计账簿、业务台账以及佣金收入的原始凭证等有关资料，保管期限自保险合同终止之日起计算，保险期间在1年以下的不得少于5年，保险期间超过1年的不得少于10年。

(3) 保险中介机构应当按规定将监管费交付到中国保监会指定账户。

(4) 保险中介机构应当在每一会计年度结束后3个月内聘请会计师事务所对本公司的资产、负债、利润等财务状况进行审计，并向中国保监会报送相关审计报告。中国保监会根据需要，可以要求保险中介机构或者保险公估分支机构提交专项外部审计报告。

(5) 保险中介机构应当自办理工商登记之日起20日内投保职业责任保险或者缴存保证金。并在投保或缴存10日内，将职业责任保险保单复印件或者保证金存款协议复印件、保证金入账原始凭证复印件报送中国保监会。

保险中介机构投保职业责任保险的，应当确保该保险持续有效。保险中介机构缴存保证金的，应当按注册资本或者出资的5% 缴存；保证金应当以银行存款形式❶或者中国保监会认可的其他形式缴存。保险公估机构不得动用保证金，但有下列情形之一的除外：注册资本或者出资减少；许可证被注销；投保符合条件的职业责任保险；中国保监会规定的其他情形。

(6) 保险中介机构及其保险公估分支机构有下列情形之一的，中国保监会可以将其列为重点检查对象：业务或者财务出现异动；不按时提交报告、报表或者提供虚假的报告、报

---

❶ 保证金以银行存款形式缴存的，应当专户存储到商业银行。保证金存款协议中应当约定："未经中国保监会书面批准，保险中介机构不得擅自动用或者处置保证金。银行未尽审查义务的，应当在被动用保证金额度内对保险中介机构的债务承担连带责任。"

表、文件和资料；涉嫌重大违法行为或者受到中国保监会行政处罚；中国保监会认为需要重点检查的其他情形。

（7）保险中介机构或者保险公估分支机构因下列原因接受中国保监会调查的，在被调查期间中国保监会有权责令其停止部分或者全部业务：涉嫌严重违反保险法律、行政法规；经营活动存在重大风险；不能正常开展业务活动。

3. 对保险机构高级管理人员的监督管理

保险从业人员的素质对保险业的经营效果、财务状况有重大影响。各国保险法都规定，保险机构进行经营决策的领导成员应具备符合保险法规规定的条件，且符合条件的领导成员人数必须达到法定的数量，否则不得开业。根据《保险法》、《保险公司董事和高级管理人员任职资格管理规定》、《保险公司财务负责人任职资格管理规定》、《保险公司总精算师管理办法》等规定，对保险机构高级管理人员的监管有下列要求。

1）保险机构高级管理人员的资格及限制

设立保险公司应当有具备任职专业知识和业务工作经验的董事、监事和高级管理人员。保险公司的董事、监事和高级管理人员，应当品行良好，熟悉与保险相关的法律、行政法规，具有履行职责所需的经营管理能力，并在任职前取得保险监督管理机构核准的任职资格。保险公司高级管理人员的范围由国务院保险监督管理机构规定。

高级管理人员，是指对保险机构经营管理活动具有决策权或者重大影响的下列人员：总公司、分公司、中心支公司总经理、副总经理、总经理助理；总公司董事会秘书、合规负责人、总精算师、财务负责人；支公司、营业部经理；与上述高级管理人员具有相同职权的负责人。❶

有《公司法》第 147 条规定的情形或者下列情形之一的，不得担任保险公司的董事、监事、高级管理人员：① 因违法行为或者违纪行为被金融监督管理机构取消任职资格的金融机构的董事、监事、高级管理人员，自被取消任职资格之日起未逾 5 年的；② 因违法行为或者违纪行为被吊销执业资格的律师、注册会计师或者资产评估机构、验证机构等机构的专业人员，自被吊销执业资格之日起未逾 5 年的。

保险公司的董事、监事、高级管理人员执行公司职务时违反法律、行政法规或者公司章程的规定，给公司造成损失的，应当承担赔偿责任。

2）保险公司财务负责人的资格及限制

保险公司应当设立财务负责人职位。保险公司财务负责人是指保险公司负责会计核算、财务管理等企业价值管理活动的总公司高级管理人员。保险公司任命财务负责人，应当在任命前向中国保监会申请核准拟任财务负责人的任职资格；未经核准的，不得以任何形式任命。财务负责人应当具有诚信勤勉的品行和良好的职业道德操守，具备履行职务必需的专业知识、从业经历和管理能力。遵守法律、行政法规和中国保监会的有关规定，遵守保险公司章程和职业准则。中国保监会依法对财务负责人的任职和履职进行监督管理。

---

❶　《保险公司董事和高级管理人员任职资格管理规定》第 3 条。

担任财务负责人应当具备相应条件。❶有《保险公司董事和高级管理人员任职资格管理规定》中禁止担任高级管理人员情形之一，或者有中国保监会规定不适宜担任财务负责人的其他情形的，不得担任保险公司财务负责人。曾因提供虚假财务会计信息受过行政处罚的，不论其申请核准任职资格时是否超过《保险公司董事和高级管理人员任职资格管理规定》或者中国保监会其他规定中规定的禁入年限，均不得担任财务负责人。

3）保险公司精算师的资格及限制

保险公司应当聘用经国务院保险监督管理机构认可的精算专业人员，建立精算报告制度。保险公司应当聘用专业人员，建立合规报告制度。

总精算师是指保险公司总公司负责精算以及相关事务的高级管理人员。保险公司应当设立总精算师职位。未经中国保监会核准任职资格，保险公司不得以任何形式任命总精算师。

担任总精算师应当具备相应条件。❷有下列情形之一的，不得担任总精算师：有《保险公司董事和高级管理人员任职资格管理规定》中禁止担任高级管理人员情形之一的；中国保监会规定不适宜担任总精算师的其他情形。

19.2.2　对保险经营行为的监管

1. 对保险条款和费率的监管

对于保险公司而言，保险条款是保险公司的产品，保险费率是保险公司产品的价格。保险条款的核定和保险费率的厘定是体现和运用保险专业知识、技术的重要环节。各国的保险监管机构及保险同业公会都对保险条款和保险费率实行不同程度的干预，其目的是为了保证保险费率的公平合理。保险条款的真实规范，既要避免过高的费率损害被投保险人的利益，也要制止过低的费率引起恶性竞争，并要取缔对投保人或被保险人显失公平的保险条款。例如，美国大部分州的保险法要求保险监管部门根据公平、充足和非歧视性原则监管保险公司制定的保险费率，因而才有内容丰富的保险立法。

"保险机构应当公平、合理拟订保险条款和保险费率，不得损害投保人、被保险人和受

---

❶　① 大学本科以上学历；② 从事金融工作 5 年以上或者从事经济工作 8 年以上；③ 具有在企事业单位或者国家机关担任领导或者管理职务的任职经历；④ 具有国内外会计、财务、投资或者精算等相关领域的合法专业资格，或者具有国内会计或者审计系列高级职称；⑤ 熟悉履行职责所需的法律法规和监管规定，在会计、精算、投资或者风险管理等方面具有良好的专业基础；⑥ 对保险业的经营规律有比较深入的认识，有较强的专业判断能力、组织管理能力和沟通能力；⑦ 能够熟练使用中文进行工作；⑧ 在中华人民共和国境内有住所；⑨ 中国保监会规定的其他条件。具有财会等相关专业博士学位的，可以豁免第④项规定的条件，并可以适当放宽从事金融工作或者经济工作的年限。从事金融工作 10 年以上并且在金融机构担任 5 年以上管理职务的，可以豁免第④项规定的条件。

❷　① 取得中国精算师资格 3 年以上；② 从事保险精算、保险财务或者保险投资工作 8 年以上，其中包括 5 年以上在保险行业内担任保险精算、保险财务或者保险投资管理职务的任职经历；③ 在中华人民共和国境内有住所；④ 中国保监会规定的其他条件。取得国外精算师资格 3 年以上的，可以豁免第①项规定的条件，但应当经中国保监会考核，确认其熟悉中国的保险精算监管制度，具有相当于中国精算师资格必需的专业知识和能力。

益人的合法权益。"❶ "关系社会公众利益的保险险种、依法实行强制保险的险种和新开发的人寿保险险种等的保险条款和保险费率，应当报国务院保险监督管理机构批准。国务院保险监督管理机构审批时，应当遵循保护社会公众利益和防止不正当竞争的原则。其他保险险种的保险条款和保险费率，应当报保险监督管理机构备案。保险条款和保险费率审批、备案的具体办法，由国务院保险监督管理机构依照前款规定制定。"❷ "保险公司使用的保险条款和保险费率违反法律、行政法规或者国务院保险监督管理机构的有关规定的，由保险监督管理机构责令停止使用，限期修改；情节严重的，可以在一定期限内禁止申报新的保险条款和保险费率。"❸

2. 对保险组织财务的监管

1) 财务报告制度❹

保险公司应当聘用专业人员，建立合规报告制度。保险公司应当按照保险监督管理机构的规定，报送有关报告、报表、文件和资料。保险公司的偿付能力报告、财务会计报告、精算报告、合规报告及其他有关报告、报表、文件和资料必须如实记录保险业务事项，不得有虚假记载、误导性陈述和重大遗漏。

保险公司在每一个会计年度终了后，应当向保险监管机构提交年度报告及有关报表，以备公示。营业统计报表是保险监管机构了解保险公司的经营情况，对保险公司加强监管的重要依据。因此保险公司应当按规定将营业统计报表报送保险监管机构。

保险公司应当聘用经国务院保险监督管理机构认可的精算专业人员，建立精算报告制度。精算报告是由精算人员编制签署的，向保险监管机构提交的关于精算数据、资料的报告，其核心内容是保险公司各项准备金计算所采用的假设前提、评估基础、修正方法以及计算过程和计算结果。保险监管机构通过审阅精算报告可以评估考察保险公司各项准备金计算的合理性、准确性、谨慎性和充足性。

2) 财务资料保管制度

保险公司的账簿、原始凭证及有关资料要严格保管。保险公司向保险监管机构填报的报表，是其业务状况、财务状况和资金运用状况的反映，其数据来自账簿，而账簿又是在各项业务发生后根据原始凭证填制记账凭证后记录的。保险监管机构为了核实报表数据的真实性，有时需要查阅账簿、原始凭证及有关资料。因此，《保险法》第 87 条规定："保险公司应当按照国务院保险监督管理机构的规定妥善保管业务经营活动的完整账簿、原始凭证和有关资料。前款规定的账簿、原始凭证和有关资料的保管期限，自保险合同终止之日起计算，保险期间在一年以下的不得少于五年，保险期间超过一年的不得少于十年。"

3) 严格财务中介服务机构聘请或解聘制度

保险公司聘请或者解聘会计师事务所、资产评估机构、资信评级机构等中介服务机构，

---

❶ 《保险公司管理规定》第 43 条。

❷ 《保险法》第 136 条。

❸ 《保险法》第 137 条。

❹ 参见《保险法》第 85～86 条。

应当向保险监督管理机构报告；解聘会计师事务所、资产评估机构、资信评级机构等中介服务机构，应当说明理由。❶

3. 对保险资金运用的监管

1）保险资金运用监管含义

投资业务和承保业务是保险业发展的两个支柱，保险资金的运用和保费收入是推动保险业发展的两个轮子。而保险资金的有效运用，在现代保险业乃至金融业的发展上，都具有重要的意义。近年来，我国保险业快速发展，规模不断扩大，保费收入增长迅猛，但保险业的经济效益却一直不佳。重要原因之一就是受保险资金运用落后的严重制约，现阶段我国由于缺乏法律上的严格规范，出现盲目投资，形成大量不良资产，投资效率低下，造成保险业经营困难，削弱了保险公司的竞争力。保险资金运用是保险业未来发展壮大的重要渠道。需要指出的是，保险资金的运用是一柄双刃剑，运用得当可以促使保险公司降低险种费率，促进保险业务的发展，提高保险市场竞争能力；反之，将会给保险公司带来巨大损失，影响其偿付能力并阻碍保险公司发展，甚至引发保险公司破产，严重影响经济运行与社会稳定。因此，各国都十分重视对保险资金运用的监管，纷纷建立有关法律机制以防范风险。

2）保险资金运用监管要求

中国保监会应当根据公司治理结构、偿付能力、投资管理能力和风险管理能力，对保险集团（控股）公司、保险公司保险资金运用实行分类监管、持续监管和动态评估。❷ 随着我国经济和资本市场的快速发展，保险资金运用的途径不断拓展。2009 年修订的《保险法》明确放松了保险资金运用的种类限制。当前具体就是要严格限制保险资金运用中的投资种类和投资比例。各国对保险资金运用投资比例限制可以分为以下几种。

（1）方式比例限制，主要是限制风险较大的保险投资对象占总资产的比例。如规定有价证券、抵押贷款、不动产各占保险投资总额的比例，尤其是在有价证券的资金运用中，规定了公司债券、股票各占总资产的比例。

（2）主体比例限制，主要是限制保险资金运用于每一筹资主体的比例。其目的在于控制有关筹资主体所带来的资金运用风险，从而为控制保险资金运用风险提供条件。❸

随着我国金融市场的成熟和监管水平的提高，上述比例限制可以适当放宽，但也不能超过国际上一般水平。投资结构和比例要根据资本市场的发展变化不断作出新的调整，通过限制，调整高风险和低风险投资结构，选择盈利性大、流动性强和安全性高的不同投资方式进行组合，使投资组合更趋优化。

3）我国保险资金运用的限制

《保险资金运用管理暂行办法》第 15 条明确规定，保险集团（控股）公司、保险公司

---

❶　参见《保险法》第 88 条。

❷　《保险资金运用管理暂行办法》第 52 条。

❸　林宝清. 保险法原理与案例. 北京：清华大学出版社，2006：237.

从事保险资金运用，不得有下列行为：

（1）存款于非银行金融机构；

（2）买入被交易所实行"特别处理"、"警示存在终止上市风险的特别处理"的股票；

（3）投资不具有稳定现金流回报预期或者资产增值价值、高污染等不符合国家产业政策项目的企业股权和不动产；

（4）直接从事房地产开发建设；

（5）从事创业风险投资；

（6）将保险资金运用形成的投资资产用于向他人提供担保或者发放贷款，个人保单质押贷款除外；

（7）中国保监会禁止的其他投资行为。

根据《保险资金运用管理暂行办法》第16条规定，以及《关于调整保险资金投资政策有关问题的通知》，保险集团（控股）公司、保险公司从事保险资金运用应当符合下列比例要求。

（1）配置银行活期存款、政府债券、中央银行票据、政策性银行债券和货币市场基金等资产的账面余额，不低于本公司上季末总资产❶的5%。

（2）投资无担保企业（公司）类债券的余额，不超过该保险公司上季末总资产的20%；投资上述债券同一期单品种的份额，不超过该期单品种发行额的10%。投资商业银行金融债券、商业银行次级债券、商业银行次级定期债务、国际开发机构人民币债券以及有担保的企业（公司）类债券，可自主确定投资总额；投资上述债券同一期单品种的份额，不超过该期单品种发行额的20%。

（3）保险公司应当根据权益类投资计划，在上季末总资产20%的比例内，自主投资股票和股票型基金，并符合下列规定：投资同一上市公司的股票，不超过该公司总股本的10%；超过10%的仅限于实现控股的重大投资，适用《保险资金运用管理暂行办法》有关重大股权投资的规定。保险公司投资证券投资基金的余额，不超过该保险公司上季末总资产的15%，且投资证券投资基金和股票的余额，合计不超过该保险公司上季末总资产的25%。投资单一证券投资基金的余额，不超过该保险公司上季末总资产的3%；投资单一封闭式基金的份额，不超过该基金发行份额的10%。

（4）投资于未上市企业股权的账面余额，不高于本公司上季末总资产的5%；投资于未上市企业股权相关金融产品❷的账面余额，不高于本公司上季末总资产的4%，两项合计不高于本公司上季末总资产的5%。

---

❶ 所称总资产应当扣除债券回购融入资金余额、投资连结保险和非寿险非预定收益投资型保险产品资产；保险集团（控股）公司总资产应当为集团母公司总资产。

❷ 未上市企业股权相关金融产品是指股权投资管理机构依法在中国境内发起设立或者发行的以未上市企业股权为基础资产的投资计划或者投资基金等。

（5）投资于不动产的账面余额，不高于本公司上季末总资产的 10%；投资于不动产相关金融产品❶的账面余额，不高于本公司上季末总资产的 3%，两项合计不高于本公司上季末总资产的 10%。

（6）投资于基础设施等债权投资计划❷的账面余额不高于本公司上季末总资产的 10%。

（7）保险集团（控股）公司、保险公司对其他企业实现控股的股权投资，累计投资成本不得超过其净资产。

（8）保险公司境外投资❸的余额，不超过该保险公司上季末总资产的 15%，单项投资比例参照境内同类品种执行。

（9）保险公司投资同一法人主体的余额，不超过该法人主体最近一个会计年度末净资产的 50%，且不超过该保险公司上季末总资产的 20%。

总之，保险集团（控股）公司、保险公司应当控制投资工具、单一品种、单一交易对手、关联企业以及集团内各公司投资同一标的的比例，防范资金运用集中度风险。

4. 对保险机构业务行为的禁止

根据《保险法》第 116 条的规定，保险公司及其工作人员在保险业务活动中不得有下列行为：

（1）欺骗投保人、被保险人或者受益人；

（2）对投保人隐瞒与保险合同有关的重要情况；

（3）阻碍投保人履行《保险法》规定的如实告知义务，或者诱导其不履行本法规定的如实告知义务；

（4）给予或者承诺给予投保人、被保险人、受益人保险合同约定以外的保险费回扣或者其他利益；

（5）拒不依法履行保险合同约定的赔偿或者给付保险金义务；

（6）故意编造未曾发生的保险事故、虚构保险合同或者故意夸大已经发生的保险事故的损失程度进行虚假理赔，骗取保险金或者牟取其他不正当利益；

（7）挪用、截留、侵占保险费；

（8）委托未取得合法资格的机构或者个人从事保险销售活动；

（9）利用开展保险业务为其他机构或者个人牟取不正当利益；

（10）利用保险代理人、保险经纪人或者保险评估机构，从事以虚构保险中介业务或者编造退保等方式套取费用等违法活动；

---

❶ 不动产相关金融产品是指不动产投资管理机构依法在中国境内发起设立或者发行的以不动产为基础资产的投资计划或者投资基金等。

❷ 基础设施等债权投资计划是指保险资产管理机构等专业管理机构根据有关规定，发行投资计划受益凭证，向保险公司等委托人募集资金，投资基础设施项目等，按照约定支付本金和预期收益的金融工具。

❸ 保险公司可以投资境外资本市场公开发行的债券和证券投资基金，以及公开发行并上市的股票。保险公司投资香港市场，主要是公开发行并在主板上市的股票和主板市场上市公司以及大型国有企业在香港公开发行的债券。

（11）以捏造、散布虚假事实等方式损害竞争对手的商业信誉，或者以其他不正当竞争行为扰乱保险市场秩序；

（12）泄露在业务活动中知悉的投保人、被保险人的商业秘密；

（13）违反法律、行政法规和国务院保险监督管理机构规定的其他行为。

19.2.3　对保险业偿付能力的监管

1. 偿付能力监管的含义

对保险公司偿付能力的监管，是保险监管的核心内容，各个国家皆如此。这是因为在保险经营中，虽然保险合同当事人双方有对等的权利义务关系，但是在时间上存在不对称性。保险公司先获得收取保险费的权利，约定在保险事故发生后履行赔偿或给付责任。如果保险公司在经营过程中发生偿付能力不足，被保险人在保险事故发生时将无法获得赔偿而蒙受经济损失。保险的经济保障功能得不到保证。所以，偿付能力是保险公司的灵魂，强化对保险偿付能力的监管，既可以确保被保险人的利益，也可以保证保险企业风险管理的完善和财务稳定，也是整个保险市场安全运行的客观要求。

保险监管主要是通过立法或其他手段对保险企业的偿付能力加以监督管理，偿付能力监管包括偿付能力评估和偿付能力不足处理两个环节。前者是对每个保险公司偿付能力是否充足进行的评估和监测；后者是对偿付能力不足的保险公司所作的处理决定，如包括开业资本金和总准备金在内的偿付能力控制、法定最低偿付能力额度控制、确保保险企业流动性的保证金控制、定期或不定期的财务稽核控制、违规惩戒控制等。中国保监会公布的《保险公司偿付能力管理规定》，已经自 2008 年 9 月 1 日起施行，成为加强保险公司偿付能力监管，维护被保险人利益，促进保险业健康、稳定、持续发展的重要举措。

2. 偿付能力监管的内容

1）明确保险公司偿付能力管理体系，识别、防范和化解各类风险❶

保险公司应当建立包括"资产管理、负债管理、资产负债匹配管理、资本管理"的偿付能力管理体系，保险公司的综合风险管理，影响公司偿付能力的因素都应当纳入公司的内部偿付能力管理体系。

保险公司要完善有效的管理制度和机制，识别、防范和化解集中度风险、信用风险、流动性风险、市场风险等资产风险；承保风险、担保风险、融资风险等各类负债风险；资产负债在期限、利率、币种等方面的不匹配风险及其他风险，以及公司的治理风险和操作风险。

2）建立资本约束和补充机制❷

保险公司应当建立资本约束机制，在制定发展战略、经营规划、设计产品、资金运用等时考虑对偿付能力的影响。保险公司应当建立与其发展战略和经营规划相适应的资本补充机

---

❶　参见《保险公司偿付能力管理规定》第 22～26 条。
❷　参见《保险公司偿付能力管理规定》第 27～28 条。

制，通过融资和提高盈利能力保持公司偿付能力充足。

3）完善偿付能力管理机制❶

保险公司应当建立董事会和管理层负责的偿付能力管理机制，明确相关机构和人员在资产管理、负债管理、资产负债管理、资本管理中的职责、权限以及偿付能力管理的程序和具体措施。保险公司管理层应当定期对偿付能力管理的有效性进行评估和改进，并向董事会或者股东（大）会报告。保险公司应当建立偿付能力管理培训制度，对公司偿付能力管理人员和其他相关人员定期进行偿付能力管理及合规培训。

4）实施分类监管措施

中国保监会根据保险公司偿付能力状况将保险公司分为下列三类，以实施分类监管：① 不足类公司，是指偿付能力充足率低于 100% 的保险公司；② 充足 I 类公司，是指偿付能力充足率在 100% ～ 150% 之间的保险公司；③ 充足 II 类公司，是指偿付能力充足率高于 150% 的保险公司。中国保监会可以要求充足 I 类公司提交和实施预防偿付能力不足的计划。充足 I 类公司和充足 II 类公司存在重大偿付能力风险的，中国保监会可以要求其进行整改或者采取必要的监管措施。偿付能力充足率不高于 150% 的保险公司，应当以下述两者的低者作为利润分配的基础：根据企业会计准则确定的可分配利润；根据保险公司偿付能力报告编报规则确定的剩余综合收益。❷

5）实施重点监管措施

对偿付能力不足的保险公司，中国保监会应当将其列为重点监管对象，并可以根据具体情况采取下列一项或者多项监管措施❸：责令增加资本金、办理再保险；限制增设分支机构、限制业务范围、责令停止接受新业务、责令转让保险业务或者责令办理分出业务；限制向股东分红；责令拍卖资产或者限制固定资产购置或经营费用规模；限制资金运用的形式、比例；限制商业性广告；调整负责人及有关管理人员；限制董事、监事、高级管理人员的薪酬水平和在职消费水平；接管；中国保监会认为必要的其他监管措施。

19.3　我国保险监管的方式

中国保监会对保险机构的监督管理采取现场监管与非现场监管相结合的方式。❹ 中国保监会对保险公司偿付能力的监督检查采取现场监管与非现场监管相结合的方式。❺ 中国保监会对保险资金运用的监督管理采取现场监管与非现场监管相结合的方式。❻ 可见，我国保

---

❶ 参见《保险公司偿付能力管理规定》第 30 ～ 32 条。
❷ 参见《保险公司偿付能力管理规定》第 37 条、第 39 条、第 40 条、第 29 条。
❸ 参见《保险法》第 139 条和《保险公司管理规定》第 38 条。
❹ 《保险公司管理规定》第 59 条。
❺ 《保险公司偿付能力管理规定》第 33 条。
❻ 《保险资金运用管理暂行办法》第 51 条。

险监管的方式主要是非现场监管与现场监管。

19.3.1 非现场监管

1. 非现场监管的概念

非现场监管是指监管机构通过收集保险机构报送的业务、财产及其资金运用状况的报告、报表和有关资料，运用一定的技术方法（如各种模型与比例分析等）和一系列的风险监测和评价指标，对其数据进行加工、整理和综合分析，对保险机构的合法经营情况和风险情况进行评价、稽核，发现存在的问题，提出改进和处理意见的过程与行为。

2. 非现场监管的基础

以《保险公司偿付能力管理规定》第35条规定为例，中国保监会在每季度结束后，根据保险公司报送的偿付能力报告和其他资料对保险公司偿付能力进行分析。可见，完善的信息发布机制是实施有效非现场监管的前提和保证。因为保险本身具有内在的不确定性，市场对保险机构信息披露的要求要比一般企业高。保险机构公开披露的信息必须具有及时性，以便人们在决策时所依据的信息是最新的；必须是全面和有价值的，有助于市场参与者了解保险公司的整体状况；必须是可靠的，基于这些信息的决策应当是可信的；必须是可比较的，要在不同保险公司之间以及保险公司与其他企业之间有可比性；必须是一致的，要具有连续性，以便可以看出相关的趋势；必须是经济和便利的，对市场参与者而言是可取的，而且不必支付过多费用。当然，较多的细节披露会直接或间接增加保险公司的成本，监管机构应当在成本的增加与信息披露所带来的潜在利益之间进行权衡。

监管机构应当建立有效的监控机制，应当设定辖区内保险机构提供财务报告、统计报告、精算报告以及其他信息的频率和范围；设定编制财务报告的会计准则；确定保险公司外部审计机构的资格要求；设定准备金、保单负债在报告中的列示标准。应尽快设计出科学的财务报表体系，对会计科目设置和原始数据统计口径作出统一的规定和要求，杜绝人为的科目调整和随意的数据归并，减少统计差错，并对于故意隐瞒、有意假报数据的保险机构予以惩戒。

3. 非现场监管的优点

（1）节省成本，减少开支。监管的成本包括监管者实施监管所耗费的成本和被监管者为配合监管而承担的成本。非现场监管运用信息技术，不仅节约了监管机构的开支，也减轻了被监管者的成本负担。

（2）实时跟踪，时效性强。保险机构业务繁杂，数量众多，在监管资源极其有限的情况下，依靠非现场监管可以及时发现经营中的问题和隐患，改变现场检查"事后救火"的被动局面。

（3）全程监控，客观全面。通过非现场监管，能够连续按季、按月监控，对全面和充分的数据评估，便于监测保险机构的经营和风险状况，并能够为现场检查提供依据和指导，从而有利于合理分配监管资源，使现场检查更有针对性，发挥现场检查的最大效力。

（4）适应国际化的需求。非现场监管，通过及时交流有关监管信息，加强国家、地区之间密切合作，达到有效监管、防范化解金融风险和打击保险犯罪的目标。

19.3.2　现场（监管）检查

1. 现场检查的概念

现场检查是指保险监管机构派专业检查人员进入保险机构经营场所，通过实地查阅、复制业务资料（各类财务报表、文件档案、原始凭证和规章制度等），并核查、评价其真实性和准确性，询问管理层和相关人员，了解其遵守有关法规和条款合法经营情况、会计和管理信息系统的完善程度，评价该机构的总体经营状况以及风险管理制度和风险内部控制的完善性和有效性，发现问题并能及时整改的过程和行为。

现场检查既可以是全面检查，也可以是专项检查；既可以是日常检查，也可以是随机检查；既可以是一般性检查，也可以是对特定问题的检查；既可以是以发现问题为目的的主动性检查，也可以是根据群众或有关部门的检举、揭发而进行的核实性检查。

2. 现场检查的特征

1）现场检查具有客观性

现场检查有助于全面、深入了解保险机构的经营和风险状况，对保险机构的合法经营和风险状况作出客观的判断和评价。

2）现场检查具有针对性

现场检查可以及时获得信息，通过对保险机构风险结构和承受风险的能力进行比较，发现足以影响其承担长远义务能力的问题及深究问题后隐藏的原因，提出改善的措施。尤其是检查中发现的问题，为监管机构以后的检查提供依据和基础。

3）现场检查具有预测性

监管机构可借现场检查的机会与保险机构管理者建立良好的沟通关系，评估管理层的决策过程及内部控制能力，分析某些规章制度产生的影响，收集制定规则所需的信息，或从更广泛的意义上说，现场检查对于解决公司的问题也大有裨益。

4）现场检查具有效率性

现场检查工作由专门的部门和人员来执行，实现了专业化；同时分工的细化加强了非现场监管与现场检查之间的信息交流，能够提高监管效率。

3. 现场检查的内容

1）对保险机构的现场检查内容❶

中国保监会对保险机构的现场检查包括但不限于下列事项：机构设立、变更是否依法经批准或者向中国保监会报告；董事、监事、高级管理人员任职资格是否依法经核准；行政许可的申报材料是否真实；资本金、各项准备金是否真实、充足；公司治理和内控制度建设是否符合中国保监会的规定；偿付能力是否充足；资金运用是否合法；业务经营和财务情况是

---

❶ 参见《保险公司管理办法》第 61 条。

否合法，报告、报表、文件、资料是否及时、完整、真实；是否按规定对使用的保险条款和保险费率报经审批或者备案；与保险中介的业务往来是否合法；信息化建设工作是否符合规定；需要事后报告的其他事项是否按照规定报告；中国保监会依法检查的其他事项。

2）对保险中介机构和保险公估分支机构的现场检查内容❶

中国保监会依法对保险中介机构和保险公估分支机构进行现场检查，包括但不限于下列内容：机构设立、变更是否依法获得批准或者履行报告义务；资本金是否真实、足额；保证金提取和动用是否符合规定；职业责任保险是否符合规定；业务经营是否合法；财务状况是否良好；向中国保监会提交的报告、报表及资料是否及时、完整和真实；内控制度是否完善，执行是否有效；任用董事长、执行董事和高级管理人员是否符合规定；是否有效履行从业人员管理职责；对外公告是否及时、真实；计算机配置状况和信息系统运行状况是否良好。

3）对保险公司偿付能力管理的现场检查内容❷

中国保监会定期或者不定期对保险公司偿付能力管理的下列内容实施现场检查：偿付能力管理的合规性和有效性；偿付能力评估的合规性和真实性；对中国保监会监管措施的执行情况；中国保监会认为需要检查的其他方面。

4. 现场检查的要求

1）注重规范性、权威性和严肃性

现场检查要有法律依据，有标准化、制度化的现场检查操作规程。❸ 实施现场检查，进入涉嫌违法行为发生场所调查取证，应当经保险监督管理机构负责人批准；中国保监会工作人员依法实施现场检查；其监督检查、调查的人员不得少于2人，并应当出示合法证件和监督检查、调查通知书；否则，被检查、调查的单位和个人有权拒绝。同时要求，保险监督管理机构进行现场检查时，被检查、调查的单位和个人应当予以配合，并按中国保监会的要求提供有关文件、材料。

2）重视基础性、技术性和协调性

现场检查要达到较高的质量必须建立在有效的非现场监管基础之上，因此要提高非现场监管质量，充分发挥预警功能。保险监管机构在拟订现场检查计划之前，应当对被监管机构的有关业务和财务报告及其他信息进行认真分析研究。

要考虑现场检查的频率和被监管机构的风险结构。现场检查还应该建立检查质量控制指标体系，加强现场检查的后续管理，对经营状况和财务状况较差的保险机构，现场检查应更加频繁和深入。要加强人员管理和培训，进一步提高现场检查人员的素质。

监管机构在检查过程中，要坚持深入调查研究，听取群众和有关部门的意见，实事求是

---

❶ 参见《保险专业代理（经纪、公估）机构监管规定》第66（64、63）条。
❷ 《保险公司偿付能力管理规定》第36条。
❸ 参见《保险法》第155～156条；《保险公司管理办法》第63条、第62条。

地写出调查报告,肯定成绩,揭露问题,对需要处理的人和事,要提出处理意见。

现场检查和非现场监管可以独立进行,也可以结合进行,我国法律赋予保险监管机构既可以负责日常监督,又负责现场检查的职能,在目前国家监督机构人力不足的情况下,先进行非现场监管,如发现问题再进行现场检查,通过现场检查来核实和校正非现场监管发现的问题。当然,也不排除在现场检查中发现和查处新的问题。这种二者相结合体制可以使非现场监控和现场检查之间的联系更加紧密,也是实现对被监管机构持续跟踪观察的有效手段,并提高现场检查的质量与效率。

19.4　保险监管的措施

19.4.1　非现场监管的措施

1. 健全信息公开披露制度

规范保险机构信息披露的相关法规有《保险公司管理规定》第45条、第65条、第66条;《保险公司偿付能力管理规定》第21条等。具体要求如下。

保险公司(机构)应当根据国家法律、行政法规和中国保监会的规定,披露有关信息,公开披露偿付能力状况。中国保监会有权根据监管需要,要求保险机构进行报告或者提供专项资料。保险机构应当按照规定及时向中国保监会报送营业报告、精算报告、财务会计报告、偿付能力报告、合规报告等报告、报表、文件和资料。保险机构向中国保监会提交的各类报告、报表、文件和资料,应当真实、完整、准确。

2. 实现信息共享制度

国务院保险监督管理机构应当与中国人民银行、国务院其他金融监督管理机构建立监督管理信息共享机制。❶

要从制度上规定非现场监管信息必须实施统一采集、集中处理和信息共享,规定信息采集的内容、形式和要求,规定各地保险监管机构必须及时将监管信息资料和日常监管情况录入非现场监管信息平台。同时,通过监管平台与被监管机构的联网,实现实时监管,扩大监管的覆盖面,以便在更宽的层面上让监管部门共享监管信息。尽可能实现内外部监管信息共享,提高监管信息的准确度和利用率。

3. 逐步完善电子化应用系统

尽快建立在电子化、网络化基础上的高水平非现场监管信息系统,利用计算机网络和程序实现非现场监管信息采集的电子化、网络化,实现数据核对、汇总、对比分析、查询、报表管理、上报和风险预警自动化。通过对监管数据、资料进行全面、系统、持续、动态的定量和定性分析比较,及时发现保险机构存在的潜在问题,发挥非现场监管的风险

---

❶ 《保险法》第158条。

预警作用。

4. 建立合理的评价制度

设计分层次、分机构的健全合理的非现场监管风险管理指标体系，建立以风险分析模型为主要内容的风险评价体系，并尽可能覆盖在保险业务运行中的各重要环节。引入非现场监管评级体系，将所获取的信息换算为预警指标，对潜在的风险提出进一步的监管措施和建议。

5. 实施问责制度

与传统的现场检查相比，非现场监管更加强调监管人员的观察判断和综合分析能力。因此要优化监管队伍，加强对监管人员培训，提高监管人员非现场监管能力，尤其是提高其对数据变化的敏感性和善于发现异常情况及风险征兆的能力。同时建立非现场监管工作失职责任追究制度。要完善监管人员非现场监管各个环节的工作责任制（包括信息收集、整理、分析以及采取的监管措施），对是否及时采取有效的监管措施要有明确、具体的责任约束机制，对监管不力，未能有效控制风险的行为要建立监管失职责任追究制度，提高非现场监管工作的效率。

19.4.2 现场检查的措施

对保险公司、保险代理人、保险经纪人、保险资产管理公司、外国保险机构的代表机构进行现场检查，保险监督管理机构依法履行职责，可以采取下列措施：

（1）进入涉嫌违法行为发生场所调查取证；

（2）询问当事人及与被调查事件有关的单位和个人，要求其对与被调查事件有关的事项作出说明；

（3）查阅、复制与被调查事件有关的财产权登记等资料；

（4）查阅、复制保险公司、保险代理人、保险经纪人、保险资产管理公司、外国保险机构的代表机构以及与被调查事件有关的单位和个人的财务会计资料及其他相关文件和资料；对可能被转移、隐匿或者毁损的文件和资料予以封存；

（5）查询涉嫌违法经营的保险公司、保险代理人、保险经纪人、保险资产管理公司、外国保险机构的代表机构以及与涉嫌违法事项有关的单位和个人的银行账户；

（6）对有证据证明已经或者可能转移、隐匿违法资金等涉案财产或者隐匿、伪造、毁损重要证据的，经保险监督管理机构主要负责人批准，申请人民法院予以冻结或者查封。采取第（5）项措施的，应当经中国保监会负责人批准。

保险中介机构和保险公估分支机构应当按照下列要求配合中国保监会的现场检查工作，不得拒绝、妨碍中国保监会依法进行监督检查：

（1）按要求提供有关文件、资料，不得拖延、转移或者藏匿；

（2）相关管理人员、财务人员及从业人员应当按要求到场说明情况、回答问题。

19.4.3　其他监管措施

1. 借助社会中介手段进行监管

社会中介机构包括会计师事务所、外部审计师或精算师。不论监管框架的内部组织如何，监管机构和人员都可以借助中介机构力量，无论是现场检查还是非现场监管，无论是对保险机构还是保险中介机构，无论是组织还是行为，乃至偿付能力监管，都可以充分发挥社会中介机构和行政部门的监管作用，实现由单一依靠保险监管部门向多元化、立体化发展。

中国保监会可以在现场检查中，委托会计师事务所等中介服务机构提供相关专业服务；委托上述中介服务机构提供专业服务的，应当签订书面委托协议。❶

中国保监会在对保险公司报送的偿付能力报告进行审查时，可以委托中介机构对保险公司报送的偿付能力报告及相关信息实施审查。❷

2. 审慎性谈话

（1）中国保监会有权根据履行监督管理职责的需要，对保险机构董事、监事、高级管理人员进行监管谈话，要求其就保险业务经营、风险控制、内部管理等有关重大事项作出说明。❸

（2）中国保监会根据监管需要，可以对保险中介机构的董事长、执行董事或者高级管理人员进行监管谈话，要求其就经营活动中的重大事项作出说明❹。

（3）中国保监会有权对保险集团（控股）公司、保险公司的董事、监事、高级管理人员和资产管理部门负责人进行监管谈话，要求其就保险资金运用情况、风险控制、内部管理等有关重大事项作出说明。❺

（4）保险机构出现下列情形之一的，中国保监会或者其派出机构可以对负有直接责任的董事、高级管理人员出示重大风险提示函，进行监管谈话，并可以视情形责令限期整改：❻

①保险机构在业务经营、资金运用、公司治理结构或者内控制度等方面出现重大隐患的；

②有证据证明董事、高级管理人员违背《公司法》规定的有关忠实和勤勉义务，给保险公司经营造成严重危害的；

③中国保监会及其派出机构认为应当提示重大风险的其他情形，保险机构应当及时将整改情况书面报告中国保监会或者其派出机构。

---

❶　参见《保险公司管理规定》第 63 条。

❷　参见《保险公司偿付能力管理规定》第 34 条。

❸　参见《保险法》第 153 条及《保险公司管理规定》第 68 条。

❹　参见《保险专业代理（经纪、公估）机构监管规定》第 65（63、62）条。

❺　《保险资金运用管理暂行办法》第 60 条。

❻　参见《保险公司董事和高级管理人员任职资格管理规定》第 37 条。

3. 限制相关人员的行为

保险公司在整顿、接管、撤销清算期间，或者出现重大风险时，国务院保险监督管理机构可以对该公司直接负责的董事、监事、高级管理人员和其他直接责任人员采取以下措施：

（1）通知出境管理机关依法阻止其出境；

（2）申请司法机关禁止其转移、转让或者以其他方式处分财产，或者在财产上设定其他权利。❶

4. 责令整改

（1）"保险公司未依照本法规定提取或者结转各项责任准备金，或者未依照本法规定办理再保险，或者严重违反本法关于资金运用的规定的，由保险监督管理机构责令限期改正，并可以责令调整负责人及有关管理人员。"（《保险法》第 140 条）

（2）"保险公司的股东利用关联交易严重损害公司利益，危及公司偿付能力的，由国务院保险监督管理机构责令改正。在按照要求改正前，国务院保险监督管理机构可以限制其股东权利；拒不改正的，可以责令其转让所持的保险公司股权。"（《保险法》第 152 条）

（3）"对于未按本规定建立和执行偿付能力管理制度的保险公司，中国保监会可以要求其进行整改，情节严重的，可以采取相应的监管措施，并依法给予行政处罚。"（《保险公司偿付能力管理规定》第 41 条）

（4）保险集团（控股）公司、保险公司违反资金运用形式和比例有关规定的，中国保监会责令限期改正。保险集团（控股）公司、保险公司严重违反资金运用有关规定的，中国保监会可以责令调整负责人及有关整理人员。保险集团（控股）公司、保险公司违反本规定运用保险资金的，由中国保监会依法给予行政处罚。❷

案例分析

福建漳州农民的保险索赔之路❸

一、案情

2010 年 1 月初，世纪保网等接到福建漳州叶先生对平安养老漳州支公司的投诉，反映了一个普通百姓艰难曲折的保险索赔之路。被保险人叶五洲，于 2009 年 3 月底，购买了中国平安保险公司的"世纪平安卡 A 款"，2009 年 4 月 16 日下午在山路上高处跌落，造成胸部及腿部压伤。感觉病情不严重且因交通不便，没有就医。4 月 29 日咳血并于次日晚出现气促，呼吸困难，则就医于漳州市医院急诊部并住院医疗。诊断：① 双侧肺挫伤并感染，

---

❶ 参见《保险法》第 154 条。

❷ 参见《保险资金运用管理暂行办法》第 59 条、第 61 条、第 63 条。

❸ 参见：世纪保网，2010 - 01 - 12；中国保险报，2010 - 03 - 01.

双侧血胸；② 左侧多发肋骨骨折；③ 有原发性高血压，心脏病。2009 年 5 月 12 日出院。医生嘱咐病人及家属：因病人肺挫伤血管爆裂后血液感染肺部，出现咳血症状，现虽止血，但爆裂处血块随时有脱落的可能，风险性很高，要让病人心情舒畅，避免生气等。

二、索赔

出院后叶五洲及家人就开始了艰难曲折的索赔之路。刚开始是住院治疗费的理赔。根据平安人寿理赔人员的要求，索赔农民数次奔波于家与平安人寿公司之间。每次提供的材料都被理赔人员回回。拒绝的理由也很简单："身份证已过期，要到当地派出所打一份证明；证明资料没有图像；图像与实际年龄看起来不符合（身份证是 1988 年签发，当时是手写的，工作人员把实际年龄 1945 年写成 1965 年），要有村里的证明；村里的证明还要有乡里的盖章才行；要由保险业务员代办理赔申请，签授权委托书。"一个多月后，总算把材料交上去了。7 月初，平安保险表示不赔，理由是材料不全，照片看起来和实际年龄不符等。2009 年 7 月 17 日被保险人死亡，并于 19 日进行土葬。

此时，保险理赔人员说可以按死亡来理赔，但要有医院的死亡证明和丧葬证明。但因为是在家里去世，采用土葬。在死者家属的强烈交涉下，理赔人员又称，需要农村的死亡证明等，就这样又开始了两地奔波。依然次次拒绝："死亡证明格式不对，要重新写；格式对了但无派出所的盖章；还要有丧葬证明；证明中丧葬地点不详细，要写清楚；村里的证明无民政局的盖章不行；单盖章不可以，还要叫民政局调查详细，写上情况属实；身份证明还不行，要镇里面的户口注销证明；所有的受益人要签名。"

三、拒赔

奔波 14 个来回后（每次索赔人需要花 100 多元车费，为时两天），最后材料交上去，已经是 9 月底，在苦等 1 个多月后，平安保险公司回复"不可以理赔"，原因是属于生病而非意外死亡，但可以给死者家属 4 000 元作为人道主义关怀。投诉人感慨"买保险容易理赔难，难于上青天"，呼吁大家来评评理，主持公道，要求平安保险公司履行保险责任，支付应该支付的理赔款。

四、媒体关注及平安保险公司辩诉

1 月 12 日，世纪保网以"农民平安索赔难究竟谁之过？"为题报道了此事。平安保险公司向世纪保网回复，提出有争议的地方是：① 客户说往返了 14 次，实际是 6 次，每次客户都提交不了完整的材料如身份证问题；② 投诉材料上说客户是高处摔伤导致肺挫伤和骨折，但是保险公司称并未发现客户胸部外伤，且调查住院资料是治疗心脏病而不是治跌伤，因此意外理赔的证据不足。公司在申请司法鉴定，就客户在医院拍的片子来判断骨折时间点。2 天后又回复：根据福建保监局和福建保险行业协会指导要求，公司向两家司法鉴定中心（福建南方司法鉴定中心和正中司法鉴定中心）申请司法鉴定。而经法医详细阅读被保险人 2009 年 4 月至 7 月期间医院病历后，皆十分肯定地认为无法作出鉴定。

五、处理结果：保险监管机构介入调查分析并提出调解意见

（1）本保险合同应为有效合同。被保险人叶五洲身份证与实际年龄不符问题，经平安

养老公司调查并已确认被保险人与保险事故发生者为同一人，且被保险人实际年龄符合承保条件。另外，保险人在承保时存在缔约过失：① 保险业务员和承保人员在承揽业务时没有完成基本形式审查义务；② 无证据表明保险业务员已履行条款说明义务。因此，被保险人身份证与实际年龄不符问题，不应影响保险人支付保险金。

（2）保险人应当支付相应的意外伤害医疗保险金。据漳州市医院病历显示，被保险人2009 年 4 月 30 日第一次住院出院诊断书上有："双侧肺挫伤并感染，双侧血胸，左侧多发肋骨骨折"的记录。保险人无法举证被保险人承保前发生过意外伤害，因此保险人应当支付与治疗意外伤害有关的医疗费用（用于治疗心脏病、高血压等疾病的医疗费用应除外）。

（3）保险人无法排除被保险人叶五洲受到的意外伤害对其死亡带来的影响。2009 年 7 月 13 日被保险人在漳州市医院第二次入院诊断为："急性弥漫性腹膜炎；肠系膜栓塞可能；……"疾病，尽管被保险人死亡有可能是自身疾病所致，但意外跌伤因素无法排除。同时漳州市平和县芦溪镇派出所和村委会出具了"摔伤治疗无效死亡"的死亡证明。此证明有可能会成为对保险人诉讼不利的证据材料。

（4）被保险人在病重的情况下放弃治疗，主动出院，应负一定责任。

（5）受益人在被保险人死亡后未及时报案，给保险人对保险责任的认定造成困难。

六、结案

根据以上事实，为维护保险双方的合法权益，调解小组认为此案宜协议赔付。2010 年 2 月 8 日，福建保险行业协会人民调解委员会召集纠纷双方，在福州促使双方达成了调解协议，由中国平安养老保险公司按照保险合同赔付被保险人意外伤害医疗金人民币 6 253 元，意外伤害身故保险金人民币 5 万元，合计人民币 56 253 元。

七、点评

本案并非疑难事件，却成了"投保容易理赔难"的最好注脚，在惊动了媒体和保险监管部门后才最终得以解决，国内保险机构的服务不能不令保险业感到汗颜。本案双方皆有过错，因此，在监管部门的主持下调解结案，也充分体现了设置保险监管部门的必要与有效。

本章小结

保险监管是国家对保险业的监督管理，它是由保险经营活动的特点所决定的。实施保险监管有利于保护被保险人的利益，推动保险业的健康发展。根据监管的宽严程度不同，世界各国对保险业的监管方式可分为公示监管方式、准则监管方式和实体监管方式。各主要国家和我国都设置了保险监管机构，并赋予其相应的职责。根据我国保险法律的相关规定，我国保险业监管的主要内容包括保险组织的监管，如保险公司的整顿和接管、保险中介机构的监管、保险从业人员的监管等；保险经营行为的监管，如条款和费率监管、偿付能力监管、保险资金运用的监管。

本章的重点是：保险监管的内容；保险监管的措施

本章的难点是：偿付能力的监管；监管的方式

关键词语：保险监管　实体监管方式　接管　非现场监管　现场检查

思考题

1. 为什么要实施保险监管？
2. 我国保险监管机构的主要职责有哪些？
3. 保险监管的目标是什么？
4. 对保险组织监管的主要内容是什么？
5. 简述对保险机构高级管理人员的监管规定。
6. 对险资金运用的监管有什么要求？
7. 对偿付能力的监管主要内容有哪些？
8. 简述对保险经营行为进行监管的措施。
9. 我国保险监管采取哪些方式和手段？

参 考 文 献

[1] 陈云中. 保险学. 台北：五南图书出版公司，1985.

[2] 施文森. 保险法总论. 台北：三民书局，1985.

[3] 桂裕. 保险法. 台北：三民书局，1985.

[4] 覃有土，樊启荣. 保险法学. 北京：高等教育出版社，2003.

[5] 孙积禄. 保险法. 北京：高等教育出版社，2008.

[6] 李玉泉. 保险法：理论与实务. 北京：高等教育出版社，2007.

[7] 黎建飞，王卫国. 保险法教程. 北京：北京大学出版社，2009.

[8] 刘宗荣. 新保险法：保险契约法的理论与实务. 北京：中国人民大学出版社，2009.

[9] 梁宇贤. 保险法新论. 北京：中国人民大学出版社，2004.

[10] 道宾. 美国保险法. 梁鹏，译. 北京：法律出版社，2008.

[11] 江朝国. 保险法基础理论. 北京：中国政法大学出版社，2002.

[12] 王卫国. 保险法. 北京：中国财政经济出版社，2009.

[13] 贾林青. 保险法. 北京：中国人民大学出版社，2009.

[14] 邹辉. 保险纠纷案例. 北京：经济日报出版社，2001.

[15] 梁鹏. 保险人抗辩限制研究. 北京：中国人民公安大学出版社，2008.

[16] 黎宗剑. 保险案例汇编. 北京：中国时代经济出版社，2007.

[17] 陈欣. 保险法. 北京：北京大学出版社，2006.

[18] 邹海林. 责任保险论. 北京：法律出版社，1999.

[19] 许崇苗，李利. 中国保险法原理与适用. 北京：法律出版社，2006.

[20] 刘冬姣. 人身保险. 北京：中国金融出版社，2001.

[21] 张洪涛. 中国人身保险制度研究. 北京：中国金融出版社，2000.

[22] CLARKE M A. 保险合同法. 北京：北京大学出版社，2002.

[23] 张洪涛，王国良. 财产保险案例分析. 北京：中国人民大学出版社，2006.

[24] 张洪涛，王和. 责任保险理论、实务与案例分析. 北京：中国人民大学出版社，2005.

[25] 温世扬. 保险法. 2版. 北京：法律出版社，2007.

[26] 詹昊，陈百灵，冯修华. 保险法原理精解与典型案例评析. 北京：中国法制出版社，2007.

[27] 黄华明. 中外保险案例分析. 北京：对外经济贸易大学出版社，2004.

[28] 黄勇，李之彦. 英美保险法经典案例评析. 北京：中信出版社，2007.

[29] 杰瑞，里士满. 美国保险法精解. 李之彦，译. 北京：北京大学出版社，2009.

[30] 中国保险行业协会. 保险诉讼典型案例年度报告：第一辑. 北京：法律出版社，2009.

[31] 路琴，马颖. 保险法规. 北京：高等教育出版社，2003.

[32] 许崇苗，李利. 最新保险法适用与案例精解. 北京：法律出版社，2009.

[33] 沙银华. 日本经典保险判例释评. 北京：法律出版社，2002.

[34] 李玉泉. 保险法学案例教程. 北京：知识产权出版社，2005.

[35] 周玉华. 最新保险法经典疑难案例判解. 北京：法律出版社，2008.